CLAVES PARA LA EXCELENCIA EDUCATIVA

Organizaciones escolares únicas y excepcionales
Dantotsu

Gonzalo Gómez Dacal

ISBN: 978-84-9987-082-3
Depósito Legal: M-19961-2013

Printed in Spain
Impreso por Wolters Kluwer España, S.A.

Índice

Introducción

Tom Peters y Robert H. Waterman Jr. publicaron, por primera vez en el año 1982, una obra que pronto se convirtió en uno de los *bestsellers* más vendidos y conocidos en y fuera de EE.UU.: *In Search of Excellence*. El indiscutible éxito de este trabajo, centrado según sus autores en el estudio del *management* exitoso de grandes compañías, no estuvo exento de posteriores críticas, muchas de las cuales arrancan de una entrevista en la que, supuestamente, Tom Peters manifiesta "*This is pretty small beer, but for what it's worth, okay, I confess: We faked the data*" ("Esto es poca cosa, pero si les interesa saberlo, está bien: admito que falsificamos los datos"), frase que él niega haber dicho en esos justos términos.

Peters y Waterman sostienen que, para la búsqueda de la excelencia, el mánager debe seguir una *hoja de ruta* de la que son elementos:

1. Una apuesta por la acción, el compromiso activo con la toma de decisiones y la resolución eficiente de los problemas, de forma tal que en la gestión se minimice el control burocrático.
2. La cercanía al cliente, lo que requiere aprender de aquellos a los que la organización sirve.
3. La autonomía y el *emprendedurismo,* fortaleciendo la constante innovación y procurando la utilización de las mejores prácticas.
4. La puesta en valor y la utilización de todas las competencias de los trabajadores.
5. Una "filosofía" de gestión basada en objetivos, firmemente asentada sobre el terreno, centrada en la actividad de cada día y de la que forme parte el compromiso con el éxito de la organización.
6. El diseño de los planes y del funcionamiento de la organización partiendo de lo que se conoce y lo que se sabe.

7. La simplicidad en las dimensiones y características del *staff*.
8. La compatibilidad de flexibilidad y control, dando lugar a la simultaneidad de valores de aceptación general y de autonomía en la realización del trabajo de planta.

Es difícil concluir si estas 8 categorías han sido deducidas por Peters y Waterman a partir de información válida, fiable y consistente, o son el resultado de datos falseados o imaginados (*faked the data*) con la finalidad de llegar a unas conclusiones previamente establecidas como creíbles, que permitiesen formular postulados basados en el buen sentido común y en creencias ampliamente compartidas por los teóricos y usuarios de la ciencia del *management* (práctica ésta más frecuente de lo que debiera en determinados *gurus* o "maestros espirituales" del *management*). Más difícil es, todavía, determinar si tales categorías son realmente una *roadmap* que conduzca, con un valor de probabilidad aceptable, a la excelencia.

Desde la perspectiva de este Ensayo, el verificar la certeza científica que subyace a las propuestas de la obra *In Search of Excellence* es irrelevante, ya que en él, en el Ensayo, se parte de la presunción de que la "excelencia" no es un estadio definible con carácter general y uniforme para cualquier organización, o lo que es lo mismo: la teoría que se defiende en esta obra es que la excelencia no es alcanzable siguiendo un protocolo estándar de actuaciones de validez general, aserto que tiene como corolario que las rutas que llevan a su consecución (*the roadmaps to reach the excellence*) son múltiples y por consiguiente han de ser definidas teniendo en cuenta los fines y las características intra y extramuros de cada organización.

Si este Ensayo no adopta, pues, los planteamientos que han servido a Peters y Waterman para establecer cómo buscar la excelencia de las organizaciones, ¿por qué se inicia su presentación con una referencia a su conocida *In Search of Excellence?* La respuesta es que estos discutidos estudiosos del *management* han tenido el indiscutible mérito de haber llamado la atención sobre el que sin duda es el mayor reto de las organizaciones que, en el siglo del conocimiento y la globalización, tienen la pretensión de ser capaces de satisfacer, *plenamente*, las crecientes y cambiantes demandas de aquellos a los que ofrecen sus servicios: la excelencia, meta cuya consecución demanda "pasión", otro acertado título de una nueva publicación, esta vez de Tom Peters y de Nancy Austín (1985), y compromiso por alcanzarla.

La excelencia es resultado de una atribución de valor realizada por individuos o grupos, presumiblemente a través de los prototipos de servicio o de bien que genera su propia estructura cognitiva, en cuya consolidación influye el entorno social en el que se desenvuelven, lo que nos ha llevado a sostener, en cierto modo como síntesis de la caracterización que venimos haciendo de la excelencia, que:

1.°)   Un servicio o un bien es excelente[1] si sus potenciales receptores le otorgan esa cualidad, o lo que es lo mismo: la excelencia únicamente se consigue cuando el servicio o el bien es percibido como teniendo, por su calidad atribuida y experimentada, capacidad para responder a necesidades no susceptibles de ser satisfechas, con la misma efectividad, a través de otra instancia.

2.°)   Un servicio puede ser percibido como excelente en una situación y, transferido a otra, no serlo.

3.°)   La percepción de excelencia puede construirse, al menos en parte, y tal vez temporalmente si lo percibido no es realmente excelente, mediante la "manipulación" social realizada a través de los métodos de persuasión y de marketing.

4.°)   Una organización que proporciona un servicio excelente es, al menos en cierta medida, singular, ya que contextos diferentes requieren de servicios o de bienes diferentes si han de alcanzar un ajuste máximo, idealmente perfecto, a las características de los integrantes del medio en el que actúa.

Más allá de la excelencia, está la **excepcionalidad**, entendiendo por tal el atributo de una organización que es reconocida como única, difícilmente repetible, que supera a las excelentes; es decir, que es *dantotsu* (la mejor de las mejores)[2].

La alta calidad, la excelencia por consiguiente, es un estadio que puede ser alcanzado por, en principio, cualquier organización, y en una hipotética, e irreal, ciertamente, situación podría darse la circunstancia de que todas las organizaciones que prestan un determinado servicio lo hiciesen con alta calidad, y es evidente que, siendo posible, tal circunstancia debiera procurarse activamente. Por el contrario, la excepcionalidad únicamente es accesible a aquellas organizaciones que se distinguen y diferencian como consecuencia de que sus prestaciones se apartan de lo ordinario (incluso de lo ordinario excelente) por su infrecuencia y rareza de ocurrencia: en nuestra teoría, es imposible pensar en una situación en la que todas las organizaciones que prestan un mismo servicio fuesen excepcionales: solo lo son las mejores de las mejores (*dantotsu*).

---

1   Excelente: "Que sobresale en bondad, mérito o estimación", RAE.

2   Excepcional: 1. Que constituye excepción de la regla común; 2. Que se aparta de lo ordinario, o que ocurre rara vez (RAE).

Si, a través de actuaciones cuyos efectos hagan que sea elevado el valor de variables que influyen de forma positiva y potencialmente significativa en la efectividad
y eficiencia organizacionales (o, ciertamente, que minoren el impacto de las que
tengan efectos negativos en tales efectividad y eficiencia), se puede acrecentar la
calidad de un servicio o de un bien, es consecuente decir que es factible construir
roadmaps en las que se sistematicen tales actuaciones, de características similares,
en sus planteamientos, a las definidas por Peters y Waterman. Estas *roadmaps* es
frecuente que se presenten en forma de protocolos diseñados para el control y la
gestión de la calidad, de los cuales se dará noticia en este Ensayo, y cuya utilización para la mejora de servicios y bienes ha ofrecido al día de hoy resultados
muy positivos y perfectamente constatables. Son, pues, *roadmaps* que facilitan la
consecución de la excelencia, sabiendo que, en todo caso, deben estar adaptadas a
la peculiar realidad de cada organización.

La excepcionalidad requiere, como condición necesaria, haber alcanzado, previamente, la alta calidad, es decir, la excelencia (formar parte del grupo de las
mejores organizaciones). Su consecución —la de la excepcionalidad— exige, además, de un *novum* no *estandarizable,* al que únicamente se accede a través de
innovación que incorpore al servicio, o al bien, la especificidad que hace que sea
apreciado como único y especialmente deseable. La alta calidad es la plataforma
en la que es preciso situarse para, bien asentados en ella, plantear el desafío, sentir
la pasión, de alcanzar la excepcionalidad.

Siendo el logro de la alta calidad una condición necesaria, aunque no suficiente,
para la excepcionalidad, este Ensayo se plantea:

1.º) **Ofrecer** información sobre variables que la investigación científica ha hallado que guardan relación significativa con la calidad de los servicios (escolares),
y también de los modelos diseñados para integrar tales variables en una *roadmap*
que conduzca a la alta calidad y la excelencia. Con esta información, una organización (escolar) dispondrá de elementos críticos para construir los fundamentos
desde los que, si acepta el desafío, y asume los costos, iniciar el difícil itinerario
que conduce a prestar servicios (de enseñanza escolar, o cualesquiera otros) excepcionales.

2.º) **Despertar,** en quienes (en primera instancia aquellos que tienen las responsabilidades de dirección, de *management* diremos más adelante) formen parte de
organizaciones que han conseguido ofrecer un servicio (escolar) de alta calidad, la
pasión por ser los mejores de los mejores, definiendo su propia y única *roadmap*
para que los resultados de sus trabajos sean percibidos como excepcionales. Esta

segunda finalidad del Ensayo se asienta, por lo tanto, en cierto modo, en la parado-ja de que no propone una *roadmap* para que una organización, siguiéndola, llegue a ser excepcional, al estilo de Peters y Waterman, sino que únicamente sitúa a cada organización ante un desafío: el de diseñar su propia hoja de ruta para llegar a ser *dantotsu.*

En esta presentación se ha utilizado, constantemente, la voz "calidad", sin que se haya acometido la difícil tarea de definir su significado, lo que se hará en el primer capítulo del Ensayo, si bien se adelanta ya la concepción, que late en todas sus páginas, de que las organizaciones de servicios se justifican no por ideales teóricos, aunque tales ideales puedan y deban informar su propio *ethos* o persona-lidad, sino por la misión de satisfacer a través del servicio (escolar) que prestan las necesidades de formación de quienes les proporcionan, de forma directa —a través de cuotas— o indirecta —a través de impuestos— los recursos de que disponen.

Establecido este punto de partida, la concepción de la propia organización (es-colar) ha de ser compatible con el mismo, por lo cual el Ensayo adopta la teoría K SIGMA (Gómez Dacal, 2006) de las organizaciones escolares, que integra tres componentes:

- La *«teoría social de las organizaciones laborales»,* de la que son elementos constitutivos los principios de:

    — Responsabilidad social, más allá de la que deriva de forma inmediata de la prestación de sus servicios.

    — Capacidad de responder con efectividad a las demandas de sus "clientes".

    — Compatibilidad con los valores del entorno social y cultural en el que operan.

- La *«teoría de los grupos de interés»,* desarrollada en la obra *Strategic Mana-gement: A Stakeholder Approach,* de Freeman (1984), que permite interpre-tar el papel que tienen en la organización las entidades que forman parte de su entorno (sindicatos, asociaciones de padres y de alumnos, grupos religio-sos, etc.), y el de las que son sus copropietarias.

- Los conocimientos científicos que explican la efectividad y eficiencia con la que se dirige el proceso de aprendizaje de los alumnos, y las tecnologías que permiten aplicarlos.

De acuerdo con esta teoría de las organizaciones (escolares), su representación es la de una pirámide invertida, con su vértice asentado en el entorno en el que ejerce, del que forman parte el conjunto de *stakeholders* o grupos de interés con los que mantiene intercambios, construida de tal forma que:

a) Opera en un entorno constituido por los consumidores (potenciales clientes) del servicio (o del bien) que presta la organización. Del análisis de las características de estos consumidores obtendrá la organización información imprescindible para conocer, comprender, analizar y valorar las demandas y expectativas de aquellos a los que ofrece sus servicios. La propia organización puede coadyuvar a construir ese entorno, con la finalidad de atraer a determinados segmentos de consumidores.

b) Su primer tramo esté formado por las características generales de la organización, establecidas, naturalmente, por el "propietario" de la misma (la Administración, una entidad social u otra persona jurídica), y ajustadas a la legislación (escolar) aplicable.

c) En su segundo tramo se sitúa quien, o quienes, tienen la responsabilidad de dirigir la organización, y que han de poseer la *auctoritas* (saber socialmente reconocido) necesaria para ejercer un efectivo liderazgo (conocimientos, rasgos de personalidad, experiencia, etc.) y la *potestas* (poder legalmente atribuido) imprescindible para adoptar las decisiones que, de acuerdo con las normas que regulan el funcionamiento de la organización, faciliten el tránsito de los objetivos a los resultados con la mayor eficiencia y efectividad.

d) El tercer tramo lo integran los "trabajadores de planta", considerados individualmente o formando parte de las unidades y sistemas que constituyen la estructura organizacional, y que son los que realizan, efectivamente, las actividades que requiere la prestación del servicio que es propio de la organización (la enseñanza escolar).

e) Del cuarto tramo forman parte los destinatarios inmediatos de los beneficios que ha de aportar el servicio (escolar): son sus clientes directos e inmediatos.

Estos componentes se comunican, en los dos sentidos, de tal forma que cualquiera de ellos se relaciona con los restantes (Figura 1): los que reciben el servicio tienen presencia (la "voz de los clientes externos") en las decisiones de los otros niveles y los que realizan la función propia de la organización o coadyuvan a realizarla, profesores y personal de apoyo, en las decisiones de dirección (es la "voz de los clientes internos").

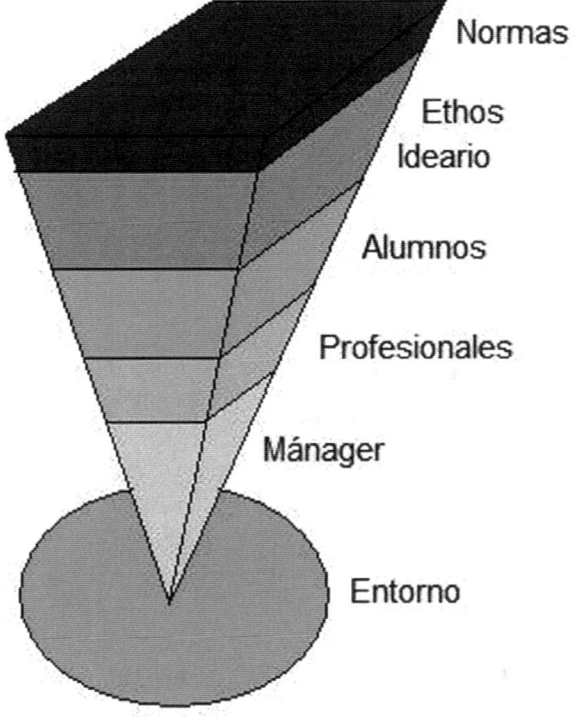

Normas

Ethos
Ideario

Alumnos

Profesionales

Mánager

Entorno

Figura 1

Con la finalidad de establecer con claridad el paradigma interpretativo que sirve de marco a las teorías que se defienden en este Ensayo, es conveniente, y aun obligado, en esta Introducción explicitar cuál es la respuesta que se da en el mismo al interrogante acerca de si los sistemas escolares, y las organizaciones que prestan los servicios de enseñanza institucional, han de procurar la equiparación o la diferenciación competencial de los alumnos.

La respuesta se fundamenta en estos supuestos:

a) La educación escolar ha de tener como finalidad poner en valor todo el potencial personal de aprendizaje de cada alumno, cualesquiera que sean las condiciones socioculturales, económicas o culturales del espacio vital en el que se desarrolle.

b) El punto de partida de la acción formativa no es lo que el alumno sabe, sino lo que potencialmente puede llegar a saber mediante una acción escolar adecuada a sus características personales, habida cuenta, y superando si fuese necesario, las condiciones del entorno en el que se desarrolla.

c) El entorno social y los recursos cognitivos de que dispone la persona son, de acuerdo con las psicologías social y cognitiva, prerrequisitos para la adquisición de nuevas competencias (Piaget, 1970; Vygotskiï, 1979; 2010; Bandura, 1999).

d) Existen determinantes del aprendizaje (las condiciones genéticas o de salud, p. e.) que no son controlables por las organizaciones escolares, pero que han de ser tenidos en cuenta para poner en valor todo el potencial de aprendizaje de los alumnos.

e) La inteligencia (las inteligencias), uno de los condicionantes del comportamiento, no es una cualidad que facilite de la misma forma todos los posibles aprendizajes, al haberse constatado, tanto en los estudios factoriales sobre su estructura como en las modernas teorías acerca de las "múltiples inteligencias", que cada persona tiene cualidades especiales para uno o más tipos de competencia (Kirby, 1975; Cattel, 1987, 1991; Stemberg, 1985, 1996, 2000; Gardner, 1993, 1999, 2000, 2003; Dweck, 1983, 1999, 2002; Goleman, 1995; Ceci, 1996).

f) En último término, *ceteris paribus*, es la persona, haciendo ejercicio de su libre albedrío, la que determina cuánto esfuerzo y tiempo dedica a obtener retornos de la educación escolar.

g) El sistema social necesita, para que sus integrantes dispongan de recursos para satisfacer sus necesidades, de ciudadanos con distintos niveles y capacidades, no debiendo estar en el origen de la clasificación de los individuos circunstancias desfavorables que estén ligadas a su origen social, económico o cultural, o a cualquier otro factor con efectos negativos en su actuación y que sea modificable por una acción escolar efectiva.

En consonancia con este conjunto de postulados, el Ensayo acepta que la educación escolar institucional no tiene como finalidad igualar a las personas ni en el "cuanto" ni en el tipo de competencias, sino su diferenciación progresiva, siendo este hecho deseable para la eficiencia (mejor aprovechamiento de los recursos disponibles), la equidad (puesta en valor de todo el potencial de aprendizaje de cada persona) y el respeto incondicional al libre desarrollo personal que han de informar la prestación del servicio de enseñanza.

Esta interpretación del sistema escolar como facilitador de servicios que maximicen los valores de equidad y eficiencia sociales mediante la puesta en acto de todo el potencial de aprendizaje de los alumnos, controlados los efectos de variables que, teniendo un influjo negativo en tales equidad y eficiencia, son sensibles a la acción de *inputs* escolares [calidad de los profesores, empleo de tecnologías *state of the art* para promover el aprendizaje, soluciones didácticas y organizativas que optimicen el aprendizaje, influjo en *inputs* familiares (colaboración de la familia en el proceso de aprendizaje de sus hijos, clima familiar, alimentación, empleo del tiempo libre de sus pupilos, etc.)], se facilita a través de *la función de producción de conocimiento*, que explica cómo los desarrollos cognitivos y emocionales de la persona son un proceso acumulativo que depende de factores previos y actuales de la biografía del aprendiz[3].

De acuerdo con la función de producción de conocimiento:

a) El nivel de logro de cada alumno halla su máximo cuando los *inputs* personales, familiares, contextuales no familiares y escolares alcanzan valores óptimos.

b) El perfil cognitivo de cada alumno, resultado de la acción escolar institucional, se diferencia progresivamente, especialmente como consecuencia del influjo que en el mismo ejercen los factores personales y *sociofamiliares* que modifican tanto el tiempo que necesita un alumno para adquirir una competencia como el de que dispone para incorporarla de forma efectiva a su estructura cognitiva y emocional.

c) La diferenciación progresiva que inevitablemente experimentará cada alumno durante el tiempo de formación escolar, ha de ser, para que sea deseable, compatible, con:

1.º) Una disminución de las diferencias interindividuales, consecuencia de la moderación, por la acción escolar (y social en general), de los efectos negativos de variables no determinantes necesarios del potencial de aprendizaje, tales como la pertenencia a un medio socioeconómico y familiar desfavorecido o el no poder acceder a un servicio escolar de la calidad necesaria para que la oportunidad de aprender y la motivación alcancen valores "lo más altos posibles".

2.º) La creación de capital humano con las competencias necesarias para que, incluso quienes hayan de realizar, después de concluir su periodo regular de formación escolar, las tareas más elementales para la producción de bienes y servicios en el sistema social del que formen parte, dispongan de los recursos cognitivos y emocionales necesarios para hacerlo con la mayor eficiencia y efectividad, dentro de un mercado laboral "integrado".

Aplicando a la *roadmap to excellence* el aserto de Pareto de que para modificar una situación es necesario ser capaz de identificar y separar lo poco que es crítico de lo mucho que es trivial, en el Ensayo se entiende que, siendo la pasión por ser *dan-*

---

3 Véase el Capítulo VI.

totsu el imprescindible ingrediente de la hoja de ruta, seis son los factores que son críticos (*The Six Big Milestones of the Roadmaps to Excellence*) para la alta calidad y la excepcionalidad en la prestación del servicio (escolar):

- La calidad (Capítulo I)
- El mercado (Capítulo II)
- Los mánager y el *management* (Capítulo III)
- Los trabajadores (Capítulo IV)
- Los destinatarios del servicio: los clientes/los alumnos (Capítulo V)
- *The workplace arena* (el espacio laboral/la clase) (Capítulo VI)

La información que se recoge en el Ensayo sobre los *Big Six* es importante para generar reflexión en quienes sienten pasión por alcanzar la excelencia y la excepcionalidad. En ningún caso, no obstante, nada será más importante que la constatación de que actuando de una determinada forma, incluso si con ello se contradicen las conclusiones de prestigiosos estudios (también las de este Ensayo), se avanza hacia la alta calidad. En ese caso, si hubiese contradicción, la decisión que debe adoptar el mánager es clara: ¡haga caso a los resultados que está obteniendo!

El autor

Tips para la excelencia

1. Las atribuciones de excelencia y excepcionalidad las realizan quienes reciben el servicio (escolar), no los profesionales ni los *gurus* de la organización científica (si bien no debe desdeñar sus indicaciones), y son ellos los que tienen que ser "escuchados" desde el principio.

2. Las percepciones de los destinatarios del servicio (escolar) están en parte determinadas por el entorno que constituye su espacio vital, y en ese espacio vital se forman los alumnos que se incorporarán a la institución educativa: es necesario, pues, conocer esos espacios vitales.

3. El ordenamiento jurídico, sus posibilidades y sus limitaciones, ha de ser estudiado cuidadosamente, y el director debe ajustar su actuación y la de la organización al mismo.

4. Cuando quiera conocer lo que desean los destinatarios de los servicios, pregúnteselo, tomando contacto con ellos, antes que con sus organizaciones, y hágalo

---

tan extensiva y frecuentemente como pueda. El valor del servicio que presta su organización depende, sobre todo, de la percepción de los receptores del mismo.

5. Las críticas al servicio que presta su organización iluminarán su *roadmap* hacia la excelencia: ¡acéptelas como tales!

6. El "cliente" es la persona más importante para la organización, y de él depende la organización (y no al contrario), y su plena satisfacción es el mejor indicador de excelencia (y también de excepcionalidad).

7. Presente su propósito de construir una *roadmap to excellence* con pasión, y trate de implicar, también con pasión, a toda la comunidad profesional en el proyecto.

8. El director ha de ser capaz de transmitir a todos sus colaboradores la voluntad de ganar cuota de mercado convirtiendo en clientes a los consumidores del servicio (escolar) que proporciona su organización.

9. No tenga miedo a los tópicos en uso respecto de la educación escolar, especialmente cuanto se interpretan con sesgos ideológicos.

10. Crea, porque es cierto, que el efecto de entornos sociales desfavorecidos en el rendimiento instructivo de los alumnos puede ser minorado mediante una acción escolar eficiente y efectiva.

11. Al considerar los inconvenientes de la integración escolar (que existen, sin duda), tenga siempre presente que una de sus consecuencias es la estratificación social y la pérdida de recursos humanos en el largo plazo.

12. Como tratará de mostrar este Ensayo, el diseño de un modelo escolar que permita que alumnos de diferentes características se formen conjuntamente, requiere de suficientes recursos a fin de que no se generen pérdidas de capital humano potencial. Este incremento de recursos tiene que crecer a medida que lo hace la heterogeneidad del grupo, por lo que, constante todo lo demás, se producirá una disminución de la eficiencia: este incremento de los costos se justifica, en el largo plazo, tanto desde una perspectiva económica como humana y social, y ha de ser asumido por la sociedad.

13. Los resultados son el criterio de calidad de mayor validez y fiabilidad: hágales siempre caso.

14. Si ha conseguido la excelencia piense que todavía no ha alcanzado a ser el mejor de los mejores: ¡crea que su organización puede ser excepcional y consiga que esta meta la consideren todos sus integrantes algo deseable y posible!

15. *The transformation can only be accomplished by man, not by hardware (computers, gadgets, automation, new machinery). A company can not buy its way into quality.*

W. E. Deming
Out of the Crisis

Capítulo I. La calidad

"Quality" means those features of products which meet customer needs and thereby provide customer satisfaction.

"Calidad" significa las cualidades de los productos que dan satisfacción a las necesidades de consumidores, y que por lo tanto generan en ellos satisfacción.

Quality means freedom for deficiencies-freedom from errors that require doing work over again (rework) or that result in field failures, customer dissatisfaction, customer claims, and so on.

Calidad significa ausencia de deficiencias, ausencia de errores que requieran la realización de revisiones, sin las que se producirían fallos en el servicio (o en el bien), insatisfacción en los consumidores, quejas, y demás efectos negativos.

J. M. Juran
How to think about quality

Any device to maintain quality can be of value. But all devices are valuable only if managers —at all levels— are living the quality message, paying attention to quality spending time on it as evidenced by their calendars. And if managers, at all levels, understand that no matter where the technology leads, quality comes from people (starting in the mail room) who care and are committed. Finally, quality comes from the belief that anything can be made better.

Cualquier procedimiento (de producción) para mantener la calidad debe ser valorado. No obstante, los procedimientos (de producción) adquieren valor si los mánager —en cualquiera de los niveles de management— viven el mensaje de la calidad; prestan atención a cómo se emplea el tiempo de producción; comprenden que no importa tanto a dónde lleva la tecnología cuanto la entrega y el compromiso de los trabajadores (empezando por los de los que gestionan el departamento de correspondencia), y si, finalmente, entienden que la calidad se origina en la creencia de que todo puede hacerse mejor.

Tom Peters y Nancy Austin
A Passion for Excellence

1. NOTAS PREVIAS

Si las *roadmaps* hacia la excelencia y la excepcionalidad de los servicios (de enseñanza escolar) tienen su "kilómetro cero" en la *alta calidad (en la excelencia)*, la primera exigencia que ha de satisfacer este Ensayo es la de explicitar, de forma operativa y clara, qué se significa en él, realmente, con la voz "calidad", al referirla a la enseñanza, toda vez que se trata de una variable, la calidad, que puede alcanzar distintos valores (de ahí que quepa hablar de "alta" y "baja" calidad), y que indica que aquello a lo que califica (la "enseñanza") está en posesión de cualidades que hacen que se entienda que contribuyen con más o menos eficiencia y efectividad a que alcance sus fines.

En el Ensayo se define la calidad desde la perspectiva de la organización que ha de ofrecer sus servicios de forma competitiva, de ahí que su valor dependa del grado en que satisface las demandas y necesidades (sean o no conscientes de ellas de forma explícita) de aquellos que los reciben —los servicios—, y que han optado por seleccionar la organización esperando haber adoptado una decisión conveniente para ellos (este mismo significado tiene la voz "calidad" cuando se aplica a otros servicios como la sanidad, la seguridad o las finanzas).

Es evidente, por otra parte, que para que el servicio escolar genere satisfacción en sus receptores, en un determinado momento y en un específico contexto, ha de ser percibido como estando dotado de cualidades que se correspondan con expectativas (inducidas o experimentadas) que forman parte del imaginario construido respecto de qué recursos cognitivos y emocionales son condición del éxito individual, social o profesional.

Las decisiones relativas a cuál entre las organizaciones que prestan el servicio educativo es elegida por los consumidores de enseñanza que pudieran ser sus potenciales clientes (si les es posible elegir) son, pues, el resultado de las percepciones a través de las que cada uno de ellos construye un cierto "prototipo de servicio" desde su sistema de creencias y de conocimientos, de ahí la importancia que tiene la transmisión de información por cada organización de sus prestaciones, así como las valoraciones que realizan y dan a conocer agencias especializadas (públicas o privadas) acerca de la calidad de la oferta de educación que existe en el mercado escolar (el influjo de estas agencias es también constatable, por ejemplo, en el caso de otros servicios como los financieros o los de sanidad).

No basta, ciertamente, con establecer una definición genérica, más o menos acertada, que permita etiquetar tal o cual forma de enseñanza como siendo "de más o menos calidad", ya que, en último término, lo que interesa es conocer qué factores explican el valor de calidad, así como establecer, con una base científica tan cierta como sea posible, cómo influir en el "comportamiento" de tales factores a fin de que coadyuven al propósito de conseguir que la enseñanza alcance el grado de calidad máximo posible: la excelencia, primero, y la excepcionalidad, después, en nuestro caso.

Llegados a este punto, a modo de síntesis de estas notas previas referidas a la calidad como referente a tener en cuenta al diseñar las *roadmaps to excellence*, se postula que:

a) El grado de calidad de un servicio depende de en qué medida los destinatarios del mismo consideran, primero, que satisfará sus necesidades y expectativas y, después, de que ello es realmente así.

b) La percepción del grado de calidad de un servicio es consecuencia del tratamiento que hace cada persona, mediante su propio sistema cognitivo y de creencias, de la información que obtiene acerca del mismo, bien a través de su experiencia directa, de la que facilita la propia organización o de la que proporcionan instituciones (Administraciones, Agencias de Calidad, etc.) a las que le atribuye solvencia científica y técnica.

c) Las organizaciones que prestan servicios han de utilizar todos los recursos científicos y técnicos de que dispongan, o puedan captar, para incrementar la calidad del servicio que ofrecen, considerando al hacerlo las características de los entornos intra y extramuros en los que operan.

d) Es legítimo que por parte de las organizaciones escolares se genere información acerca de la calidad de sus servicios (*marketing*), a fin de inducir expectativas y percepción de calidad en los potenciales consumidores del mismo, debiendo hacerlo con sujeción a los principios éticos que son aplicables al uso de información persuasiva.

Una cuestión no resuelta respecto de la calidad es, sin duda, la de conocer qué sistemas de factores tienen capacidad para explicar el valor que alcanza esta cualidad en distintas situaciones y contextos, de la que se deriva la relativa a la posibilidad o no de diseñar protocolos con los elementos de tales sistemas que inequívocamente, formando una *roadmap*, conduzcan a la alta calidad/excelencia y a la excepcionalidad, y no está resuelta, no porque no exista documentación acerca de qué y cuánto contribuye tal o cual factor a la calidad, sino porque todavía no ha sido posible construir un modelo de aplicación general formado por un conjunto estable de factores que, precisamente como conjunto o sistema, permita predecir de forma consistente, es decir con suficiente seguridad, el grado de calidad de los servicios (escolares), y hacerlo de forma tal que permita una real, y útil en la práctica, *reengeenering*[4] de la enseñanza, si fuese precisa.

Cualquiera que sea, en efecto, la variable que se estudie, los resultados de investigaciones, realizadas (en el dominio de las organizaciones escolares) con indiscutible solvencia científica, sobre su influjo en el rendimiento instructivo, son frecuentemente no coincidentes. ¿Tiene, por ejemplo, **la incorporación de la madre a la actividad laboral** en una edad temprana de sus hijos efectos positivos en su desarrollo cognitivo? Para Belskky y Eggebeen (1991), sí; para Blau y Grossberger (1992), no. **¿Influyen de forma significativa las escuelas** en el rendimiento instructivo: Coleman (1966) o Jenks *et al.* (1972) atribuyen escasos efectos a la escuela en el rendimiento de los alumnos, mientras que no faltan estudios que concluyen que esta institución *make a difference* (Madaus *et al,* 1980; Brookover *et al.,* 1982; Rosenholtz, 1985; Mortimore *et al.,* 1988). **¿Los efectos que tienen los recursos** de que dispone la escuela en el progreso de los alumnos son o no relevantes y constatables? Las conclusiones al respecto son, también nada o poco coincidentes (Hanushek, 1986, 1998, 2003; Hedges *et al.,* 1994; Greenwald *et. al.,* 1996; Krueger, 2000, 2003). **¿El impacto de la ratio profesor/alumno** en el rendimiento escolar justifica el incremento del costo que supone disminuir el número de alumnos por clase? Se trata de una de las materias más estudiadas y todavía sin un acuerdo general acerca de cuál es

---

4 En el año 1990, Michael Hammer and James Champy (1990) publican la obra, convertida pronto en un best-seller, *"Reengineering the Corporation"*, en la que sostienen que, en ciertos momentos, es preciso introducir en la organización cambios radicales, repensando su sistema de trabajo e incorporando nuevas tecnologías y procedimientos de gestión más eficientes con la finalidad de mejorar de forma significativa la satisfacción de los clientes, la eficiencia disminuyendo los costos operativos y la competitividad. A este conjunto de cambios radicales se le ha venido denominando *reengenieering.*

el valor ideal de la ratio en términos de efectividad docente y eficiencia en la función de producción (Blake, 1954; Hanushek, 1998; Lavy, 1999; Hoxby, 2000; Krueger, 1998, 2003). **¿Es más efectivo el estilo directo** (Bennet, 1976; Brophy y Everston, 1973; Gage, 1978; Rosenshine, 1979) o el indirecto (Flanders, 1970) de profesor? **¿El SES del alumno está en relación significativa** con su rendimiento instructivo? Para Klein (1971), Levine *et al.* (1973), Burkham (2002), Fryer y Levitt (2004), sí. A resultados menos concluyentes llegan, por ejemplo, Lambert (1970), Fetters (1975) o White (1982). **¿Son más efectivas las escuelas privadas** o las públicas; las que integran o las que segrega a los alumnos? La pregunta tiene difícil respuesta: uno de los más solventes y actuales estudios (Braum *et al.,* 2006) concluye, por ejemplo que las diferencias son más significativas (favorables a la escuela privada) en lectura que en matemáticas y que se anulan o se invierten si se controlan los efectos debidos a las características de los alumnos, no atribuibles a la escuela[5]. Respecto de si **es mejor segregar o integrar a los alumnos,** tampoco existen conclusiones definitivas (véase Capítulo VI del Ensayo).

Esta falta de acuerdo tiene su origen, de una parte, en el tipo de investigación, en la selección de las variables que forman parte del modelo explicativo, en la extracción de las muestras objeto de estudio o en el tratamiento estadístico que emplea el investigador (Todd y Wolping, 2003); de otra parte, y más allá de las consecuencias derivadas de estas diferencias metodológicas, en este Ensayo se sostiene, a partir de los principios de *totalidad* y *equifinalidad*[6], que los factores que producen un determinado efecto (rendimiento instructivo) actúan como una totalidad y de tal forma que combinaciones distintas de los mismos factores pueden dar lugar al mismo resultado, y viceversa, de ahí la inevitable variabilidad de resultados que, en último término, están determinados por configuraciones de variables cuya estructura y composición de fuerzas son irrepetibles.

Debido a esta inevitable, al menos parcial, indeterminación de las *roadmaps to excellence*, en este trabajo no se establece, tal como se ha advertido ya en la Introducción, ninguna hoja de ruta estándar para alcanzar la alta calidad, y mucho menos la excepcionalidad, aceptando que en cada momento, cada mánager y trabajador (profesor) en cada organización y situación ha de ser capaz de percibir si su actuación es tal que genera los efectos más deseables. Si es así, esa es la mejor actuación posible.

---

5   Véase también Gómez Dacal, 1992 (pp. 63 y siguientes).

6   Un sistema puede alcanzar el mismo estado final partiendo de condiciones iniciales diferentes y a través de rutas distintas (Katz y Kahn, 1978, p. 30)

2. LOS POSTULADOS RELATIVOS A LA CALIDAD DE LOS SERVICIOS

2.1. La calidad es una variable

Dado que los servicios (escolares) en la Sociedad del Conocimiento se prestan en entornos cambiantes, su *calidad* no es interpretable como un estado al que una vez que se llega el objetivo es permanecer en él, sino como una variable cuyos valores están constantemente sustituidos con el transcurso del tiempo por otros, que serán superiores o inferiores a los de partida según que sigan o no dando satisfacción a lo que demandan sus destinatarios.

La "percepción de calidad" que tienen los consumidores es tal que:

- Si la organización no presenta otro atractivo que el de disponer de los elementos mínimos necesarios (básicos) para prestar el servicio, es valorada como de "no calidad", y la institución será seleccionada únicamente por quienes no tienen exigencias relativas al servicio de enseñanza o no cuentan con otra opción mejor para la escolarización.
- Las organizaciones (escolares) que, en un determinado momento, ofrecen servicios que satisfacen necesidades explícitas y lo hacen con efectividad, son consideradas "de calidad", alcanzando "alta calidad" o excelencia si el servicio que proporcionan genera una elevada satisfacción y es notoriamente más atractivo que el de otras instituciones que forman parte de su entorno.
- La alta calidad de un servicio deviene en excepcionalidad si entre sus posibles consumidores existe la convicción de que —el servicio— tiene características singulares, únicas, que son especialmente relevantes para el prestigio y expectativas de éxito en el futuro académico o profesional de quienes lo reciben.
- Si la organización, a través de la innovación, no se renueva, la percepción de calidad disminuirá progresivamente, y este proceso se acelerará si otras organizaciones de su entorno sí lo hacen.
- Según lo anterior, las organizaciones que han alcanzado el nivel de "*calidad excepcional*", en el caso de que su fuerza innovadora decaiga como consecuencia de la *autopercepción* de éxito (síndrome de la autocomplacencia o de "morir de éxito), cederán progresivamente su posición de predominio a otras excelentes que sí realizan el esfuerzo necesario para llegar a la excepcionalidad (y aquellas dejarán de ser *dantotsu*).

La alta calidad, y sobre todo su grado de excepcionalidad, son, pues, estados a los que únicamente llegan las mejores y las mejores de las mejores organizaciones, respectivamente, mediante el aprovechamiento de los recursos intelectuales y, especialmente, la capacidad de innovación y la pasión por el éxito de que disponen sus miembros para satisfacer las crecientes demandas de los consumidores. La fuerza necesaria para que se produzca este aprovechamiento requiere de **motivación** y **compromiso con la excelencia** en los integrantes de la organización, correspondiéndole al director (*general manager*), y, en general, a quienes desempeñan funciones de *management* en cualquiera de las unidades organizacionales, hacer posibles que una y otro, en cada trabajador, superen el umbral a partir del cual el lograr la excelencia y la excepcionalidad es posible.

2.2. Multideterminación de la calidad

El valor de calidad de la enseñanza que imparten los centros escolares, y en particular los profesores, es resultado del influjo que tanto sobre lo que el alumno aprende (selección, diseño, dificultad, atractivo, interés, por ejemplo) como sobre el proceso de aprendizaje ejerce una amplia gama de factores (formación, experiencia, satisfacción, compromiso, motivación de los profesores; recursos didácticos disponibles y utilización de los mismos; cualidades de los alumnos y de las familias; tiempo escolar y extraescolar disponible y forma de empleo del mismo; métodos de enseñanza, actuación del director, *curricula*, etc.).

En el *comportamiento* de algunos de estos factores (factores asignables controlables) es posible influir (motivación de los profesores, estrategias y métodos de enseñanza, distribución del tiempo disponible, por ejemplo), con la finalidad de que sus efectos incrementen la efectividad de la enseñanza, y por consiguiente su calidad, mientras que en otros la organización tiene una escasa o nula capacidad para alterar sus características (la parte genética de la inteligencia, las condiciones materiales en las que viven los alumnos en el seno de sus familias, por ejemplo), aunque sí para moderar su impacto, modificando convenientemente los objetivos y procesos de enseñanza, por ejemplo.

Los sistemas para el control y gestión de la calidad como TQM, ISO, SIX SIGMA, K SIGMA[7], etc., han diseñado protocolos de los que forman parte factores que la investigación científica ha hallado que tienen efectos significativos sobre la efecti-

---

7   Se describen en el Capítulo III.

vidad del servicio (escolar) y que, situando a tales factores en determinados valores, la organización asegura un alto nivel de calidad.

Aceptando la utilidad de este tipo de protocolos, se advierte, acerca de los indicadores que incluyen, y del esfuerzo que detrae de otras actividades su cumplimentación, que:

a) Los estudios relativos a los efectos de determinadas variables escolares (el estilo del profesor, por ejemplo) en los resultados del aprendizaje es frecuente que sostengan que son significativos con valores que explican únicamente una pequeña parte de la variabilidad de la variable dependiente (el rendimiento discente, por ejemplo), por lo que su utilidad práctica es poco relevante (si se valora respecto de la que pudieran tener otras variables no incorporadas al modelo).

b) Un determinado factor puede tener efectos diferentes en distintas situaciones, y también factores diferentes pueden dar lugar a tamaños del efecto y relaciones similares, o no diferenciables estadísticamente.

c) Variables no consideradas (e incluidas en los modelos formando parte del "error") es frecuente que mantengan una relación significativa con algunas de las que sí se incluyen en el modelo, con lo que se generan sesgos que distorsionan el valor de estas últimas (que absorben de forma espuria el influjo de las no incluidas con las que se relacionan).

d) No faltan casos en los que los modelos presuponen que las variables que incluyen son endógenas a la situación de aprendizaje, cuando en realidad una parte significativa de la variabilidad que provocan en los resultados procede de variables exógenas no contempladas (el entorno de la organización, por ejemplo).

e) El diseño estadístico, incluyendo el tipo de muestreo y población objeto de estudio, influye de forma significativa en las relaciones y efectos entre variables, por lo que cualquier tipo de generalización ha de realizarse con extremadas precauciones.

f) Al aplicar un determinado protocolo, que se presenta como habiendo sido efectivo en múltiples situaciones, puede producirse el efecto "autoconfirmación de las profecías": los resultados de su aplicación son positivos (al menos en el corto y medio plazos) no por los efectos atribuibles a las variables que lo integran, sino por el empeño de los profesores para que los resultados confirmen las previsiones, realizando para ello un esfuerzo difícilmente sostenible en el tiempo, y que además puede generar crecientes actitudes negativas acerca de la carga burocrática que conlleva la cumplimentación de tales protocolos[8].

---

8   También la mayor efectividad puede deberse al llamado *Hawthorne effect*, que ocurre cuando en el contexto en el que se está realizando un estudio o una investigación los sujetos que forman parte del

g) Su complejidad (si la tuviere) puede producir un efecto similar al conocido como "fatiga de los materiales": los integrantes de la organización sufren la presión de obligaciones/exigencias (cumplimentar los protocolos en tiempo y forma, participar en sesiones de trabajo conjunto, elaborar frecuentes informes, enviar farragosas estadísticas, etc.) que, progresivamente reducen su capacidad para dedicar suficiente esfuerzo al núcleo del servicio (enseñar y conducir el aprendizaje de cada uno de sus alumnos).

Estas cautelas en el uso de protocolos estandarizados para la gestión de la calidad, deben ser tenidas todavía más en cuenta cuando se pretende transitar desde la alta calidad a la excepcionalidad: la excepcionalidad no es "protocolizable", ya que únicamente se alcanza añadiendo a lo estándar elementos que se basan en el ajuste a la singularidad de los entornos *intra y extra-organización* a través de la innovación.

Al estudiar los factores que influyen en los resultados de un servicio, y subsiguientemente en su calidad, se reitera que es obligado tener presente que el servicio es prestado por organizaciones que son sistemas a las que, por consiguiente, le son aplicables los principios de *totalidad* (la organización opera como una unidad en la que cada uno de sus componentes afecta y es afectado por todos los demás) y de *equifinalidad* (característica de los sistemas abiertos, que explica que un sistema [un tipo de profesor o de director, por ejemplo] pueda alcanzar el mismo estado final [la misma efectividad] desde situaciones iniciales diferentes [con distintas cualidades] y por varias vías [mediante diferentes estrategias] (Bertalanffy, 1968; Katz y Kahn, 1978; Bailey, 1994)).

En este Ensayo se aceptan ambos principios, *totalidad* y *equifinalidad*; es decir, se supone:

a) Que las organizaciones (escolares) son sistemas, y que en cuanto tales actúan como un todo, por lo que sus elementos (o componentes) y comportamientos sólo pueden interpretarse en el contexto del conjunto total que conforman.

b) Que distintas formas de actuación de los componentes de una organización (directores, profesores, alumnos) pueden dar lugar a los mismos resultados, por lo que no es aconsejable establecer prototipos ideales de actuación, y sí aceptar que en cada situación, y para cada persona, el perfil más conveniente es el que proporciona mejores resultados.

---

experimento responden de diferente forma a como lo harían en una situación ordinaria por, precisamente, ser conscientes de que están siendo valorados.

La excelencia y la excepcionalidad únicamente se alcanzarán cuando cada integrante de la organización actúe sin que se violente su estilo laboral, otorgándole la autonomía necesaria para que se sienta confortable al realizar su trabajo, que solo habrá de ser revisado si no alcanza los estándares de calidad que ha establecido la organización como meta, o no resulte compatible —en elementos que impidan o limiten seriamente la coordinación necesaria de todos los profesionales que actúan sobre el mismo grupo de alumnos— con las formas de actuación adoptadas por la organización.

De forma más general, en este Ensayo se acepta que:

a) Cualquier tipo de tratamiento pedagógico y organizativo (tecnología didáctica que utiliza, recursos en los que se apoya, instalaciones en las que se realiza, planes en los que se fundamenta, profesionales que lo lleven a la práctica) es el adecuado a la situación si, como resultado del mismo, se obtienen valores altos en la calidad del servicio, siendo, naturalmente, compatible con los principios éticos y legales vigentes en el entorno social y jurídico en el que se produce.

b) Dado que el valor de calidad de la enseñanza esté en parte determinado por el efecto de variables externas, la organización ha de considerar al evaluarlo las circunstancias del entorno.

c) Son posibles múltiples configuraciones de factores escolares generadoras de valores equiparables de calidad de la enseñanza y, también, son posibles múltiples configuraciones equiparables de factores escolares que determinen valores de calidad significativamente diferentes. Corolarios: 1) No se justifica la utilización rígida y universal de protocolos formados por un mismo conjunto de indicadores para estimar la calidad de la enseñanza, especialmente en el nivel de excepcionalidad, al ser múltiples las vías para la calidad. 2) Los estimadores válidos del nivel de calidad son las características del servicio que generan en los receptores del mismo la percepción de que las competencias que adquieren le son útiles para la satisfacción de sus expectativas formativas.

3. CALIDAD DEL "OBJETO" DE ENSEÑANZA

Para explicitar el significado de la expresión "calidad de la enseñanza", es necesario empezar por desvelar qué características de aquello que se enseña pudieran ser indicadores de "calidad"; es decir, es preciso saber cuándo, y en qué medida, lo que está enseñando un profesor, un centro educativo o todo un sistema escolar tienen las cualidades que lo hacen merecedor de ser calificado como teniendo el valor "k" en la variable "calidad", por ser percibido en el mercado escolar como siendo de utilidad para la consecución de metas que se consideran valiosas (progresión académica, acceso a puestos de trabajo, adquisición de valores, etc.) por los consumidores del servicio de enseñanza.

Una de las tesis del Ensayo es que el valor de calidad (estimado en términos de utilidad percibida) que corresponda al *objeto de enseñanza*" es función del grado en el que lo que adquiere el alumno (el "objeto") a través de la enseñanza le permite desarrollar competencias que son:

a) **Funcionales**

Útiles para actuar dentro y fuera del sistema escolar, contribuyendo a satisfacer las necesidades personales y los requisitos académicos, profesionales o sociales de las entidades (centros de enseñanza, empresas, grupos, etc.) que les otorguen valor.

b) **Permanentes/Durables**

Mantienen sus valores académico, profesional y social en el medio y largo plazos.

c) **Transferibles**

Pueden ser utilizadas en distintos itinerarios académicos, profesionales o sociales.

d) **Autoactualizables**

Tienen características que les permitan evolucionar en función de las condiciones del entorno (autopoiesis) y adaptarse para poder ser aplicadas en situaciones nuevas

e) **Comprensivas**

Cubren, en todos los casos y materias, los objetivos establecidos por la legislación aplicable, así como los estándares de rendimiento fijado (si ese fuese el caso) por las Administraciones educativas.

f) **Adecuadas**

Se ajustan a las características de sus destinatarios, y contribuyen a desarrollar todo su potencial cognitivo, emocional y vocacional en los ámbitos académico, profesional y social en los que hayan de ponerlas en valor.

g) **Singulares**

Tienen características que las distinguen, por su atractivo social o por su carácter innovador y anticipador de futuros requisitos para el éxito académico o profesional, de las que se pueden adquirir mediante el servicio que prestan otras instituciones.

h) **Competitivas**

Proporcionan recursos teóricos y prácticos en un nivel tal que les permite a sus poseedores competir con éxito en la Sociedad del Conocimiento, tanto en el ámbito académico como profesional, con quienes han sido formados en otros centros de enseñanza.

i) **Sociales**

Contribuyen de forma efectiva a que el comportamiento y las actitudes de los que las adquieren reflejen los principios que promueven las comunidades internacional (tolerancia; respeto al medio ambiente; no discriminación por razón de sexo, raza, cultura, lugar de procedencia, orientación personal; democracia, etc.) y la de su propio país.

En cada situación, será la combinación de este conjunto de rasgos lo que hará percibir al objeto de enseñanza como "de calidad", aceptándose, de acuerdo con los postulados de totalidad y de *equifinalidad*, que la combinación que en cada caso sea percibida se habrá construido con valores diferentes en sus distintos componentes, pudiendo no ser equiparables en la composición y ser percibidas como de la misma calidad: lo importante es la percepción que cada consumidor tiene del todo y no el valor con que cada elemento contribuye a la *gestalt* final.

No se trata de defender, con este punto de partida, una concepción ni relativista ni meramente utilitarista de la enseñanza, sino de aceptar el imperativo de reconocer la legitimidad del usuario (el individuo y la sociedad) del servicio educativo escolar, y no de otras entidades, en la acreditación de la calidad del *objeto* de la enseñanza, sin que ello anule la necesidad de que las instituciones que otorgan soporte a la enseñanza escolar dispongan de los medios técnicos y científicos necesarios para facilitar información acerca de las características y virtualidades de los servicios que se ofrecen; virtualidades que no derivan de postulados "esencialistas" sino de su capacidad para colmar carencias o dar respuesta a propósitos y objetivos personales y sociales.

Aunque, de acuerdo con lo anterior, la prueba final de "valiosidad" es el grado de aceptación de cada una de las propuestas formativas que se realizan a través de las instituciones escolares, no cabe duda de que, por ello mismo, es conveniente, y aun obligado:

- Realizar, antes de decidir acerca de las mismas, un estudio de las necesidades de sus potenciales destinatarios, tomando para ello diferentes unidades de análisis (los individuos, en diversos contextos; los grupos, en sus variadas modalidades; las entidades productivas, en sus heterogéneas tipologías etc.), considerando, en general, tales —unidades de análisis— a los subsistemas que hacen posible el eficaz funcionamiento del sistema social;
- Decidir, en consonancia con la *needs assessment* realizada, qué contenidos formativos, convenientemente estructurados en planes y programas de enseñanza, permitirán acceder de forma eficaz, eficiente y efectiva a la adquisición de las competencias que satisfarán las necesidades personales y sociales de los alumnos;

- Garantizar que los contenidos seleccionados para otorgar soporte a las competencias cuentan con solvencia científica y actualidad plenas;
- Prever procedimientos de adaptación que permitan corregir las prognosis erróneas y la adaptación progresiva del objeto de enseñanza a la evolución de las demandas y necesidades de sus destinatarios;
- Diseñar un sistema de evaluación, dotado de la imprescindible consistencia, para verificar en qué medida los alumnos incorporan a sus recursos competenciales los contenidos de la enseñanza.
- Procurar que lo que se enseña sea funcional, permanente/durable, transferible, *autoactualizable*, adecuado, singular, competitivo y social.

La calidad de lo que proporciona —el objeto— el servicio escolar suele interpretarse desde dos planteamientos diferentes, y múltiples opciones en las intersecciones posibles de estos dos "ejemplos ejemplares", o paradigmas: el *"tradicional"* y el de la *"pedagogía auténtica"*[9]:

- Desde un punto de vista *tradicional*, son "objeto" de enseñanza escolar contenidos científicos, técnicos y prácticos seleccionados tomando como criterios básicos su importancia académica y proyección científica y tecnológica; su ajuste al nivel madurativo del alumno, y su valor como determinantes del éxito escolar y de la progresión académica.

    La selección de contenidos, en esta perspectiva, debiera realizarse de tal forma que aquello que se aprende constituya un medio para nuevos aprendizajes, lo que demanda incorporar a la enseñanza estrategias y métodos de tipo *metacognitivo*, a fin de que los alumnos adquieran competencias que los conviertan progresivamente en *making persons*, o personas capaces de construir de forma autónoma su pensamiento y de interpretar la realidad utilizando capacidades cognitivas propias.

---

9 Estos dos niveles de "calidad del objeto" se corresponden, *grosso modo*, con la clasificación que hace Stones (*1984*) de las destrezas (competencias en la terminología del proyecto que busca crear un espacio educativo europeo) que han de adquirir los alumnos como consecuencia del aprendizaje escolar:

— *Destrezas "C"* (paradigma tradicional), o competencias que adquiere el alumno mediante la asimilación de los conocimientos ya construidos que le proporcionan el profesor y los recursos didácticos;

— *Destrezas "B"* (paradigma tradicional-constructivista), o competencias mediante las que el alumno puede aplicar sus conocimientos y recursos cognitivos a la adquisición de nuevos conocimientos;

— *Destrezas "A"* (pedagogía auténtica-constructivista), competencias que le permiten al alumno aplicar sus conocimientos en contextos no escolares, genuinos.

- La voz *"auténtica"* hace referencia a la esencia del segundo de los planteamientos, al significar que lo que se enseña *ha de ser genuino*, es decir, ha de estar en estricta correspondencia con las competencias que utilizan en su vida personal, profesional y social los músicos, empresarios, políticos, artesanos, maestros, periodistas, ingenieros, médicos, taxistas, etc., en contraposición con las competencias que se conciben por y para el propio sistema escolar, como si fuese una entidad cerrada en sí misma y autosuficiente, es decir, artificial.

Para que el objeto de enseñanza tenga la condición de "auténtico" es imprescindible que:

- Sea el propio alumno, con la orientación del profesor, el que construya, a través de una enseñanza auténtica, su individual sistema de conocimientos ("aprendizaje auténtico"), y no, como es habitual en los *curricula* tradicionales, que su papel se agote en la asimilación de discursos, objetos y logros que otros han producido y recopilado;
- Los alumnos, formando parte de su "aprendizaje auténtico", efectúen un trabajo sistemático de investigación de lo "real", para lo cual es imprescindible que aquello que aprenden —el "objeto"— incluya:
  - La información necesaria para la construcción guiada del propio sistema de pensamiento (hechos, vocabulario, teorías, algoritmos, convenciones, procedimientos, etc.);
  - Contenidos tratados "en profundidad", y no una mera recopilación de hechos y conceptos;
  - Los recursos cognitivos y emocionales necesarios para producir comunicaciones que permitan transmitir a audiencias no escolares ideas, razonamientos, descripciones, propuestas, valoraciones, etc.;
  - Competencias que tengan valor fuera del ámbito escolar; es decir, que sean útiles en situaciones propias de la vida ordinaria ("auténtica"), y que se ajusten a estrictos estándares de calidad intelectual, tales como los de:
    - *Validez*: han de servir para responder a una situación, resolver un problema o adoptar una decisión con acomodación a los mejores criterios de autoridad en la materia de que se trate;
    - *Propiedad*: han de ser significativas para quienes ejercen control sobre el currículum (autoridades, asociaciones profesionales, expertos, padres y, en su caso, alumnos).

Como conclusión a este número, relativo a la calidad de los contenidos (el *objeto*) de la enseñanza, se apunta que:

- La calidad interna de los contenidos depende de la coherencia y solvencia científica, psicológica y pedagógica con las que se han situado y estructurado en el plan de estudios de cada opción formativa;
- La calidad, en cuanto a la "utilidad" que tengan para satisfacer demandas y necesidades de los individuos y las sociedades, de los contenidos de la enseñanza será tanto mayor cuanto más hayan sido incorporados a cada itinerario académico en función de su capacidad para generar "aprendizajes auténticos", que permitan intervenir en situaciones genuinas, reales.
- El *objeto* de enseñanza tendrá utilidad en la medida en que sea funcional, permanente/durable, *autoactualizable*, transferible, adecuado, singular, competitivo, social.

4. CALIDAD DE LOS PROCESOS DE ENSEÑANZA[10]

La idea de "*proceso*" es fundamental para trazar las *roadmaps* hacia la calidad. En organización, en consonancia con la *función de producción de capital humano*, se entiende por proceso la *serie de pasos, actuaciones o actividades a través de la cual determinados inputs* (recursos, planes, alumnos sin formar, etc.) *añaden valor y dan lugar a outputs* (resultados, alumnos formados, etc.) *que satisfacen requerimientos de los consumidores* (los propios alumnos, sus padres, la comunidad, etc.).

La Figura 2 representa, de forma simplificada, con fines meramente ilustrativos, los *pasos* del proceso mediante el cual se trasladan los efectos potenciales que tiene la *formación del profesorado* a los resultados instructivos que alcanzan los alumnos.

La *gestión y el control de la calidad* de los procesos se realiza mediante la medida y subsiguiente evaluación de la significatividad de la diferencia existente entre el efecto conseguido como consecuencia del proceso (o de cualquiera de sus pasos) y el esperado, de acuerdo con las previsiones del plan o diseño establecido. Si la diferencia entre los efectos real y esperado no fuese tolerable para la efectividad y eficiencias previstas (pone en riesgo, por ejemplo, la competitividad), el control de calidad debe aportar información acerca de los "errores" o "inadecuadas prácticas" que la explican (función diagnóstica) para, seguidamente, elaborar un plan

---

10 Para un estudio más detallado de este punto, véase Gómez Dacal (2006) y Gómez Dacal y Tocino García (2004).

de intervención que permita la eliminación de las causas raíz de las disfunciones detectadas.

Además, en la estimación de calidad es preciso conocer en qué medida el proceso es estable, es decir, "capaz" de no sufrir cambios no deseables, más allá de los que tienen origen en el efecto producido por variables aleatorias no controlables, de tal forma que alcance los resultados previstos sin variaciones significativas en el medio y largo plazos.

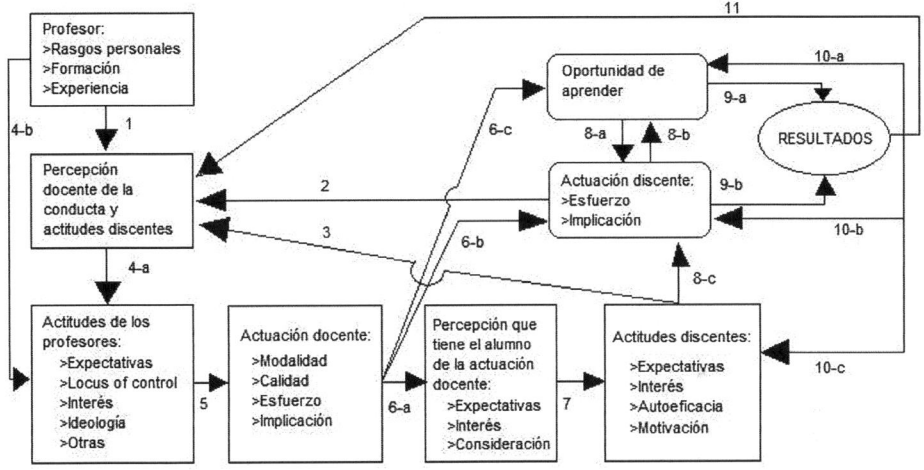

Figura 2

Al analizar un proceso, se distingue, así, entre:

- *Unidad:* un componente de un proceso (tiempo durante el cual el profesor *p* aporta mediante exposición colectiva nueva información, por ejemplo);
- *Desajustes* entre los estándares previstos y el valor que alcanzan los componentes de los procesos (el tiempo que dedica el profesor *p* a aportar nueva información mediante exposición colectiva es significativamente superior al estimado como adecuado, por ejemplo).

Disponible ya la información acerca de los "defectos" o "errores" que afectan a los procesos sometidos a revisión, es preciso identificar las *causas* de tales "defectos" o "errores", que se pueden englobar en dos grupos diferentes:

- *Causas aleatorias o naturales*: grupo numeroso de causas, cada una de ellas de escasa influencia. Son difíciles de identificar. Es habitual que no sean directamente controlables, por lo que son, en buena medida, inevitables. Respecto de la variable *"puntuación de los alumnos en las pruebas de selectividad para acceso a la universidad"* son ejemplos de *causas aleatorias* "la fecha del examen", "las indisposiciones que de forma coyuntural afecten a los alumnos el día de la prueba" o "el resultado en el sorteo de elección de las preguntas que formarán parte del examen".

- *Causas específicas o "asignables"*: pequeño grupo de causas con fuerte influencia en el resultado final. Pueden ser de naturaleza no controlable (localización del centro escolar), parcialmente controlable (colaboración de los padres en el proceso formativo de sus hijos) o plenamente controlable (metodología de enseñanza empleada por los profesores). Los efectos no deseados de las causas asignables controlables pueden hacerse desaparecer si su origen es detectado y eliminado. Las *causas asignables* que potencialmente puedan generar errores significativos en los procesos deben ser siempre objeto de atención por la organización: si son controlables, para situarlas en valores en los que generen, con alta probabilidad, un impacto positivo; si fuesen no controlables, para adaptar los procesos a sus condicionamientos, a fin de evitar que sean determinantes de efectos no deseables.

Al identificar las causas, han de tenerse en cuenta estos dos principios:

1.º) Es necesario separar lo trivial de lo verdaderamente importante e identificar la raíz del problema, trascendiendo los síntomas de las disfunciones.
2.º) Normalmente, un pequeño número de causas es el responsable de la mayor parte de los errores.

5. CALIDAD DE LA GESTIÓN DE LAS RELACIONES CON LOS CLIENTES

La *Customer Relationship Management* (CRM) es la estrategia de marketing mediante la cual las organizaciones pretenden convertir a los consumidores potenciales de un servicio en clientes fidelizados, constituyendo un modelo de gestión empresarial "centrado en el cliente".

La calidad de la CRM depende de la capacidad de la organización para conseguir que todos sus miembros sean canal para recoger información respecto de la aceptación del servicio que prestan y de comunicar información persuasiva dirigida a captar y consolidar clientes.

Para implantar[11] un eficiente (Figura 3) y efectivo sistema de CRM, es imprescindible que todos los miembros de la organización 1) dispongan de información acerca de las necesidades y demandas de los consumidores y clientes del servicio, y de los instrumentos para sistematizarla y utilizarla convenientemente; 2) estén dispuestos, y adiestrados para ello, a mantener contactos positivos con consumidores y clientes, y 3) tengan un profundo conocimiento del servicio que presta la organización y las competencias comunicativas necesarias para dar a conocer, de forma convincente, sus cualidades y capacidad de dar satisfacción a las demandas de los destinatarios del mismo.

Durante la CMR, los integrantes de la organización habrán de obtener información acerca de:

a) La experiencia que haya tenido el consumidor y el cliente por haber recibido el servicio de otras organizaciones (aspectos positivos y negativos).

b) La "inteligencia" del consumidor y el cliente respecto de posibles innovaciones y mejoras que, de ser introducidas en el servicio, incrementarían su grado de aceptación y de competitividad.

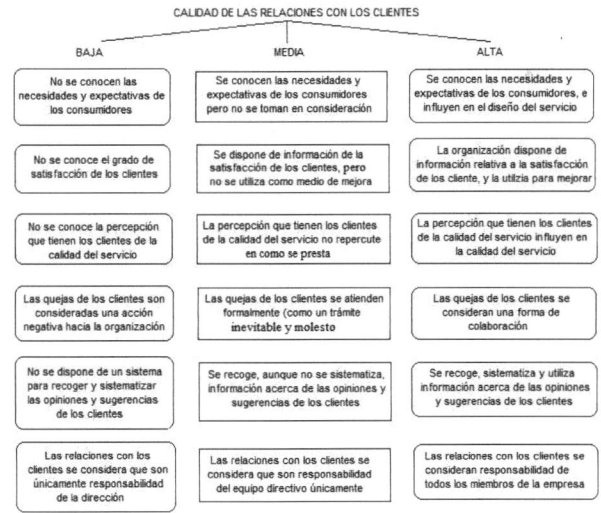

Figura 3

11 Existen sofisticados sistemas para gestionar un CRM. Véase, a título de ejemplo, el Microsoft Dynamics CRM (http://crm.dynamics.com/es-es/marketing), el Data Mining Software (http://www.the-data-mine.com/Software/WebHome) o la base de datos corporativa Data Warehouse (www.oracle.com/DataWarehousing).

El CMR es un importante componente de la calidad de los servicios que prestan las organizaciones tanto a los clientes externos (los receptores del servicio) como a los clientes internos (los que a través del servicio que prestan satisfacen necesidades personales).

6. CONSTRUIR LA *ROADMAP* HACIA LA EXCELENCIA

El modelo de despliegue de la función de calidad, de J. Akao (Figura 4)[12], integra los componentes de los procesos mediante los cuales una organización diseña y desarrolla los servicios a través de los que pretende ofrecer sus prestaciones. De acuerdo con este modelo, la *roadmap to excellence* tiene su inicio en el conocimiento y evaluación de las necesidades y expectativas de los consumidores que la organización está en condiciones de satisfacer con el nivel de calidad necesario para ser líder (excepcional) en el mercado (escolar) y concluye con la verificación de en qué medida los resultados no difieren significativamente de las previsiones.

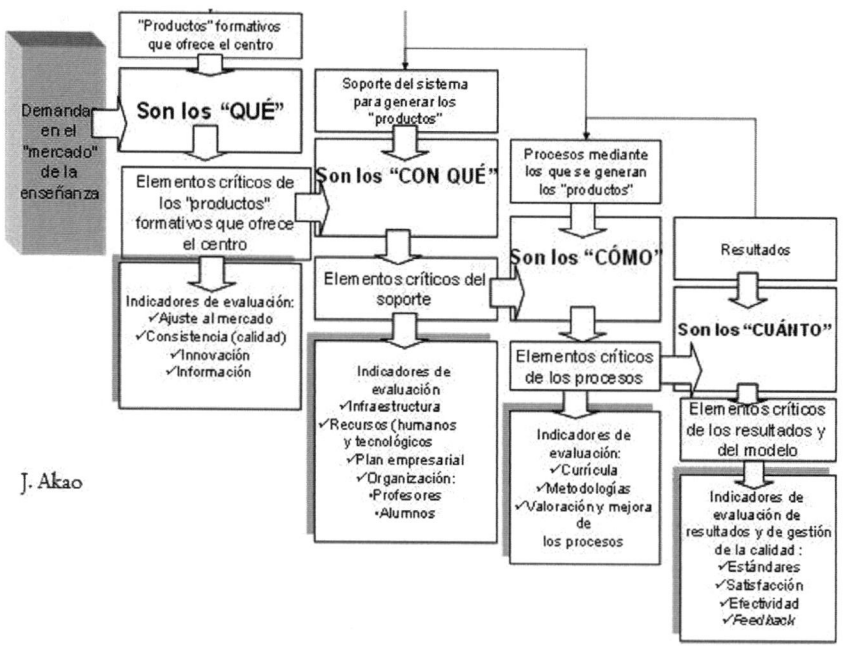

Figura 4

---

12 J. Akao (también se cita como Akai) es uno de los ganadores del premio Deming.

Para la elaboración del plan de la *roadmap* que ordene las actuaciones necesarias para convertir los objetivos en resultados, es necesario:

1) Acotar convenientemente el segmento constituido por los consumidores potenciales (véase Capítulo II) en los que la organización está interesada y analizar aquellas de sus características que habrán de ser tenidas en cuenta en el diseño de nuevos los servicios (si ese fuese el caso), y, al mismo tiempo, valorar las prestaciones de otras organizaciones con las que ha de competir (estudio del mercado).

2) Acordar qué nuevo servicio se considera conveniente prestar, o qué modificaciones es necesario incorporar a los que ya ofrece la organización, para incrementan su cuota de mercado.

3) Establecer los objetivos generales que se pretenden convertir en resultados.

4) Constituir un equipo responsable de elaborar el plan que, para el logro de los objetivos generales de calidad, han de desarrollar, bajo el impulso de la dirección, todos los integrantes de la organización. Este equipo debe estar integrado por un reducido número de miembros, que habrán de ser representativos de las distintas áreas de actividad de la organización, pudiendo responder, por ejemplo, a la estructura que es propia de los llamados "Círculos de calidad" (Figura 32).

5) Diseñar, por el equipo ya constituido, el plan de actuación, del cual han de ser componentes:

a) Una teoría sobre las causas (críticas) que influyen en la demanda de servicios escolares por parte de sus potenciales consumidores o en la satisfacción de los que ya son sus receptores. Disponible ya la teoría, el estudio de causa/efecto puede realizarlo el equipo con apoyo en el diagrama propuesto por Kaoru Iskihawa (1950). En la Figura 5 se ejemplifica la utilización de este tipo de diagrama para identificar las causas que explican el bajo rendimiento instructivo de un hipotético grupo de alumnos. El diagrama ha de "leerse" de la siguiente forma:
   — Las causas "lejanas" de la variable que se quiere explicar (rendimiento de los alumnos) son las primeras situadas en el eje principal del diagrama.
   — Las causas principales se sitúan al extremo de cada uno de los ejes secundarios.
   — Las causas secundarias se sitúan entre el eje principal y las causas principales.
   — Para modificar o erradicar el efecto de causas principales y secundarias ha de intervenirse a partir de las más alejadas.
   — Las categorías de causas pueden ser muy diversas, si bien cabe pensar en las categorías "personal", "métodos", "recursos", "gestión", etc.

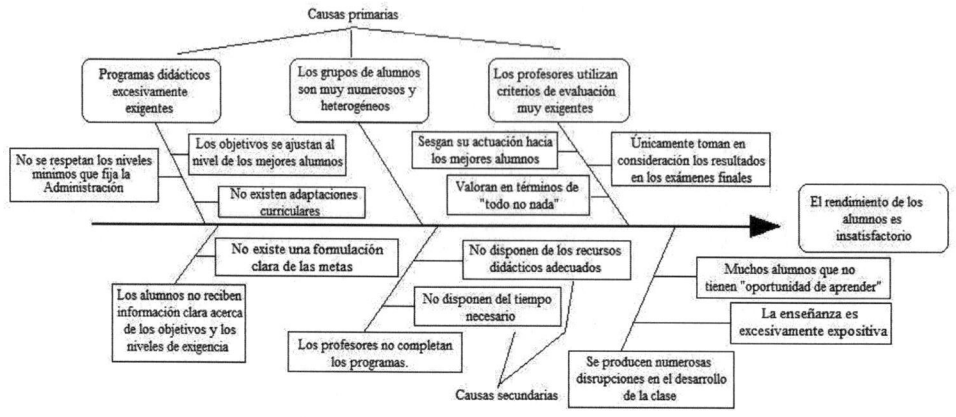

Figura 5

b) La carta de desarrollo de estrategias-objetivos-proyectos (Figura 6). Es este el elemento central del proceso de planificación. En su elaboración intervendrán el equipo directivo y todos los Departamentos y Unidades de la organización. Elaborado el proyecto de carta, debe someterse a informe del consejo asesor, si lo hubiere, que aportará propuestas. Finalmente, habrá de ser asumida y llevada a la práctica por la dirección.

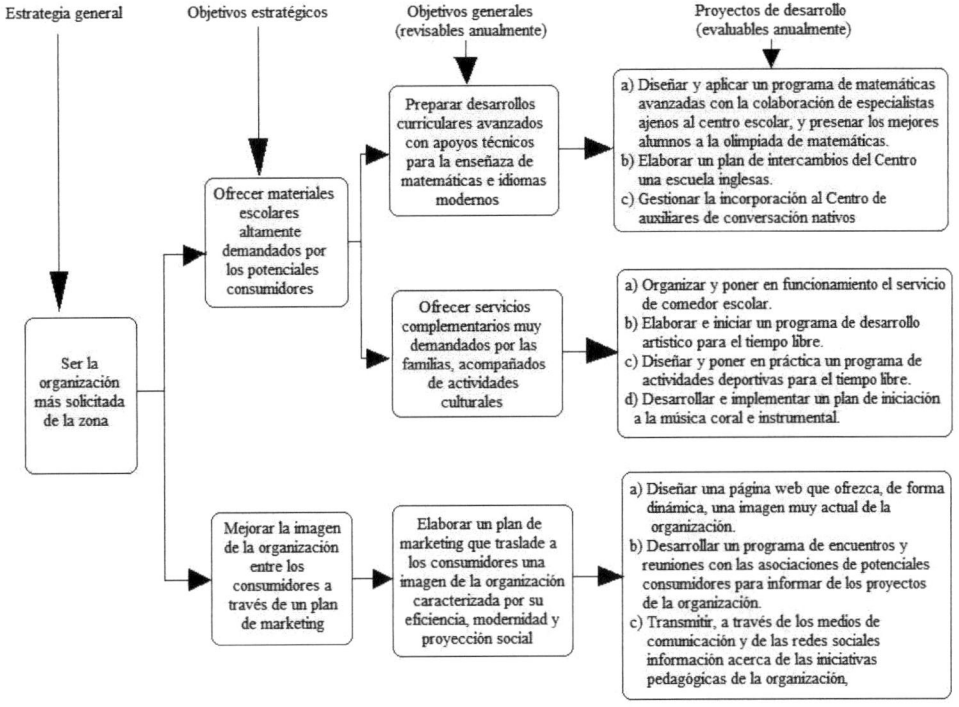

Figura 6

Las **estrategias generales** para alcanzar la alta calidad, primero, y la excepcionalidad, después, las establecerá la organización considerando su posición en el mercado escolar y también sus fortalezas y debilidades, debiendo, en todo caso, pretender:

- Mejorar la satisfacción de los clientes, y también su lealtad/fidelidad.
- Incrementar la eficiencia, reduciendo costos (especialmente si se trata de una organización privada) sin disminuir la calidad a través del incremento de la productividad.
- Introducir en la organización valores como el compromiso por esfuerzo, la pasión por la excelencia o la alta consideración a los clientes.
- Constituirse en la organización más competitiva, de acuerdo con los estudios realizados de *benchmarking*.

- Introducir un modelo pedagógico singular (individualización de la enseñanza, pedagogía auténtica, socialización de la enseñanza, inclusión de los alumnos con diferencias significativas en su potencial de aprendizaje (en más o en menos).
- Minorar significativamente el efecto negativo que tiene en los alumnos la pertenencia a medios sociales desfavorecidos: inmigrantes, familias por debajo del nivel de pobreza, excluidos sociales, etc.
- Asegurar la proyección social de la organización, a través de agresivos programas culturales, deportivos, artísticos o científicos.
- Crear una nueva imagen de la organización, mediante un plan de marketing científicamente concebido.

Los **objetivos estratégicos** son la concreción de las **estrategias generales,** pudiendo referirse a:

- Revisión de las relaciones con los clientes para que sean más positivas, amplias y frecuentes.
- Rediseño de las prestaciones académicas a fin de que respondan más fielmente a las necesidades reales de los consumidores.
- Introducción de nuevos métodos de enseñanza o de organización interna de la empresa.
- Incorporación de tecnologías avanzadas para la gestión y la prestación del servicio.
- Eliminación de prácticas carentes de interés y de bajas eficiencia e impacto.
- Inoculación de información persuasiva en los segmentos de consumidores integrados por personas susceptibles de ser clientes.
- Realización de estudios de mercado, para identificar necesidades no cubiertas por otras organizaciones.
- Formación de los profesionales tanto para el mejor ejercicio de sus funciones como para las relaciones con los clientes (inteligencia emocional).

Los **objetivos generales** resultan de la programación (fijación de tiempos y de metas) de los objetivos estratégicos. Establecen, pues los resultados previstos en cada anualidad así como los estándares de logro que se consideran satisfactorios, y servirán para diseñar los **proyectos de actuación,** cuyo impacto se evaluará también anualmente. Pueden servir de ejemplo estos dos objetivos generales:

- Reducir el número de alumnos que obtienen calificaciones en matemáticas inferiores a 7, en el intervalo [1, 10], al 5%, y el de los alumnos con puntuaciones inferiores a 5, al 1%. Gráficamente, la situación actual (en el último año) y la que se pretende alcanzar se representa en la Figura 7.

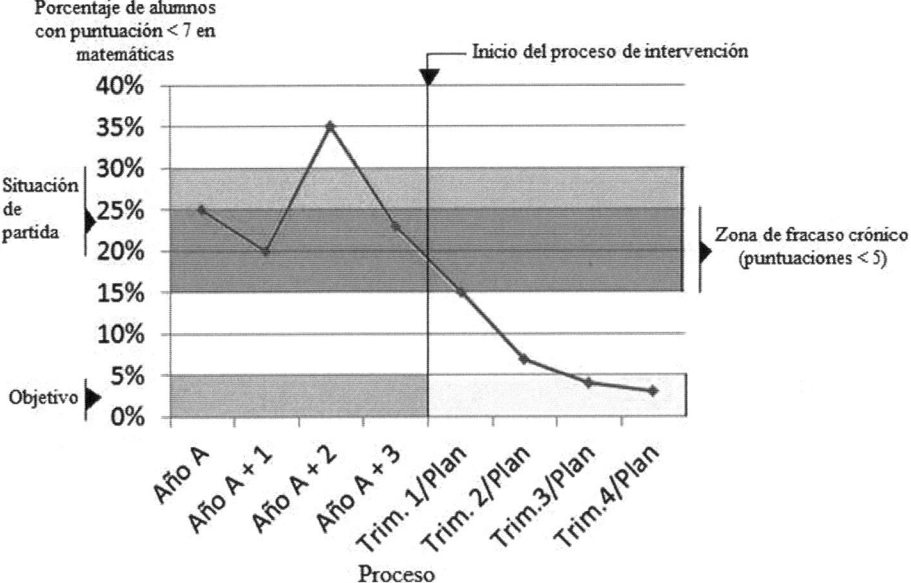

Figura 7

- Reducir la disconformidad negativa entre las expectativas de los padres respecto de la calidad de la información y del trato que esperan recibir del centro escolar a valores no significativos.

c) La especificación de las actuaciones (proyectos) que los departamentos, unidades y puestos de trabajo (departamentos didácticos y de orientación, profesores, orientador, especialistas en tratamiento de dificultades de aprendizaje, especialistas en atención a la alta capacidad, responsables de la difusión de información, servicios administrativos, etc.) han de realizar para la consecución de los objetivos que constituyen el desarrollo de la estrategia general. Dado que tales actuaciones han de comprometer a las diferentes áreas funcionales de la organización, es el momento de especificar qué procesos resultan afectados y quiénes serán los que asuman la responsabilidad de su realización, lo que requiere de su plasmación en una carta de desarrollo (Figura 8).

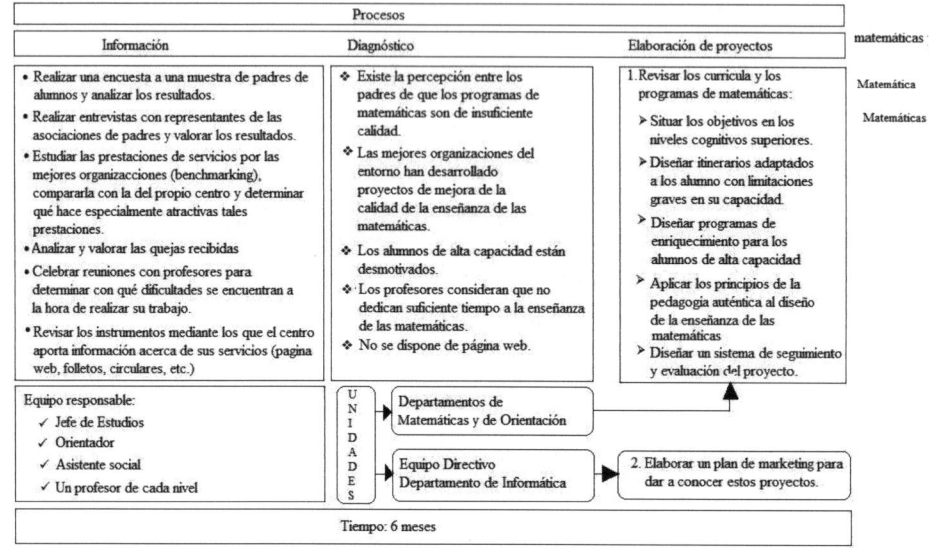

Figura 8

d) Puesta en práctica de los proyectos de intervención a cargo de las diferentes unidades y puestos de trabajo. En esta parte será muy importante la gestión del funcionamiento de la organización por la dirección, que ha de tener en cuenta muy especialmente la actuación de los "clientes internos" (profesionales que integran la plantilla) y el seguimiento de los efectos del proceso de implantación de los proyectos (*management*), para lo cual ha de asegurar la coordinación y acuerdo entre las unidades que interviene en el diseño, realización y evaluación del producto, circulando información coherente en tres dimensiones: horizontalmente, entre todos los trabajadores; jerárquicamente, de directivos a subordinados, y de lo ya realizado respecto de lo que está en fase de implementación (modelo A3, del *Toyota way*)[13].

---

13 El elemento central del llamado *Toyota way*, que constituyela prioridad de la empresa, es el desarrollo intelectual de sus integrantes, a través de siete elementos:
1) Pensamiento lógico: es preciso que las personas actúen racionalmente.
2) Objetividad: es imprescindible evitar la interpretación subjetiva de la realidad.
3) Resultados y procesos: los trabajadores y los equipos deben ser evaluados a partir del grado en el que consiguen sus objetivos.

e) Control y evaluación de los resultados, tomando como indicadores elementos críticos, en cada una de las fases de la *roadmap*, a fin de verificar si el progreso hacia los resultados se realiza según las previsiones y cumpliendo las exigencias de la alta calidad. Para este control serán indicadores los estándares de logro previstos para:

— Captación de consumidores.
— Satisfacción de los clientes.
— Eficiencia que garantice la competitividad y la continuidad empresarial.
— Disconformidad (Capítulo II) entre expectativas/percepción de calidad
— Ajuste entre resultados previstos/resultados alcanzados (significatividad del *gap*).

f) Consolidación de los resultados, y fijación de nuevos retos de mejora de la calidad y de logro de la excelencia y la excepcionalidad.

Tips para la excelencia

1. El nivel de calidad alcanzado no es una meta, es un estadio que permite avanzar hacia un nivel superior.

2. A la alta calidad se puede llegar utilizando inteligentemente modelos científicos solventes, y con el necesario esfuerzo; la excepcionalidad requiere, además, innovación y pasión por llegar a ser *dantotsu*.

3. No se sienta nunca satisfecho, o su organización "morirá de éxito".

4. Piense que no existe una mejor forma de realizar una tarea: el único criterio para afirmar que una práctica es la mejor práctica son los resultados. No imponga, pues, el pensamiento único, acepte la diversidad.

---

4) Síntesis, "destilación" y visualización: un informe breve que pone de evidencia los aspectos más importantes de aquello que trata y debe interpretarse como una bocanada de aire fresco para la organización.

5) Acuerdo: es preciso que todos actúen en la misma dirección y con los mismos objetivos.

6) Coherencia y consistencia en la transferencia de información.

7) Punto de vista: antes de iniciar una acción es preciso tener claros los propósitos, cómo han de ser los procesos que conducen a los resultados y cuáles son los efectos esperados. Véase Sobek (2008).

5. Conozca, analice y valore la información que proporciona la investigación científica, pero utilícela sabiendo que frecuentemente sus resultados son contradictorios y escasamente relevantes: piense siempre que el mejor criterio son los resultados que su organización está alcanzando.

6. Los objetivos y el contenido de la enseñanza (el objeto o lo que se enseña) no son los adecuados por lo que usted o sus profesores piensen: lo son cuando facilitan que los alumnos adquieran competencias que les permitan actuar con éxito en el mundo real.

7. Trate siempre de que el servicio que presta su organización sea el mejor, y sienta que es posible, cualesquiera que sean los recursos de que disponga.

8. Estudie detenidamente las reclamaciones, considerándolas no una agresión del cliente sino un desafío para darle una solución satisfactoria a sus demandas.

9. Constituya en su organización un grupo que asuma la responsabilidad de realizar de forma permanente el control de calidad, de tal forma que todos conozcan en tiempo real cualquier desajuste que se produzca entre lo previsto y lo que se está alcanzando.

10. El éxito no se improvisa: es el resultado de un complejo proceso que incluye la evaluación de necesidades de los consumidores, el diseño del producto que satisfaga tales necesidades, la elaboración de planes y programas adecuados a los objetivos, el control permanente de los procesos de trabajo y, sobre todo, la pasión y compromiso de todos para alcanzar el éxito.

11. Considere que el grado de satisfacción de los clientes siempre es mejorable.

12. Piense que el cliente tiene siempre alguna "razón", que merece su atención. Nunca deje de responder a los escritos que le dirijan (correo, e-mail, etc.).

13. Anime a los que reciben el servicio de la organización a que le proporcionen ideas y sugerencias.

14. Muestre un trato cordial con los clientes (que no quiere decir ambiguo), incluso cuando tengan actitudes negativas hacia la organización.

15. Para conseguir la calidad, aplique el *hoisin kanri*: *"Each person is the expert in his or her own job (...) use the collective thinking power of all employees to make their organization the best in its field"*.

Kaoru Ishikawa

Capítulo II. Competir en mercados escolares libres y regulados

The principal object of management should be to secure the maximum prosperity for the employer, coupled with the maximum prosperity for each employee.

El principal objetivo de la gestión científica debiera ser el asegurar el mayor beneficio para el empresario compatible con el mayor beneficio para cada uno de los empleados.

Frederick Winslow Taylor
The Principles of Scientific Management

1. EL MERCADO ESCOLAR

1.1. Aspectos generales

Las organizaciones que facilitan servicios (escolares) únicamente estarán en condiciones de liberar el esfuerzo y la innovación de que disponen todos sus integrantes, necesarios para alcanzar la excelencia, si 1) actúan en un contexto (mercado escolar) en el que disponen de la autonomía necesaria para diseñar el tipo de servicio que consideran que satisface mejor las necesidades de los consumidores de las prestaciones que ofrecen y 2) aquellos que necesitan recibir el servicio (consumidores) tienen alguna (al menos) capacidad para elegir la organización que lo proporciona.

El mercado escolar en el que son posibles la excelencia y la excepcionalidad está, pues, basado en la libertad de elección de centro de enseñanza por parte de los consumidores de este servicio y en la libertad de la organización para dotar a sus prestaciones, dentro del respeto a las leyes, de las características que considera que las harán más atractivas que las de organizaciones con las que compite con la finalidad de convertir a los consumidores en sus clientes, y de "fidelizar" a los ya clientes.

Aun cuando todas las organizaciones, públicas y privadas, para impulsar la creación de *roadmaps* hacia la excelencia y la excepcionalidad, debieran competir en el libre mercado escolar, no cabe duda de que la forma en la que han de hacerlo difiere según que reciban o no fondos públicos. Los centros de enseñanza públicos no están legitimados, por ejemplo, para seleccionar un determinado segmento de la población escolar (definido por las características *sociofamiliares* de los alumnos, por ejemplo) con preferencia a otros, si bien han de ser elegibles libremente y han de competir poniendo, precisamente, en valor cualidades que le son propias, como la inclusión social. El aporte de recursos públicos debiera tener en cuenta esta característica fundamental de la escuela pública, y también de la privada subvencionada con fondos públicos, a fin de dotarlas de los medios complementarios que les permitan competir, incluso con instituciones que seleccionan a sus alumnos en función del rendimiento académico o de la procedencia social.

La escuela privada puede dirigir su servicio de enseñanza hacia segmentos de la población diferenciados por la ideología o la religión (escuelas con un *ethos* religioso diferenciado, por ejemplo), por la capacidad económica (fijando un alto costo a la matrícula) o por la forma de inteligencia o formación de sus alumnos (seleccionándolos mediante pruebas psicológicas o de instrucción, por ejemplo), siempre, claro está, que las condiciones de selección les permitan ser viables en el largo plazo.

Para avanzar, pues, hacia la alta calidad, primero, y la excepcionalidad, después, las organizaciones de enseñanza han de conocer las condiciones y las reglas del mercado escolar y el contexto en el que operan, sean o no favorables, y actuar sabiendo que:

a) Los *inputs*, ya *ab initio*, provenientes de la regulación del mercado escolar determinan de forma significativa la eficiencia y la efectividad con las que producen conocimiento.

b) La ideología de quienes detentan el poder político (a través de los instrumentos de regulación, financiación y supervisión) condiciona la forma en la que opera el mercado, y, subsiguientemente, la competitividad entre las organizaciones que ofrecen el mismo servicio a los mismos potenciales clientes.

c) El comportamiento de los consumidores, especialmente en la elección de organización para recibir las prestaciones (escolares), depende de la regulación política del mercado, de su propia orientación ideológica, de sus disponibilidades económicas y del valor que atribuyen a la adquisición de conocimiento.

1.2. La ideología y la regulación del mercado escolar

La política educativa es uno de los determinantes remotos, lo que no significa que sus efectos sean por ello menos significativos, de las características generales del *objeto* (lo que se enseña) y de una buena parte de las del *proceso* (cómo se enseña) de enseñanza, y lo es tanto en su formulación más genuina, que cobra cuerpo en las leyes a través de las que el Estado ordena la educación escolar, como en la más instrumental de las decisiones que adoptan el Gobierno y las Administraciones educativas para aplicar las leyes. La política educativa impone, pues, condiciones a las *roadmaps* hacia la excelencia y excepcionalidad, que han de ser tenidas en cuenta por las organizaciones escolares.

Es, por consiguiente, necesario, estudiar cómo la política educativa influye en la consecución de la equidad y la eficiencia (calidad) del servicio escolar, regulando el mercado mediante la actuación legislativa y de gobierno de los Estados, con efectos muy importantes en la fijación de:

- Los *objetivos y contenidos* de los planes de estudio de los diferentes itinerarios y niveles formativos del sistema escolar.
- Los *estándares de rendimiento* que se consideran útiles desde una perspectiva social y personal.

Si es relevante el papel de la política educativa, y el de los órganos a través de los cuales se transmite a la institución escolar, respecto del contenido de la enseñanza, no lo es menos su condición de instancia que ordena muchas de las variables que influyen en las condiciones bajo las que se conduce el aprendizaje de los alumnos, al tener capacidad para intervenir, entre otras materias, en:

- La organización y el sistema de dirección y gestión de los establecimientos de enseñanza;
- La selección, formación inicial y continua de los profesores, y la regulación de parte de sus funciones, obligaciones y derechos;
- Las normas que regulan la vida escolar;
- La participación de la comunidad educativa en el gobierno de la escuela;
- La fijación de salarios e incentivos a los profesionales de la enseñanza;
- La dotación de recursos a los centros docentes públicos;
- La regulación del sistema de acceso a los itinerarios formativos y de elección de institución escolar;
- La inspección de la enseñanza, etc.

La ideología, y su plasmación en forma de políticas escolares, definen, además, el paradigma desde el que se regula el papel que tiene la institución escolar como parte constitutiva del sistema social. Al respecto, y aun a riesgo de incurrir en la simplificación que supone encapsular en "tipos" la realidad, siempre en curso de cambio, heterogénea y propensa al mestizaje, si bien aprovechando las ventajas que tiene, desde una perspectiva expositiva, el describir utilizando ciertos "ejemplos ejemplares", se parte, en este Ensayo, de que en la actualidad conviven dos paradigmas interpretativos que compiten a la hora de atribuir sentido a la institución escolar como subsistema del sistema social:

a) El de notas claramente "neoliberales", de corte conservador, que propugna que lo procedente es explicar desde las "leyes del libre mercado" la dinámica social y el comportamiento de los individuos y de los grupos, y asume la necesidad de aplicar estas mismas leyes para regular de forma eficiente el funcionamiento de los sistemas escolares, ellos mismos subsistemas del sistema social general.

b) El que se inspira en el socialismo moderno, cuya preocupación central es movilizar los recursos de que disponen el Estado y la Administración pública para compensar, con carácter prioritario, las desigualdades de etiología económica, cultural o genética que afectan a los ciudadanos y grupos desfavorecidos, entendiendo que no es la aplicación de las leyes que rigen el "libre mercado" el instrumento adecuado para alcanzar este fin. Consideran, por el contrario, quienes se sitúan en este marco de pensamiento, que esta función compensadora demanda "leyes sociales", concebidas y aplicadas con el objetivo de minorar las diferencias que existen en las sociedades actuales entre individuos y grupos en su acceso al bienestar social (educación, salud, recursos económicos, vivienda, etc.). De acuerdo con este planteamiento, la política educativa es una parte de las políticas que con carácter general impulsan los poderes públicos para procurar la equidad social.

Estas, en principio, contrapuestas posiciones constituyen uno de los dilemas clave para interpretar las decisiones de política educativa y los criterios desde los que han de evaluarse, tomando como indicadores sus efectos en la calidad de la enseñanza que imparten los centros y los profesores; dilema que está en el origen de un amplio y, frecuentemente, apasionado debate entre los defensores de una y otra ideología.

En el ámbito de la reflexión científica, no exento ciertamente de ideología, han sido importantes en la defensa "leyes del libre mercado"[14]:

- El polémico libro de Chubb y Moe, *Politics, Markets and America's Schools* (1990), en el que se afirma que "las escuelas fracasan debido a que el juego de la democracia local constituye una perpetua lucha por el poder, que crea ganadores y perdedores, y en la cual los vencedores imponen sus valores (educación

---

14 Las bases del pensamiento económico que sustentan este modelo son indudables, por cuando admite que los padres y los alumnos ("clientes") tienen en el "mercado escolar" los incentivos necesarios y poseen la discreción suficiente para decidir tanto el tipo de itinerario formativo como el establecimiento docente que mejor van a satisfacer aquellas necesidades que más se ajustan a sus capacidades y que en mayor medida responden a los requerimientos económicos y sociales de la comunidad a la que pertenecen. Al mismo tiempo, cuando se dan tales circunstancias en los consumidores, se presume que los establecimientos de enseñanza reaccionarán ajustando sus propuestas formativas en función de las probabilidades que tienen de que sean seleccionadas por sus potenciales "clientes" (Jones, 1993).

sexual, socialización de los emigrantes, prioridad para los discapacitados, qué historia enseñar), mediante el ejercicio de un control burocrático, coercitivo, sofocador de la autonomía de las escuelas y desmotivador de los profesores. Las instituciones educativas funcionan cuando las personas pueden elegirlas. La clave para tener mejores escuelas consiste en la creación de mercados en los que los consumidores —padres y alumnos— ejerzan su influencia mediante sus decisiones".

- La publicación en el Reino Unido del "Green Paper" (1998), en el que se diseña un plan de gestión escolar (en la línea de las reformas llevadas a cabo en períodos de gobierno conservador por el "*thacherismo escolar*") ajustado al modelo empresarial de "gestión orientada al rendimiento"
- La promulgación de la iniciativa legislativa "*No Child Left Behind Act*", bajo el patrocinio del Presidente G. W. Bush, que pone en marcha los instrumentos necesarios para crear un sistema de *accountability* (responsabilidad) que permita impulsar desde la competitividad institucional la eficiencia del sistema escolar[15].

Al reconocer a las leyes que ordenan el mercado poder para promover la eficiencia de los subsistemas sociales, también la del educativo, se respaldan las políticas escolares que propicien la organización, dirección y gestión de las escuelas bajo el estímulo de unos "clientes" que pueden o no elegirlas para ser formados en ellas, lo que se acompaña, con la finalidad de hacer posible la competitividad, de una apuesta clara por la no intervención de los poderes públicos en el encaje de la oferta y la demanda, por la des-regulación y la supresión o disminución de los aparatos burocráticos que dirigen los sistemas escolares (Figura 9)[16].

---

15 Los principios políticos para organizar un sistema de *accountability* en EE.UU. se sientan en la reunión que mantuvo en 1989, en la Universidad de Virginia, el entonces presidente George Bush con los gobernadores de los Estados, en la que se legitimó la necesidad de generar estándares y objetivos de rendimiento para las escuelas. Posteriormente, se identificaron siete áreas para la fijación de objetivos:
  • La preparación de los niños para iniciar la escolaridad;
  • El rendimiento en *tests* internacionales, con especial énfasis en la importancia de los resultados en matemáticas y ciencias;
  • La reducción de la tasa de abandono escolar;
  • La eliminación de analfabetismo funcional en la población adulta;
  • La creación de una competitiva fuerza laboral;
  • La formación de maestros con alta cualificación y la introducción de nuevas tecnologías en la escuela;
  • La instauración en las escuelas un entorno seguro, disciplinado y libre de drogas. Véase C. Pipho, 1989.
16 La decisión más adecuada es la que adoptan, libremente, el que ofrece y el que recibe el servicio.

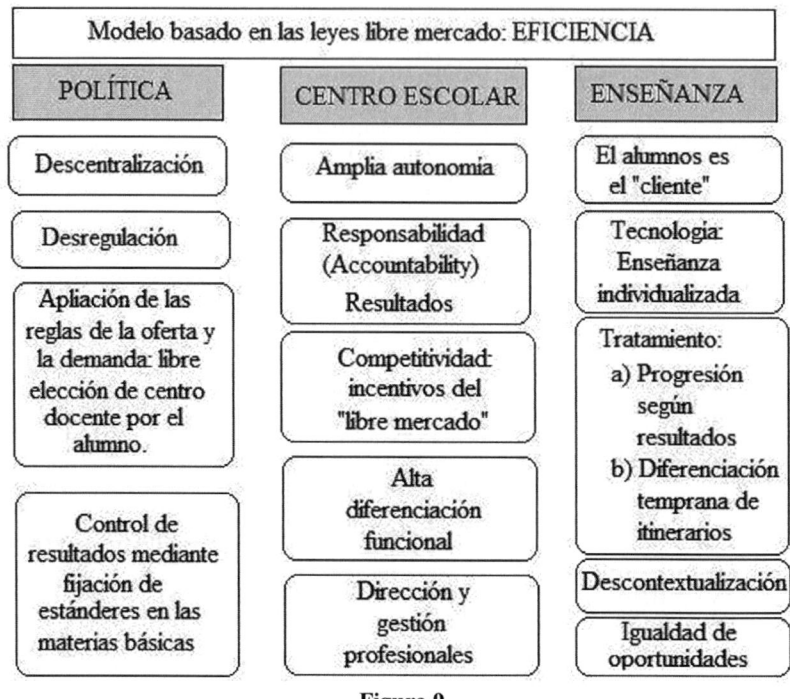

Figura 9

Este, sin duda, atractivo y atrevido ideario político-pedagógico halla una excelente descripción en Tooley (1992), quien propone la ruptura con las prácticas escolares que, a su juicio, han convertido la escuela en una institución ineficiente y rutinaria, para cuya regeneración es, a su juicio, preciso proceder a:

- La de-democratización de las estructuras que se han asentado en sus órganos de gobierno;
- La creación del "mercado libre de la educación", basado en la descentralización, la "devolución" a los padres y alumnos de la capacidad de elegir el centro de enseñanza en el que quieren formarse, la autonomía de gestión de las escuelas, el fuerte liderazgo del director, la profesionalización de los profesores, el trabajo en equipo y la autorregulación.

Tal paradigma ha sido visto desde una perspectiva distinta por:

- Gamble (1998), que lo había etiquetado, como de "la libre economía en el fuerte Estado", queriendo que esta expresión recogiese la concepción que en el Reino Unido se consolida bajo el *thacherismo*;

- Keat Abercrombie (1991), quien considera que otorga la base y el fundamento de la llamada "empresa cultural";
- Baudrillard (1977), autor que advierte que genera la *hiperrealidad* de la reputación y de las imágenes que prevalecerán sobre la realidad del bien de consumo (en este caso, la educación);
- Featherstone (1992), pensador que lo interpreta en el marco paradójico de la libertad ideológica versus la manipulación y seducción del consumidor por el mercado.

Sharon Gewitz (2000) sostiene que esta concepción termina por integrar el modelo que se basa en la aplicación de principios que informan la gestión de las escuelas privadas a las instituciones públicas, especialmente de los que son propios de un mercado educativo en el que se satisface la demanda de los clientes (alumnos y padres) de forma competitiva, de una parte, y el modelo que encuentra fundamento, de otra, en el control de los resultados instructivos con criterio en estándares de rendimiento, la subsiguiente medición de los mismos por los poderes públicos y la aplicación de incentivos a los profesores y a los centros docentes en función de la eficiencia ("*pay for performance*"). Esta integración, según este autor, genera diversas perversiones en el servicio público de la educación, al potenciar:

- La comercialización de la enseñanza y la "*commodification*" del alumno, al concebirlos —a la enseñanza y a los alumnos— como "mercaderías" que contribuyen a potenciar o a limitar el valor transaccional del servicio educativo;
- La manipulación y la distorsión de los resultados instructivos, a fin de generar la percepción de calidad en los potenciales consumidores;
- El recurso a sistemas de clasificación académica y social de los alumnos, segregándolos en itinerarios formativos perfectamente jerarquizados.

De forma paralela al desarrollo de la concepción que propicia la des-regulación y la competitividad, tiene, pues, un brillante desarrollo una línea de pensamiento que defiende postulados opuestos, sosteniendo que es imprescindible:

- Contrarrestar el individualismo que genera el mercado, una de cuyas bases halla representación adecuada en la metáfora del "juego de suma cero": para que un individuo o grupo gane en el mercado es preciso que otro pierda en la misma proporción;
- Prevenir el fortalecimiento por el mercado de los grupos que producen respecto de los que consumen;
- Evitar que la educación se convierta en un artículo de consumo, o que sea tratada como tal, ya que con ello se favorece el nacimiento de grupos privilegiados por su capacidad de acceder a los productos de más calidad;

- Contrarrestar las fuerzas que impulsan la creación de un "mercado educativo" controlado por los poderes de los Gobiernos.

Entienden, quienes se sitúan en este marco de pensamiento, que son, precisamente, las leyes sociales las que tienen capacidad para poner freno a la penetración del mercado en el dominio educativo, mediante la implantación de un modelo basado en la equidad (Figura 10).

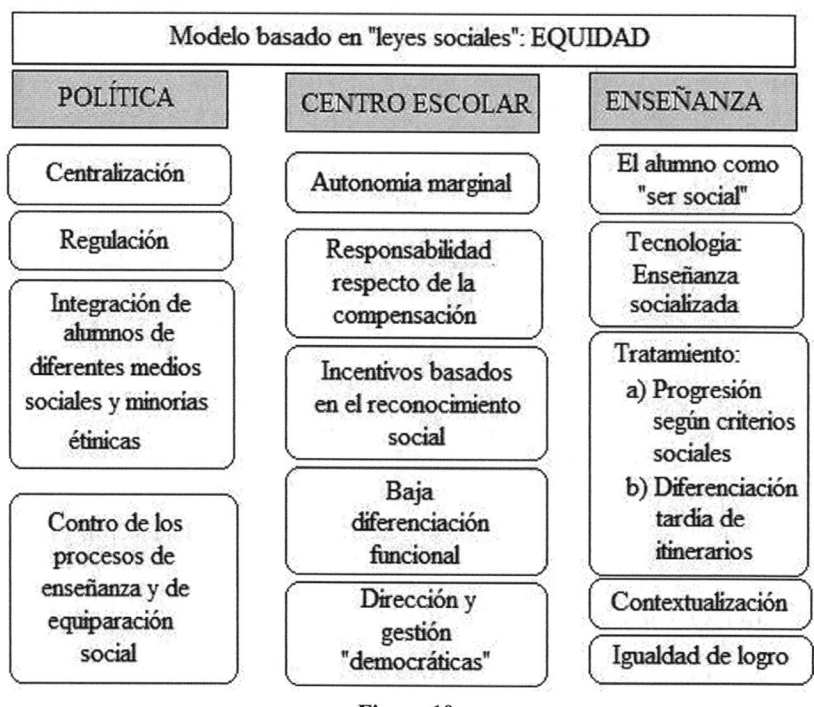

Figura 10

Uno y otro paradigma, con sus inevitables coincidencias y diferencias, tienen evidentes luces y sombras:

- La política educativa basada en leyes sociales está constantemente amenazada del riesgo de hipertrofia del soporte administrativo y normativo, así como de la aparición de signos de desmotivación entre los profesionales de la enseñanza. Al mismo tiempo, es evidente que este planteamiento previene de la creación por el mercado de "nichos" privilegiados de productores y consumidores de educación escolar y de la tendencia del mercado a favorecer a los más fuertes e incrementar las desigualdades que existen en el seno de las sociedades.

- Si son las leyes del mercado las que han de regular la prestación del servicio educativo, en consonancia con lo que propugna el moderno neoliberalismo, es indudable que se crea una situación en la que los agentes que intervienen en el proceso de enseñanza se ven presionados e incentivados a aportar toda su capacidad de trabajo y de innovación para pervivir en una situación en la que es el cliente quien decide qué opciones formativas elige. Al mismo tiempo, se incrementa el riesgo de individualismo, se favorece la tendencia a valorar más la presentación del "producto formativo" que su propia calidad real y se crean las condiciones para que la enseñanza actúe como un factor más de clasificación social.

Con la finalidad de integrar los aspectos positivos del sistema neoliberal, sin renunciar a la equitativa utilización de los recursos disponibles, se ha impulsado, en el Reino Unido especialmente, una "tercera vía" que, inspirándose en el pensamiento del sociólogo Giddens (1994, 1998), y en concreto en su afirmación de que es necesario un planteamiento político que sea superador de las viejas "Izquierda" y "Derecha", y de la dicotomía entre "mercado" y "principios socialistas de equiparación social", realiza un análisis solvente de las sociedades actuales, en las que:

- Se generalizan cambios que dan lugar a procesos de globalización imparables;
- Resulta inevitable el enfrentarse con los problemas ecológicos haciendo uso de las nuevas tecnologías;
- Nacen sistemas transnacionales que necesitan personas capaces de "pilotar" su propio destino a través de una de las revoluciones sociales más importantes de los últimos tiempos.

La versión educacional de la "tercera vía" la sintetizan Hart (1998) y Caldwell (1999) diciendo, el primero, que constituye el encuentro de dos procesos que conducen, uno, a la máxima delegación de responsabilidades por parte de los Gobiernos en las escuelas y, otro, a considerar a las instituciones docentes "*accoutable*" (responsables) respecto de los resultados que alcanzan, y afirmando, Caldwell, que representa una opción en la que se sostiene que "todos los alumnos, cualquiera que sea la situación escolar en la que reciban enseñanza, deben tener las necesarias competencias lingüísticas y matemáticas, adquirir la capacidad de *aprender a lo largo de toda la vida* y ser capaces de desempeñar con éxito una actividad laboral en la sociedad del conocimiento y en el marco de una economía global".

En los últimos años, con la finalidad de describir con precisión el tipo de "*mercado educativo*" que generan las reformas de la escuela, se ha acuñado la expresión "*casi-mercados*" para indicar que en el dominio escolar no se ha llegado a actuar de acuerdo con los planteamientos propios de "*pleno-mercado*", por cuanto:

- Los Gobiernos siguen siendo los reguladores del mercado, al financiar no sólo la educación pública sino también, y de forma creciente, a los centros privados, imponiendo como consecuencia de este dominio restricciones tanto a la elección de centro docente por parte de los consumidores como al funcionamiento de las escuelas en materias como *currícula*, estándares de logro, admisión de los alumnos, sistema de gestión o salario e incentivos que han de percibir los profesores, etc.
- Las instituciones de enseñanza tienen un margen de libertad limitado para ajustar sus "ofertas" educativas a los potenciales "clientes".

Incluso no es frecuente que los sistemas escolares operen de acuerdo con los requerimientos que son precisos para poder considerar que lo hacen según los principios que definen los "casi-mercados" (Glennerster, 1991, 1994), puesto que para que ello sea así:

- Los consumidores han de tener acceso a la información necesaria y adecuada[17] para elegir con conocimiento de causa entre las opciones formativas que existen (en el "mercado"), así como el poder de cambiar de escuela si aquella a la que asisten no satisface sus necesidades;
- Las escuelas han de disponer de información acerca de las necesidades, demandas y expectativas de sus potenciales clientes, y tener atribuida la competencia de modificar sus planes y programas para procurar satisfacerlas[18].
- Las preferencias de los consumidores, en el supuesto de que las escuelas tengan capacidad para adoptar cambios que permiten satisfacerlas de forma competitiva, tendrían que poder fijar el punto óptimo de la respuesta que ha de dar el sistema escolar a los requerimientos individuales y sociales para asegurar la pervivencia y el bienestar de la comunidad[19].

---

17 La existencia de información suficiente y adecuada para adoptar decisiones es, desde la perspectiva de la eficiencia, una exigencia difícil de cumplir. En la práctica, ni los padres ni los alumnos disponen de tal información, por lo que adoptan sus decisiones basándose en indicadores frecuentemente de insuficiente validez y fiabilidad.

18 Es bien sabido que tal capacidad está fuertemente limitada por la potestad reguladora que se reservan los poderes públicos.

19 Esta coincidencia de intereses individuales e interés de la comunidad no está en ningún caso asegurada, tanto más cuanto que "el superior interés social" suele ser establecido, en buena medida, pensando no en el conjunto de los ciudadanos sino en favor de determinados grupos e individuos que ocupan un lugar privilegiado en la jerarquía de las decisiones generales.

En su aspecto negativo, y según N. Adnett y P. Davies (1999), las escuelas en los "casi-mercados" compiten tanto en la calidad como en la cantidad de alumnos que consiguen atraer. En esa situación, los de más capacidad y provenientes de medios sociales más favorecidos suelen escolarizarse en centros separados, en los que se constituyen comunidades de profesores, alumnos y padres altamente seleccionadas, que ofrecen mayores estímulos para el trabajo de preceptores y discípulos que las escuelas a las que, en virtud de este efecto *segregador*, asisten crecientemente alumnos social y culturalmente desfavorecidos.

Para que las políticas educativas faciliten la creación de un marco legislativo que favorezca la *search of excellence* a las organizaciones escolares, es necesario que se supere la tensión que existe entre los dos marcos ideológicos desde los que se interpreta la escuela en los inicios del siglo XXI, el de corte liberal y el de inspiración socialista, y se acepte que la escuela excelente ha de ser capaz, al mismo tiempo, de ser eficiente, poniendo en valor toda la capacidad de aprender de cada alumno, y equitativa, controlando y suprimiendo los efectos negativos de variables, especialmente sociofamiliares, cuando sus efectos no favorecen sino que limitan el potencial de aprendizaje de cada alumno, sabiendo que 1) la equidad crece con la integración y la inclusión, y 2) los beneficios sociales y personales de la equidad justifican el incremento de su costo, incluso cuando este incremento afecta negativamente a la eficiencia medida a través de la cuenta de resultados.

2. LOS CONSUMIDORES Y LOS CLIENTES

2.1. Aspectos generales

Cualquier persona, o grupo, que tenga a su alcance un servicio (escolar) es un potencial consumidor del mismo, siempre, claro está, que el esfuerzo (incluido el económico) que le suponga el recibirlo le genere la percepción de que le aportará retornos que, en términos de costo/beneficio, le sean favorables, correspondiendo a la organización: 1) identificar a esa persona potencial consumidora, 2) generar un producto/servicio adaptado a sus demandas/expectativas, y 3) hacerle llegar información persuasiva respecto de la ventajas que se derivan de ser su cliente. Naturalmente, la organización únicamente ofrecerá productos/servicios que le sean suficientemente rentables (si su pervivencia depende de los *inputs* económicos de sus clientes) como para mantener el nivel de calidad que se ha marcado como estándar, asegurando la competitividad.

En la organización científica, la voz "cliente" se utiliza para designar, dicho de la forma más simple posible, a la persona que recibe los beneficios que proporciona el servicio de una determinada institución con notoria preferencia respecto del que podría recibir de otras. Dado que, en el caso de una parte de las organizaciones escolares, los que reciben el servicio son menores de edad, se considera que son también clientes, esta vez indirectos, del servicio de enseñanza los padres o tutores.

La interpretación del papel de la familia como cliente del sistema escolar suele realizarse considerando que este servicio representa (para la familia) una inversión en capital humano, mediante la cual busca hacer máximos los retornos que recibe a través de la formación (de sus hijos), al estimar los beneficios potenciales de la inversión considerando (a partir de la evaluación de su capacidad inversora en dinero y tiempo) el número de hijos, el potencial de cada uno de ellos, el previsible influjo que la capacitación tendrá en su futuro profesional, así como otras compensaciones (*side effects*) como pueden ser las derivadas de los aportes de la formación a la salud, al comportamiento, a la autoestima, al prestigio, etc. (Tomes, 1981; Becker, 1981; Becker y Tomes, 1986).

Los clientes así caracterizados no pertenecen, *stricto sensu*, a la organización, siendo, no obstante, su referente principal. No se trata, sin embargo, de una categoría única, ya que el servicio escolar incide no solo en los alumnos o en sus padres, al repercutir en otro tipo de "clientes", en cierta forma secundarios, también externos, como son las Administraciones, el titular o propietario de la organización, los proveedores, las asociaciones de padres y de alumnos, los sindicatos, etc.

Los servicios que prestan las organizaciones proporcionan así mismo beneficios a los integrantes de la propia organización: los profesores, por ejemplo, obtienen de la actividad de la institución de la que forman parte prestigio, seguridad, desarrollo profesional, prestaciones sociales, etc. Lo mismo sucede con otros profesionales como el orientador, el medico escolar, los responsables de la seguridad, etc. A este tipo de cliente cabe denominarlo "interno", y su grado de satisfacción será en ocasiones, como se tendrá ocasión de verificar, un factor crítico para la efectividad organizacional.

Si bien una organización que facilita servicios (escolares) tiene numerosos y variados clientes efectivos y potenciales (los que consumen o están en condiciones de consumir el tipo de prestaciones que ofrece), internos y externos, portadores de muy diversas expectativas que esperan satisfacer a través del vínculo que mantienen con la organización, no a todas cabe atribuir el mismo valor.

Es muy importante determinar cuáles de las expectativas/demandas de los consumidores y clientes son verdaderamente críticas, sabiendo que tienen esta condición unas pocas, que de no ser satisfechas afectarán de forma muy importante a la percepción de calidad que el servicio genera en sus destinatarios (especialmente cuando son expectativas de clientes externos) o a la eficiencia del trabajo de la organización (cuando las expectativas que no se satisfacen corresponden a clientes internos) y, por consiguiente, a la competitividad de la propia organización. Por el contrario, son muchas las expectativas/necesidades, tanto de clientes internos como externos, que lejos de ser críticas, son triviales, por lo que si no resultan satisfechas sus efectos no serán relevantes para la organización (Figura 11).

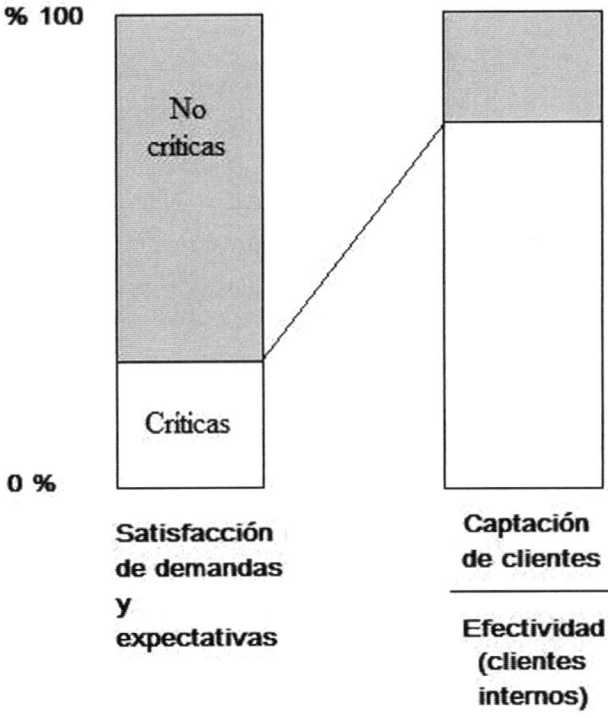

Figura 11

Varios son los factores que explican las decisiones que adoptan los consumidores respecto de un servicio (selección de la organización que lo presta y permanencia en la organización, ya clientes, una vez que la han seleccionado):

a) Las necesidades que tienen, a su vez influidas por su personalidad y por las circunstancias socioeconómicas y culturales en las que viven.

b) El techo de gasto: la elección, por ejemplo, de una organización pública o privada para recibir el servicio educativo puede estar ligada a la posibilidad de asumir o no el costo de la matrícula en la privada.

c) La ideología o el sistema de creencias que les caracterizan: la pertenencia a un grupo religioso, por ejemplo, puede ser un factor decisivo al decidir la escolarización en una institución que incorpore la religión al plan de estudios.

Dada la variedad de potenciales clientes, las organizaciones necesitan conocer y valorar la condición de crítica o trivial que tienen las distintas demandas/expectativas que debieran ser satisfechas a través del servicio que prestan, y, subsiguientemente, decidir para qué segmento de la población diseñarán el producto que ofrecen.

En el caso de las organizaciones que prestan servicios escolares (y también en el de cualquier otro tipo de organización), la participación de los clientes en su funcionamiento es muy importante, especialmente de aquellos que se muestran más activos y tienen una mayor capacidad para realizar propuestas que afecten tanto a la calidad del servicio como a los factores que influyen en la satisfacción de los que lo reciben. Estos clientes, clientes creativos (Berthon *et al.,* 2011) y participativos, tienen especial relevancia para la organización, que debe facilitar la incorporación al servicio de las innovaciones que provengan de los mismos, siempre, claro está, que no pongan en riesgo el nivel de aceptación ya conseguido del servicio por parte de los consumidores actuales y potenciales.

2.2. Competir en el mercado escolar

2.2.1. Consumidores susceptibles de ser clientes

En el proceso de identificación de consumidores de los servicios (escolares) es imprescindible tener en cuenta (lo que no suele suceder en el caso de otros servicios y, todavía en menor grado cuando se trata de bienes de consumo) que la percepción de calidad está fuertemente determinada por la ideología, tanto religiosa (aspectos y prácticas del servicio asociados a valores católicos, islámicos, protestantes, etc.) como política (adscripción o simpatía hacia principios de índole socialista o liberal-conservadora) e, incluso, cultural (tradiciones, usos y costumbres imperantes). Estos posibles sesgos ideológicos deben ser considerados tanto a la hora de identificar el segmento social sobre el que se pretende incidir como a la de diseñar y desarrollar el producto, informar acerca del mismo y acordar los procesos mediante los que se pondrá a disposición de sus receptores.

El trabajo de categorización de la población (delimitación del segmento en el que la organización tiene mayor probabilidad de captar consumidores) debe realizarse con un cuidadoso estudio de mercado, que desvele: 1) cuáles son los elementos esenciales que delimitan los diferentes tipos de consumidores (según sus características, necesidades y capacidad de acceso a los servicios); 2) qué organizaciones ofrecen los mismos servicios (competitividad) y que tratan de hacerse con el mismo segmento de mercado (Figura 12).

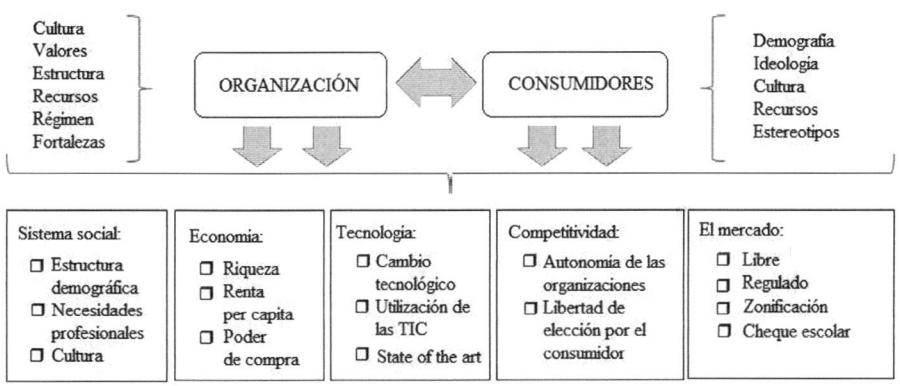

Figura 12

Diversos son los instrumentos a través de los que las organizaciones realizan el trabajo de delimitar el segmento social del que forman parte sus potenciales clientes [entrevistas, encuestas, experimentar "ser consumidor", informes de los trabajadores (maestros), etc.], y diversas han de ser también las vías que han de emplear para conocer si en aquellos que ya reciben sus servicios, como clientes, se genera o no la satisfacción necesaria para asegurar su fidelidad (análisis y evaluación de quejas, celebración de reuniones periódicas tanto personales como con sus representantes y asociaciones, estudio de las causas de abandono, etc.).

Para articular un plan de información (marketing) para captar clientes directos (los que "compran" el servicio) entre los consumidores del servicio en el medio en el que la organización actúa, es muy útil realizar una primera exploración utilizando la denominada *House of Quality*. Si, por ejemplo, una institución pública, que ofrece el servicio de enseñanza en un mercado en el que compite con escuelas privadas confesionales y con otras escuelas públicas, se plantea diseñar un plan de marketing es necesario que, de forma realista, considere la importancia que le otorgan aquellos a los que está en condiciones de atraer a diversos aspectos de la enseñanza (disciplina, valores tradicionales, atención a los alumnos de alta capacidad, *comprensividad*, coeducación, inclusión de minorías y discapacitados, formación religiosa, etc.) y también ha de sopesar las condiciones en las que ha de competir, habida cuenta, por ejemplo, de las limitaciones que le impone la condición de "centro escolar público" o "centro privado confesional", por ejemplo.

Construyendo la *house of quality* (HoQ) la organización está en condiciones de obtener una primera aproximación al plan para atraer a los consumidores del servicio que ofrece, situando convenientemente variables críticas para sus decisiones:

1. Rasgos de la población que puede ser receptora del servicio (ideología, cultural y características sociales y culturales).
2. Cualidades que pueden ser determinantes de la decisión del consumidor respecto de qué organización elige para recibir el servicio escolar, e importancia que se le otorga entre la población, sobre la que potencialmente puede incidir la organización, a cada una de ellas (nivel cultural y económico, orientación religiosa, etc.).
3. Atractivo que organizaciones que tienen capacidad de competir en el mercado común tienen para los diferentes tipos de consumidores (prestigio, tipo de población que escolarizan, etc.).
4. Autovaloración del servicio que presta.

La organización inicia el proceso de diseño de la HoQ identificando el tipo de consumidores potenciales y la importancia que le otorga a cada uno de ellos, habida cuenta de sus expectativas y de la capacidad de la organización para satisfacerlas (Figura 13).

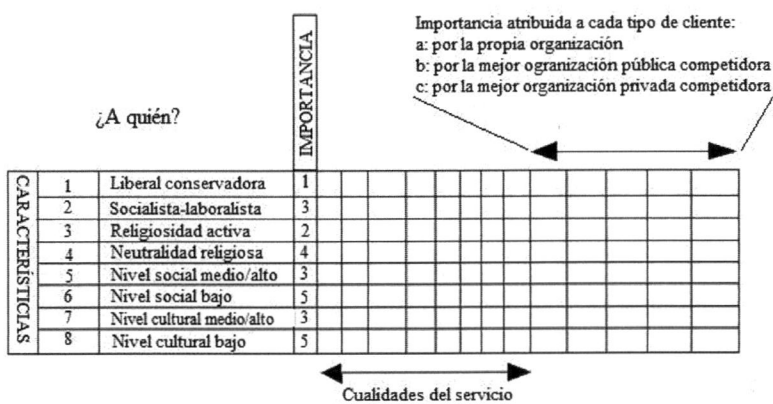

Figura 13

Identificadas las categorías de consumidores susceptibles de ser clientes, la organización establece las cualidades del servicio que está en condiciones de ofrecer y que pudieran ser de interés para los integrantes de cada categoría (Figura 14).

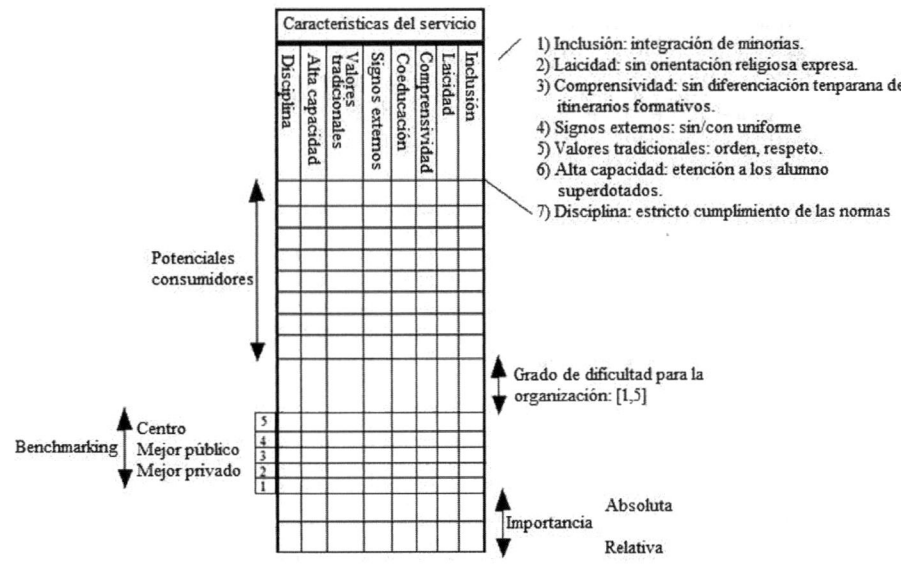

Figura 14

Son objeto de estudio, seguidamente, las relaciones entre las variables que son indicadores de las características del servicio (Figura 15).

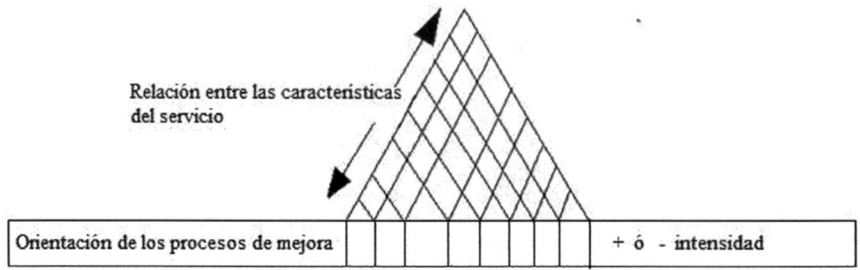

Figura 15

Fijados los elementos de la HoQ, la organización cumplimenta cada uno de los apartados, integrados todos ellos en una única representación (Figura 16):

a) La importancia (valorada de 1 a 5) que tiene cada uno de los *n* potenciales consumidores (*Cp*) para la organización (según sus características y la capacidad de la organización para ofrecer un servicio que se ajuste a las mismas).

b) La importancia que tienen para cada tipo de potencial consumidor las *N* cualidades del servicio (*Cc*) que está en condiciones de ofrecer, y diferenciar, la organización. Este apartado figura en la parte central de la HoQ (intersección de las casillas correspondientes a "Características de los grupos de consumidores" y "Características del servicio". Esta importancia suele reflejarse como "Alta" (9 puntos), "Media" (3 puntos) y "Baja" (1 punto).

c) Dificultad (*Df*) que le plantea a la organización el intervenir sobre cada una de las características del servicio que ofrece (5: alta; 1: baja).

d) *Benchmarking* (*Bch*), o estimación de la capacidad que tiene la organización para competir con la "mejor organización pública" y la "mejor organización privada" en cada una de las características del servicio que ofrece, en el entorno en el que las tres actúan.

e) Importancia que para el diseño del servicio (*Ds*) que ofrecerá la organización tiene el valor de cada característica del servicio (*Cc*). Se aprecia en términos absolutos [suma de los productos del valor de cada tipo de cualidad del servicio (*Cc*) por la importancia que para la organización tiene cada uno de los *n* consumidores (*Cp*)] y relativos (el mayor valor absoluto es *1* y el menor *N*).

f) Importancia que tienen cada uno de los tipos de consumidores para la organización propia (*Cp*), y para la mejor organización privada (*Prv*) y la mejor organización pública (*Púb*) con las que compita.

g) Importancia que tienen cada una de las N características del servicio (*Cs*) para la organización propia (*Cp*), y para la mejor organización privada (*Prv*) y para la mejor organización pública (*Púb*) con las que compita.

h) Determinación de las características del servicio que ofrece la organización sobre las que, habida cuenta la mejora de la competitividad, debiera intervenir para su mejora (Valores de *Bch* inferiores a los de las organizaciones con las que compite).

i) Estudio de las sinergias que pueden existir entre las características del servicio, a fin de determinar los efectos asociados que pudieran derivarse de cada intervención (relaciones entre cada par de características del servicio).

La resultante es la HoQ mediante la cual la organización dispone de información sistematizada para:

a) Establecer las prioridades de actuación (consumidores que constituyen la población de mayor interés).

b) Diseñar el servicio.

c) Informar sobre el servicio

d) Iniciar el proceso de prestación del servicio.

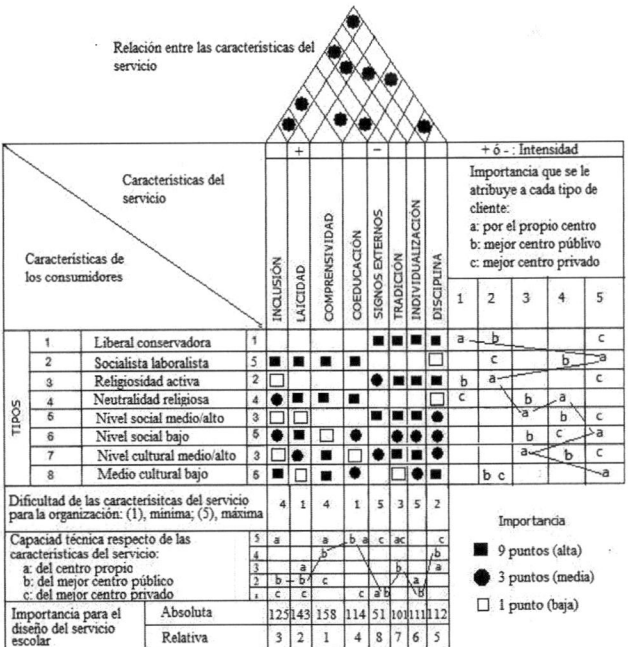

Figura 16

La *house of quality* de la Figura 16 pudiera ser la elaborada por una organización pública (no se trata de un ejemplo real, ciertamente) con la pretensión de diseñar un plan de información dirigido a potenciales clientes, subrayando las características del servicio que está en condiciones de ofrecer y que encajan en la tipología de los consumidores que define como *target*. Como resultado del análisis de la información recogida en la *house of quality*, el marketing de la organización se dirigirá al segmento de la población constituido preferentemente (no exclusivamente) por personas de ideologías no conservadoras y destacará los siguientes aspectos del servicio que ofrece:

1) La **coeducación como forma de enseñanza y de socialización**. Proporcionará información, fácil de interpretar y presentada con el mayor refrendo científico posible, acerca de las ventajas de la convivencia de alumnos de los dos sexos, tanto desde la perspectiva de su maduración personal y social como del rendimiento académico y, en forma de contraargumentos, tratará de restar valor a los defensores de una enseñanza impartida en régimen de separación de sexos ("un modelo en rápida regresión").

2) El **valor social y personal de la** *comprensividad*, como sistema adoptado por los países más innovadores, advirtiendo de que la permanencia de alumnos de distintas características en una misma aula no conllevará una igualación "por abajo", sino que el centro asegurará que todos, cualquiera que sea su potencial de aprendizaje, desarrollen su talento mediante una adecuada adaptación curricular.

3) La **condición de laica que debe tener la enseñanza,** especialmente la pública, garantizando con ello el respeto a todas las orientaciones religiosas. Al mismo tiempo, destaca la buena disposición del centro a facilitar, fuera del horario lectivo, las instalaciones para que se puedan organizar clases dirigidas a los practicantes de las diferentes religiones.

4) El **sentido social y educativo de la inclusión escolar,** que será especialmente tratado, habida cuenta de la insuficiente sensibilidad social que se deduce de la información que proporciona la *house of quality* (se sitúan en el quinto lugar en cuanto a la importancia que le otorgan los potenciales receptores del servicio escolar).

Fijadas las líneas argumentales de la información acerca de la orientación del servicio escolar, la organización realizará un esfuerzo por atraer a población de nivel cultural medio y alto, a la que le viene prestando significativamente menos atención que las organizaciones con las que compite. También incrementará los esfuerzos de penetración en el segmento de consumidores de nivel económico medio y alto y en el de los religiosamente activos, teniendo conciencia, no obstante, de las dificultades de competir en este segmento con las organizaciones privadas confesionales.

Es necesario tener en cuenta que cuando el consumidor se encuentra en situación de decidir acerca de qué organización le proporcionará un mejor servicio, son varios los estados subjetivos que generan la información a la que tiene acceso y la forma en la que la procesa. Pueden servir para "visualizar" estos estados subjetivos los siguientes indicadores de los mismos (variables de persona a persona):

a) "La elección del servicio escolar es una decisión importante para el futuro de mis hijos" (es propio de consumidores de alto nivel cultural).

b) "Antes de decidir qué organización elijo, son muchos los factores que preciso valorar" (consumidores que tienen una ideología dominante y son de nivel cultural alto).

c) "Es irrelevante el tipo de organización que seleccione, lo importante es tener un puesto escolar" (consumidores de cualquier nivel que no tienen la posibilidad de elegir organización, por razones económicas o de residencia).

d) "No existen diferencias significativas entre los servicios que prestan las organizaciones escolares públicas" (situación en la que el mercado escolar no es competitivo).

2.2.2. Expectativas, necesidades, percepción de calidad y satisfacción de los clientes

2.2.2.1. Conceptos y relaciones

Identificados los consumidores, es imprescindible conocer qué expectativas (inducidas y construidas a partir de su propia experiencia) tienen asociadas a las necesidades que desean satisfacer y qué cualidades consideran que debiera tener el servicio que desean recibir. En el caso de los ya clientes, la organización valorará cuál es su grado de satisfacción y, en consonancia, en qué medida pretenden seguir vinculados a la institución en la que han depositado inicialmente su confianza (y si es privada no subvencionada, su dinero de forma inmediata).

Antes de conocer los valores que en una determinada situación alcanzan las variables "expectativas", "necesidades", "cualidades del servicio" y "satisfacción", es útil adelantar el significado que en este Ensayo se le dará a estos términos y presentar los modelos mediante los cuales se explican las relaciones entre los estados subjetivos que denotan:

a) **Expectativas**: son estados cognitivos y emocionales que genera el consumidor respecto:

- De las características que prevé que tendrá el servicio.
- Del grado en que espera que los aportes del servicio le permitirán satisfacer necesidades personales y/o sociales.

- Del tipo de intercambios que supone que mantendrá con la organización que le proporcione el servicio.

Las organizaciones desarrollan sus productos y servicios con la finalidad de que respondan a las expectativas que detectan en los consumidores, pudiendo, a este respecto, diferenciar entre consumidores que:

1) No manifiestan expectativas, más allá de las de escolarizar a sus hijos, o escolarizarse ellos, en una institución de enseñanza oficialmente reconocida, considerando, especialmente, su cercanía al domicilio familiar. No dan muestras de satisfacción, y sí de insatisfacción cuando se producen incumplimientos por parte de la organización.

2) Tienen expectativas respecto del servicio, y seleccionan las organizaciones que lo ofrecen en función de su percepción del grado en el que interpretan que responderá a lo que esperan del mismo. Son consumidores que, ya clientes, se muestran satisfechos o insatisfechos según cuál sea la calidad que aprecian en el servicio que reciben, y que, como resultado, se *fidelizarán* o cambiarán de organización.

3) Realizan un profundo estudio del mercado escolar, y seleccionan aquellas instituciones que gozan de un alto prestigio (excelentes y excepcionales) como consecuencia de su alta calidad y de su probada (o de su fama) capacidad de innovación y de "sorprender" a sus clientes con prestaciones que todavía no son expectativas, y que lo serán con el paso del tiempo.

Esta trilogía de consumidores tiene su correlato en tres tipos de organizaciones (escolares):

1) Las rutinarias, caracterizadas por un funcionamiento ajustado a las normas, sin otra preocupación que la de cumplir con los estándares que se fijan con carácter general. No existe en ellas preocupación por competir y no necesitan realizar esfuerzos para captar alumnos al ser receptoras de todos los radicados en una determinada zona, ni tampoco resultan afectadas por la pérdida de alumnos (salvo en casos extremos).

2) Las que procuran activamente la prestación de un servicio competitivo y de calidad, que satisfaga las expectativas de sus potenciales receptores. La innovación no es un elemento crítico de su cultura organizacional, y sí lo es la actualización constante de su tecnología, organización y formación de los profesionales que la integran. Pueden ofrecer servicios de calidad.

3) Las que, además de estar comprometidas con la prestación de servicios de calidad, se caracterizan por su capacidad innovadora y por su visión respecto de las necesidades que generarán en el futuro, y no en la actualidad, expectativas. Son organizaciones que ofrecen lo no esperado y que, por ello, y por su alta calidad, son percibidas como únicas y excepcionales.

b) **Necesidades**: son las carencias que la persona percibe que le afectan y que interpreta que de no ser colmadas podrían mermar su bienestar presente o futuro. Los consumidores de servicios escolares no siempre tienen una percepción clara del tipo de necesidad al que darán satisfacción estos servicios, de ahí que las organizaciones deban facilitar orientación acerca de las prestaciones que, dadas sus características y las necesidades del mercado ocupacional, debieran demandar habida cuenta de las posibilidades que abren de acceso a la formación general, a la progresión académica o a la inserción profesional. Cabe, así mismo, y es legítimo hacerlo, generar necesidades (útiles no percibidas por el consumidor) mediante información persuasiva.

Son múltiples las teorías[20] que tratan de explicar qué necesidades pretende satisfacer el ser humano, y cómo la búsqueda de esa satisfacción determina una buena parte de las decisiones que adopta. Son ilustrativas en este dominio las teorías de Maslow (1954) y de Alderfer (1969). Maslow ha desarrollado una de las teorías de la motivación humana más citada y utilizada para interpretar qué impulsa la conducta de las personas. Para Maslow, los individuos actúan bajo la presión de satisfacer determinadas necesidades que interpretan como prioritarias, teniendo prevalencia la satisfacción de las de nivel inferior respecto de las que ocupan la parte superior de su ya famosa "pirámide" o estructura jerarquizada de necesidades de la persona (Figura 17).

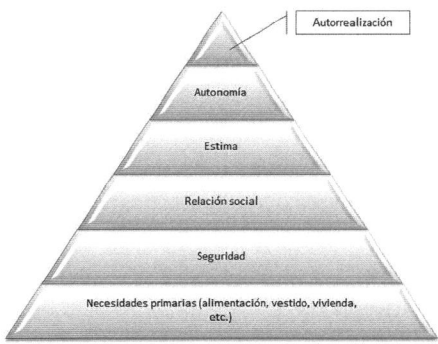

Figura 17

Alderfer (1969) propone un modelo basado, como en el caso de Maslow, en las necesidades de las personas, que se construye a partir de dos componentes básicos:

---

20 En los Capítulo IV y V, dedicados al estudio de la conducta laboral (profesores) y de aprendizaje (alumnos), respectivamente, se describen y analizan otras teorías que recurren a las necesidades para explicar el comportamiento.

"satisfacción-progresión" y *"frustración-regresión"*. Para Alderfer, la persona cuando no consigue dar satisfacción a una necesidad se ve afectada por un sentimiento de frustración que la induce a regresar a un nivel de necesidades anterior en busca de liberación de tensión. Este "mecanismo" de protección del *yo* funciona en un modelo jerarquizado de necesidades de tres niveles (y no seis como en el caso de Maslow): *existencia, relaciones interpersonales y desarrollo*, siendo las de nivel inferior de índole más concreta y las del superior más ambigua.

Los consumidores del servicio escolar (Tabla 1), de forma más o menos precisa, esperan (son necesidades frecuentes) de este servicio que:

1) Forme en valores socialmente apreciados.
2) Complemente la tutela familiar de los hijos.
3) Consolide hábitos sociales útiles para la vida comunitaria (socialización).
4) Facilite servicios complementarios como comedor, actividades culturales, servicio psicológico, etc.
5) Proporcione las competencias necesarias para progresar en el sistema escolar.
6) Capacite para acceder al mercado laboral.
7) Proporcione el servicio con una buena relación costo/beneficios.

Necesidades de los consumidores	Forma en la que se manifiestan	Quién las manifiesta
Percibidas	"Voz" de los consumidores de educación en la que manifiestan qué creen qué necesitan	Los consumidores
Manifestadas	"Voz" de los consumidores mediante la que expresan qué necesitan	Los consumidores
Comparadas	"Voz" de los consumidores a través de la que dicen que desearían que el servicio que reciben sea de más calidad que el ofrecido por otras organizaciones	Los consumidores y las organizaciones
No percibidas	Identificadas por la organización en función de las necesidades futuras del mercado académico y/o profesional	Las organizaciones
Prescritas	Generadas por la propia organización (las derivadas, por ejemplo, de su propio ethos)	El titular de la organización y la propia organización
Normativas	Puestas de manifiesto por investigadores del sistema social	Estudios e investigaciones. Medios de comunicación

Tabla 1

c) Percepción de calidad de los servicios: si la calidad de un servicio es determinable comparando, o midiendo, la "distancia" a la que se encuentra del diseño que se hizo del mismo para que diese satisfacción a las demandas de potenciales clientes, la *percepción de calidad* cabe interpretarla como el estado subjetivo que quien ha recibido el servicio construye al establecer el grado de congruencia (de disconformidad experimentada) que existe entre lo que esperaba ("su" diseño) y lo que constata que efectivamente recibe; congruencia que se manifiesta en términos de "satisfacción/insatisfacción", y que se genera al valorar lo recibido:

- Comparándolo con lo que juzga que hubiese obtenido mediante los servicios prestados por otras organizaciones.
- Respecto de un prototipo de servicio construido cognitiva y emocionalmente por él mismo.

Es conveniente tener en cuenta que tanto el valor del diseño como la percepción de calidad pueden ser inducidos por información persuasiva (proveniente del marketing organizacional o del influjo de "otros significativos", como especialistas, personas a las que les reconoce prestigio o ascendencia el consumidor, etc.) o ser el resultado de construcciones mentales autogeneradas por la constatación directa de que las prestaciones recibidas han sido (con diferente grado de disconformidad) satisfactorias, o resultar de la interacción entre estos procesos.

También es necesario que la organización tenga en cuenta que la calidad percibida de un servicio puede referirse al servicio en su totalidad o a algunos de sus componentes, pudiendo darse la circunstancia de que el cliente valore como positiva la prestación en su conjunto y mantenga críticas negativas hacia alguno de sus componentes: "en este centro escolar la formación que reciben los alumnos les permite acceder con éxito al nivel siguiente, pero el trato de los profesores es distante e impersonal".

d) Satisfacción: es el estado cognitivo y emocional que resulta de la percepción que tiene el consumidor de que el servicio que *ha* recibido:

- Responde a sus expectativas.
- Da respuesta a sus necesidades.
- Tiene cualidades que considera valiosas.
- Su costo lo considera ajustado a su calidad.
- Compite favorablemente con los servicios que prestan otras organizaciones.
- Le ha sido proporcionado de forma que valora como positiva.

Según la teoría "Calidad-Satisfacción-Disconformidad" (CS/D), la satisfacción es función de la calidad percibida del servicio y del valor atribuido a la disconformidad expectativas/calidad. Es habitual en la documentación sobre satisfacción considerar que expectativas y satisfacción son actitudes que se diferencian únicamente en que las primeras determinan la decisión de seleccionar un determinado servicio (*ex ante*) y las segundas la de permanecer o abandonar el servicio (*ex post facto*).

La relación entre expectativas/necesidades, satisfacción y percepción de calidad se explica muy satisfactoriamente mediante el modelo basado en la teoría de la confirmación de las expectativas que se representa en la Figura 18.

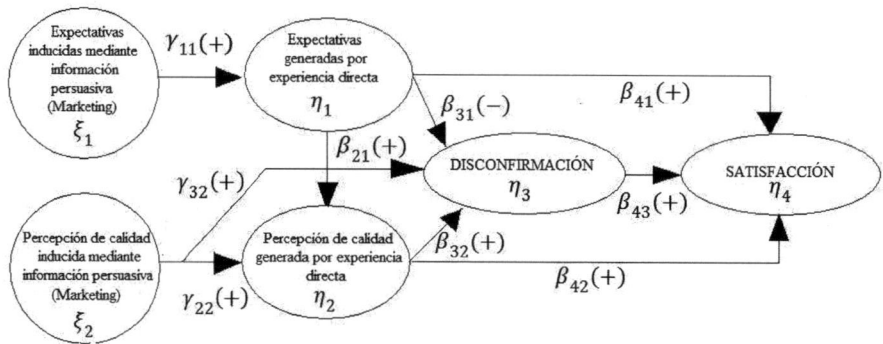

Figura 18

En el modelo representado en la Figura 18:

1) Las expectativas respecto de la calidad del servicio establecen el referente a partir del cual el consumidor construye su percepción del grado en el que el servicio confirma o no (*disconfirma*) sus previsiones.

2) Se distingue entre las expectativas que la organización genera mediante información persuasiva (marketing) y las que se forma el consumidor cuando entra en contacto con la organización que ofrece el servicio (en visitas espontáneas u organizadas, por ejemplo).

3) La percepción que se forma el consumidor acerca de la calidad del servicio a través de su relación directa o indirecta con la organización que lo proporciona resulta modificada por la información que transmite la organización relativa a la calidad de sus prestaciones (marketing).

4) La percepción de satisfacción depende del grado en el que la percepción de calidad del servicio recibido (utilidad, adecuación, prestigio, etc.) se separa (*disconfirma*) del valor de las expectativas que el consumidor se había formado respecto del

mismo, pudiendo recibir también efectos directos de las expectativas y de la calidad percibidas.

5) La disconformidad/*disconfirmación* (falta de ajuste entre la percepción de calidad y las expectativas), puede ser positiva (los resultados exceden las expectativas: *disconfirmación* positiva) o negativa (no se alcanzan los resultados esperados: *disconfirmación* negativa), generando, en el primer caso, satisfacción y, en el segundo, insatisfacción.

6) Iguales valores de *disconfirmación* positiva y negativa generan efectos diferentes en el valor de satisfacción: el efecto es mayor en la disconformidad negativa (Figura 19), lo que lleva a dos corolarios:

• Es preferible controlar la *disconfirmación* negativa que incrementar la positiva.

• La organización ha de realizar mayores esfuerzos en evitar la no conformidad de sus actuales clientes, y por consiguiente en mantener los vinculados a la organización, que en captar nuevos consumidores.

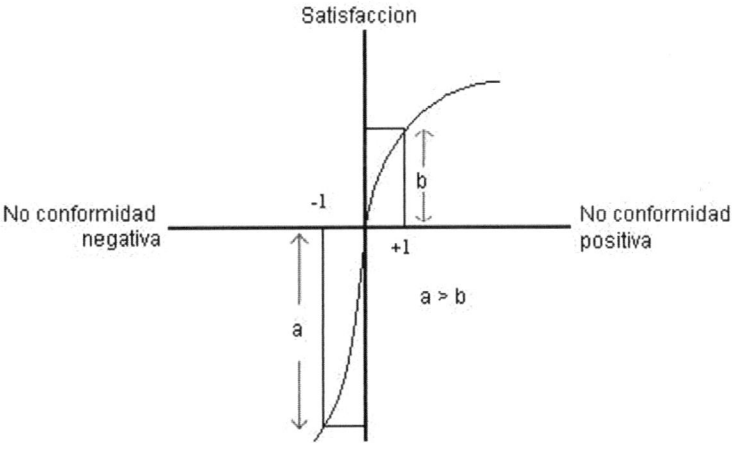

Figura 19

Es, así mismo, muy relevante la situación en la que el consumidor se ve obligado a elegir una organización para recibir el servicio educativo que no se corresponde con la que él desearía elegir (y que no puede, por ejemplo, por dificultados económicas o por su lugar de residencia). En este caso, el valor de la *disconfirmación* se puede construir no respecto de la "organización deseada", sino de la que ha sido obligatoriamente elegida, por lo que no explica de forma válida la satisfacción según el modelo CS/D:

puede estar satisfecho el consumidor respecto del servicio que recibe de hecho e insatisfecho al no poder recibirlo de la organización que hubiese elegido si hubiese estado en condiciones de hacerlo. El reto, en estos casos, para la organización de acogida, es el de actuar de forma tal que su "forzado" cliente modifique su inicial posición de partida como consecuencia de la constatación que experimenta de que las prestaciones reales del servicio que recibe colman plenamente sus expectativas.

La satisfacción determina de forma significativa la propensión de los clientes a permanecer en la organización de la que está recibiendo el servicio (lealtad o fidelidad), hecho que, en un mercado escolar libre (autonomía de las organizaciones + libertad de elección + existencia de organizaciones entre las que es posible optar), tiene una gran importancia para la viabilidad futura de la organización.

Oliver (1980) propone un interesante modelo para explicar la "recompra" por parte del consumidor[21], partiendo de la propuesta que realizan Howard y Sheth (1969, 47), en la que la predisposición/actitud del cliente a seguir adquiriendo (A_{t+2}) un producto (o a recibir el servicio) depende de su actitud anterior a su decisión (A_t: actitud previa), y del grado de satisfacción experimentado (S_{t+1}) por el uso del producto (o por haber recibido el servicio):

$$A_{t+2} = f(S_{t+1} - A_t) + A_t$$

A partir de las aportaciones de Howard y Sheth, Oliver prueba un modelo de índole cognitiva acerca de los antecedentes (expectación, *disconfirmación*, satisfacción) de la intención a permanecer fiel a la organización de la que el consumidor es cliente, cuyo poder de explicación es satisfactorio, y que avala la pertinencia de una teoría integradora, en el que la satisfacción de los clientes actúa como factor mediador entre las actitudes pre (t_1) y post (t_2) recepción del servicio. Los efectos que se reflejan en el modelo de la Figura 20 son:

$$Satisfacción = f(expectativas, disconfirmación)$$
$$Actitud\ en\ (t_1) = f(expectativas)$$
$$Actitud\ en\ (t_2) = (actidud\ en\ (t_1), satisfacción)$$
$$Intenciones\ en\ (t_1) = f(actitudes\ en\ (t_1))$$
$$Intenciones\ en\ (t_2) = (intención\ (t_1), satisfacción, actitudes\ (t_2)$$

---

21 La aplicación del modelo de Oliver a las organizaciones de servicios ha de hacerse con cautelas, habida cuenta, además, las limitaciones que tiene su investigación (características y dimensiones de la muestra).

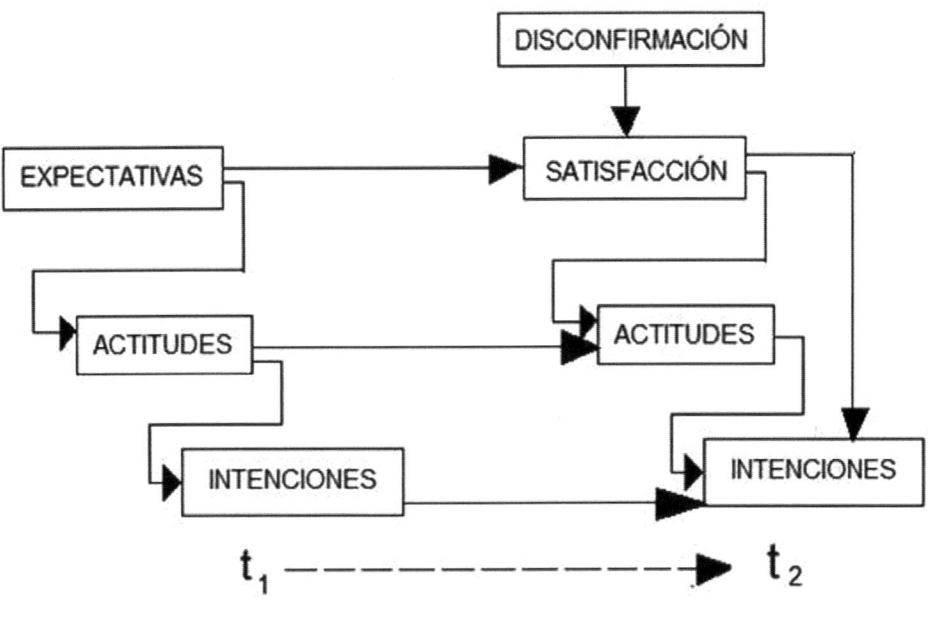

Figura 20

También ofrece información relativa a la predisposición a la fidelidad de los clientes el estudio (de nuevo referido no a los clientes de centros escolares, por lo que es preciso utilizar la información que aporta con las naturales cautelas) en el que Li-Wei May y M R. Ness (2006) hallan una relación significativa entre el grado de satisfacción y la fidelidad de los clientes (Tabla 2).

Grado de satisfacción	Muy satisfecho	Satisfecho	Algo satisfecho	Insatisfecho	Muy insatisfecho
Fidelidad	Total	Probable	No segura	Improbable	Ninguna

Tabla 2

2.2.2.2. Necesidades y expectativas

Fijado ya el segmento poblacional al que se va a dirigir la organización, es imprescindible realizar un *need assesment* (diagnóstico de necesidades) y, subsiguientemente, un detenido estudio que permita conocer cuáles son las expectativas de quienes lo integran, a fin de inducir en ellos disposición a recibirlo, al entender que dará la mejor respuesta a lo que esperan, lo que habría de llevarles a establecer el inicio de un vínculo estable con la organización.

En apartados anteriores de este mismo Capítulo (véase la parte dedicada a la *House of Quality*), se ha tratado de la segmentación del mercado, de los factores de segmentación y de los tipos generales de necesidades, como introducción al *need assessment* mediante el cual la organización ha de detectar y valorar el tipo de carencias que los consumidores pretenden superar mediante el servicio escolar.

La *needs assessment* tiene por objetivos recoger, primero, y analizar e interpretar, después, información acerca de qué perciben los consumidores del segmento poblacional *target* como necesario para su éxito personal o social. Para hacerlo, es preciso utilizar diferentes instrumentos (Tabla 3):

a) *Cuestionarios*. Permiten formular preguntas a los consumidores a través de las que deducir qué necesitan y esperan del servicio. Si el cuestionario está bien confeccionado, proporcionará, a un costo reducido, la información precisa para adoptar decisiones relativas al diseño o modificación del producto/servicio y de los procesos mediante los cuales se ofrecerá a sus potenciales consumidores.

b) *Entrevistas* realizadas con representantes, preferentemente seleccionados aleatoriamente, del segmento de consumidores *target* para recabar información acerca de cualquier elemento que pudiera tener interés en la elaboración o revisión del proyecto de producto o servicio (escolar). Es aconsejable, además, realizar entrevistas a miembros influyentes de ese segmento, y tener en cuenta sus indicaciones, potencialmente creadoras de estados de opinión general. Las entrevistas presentan la dificultad de que no son, al contrario de lo que sucede con los cuestionarios, anónimas, y requieren ser realizadas por personal capacitado. Si la entrevista se hace por teléfono, pierde parte de su capacidad interrogadora (no se analiza la reacción fisiognómica del entrevistado), pero baja mucho su coste.

c) Los llamados (Tipping, 1998) "*Focus groups*", constituidos por 6-10 miembros, seleccionados aleatoriamente, que tienen, naturalmente, la condición de consumidores del servicio (escolar). Estos grupos han de estar animados por un "facilitador", conocedor de esta forma de dinámica grupal, que, planteará cuestiones que la organización considera críticas y que requieren ser estudiadas en profundidad mediante un debate abierto y sin constricciones (*teamthink*). Esta técnica es especialmente útil para poner de evidencia y contrastar, desde distintas perspectivas, críticas o elementos potencialmente negativos (o positivos) que pudieran afectar a la aceptabilidad del servicio por los consumidores.

d) *Encuestas y entrevistas* a antiguos alumnos y a miembros de las organizaciones de quieres vayan a recibir el servicio (escolar) o a empresarios que pudieran ser empleadores de quienes concluyan la escolarización (*environmental scanning*)[22].

Tipo de instrumento	Datos obtenidos	Permite conocer	Ventajas	Inconvenientes
Cuestionario	Opiniones mediante datos cuantitativos	Necesidades percibidas y manifestadas	Fácil aplicación Fácil interpretación	No permite analizar matices ni contraargumentar
Entrevista	Opiniones mediante datos cuantitativos (entrevistas cerradas) y cualitativos	Necesidades percibidas y manifestadas	Permite analizar matices, contra argumentar y percibir reacciones fisiognómicas	Difícil aplicación e interpretación
Focus groups	Opiniones mediante datos cualitativos	Necesidades percibidas y manifestadas	Permite analizar y contrastar elementos críticos y negativos	Difícil aplicación e interpretación
Escaneos	Opiniones mediante datos cuantitativos y cualitativos	Necesidades normativas, prescritas y no expresadas		Difícil interpretación y aplicación (obtención de respuestas)

Tabla 3

Para conocer las actitudes de los consumidores, existen diversos instrumentos, siendo uno de los más conocidos la *Escala de Items Múltiples para Medir las Percepciones del Consumidor acerca de la Calidad de los Servicios* (SERVQUAL[23], mediante la cual se recaba información de las expectativas (primera parte) y calidad percibida (segunda parte) del servicio (Parasuraman, Zeithaml y Berry, 1988) (se relacionan, en adaptación libre para ser utilizada en organizaciones escolares, en el Anexo 1)[24].

---

22 El escáner o prospección del entorno consiste en la obtención y utilización de información acerca de sucesos, relaciones, tendencias etc. que formando parte de su entorno puedan influir en el servicio que presta la organización.

23 Véase el apartado 2.3 de este mismo capítulo, relativo a la medición de la calidad percibida de los servicios, en el que se analiza la Escala SERVQUAL.

24 Los dos primeros ítems del cuestionarios son:

El Grupo de Investigación KSIGMA[25], de la Universidad de Salamanca, para estudiar las expectativas de los alumnos que realizan el Máster de Educación Secundaria, ha utilizado el cuestionario que figura en el Anexo 2 (las respuestas se puntúa entre 1 y 6, según cuál sea la intensidad con la que quien responde manifiesta su expectativa)[26].

2.3. Inducción de expectativas y percepción de calidad (marketing)

2.3.1. El marco para su estudio

Está ya lejos el tiempo en el que se aceptaba la máxima "el buen paño en el arca se vende": en la actualidad, la enorme proliferación y variedad de la oferta de bienes y servicios exige de las organizaciones la realización de un trabajo de difusión de información (información persuasiva) acerca de sus productos, presentándolos de forma tal que resulten más atractivos para los potenciales consumidores de los mismos que los de otras organizaciones que sitúan en el mercado productos similares con destino al mismo segmento de población.

Son características generales de la comunicación persuasiva:

a) Se realiza de forma consciente y planificada por parte de quien pretende persuadir;

b) El "comunicador" (quien persuade) ha de haber establecido con claridad, sin ambigüedades, sus propósitos y desarrollado un grado razonable de certidumbre respecto de que aquello de lo que informa (el producto o servicio) es adecuado para quienes pretende atraer, sometiéndolos, si fuese necesario, a un proceso de cambio en sus estados de opinión, convicciones y sistemas de creencias;

---

1. La organización dispone de recursos didácticos de última generación

2. Las condiciones físicas de las instalaciones de la organización son atractivas.

25 Considerado como de excelencia investigadora por la Junta de Castilla y León (GR211), y del que forman parte los doctores Dionisio de Castro Cardoso (Educación), Ángel Tocino García (Matemáticas), Ascensión Rivas (Filología), María Luisa García Rodríguez (Educación), Antonio Rodríguez Pérez (Educación), María José Navarro Perales (Educación).

26 Los dos primeros ítems de este cuestionario son:

1. Las competencias que adquiriré en el Máster me facilitarán el acceso en el futuro al puesto de profesor.

2. La realización del Máster me ayudará a mejorar mis capacidades para trabajar en equipo y mantener relaciones interpersonales en un entorno laboral.

c) La comunicación persuasiva no ha de ser engañosa, debiendo respetar los principios éticos que informan las buenas prácticas de las transacciones que regulan el mercado: el informador tiene que estar firmemente imbuido de la veracidad de sus mensajes, sin perjuicio de que la forma en la que los transmite cumpla con los requisitos necesarios para persuadir a sus destinatarios.

d) Las convicciones del "comunicador" pueden verse afectadas por la reacción de las personas a las que se pretende persuadir, debiendo esta posibilidad formar parte del curso y de los resultados del proceso de comunicación persuasiva (Figura 21).

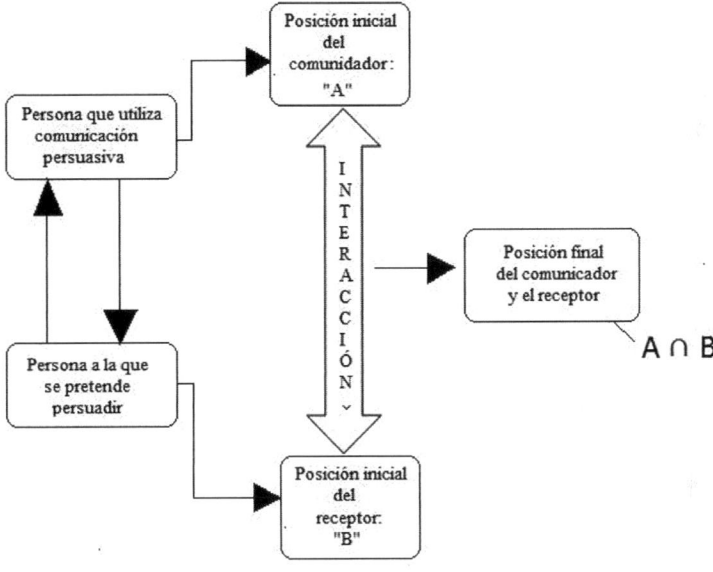

Figura 21

2.3.2. Teorías

Sin ánimo de exhaustividad, se describen, sumariamente, algunas de las teorías que se han utilizado para diseñar tecnologías de la comunicación persuasiva, seleccionadas entre aquellas que han demostrado ser efectivas para influir y modificar los marcos de pensamiento de las personas:

❏ **Persuasión por condicionamiento**

Las teorías sobre el aprendizaje condicionado han sido, y siguen siendo, un instrumento de extraordinaria utilidad para explicar qué condiciones ha de tener una comunicación para ser persuasiva.

Una de las tecnologías más empleadas para generar comunicación persuasiva se basa, en efecto, en crear asociaciones entre lo que se quiere que las personas acepten y estímulos o realidades que se presentan como positivos y atractivos para aquellos a quienes se pretende persuadir.

Ha sido, por ejemplo, en España, y en otros muchos países, uno de los objetivos de algunas de sus últimas reformas de la educación escolar el conseguir implantar centros escolares inclusivos. Para conseguirlo, las autoridades responsables de tales reformas produjeron abundante información persuasiva en la que se asociaba la inclusión a la superación de prácticas "conservadoras" y "tradicionales" y, a contrario sensu, a la consolidación de planteamientos y estilos "progresistas", "innovadores" y "modernos", extrayendo estas voces de campos semánticos que, en principio, no tenían una relación directa con la práctica escolar pretendida, pero que expresaban valores negativos o positivos social, cultural y aun políticamente (modernidad, progresismo, juventud, etc.).

❐ Teoría funcional de la persuasión

Se fundamenta en la presunción de que las personas cambian o modifican sus actitudes y convicciones en la medida en la que perciben que con ello satisfarán mejor sus necesidades o que alcanzarán con mayor probabilidad y efectividad sus objetivos (Katz, 1960; DeBono, 1987).

De acuerdo con esta *teoría*, tal sustitución total o parcial de las creencias de una persona se produce siempre que *el cambio sea percibido como funcional* para:

- *Una mejor expresión de la competencia propia (función expresiva)*: se facilitan los efectos persuasivos de la comunicación cuando el cambio propuesto es percibido por el receptor de tal forma que interpreta que, de aceptarlo, podrá presentarse como siendo partícipe de un positivo y prestigioso servicio, que recibirá una valoración positiva social y profesionalmente ("el colegio que he elegido goza de elevado prestigio, utiliza las tecnologías más actuales e incorpora la enseñanza y aprendizaje de dos idiomas extranjeros");
- *La adquisición de competencias necesarias para el éxito escolar y profesional (función utilitaria)*: la disposición de una persona a dejarse persuadir se incrementa en la medida en la que aprecia que, al hacerlo, adquirirá conocimientos y competencias que le facilitarán la consecución de metas propias que son atractivas (incorporarse a un tramo del sistema escolar al que aspiran, poder elegir opciones académicas de acceso selectivo, conseguir con más facilidad un puesto de trabajo, etc.).

❏ Teoría de la disonancia cognitiva

Sostiene que la posibilidad de sustituir o modificar el sistema de creencias, las opiniones o las convicciones de una persona crece a medida que disminuye la "distancia" y la "incompatibilidad" entre el contenido de la *comunicación persuasiva* y lo que admite el receptor de la misma como válido (Festinguer, 1957).

Las personas tratan constantemente de reducir la disonancia entre su propio pensamiento y la percepción de la realidad y el contenido de la información que reciben de diferentes fuentes, y lo hacen de diversas formas:

- Rechazando todo aquello que, en un grado no tolerable, consideren que es disonante al confrontar radicalmente con sus propias ideas;
- Incrementando el atractivo de las proposiciones que contiene la comunicación persuasiva, bajando con ello el grado en el que entran en colisión con sus propias convicciones;
- Disminuyendo la inicial aceptabilidad de las propuestas de cambio que se le proponen, a fin de proceder a rechazarlas sin costo alguno para la condición de razonable que le atribuyen a su propio "yo";
- Hallando semejanzas entre aquello que se les propone y lo que ellas mismas consideran que es válido o procedente, con lo que disminuyen el costo que para su propia imagen les supone el aceptar la vulnerabilidad de sus propias creencias.

De acuerdo con esta teoría, si se pretende captar consumidores de índole conservadora y con una orientación religiosa bien definida, es preciso que los mensajes no generen procesos de autodefensa del "yo", para lo cual es imprescindible que:

- No estén en confrontación radical con su sistema de creencias;
- Se subraye y se acentúe que el ideario de la organización prevé el respeto al credo religioso que sea propio de cada alumno;
- Se destaque la apuesta que hace la organización por fomentar el esfuerzo personal de los alumnos y la progresión en función del mérito;
- Se proporcionen garantías de que las características de los *currícula* y las formas de actuación docente asegurarán la atención a todos los alumnos, cualquiera que sea su nivel de capacidad, al margen de no importa qué otra consideración.

❏ Teoría de la inoculación

La desarrolló inicialmente el profesor de Yale, McGuire (1969), y se fundamenta en el postulado de que para persuadir es preciso presentar argumentos que refuten los contra-argumentos que aquel en quien se pretende influir es previsible que desarrolle cuando reciba la información persuasiva.

Como ejemplo puede servir una variante del utilizado al presentar la "teoría de la defensa mediante contra-argumentos": en este caso, una organización privada católica trata de persuadir a consumidores defensores de la escuela pública sin orientación religiosa, y para hacerlo:

- Prevé qué tipo de contra-argumentos generará en sus integrantes la información que transmita a través de su comunicación persuasiva: contraargumento: "la escuela privada católica hará proselitismos";
- Elabora argumentos que refuten los previsibles contraargumentos (los expondrá, evidentemente, antes de que se produzcan), de forma tal que prevengan el que se generen actitudes de defensa del yo en los consumidores: "Esta escuela, de orientación católica (no debe ocultarse esta condición), en ningún caso influirá en las convicciones religiosas de los alumnos, promoviendo los valores de aceptación general recogidos en la carta universal de derechos humanos" ;

❑ Teoría *atribucional*

Sostienen quienes construyen la comunicación persuasiva desde esta teoría que el que decide busca siempre razones que expliquen por qué actúan las personas como lo hacen, tratando de hallar argumentos que justifiquen el comportamiento propio (Rotter, 1954; Weiner, 1974, 1980). Para interpretar el comportamiento humano, la teoría atribución distingue entre los que "sitúan" la causa de sus éxitos y fracaso en o fuera de su propio yo y consideran aquello que les acontece como predominantemente estable o modificable (Figura 22).

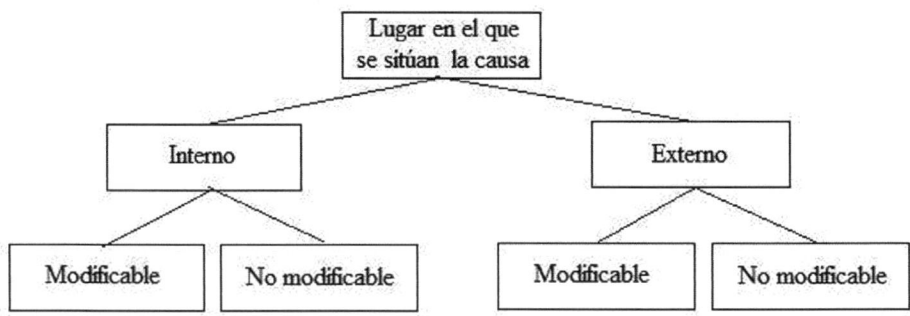

Figura 22

La información persuasiva según esta teoría debe, pues, transmitir la idea de que la calidad del servicio (de enseñanza) es la que, en último lugar, determina ese éxito (escolar) y que la organización —que trata de persuadir— cuenta con los medios necesarios para conducir con efectividad el proceso de aprendizaje de los alumnos.

❏ **Teoría social cognitiva**

Pivota sobre el postulado de que el comportamiento humano es el resultado de la forma en la que los recursos cognitivos de las personas tratan los estímulos que provienen de los entornos en los que interactúan. Albert Bandura (1986) es uno de los teóricos que ha desarrollado, a partir de este sencillo y elegante postulado, una importante e influyente teoría en la que ocupa un lugar central como factor modelador de la conducta la "*observación y valoración de las consecuencias del comportamiento de los otros significativos*" y la "*anticipación de los efectos que en su propia realidad tendrá el actuar de una determinada manera*".

La información que se facilite para persuadir de que el servicio que se ofrece cuenta con las garantías para ser elegible ha de explicar de forma clara y convincente que la organización escolar:

a) Cuenta con un contexto escolar (alumnos, padres y profesores) que proporciona ejemplos ejemplares (experiencias vicarias) que motivan la liberación de esfuerzo para aprender de los alumnos.

b) Articula lo que enseña con lo que el alumno ya sabe, asegurando que todos los aprendices alcanzarán un valor máximo en la variable "oportunidad de aprender".

c) Aporta a los alumnos las competencias necesarias para que en todo momento no solo aprendan sino que estén en condiciones de promover su autoaprendizaje (recursos *metacognitivos*).

d) Está abierta al contacto con los potenciales consumidores, y que promueve ese contacto para que puedan -los consumidores y clientes- valorar directamente la organización en su conjunto, los miembros de la comunidad profesional y la calidad de los recursos humanos y tecnológicos con los que cuenta.

2.3.3. *Modelos tecnológicos de comunicación persuasiva*

a) **Aspectos generales**

Las tecnologías actuales de la comunicación persuasiva descansan, de una u otra manera, en los modelos estructurados, hace ya más de 60 años, por Hovland (1953), McGuire (1969) y sus equipos de la Universidad de Yale.

El modelo de Yale considera que la comunicación persuasiva se realiza mediante un proceso con seis fases (Figura 23).

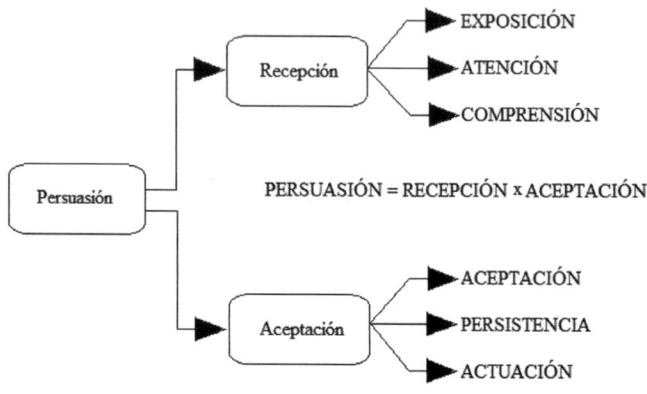

Figura 23

Ejemplos:

- Para ser influenciado por la lectura de la *Crítica de la Razón Pura,* de Kant, se requiere de un enorme esfuerzo de *comprensión*;
- Aceptar la teoría de la relatividad, propuesta por un científico que es de reconocido prestigio, demanda unos valores bajos en la variable "*aceptación*";
- En el ámbito de la educación escolar, el profesor, al estar investido de autoridad ante sus alumnos, no se le plantean problemas de *aceptación*, y su éxito depende de su competencia para conseguir que a los alumnos les llegue la información de tal forma que asegure un perfecta *recepción*;
- En una situación de comunicación persuasiva (no de enseñanza) el problema más importante es el de resolver cómo se consigue que las audiencias *acepten* la propuesta que se les formula y que *actúen* en consonancia con ella.

De acuerdo con el modelo inicialmente concebido por los científicos de Yale, el estudio de la comunicación persuasiva ha de hacerse considerando cuatro tipos de variables:

1.º) Cualidades de la fuente:

- Credibilidad percibida
- Atracción que ejerce
- Poder o nivel de control sobre las audiencias

2.º) Características del mensaje:

- Contenido: humor, miedo, disonancia, interés, novedad, etc.

- Estructura de la comunicación: ausencia o no de conclusiones; incorporación de argumentos y contra-argumentos, orden en la presentación de la información, etc.

3.°) Tipo de canal:

- Forma expresiva: verbal, escrita, icónica, mixta;
- Contexto de la comunicación: persona a persona; persona a grupo; a través de *mass media* o a distancia, etc.

4.°) Características de los receptores: edad, sexo, nivel sociocultural, inteligencia, formación, autoestima, personalidad, afiliación, etc.

Este modelo define la persuasión como la modificación de actitudes y comportamientos como consecuencia de haber estado sometido a mensajes que facilitan información dotada de intenciones. Consta de dos dimensiones:

- El proceso de persuasión
- Las variables que forman parte del proceso.

En la actualidad, los modelos de persuasión están influenciados por las teorías cognitivas, lo que se manifiesta en el hecho de que consideran puntos centrales de la teoría de la comunicación persuasiva (Figura 24):

- Su caracterización como un proceso de naturaleza *intrasíquica*, de secuencias y de tratamiento de la información;
- Su afirmación de que lo relevante en la comunicación persuasiva no es el efecto que pueda tener un mensaje en los receptores del mismo, sino lo que estos hacen con la información que reciben.

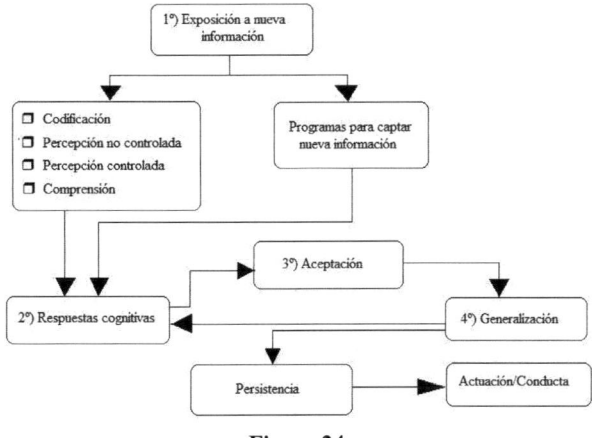

Figura 24

b) El proceso de comunicación persuasiva

Recepción

1.º) Exposición a la información

El primer componente del modelo Hovland/McGuire lo constituye la exposición a información persuasiva. Esta exposición, en tanto que primer paso para el acceso a la información que proporciona el comunicador, debiera generar en el receptor la percepción de que:

- Dispondrá de recursos para adoptar la decisión que mejor se acomode a sus propias convicciones (elegir el servicio educativo);
- Le aportará información para presentar sus ideas, intereses, expectativas, etc. respecto de la decisión que ha de tomar;
- Le proporcionará argumentos para consolidar, y justificar, la decisión que adopte (como consecuencia de la información persuasiva);
- Le permitirá satisfacer la curiosidad por conocer nuevos aspectos acerca del servicio (escolar).

Una primera hipótesis, de gran atractivo científico y práctico, relativa a esta fase del proceso de persuasión, puede formularse diciendo que las personas se exponen a las informaciones que son compatibles con sus estados de opinión y creencias (piénsese en la orientación ideológica de los lectores de la prensa escrita y de los que siguen programas de radio y televisión): se acepta, pues, al menos como hipótesis, que existe relación, positiva y significativa, entre las opiniones del receptor y lo que está predispuesto a escuchar o leer. Esta tendencia a "exponerse" a las comunicaciones con las que previamente está de acuerdo constituye un sesgo que en la literatura científica se suele significar con la expresión "exposición selectiva". Este sesgo explica que:

- Si el mensaje que contiene la comunicación persuasiva es favorable, o al menos compatible, con el sistema propio de creencias, *la persona se expone al mismo*;
- Cuando la información que se transmite en la comunicación persuasiva contradice radicalmente lo que la persona piensa que es procedente, genera *inconfortabilidad* y no se produce exposición a la información persuasiva.

2.º) Recepción de la información

La recepción de información a través de comunicación persuasiva se articula en tres fases: percepción, atención, comprensión.

❏ *Percepción*

Mediante la percepción, la persona reestructura la información que recibe contrastándola y depurándola a partir de sus propias construcciones o estereotipos, a su vez determinados por experiencias anteriores, propias o vicarias.

❏ *Atención*

La atención se considera, en los estudios sobre comunicación persuasiva, un aporte selectivo de esfuerzo al tratamiento de información proveniente del entorno, cuyos rasgos característicos son la selectividad y la intensidad.

La atención, como es bien conocido, puede prestarse de forma voluntaria o involuntaria, estando asociada a:

- La novedad y complejidad de los estímulos;
- La significación que tienen los estímulos para el sujeto;
- Las necesidades y expectativas del receptor;
- Las condiciones psicofísicas del receptor (fatiga, por ejemplo);
- La forma en la que se presenta la información (con o sin utilizar nuevas tecnologías, por ejemplo).

❏ **Comprensión**

Existe comprensión del contenido de una comunicación persuasiva cuando el receptor ha captado el sentido que le da el emisor a la información. Son determinantes de la comprensión:

- La rigidez con que se presenta la información;
- El número y la sencillez de los argumentos;
- La redundancia del mensaje;
- El nivel de *usualidad* de los signos empleados;
- La organización del mensaje;
- El lugar que ocupan las conclusiones (se facilita la comprensión cuando las conclusiones preceden a los argumentos que les sirven de soporte);
- Los recursos cognitivos con que cuenta el receptor.

❏ *Aceptación*

La capacidad que tiene la comunicación persuasiva para introducir cambios en los estados de opinión, depende del grado en el que el receptor de la información ha captado el sentido que el informador le da realmente al mensaje que ha transmitido (se ha producido recepción) y de que subsiguientemente sustituya sus creencias por las que el comunicador pretender transmitirle, sabiendo que no es igual "conocer algo" que aceptarlo.

Las investigaciones actuales sobre la "modificación/instauración de estados de opinión" han constatado que en la aceptación del contenido del mensaje persuasivo influye el análisis cognitivo que el receptor hace de su contenido, y que:

- Cuando una persona recibe información persuasiva, acepta o rechaza las proposiciones que contiene mediante un proceso de análisis y valoración activo de las mismas;
- El receptor recibe la información persuasiva con una estructura cognitiva que le es peculiar; esta estructura no está en el mensaje sino en cada individuo;
- Las respuestas cognitivas del individuo a la información persuasiva son las que determinan si el mensaje va a producir o no cambios en su estado inicial de opinión:
  — Si la estructura cognitiva del receptor genera argumentos favorables a la información persuasiva, hay cambios en el estado inicial de opinión;
  — En el caso de que la estructura cognitiva sea incompatible con el mensaje, y produzca contra-argumentos, no hay alteración alguna del estado de opinión de partida.

Este planteamiento queda perfectamente reflejado en el modelo experimental (Figura 25) del proceso psicológico de la persuasión propuesto por Kapferer (1984):

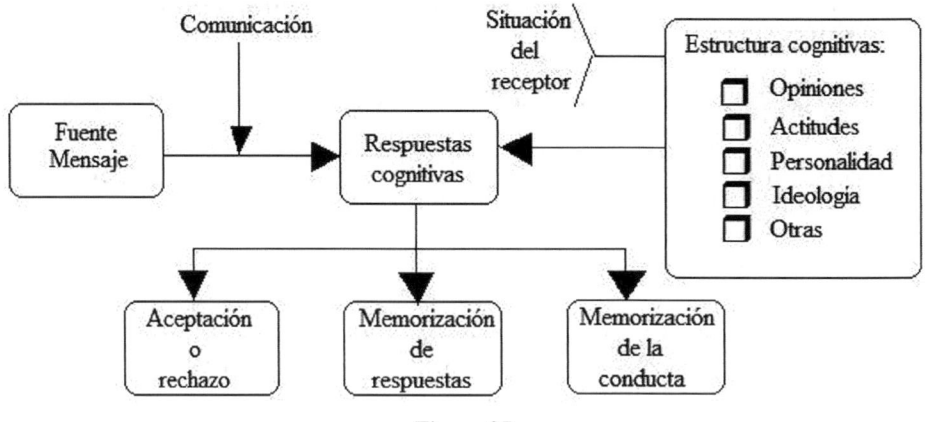

Figura 25

Influyen en la efectividad con que la comunicación persuasiva genera aceptación:

1.º) La confianza (*trust*) en la fuente, a su vez función de:

- La *competencia atribuida al comunicador*, en cuanto elemento que otorga consistencia a los intercambios comunicador/receptor;
- La *predictibilidad percibida*, o grado de seguridad que el receptor tiene respecto de cuál será la reacción del comunicador en las diferentes situaciones que se pueden producir en una situación de persuasión (ausencia de sesgos, ajuste a las normas, cortesía, etc.);
- La *integridad/honestidad del que persuade percibida por aquel al que se pretende persuadir*, o ajuste que se espera que se produzca entre el comportamiento del primero y las normas éticas del segundo.

2.º) La "distancia" que existe entre las propuestas de cambio y el sistema cognitivo del receptor.

3.º) Las emociones que suscita el proceso de comunicación persuasiva en la persona y el impacto de tales estados anímicos: la teoría motivacional de la persuasión interpreta que las emociones (el miedo o el afecto, por ejemplo) influyen en la probabilidad de que se produzca persuasión.

2.3.4. Notas finales

Cualquiera que sea la tecnología de la comunicación a la que se recurra, es evidente que la información persuasiva tendrá siempre como objetivo modificar las opiniones y las convicciones de los receptores, sabiendo que la decisión por la que se adopta o rechaza el ofrecimiento de un servicio (escolar) dependerá de en qué medida el cambio que se pretende inducir se constituya sobre argumentos confiables y dotados de la suficiente fuerza de atracción como para regular el comportamiento de la persona a persuadir.

La cuestión es, pues, cómo conseguir que sea efectivo un proceso que consta de tres componentes:

- Uno de naturaleza cognitiva: nuevas ideas, conocimientos, valores, etc. relativos al objeto de la persuasión (el servicio escolar);
- Otro de naturaleza afectiva, por el que se generan actitudes favorables al cambio que se pretende mediante la comunicación persuasiva (sentimientos de seguridad, confianza, predictibilidad);
- Y un tercero de índole conativa, que induzca a las personas a actuar de forma coherente con sus adquiridos sistemas de creencias.

2.4. Atribución de calidad

La atribución de calidad de un servicio (escolar) es el resultado de comparar sus características con las expectativas respecto de cómo se espera[27] que sea o debiera ser (en este último caso, la expectativa es un ideal teórico)[28]. La media de las diferencias (ponderadas o no las variables que son indicadores de características del servicio) entre el valor que el receptor le atribuye a cada una de las características del servicio y el que considera que tiene (o debiera) tener es, según este modelo (Percepción-Expectativas: PE), un indicador de la calidad global atribuida al servicio.

La escala **SERVQUAL**, que responde al modelo PE, ha sido diseñada, por Parasuraman, Zeithaml y Berry (1985, 1988), para medir la calidad que le atribuyen a los servicios quienes los reciben SERVQUAL tiene como punto de partida información, obtenida mediante un cuestionario, relativa a las percepciones de en qué medida lo que ofrece el servicio se corresponde o no con lo que espera el destinatario del mismo.

Según Zeithaml, Parasuraman y Berry, mediante la medición de la discrepancia (el *gap* existente) entre lo que el cliente espera (o predice qué obtendría) del servicio (expectativas) y lo que percibe que recibe realmente del mismo, la organización dispondrá de información acerca de qué acciones correctoras es necesario emprender para disminuir ese *gap* (si existe y es negativo). En este modelo, se utiliza la siguiente ecuación para estimar la calidad atribuida por cada cliente al servicio que recibe:

$$SQ_i = \sum_{j=1}^{k} (P_{ij} - E_{ij}), \textit{ siendo:}$$

1) SQi = Calidad atribuida al servicio por el individuo "i"[29]

2) k = Número de atributos del servicio o indicadores de calidad del servicio[30]

---

27 "En la organización X, espero poder mantener una relación directa con los profesores para conocer cómo se desarrolla el proceso aprendizaje de mi hijo".

28 En la organización X, la información acerca del desarrollo del proceso de aprendizaje de los alumnos debiera proporcionarse mediante el trato personalizado con los profesores.

29 La enseñanza que ha recibido mi hija ha sido:
De baja calidad 1 2 3 4 5 6 7 8 9 10 De alta calidad

30 Por ejemplo (8 atributos): 1) Instalaciones; 2) Tecnología; 3) Contenidos; 4) Profesores (calidad, trato); 5) Tecnologías; 6) Información; 6) Seguridad; 7) Servicios complementarios; 8) Resultados.

3) P = Percepción de la calidad por el individuo "i" respecto del atributo "j" del servicio[31].

4) E = Expectativa de calidad del individuo "i" respecto del atributo "j" del servicio (notas 11 y 13).

En el caso de que en la estimación de la calidad global de un servicio se emplee no lo que es sino lo que debiera ser (expectativas de cualidades o rasgos ideales, E*), la fórmula de cálculo sería:

$$SQ_i = \sum_{j=1}^{k} (P_{ij} - E^*_{ij})$$

Inicialmente los autores de la escala establecieron como factores (grupos de indicadores) determinantes de la calidad:

1. Apariencia de las instalaciones físicas, equipos, personal y materiales (elementos tangibles.
2. Fiabilidad (confianza que se le atribuye a la prestación del servicio).
3. Capacidad de respuesta a las necesidades de los clientes.
4. Profesionalidad de quienes prestan el servicio (competencias).
5. Atención al cliente (Cortesía, respeto y amabilidad en el trato).
6. Credibilidad atribuida a la información relativa a las características del servicio.
7. Seguridad en el proceso de prestación del servicio.
8. Accesibilidad de la organización.
9. Relación con los clientes mediante un sistema eficaz de comunicación, tanto para transmitir información como para captar la "voz del cliente".
10. Capacidad para conocer y gestionar las necesidades de los clientes.

Posteriormente, estos diez determinantes se sintetizaron en cinco:

1. Confianza o empatía (integra Accesibilidad, Comunicación y Conocimiento y Gestión de las necesidades de los clientes).
2. Fiabilidad.
3. Responsabilidad (integra Profesionalidad, Cortesía, Credibilidad y Seguridad).

---

31 La dotación de nuevas tecnologías ha sido:
Muy insuficiente 1 2 3 4 5 6 7 8 9 10 Totalmente suficiente.

4. Capacidad de respuesta a las necesidades de los clientes.
5. Apariencia física ("*tangibilidad*").

De acuerdo con el SERVQUAL, los factores que condicionan significativamente las expectativas de los receptores del servicio son:

1. Las comunicación "boca a boca", u opiniones y recomendaciones de amigos y familiares sobre el servicio.
2. Las necesidades personales.
3. Las experiencias que el usuario haya tenido previamente.
4. La información que la organización difunde acerca del servicio que presta.

Además, este instrumento establece cuáles son los criterios que utilizan los clientes para valorar la calidad de los servicios que reciben: fiabilidad, capacidad de respuesta, seguridad y empatía.

De acuerdo con estos planteamientos, resulta el modelo SERVQUAL, que se representa en la Figura 26).

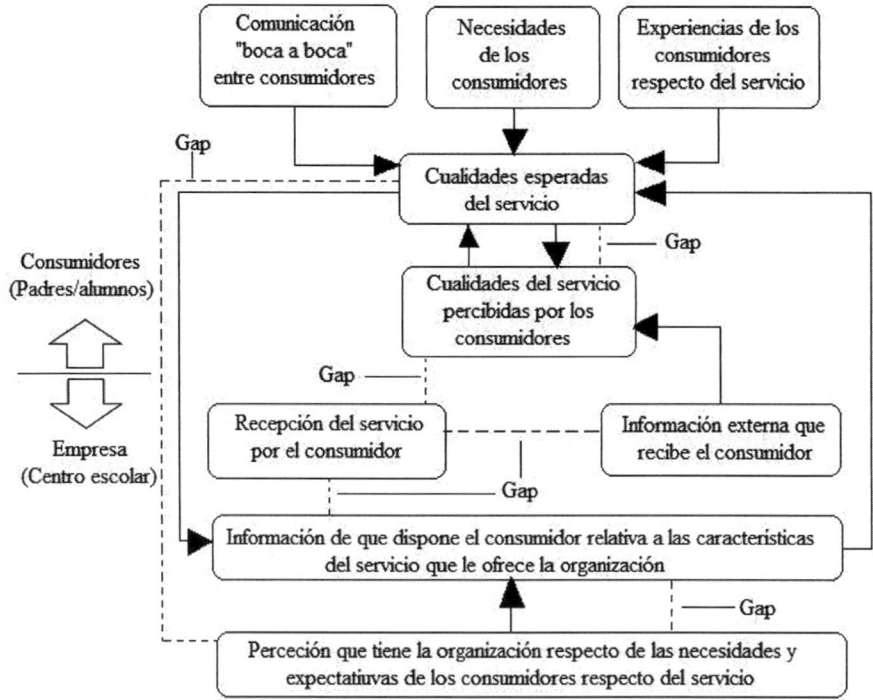

Figura 26

Las diferencias (*gaps:* Figura 26) entre la percepción de lo esperado del servicio por el cliente y sus expectativas dan lugar a tres situaciones:

1. Que lo esperado sobrepase a las expectativas, lo que significa altos niveles de calidad, alcanzando el más alto cuando el cliente considera, además, que el servicio le proporciona recursos excepcionales y singulares.
2. Que la percepción de lo que proporciona el servicio sea inferior a lo esperado del mismo, lo que conduce a una *disconfirmación* negativa (atribución de baja calidad);
3. Que las expectativas coincidan con lo esperado, lo que denota niveles modestos de calidad.

La utilización del SERVQUAL ha suscitado numerosas e importantes críticas, basadas, especialmente basadas en:

a) La nula aportación que resulta de la incorporación al modelo de la variable "Expectativas".
b) Los problemas asociados a la utilización del *gap* entre P y E para predecir la calidad global (Q), ya que diferentes combinaciones de valores de una y otra variable proporcionan el mismo valor de Q: P = 1, E = 2; P = 2, E = 3;, etc.
c) La imprecisión en la utilización del término "expectativas": inicialmente significa lo que "debía ser" y, finalmente, lo que "debiera ser".
d) La relación del *gap* "calidad percibida – expectativas" se intepreta, formando parte de los modelos de disconfirmación, como un predictor de satisfacción (no de calidad global).

Cronin y Taylor (1992), dos de los investigadores que han cuestionado la validez de la escala SERVQUAL, proponen en su lugar la denominada SERVPERF, que puede considerarse una vesión simplificada de SERVQUAL, resultado de la supresión en el cálculo de la percepción de calidad de las variables (*items*) indicadores de las expectativas, con lo que el cuestionario cuenta, por consiguiente, con un número mucho menor de *items*, ya que figuran únicamente los que miden la percepción de calidad. Esta escala es, pues, y nada más, un instrumento para estimar la calidad percibida de los servicios.

La ecuación que aplica SERVPERF, a tenor de lo dicho, es:

$$SQ_i = \sum_{j=1}^{k} (P_{ij})$$

Estos autores, Cronin y Taylor, consideran, además, que la importancia de los cinco atributos de calidad (confianza, fiabilidad, responsabilidad, capacidad de respuesta, "tangibilidad") varía en función del tipo de servicio y de cliente (la calidad de los recursos (*tangibilidad*) es, por ejemplo, mucho menos importante en el servicio escolar que la confianza en el profesor que tiene el alumno), de ahí que propongan modificar las ecuaciones del 1) SERVQUAL y 2) SERVPERF, incluyendo la ponderación de cada atributo en el cálculo de la percepción de calidad del servicio:

1) $SQ_i = l_{ij} \sum_{j=1}^{k} (P_{ij} - E_{ij})$,

2) $SQ_i = l_{ij} \sum_{j=1}^{k} (P_{ij})$,

siendo l_{ij} = importancia del atributo "j" para el individuo i"[32].

R. K. Teas (1993), crítico del modelo SERVQUAL, estudia el concepto de expectativas, y la validez de las medidas de esta variable en el modelo PE, proponiendo, en su versión más simple, el siguiente modelo alternativo para medir la calidad global de un servicio:

$$Q_i = -1 [\sum_{j=1}^{m} W_j |A_{ij} - I_{ij}|]$$

siendo (al multiplicar por −1, valores altos de Q_i se corresponden con valores altos en la percepción de calidad de las características del servicio):

- Q_i: atribución de calidad global al servicio i.
- W_j: importancia[33] que tiene la cualidad j del servicio como determinante de la percepción de calidad de i.
- A_{ij}: valor k de la característica j del servicio i.
- I_j: valor ideal de la cualidad j del servicio i.
- m: número de cualidades que se consideran de interés del servicio i.

---

32 El valor mediante el cual se pondera el atributo debe fijarse en función del sistema de creencias de los consumidores. La determinación de los "pesos" expresivos de la importancia de cada atributo, puede acometerse formulando a los receptores del servicio preguntas del siguiente tenor: "Revise cuidadosamente los siguientes aspectos de la enseñanza: 1) Calidad de las instalaciones; 2) Disponibilidad de nuevas tecnologías; 3) Incorporación de la enseñanza avanzada de una lengua extranjera; 4) Ampliación del horario de atención a los alumnos; 5) Trato directo con los profesores; 6) Actividades complementarias; 7) Incorporación de valores cívicos a la enseñanza; 8) Uniforme escolar; 9) Seguridad; 10) Centralidad del estudio y de los resultados académicos. Una vez revisados, asigne el valor 10 al aspecto que considere más importante y 1 al que le atribuya la menor importancia. Una vez hecha esta asignación, otorgue a los restantes aspectos valores, según su importancia, de 2 a 9.

33 Véase nota 19.

En el Modelo de Calidad de Servicios de C. Grönroos (1984), la calidad es el resultado de integrar la calidad técnica (qué se ofrece), la calidad funcional (cómo se ofrece) y la imagen corporativa (percepción que tienen los clientes de la calidad de la empresa), resultando, en último término, el valor de la calidad total atribuida al servicio de la discrepancia (diferencia) entre la calidad esperada y la calidad experimentada (Figura 27).

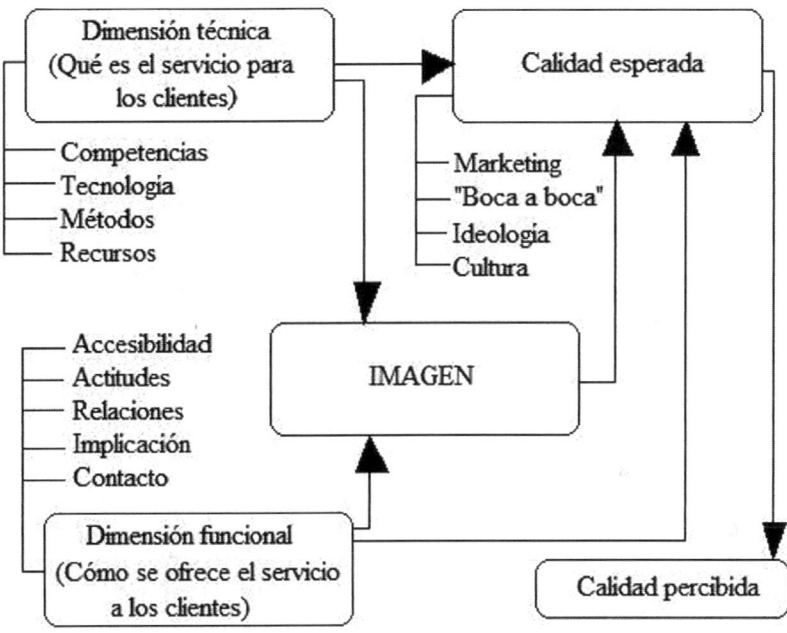

Figura 27

Grönroos (1994) analiza los servicios considerándolos productos diseñados, realizados, comercializados y consumidos por sus destinatarios. Para este autor, al analizar los servicios que prestan una organización, elemento central de su modelo, es necesario distinguir entre:

1. El **núcleo del servicio,** que se identifica con la que es la actividad principal de la organización (enseñar, en el caso de los centros educativos).
2. Los **componentes del servicio que son facilitadores** de la efectividad con la que se presta el núcleo del servicio (comedor, servicio médico, asistencia social, etc.).
3. Los servicios de **apoyo al núcleo del servicio** (diseñadores de *curricula*, elaboradores de materiales, departamento de orientación, psicólogo escolar, etc.).

En el modelo de Grönroos, el concepto de servicio incluye las intenciones básicas de la organización que lo presta, y es la base sobre la que se apoya el diseño y desarrollo del mismo. De este modelo forma parte la "oferta de servicios incrementada", determinada por tres elementos básicos:

a) La accesibilidad del cliente al servicio, relacionada con la localización de la empresa que lo ofrece, el número de empleados que lo proporcionan y su preparación, el horario de atención al público, etc.

b) La interacción entre los empleados y los clientes o usuarios del servicio.

c) La participación del usuario en la prestación del servicio.

2.5. Satisfacción experimentada

Al ser la satisfacción un determinante crítico de la predisposición de los clientes[34] a seguir recibiendo el servicio, y a no manifestar su desagrado (mediante quejas) respecto de las prestaciones que recibe, es necesario conocer el valor de la disconformidad expectativas/percepción de calidad mediante un índice numérico.

La mejor forma de conocer si un cliente está satisfecho es preguntárselo, y hacerlo utilizando instrumentos que aseguren que emitirá un juicio no sesgado (cuestionarios anónimos, por ejemplo), y que proporcionen información sobre las diferentes facetas que conforman la variable latente satisfacción:

1) Satisfacción global con el servicio:

| *Estoy completamente insatisfecho con el servicio* | *1 2 3 4 5 6 7 8 9 10* | *Estoy completamente satisfecho con el servicio* |

2) Satisfacción con una faceta del servicio expresada como convicción:

| *Totalmente en desacuerdo* | *1 2 3 4 5 6 7 8 9 10* | *Totalmente de acuerdo* |

3) Satisfacción con una faceta del servicio expresada afectivamente:

| *No me gusta en absoluto* | *1 2 3 4 5 6 7 8 9 10* | *Me gusta plenamente* |

4) Satisfacción expresada en términos de abandono/permanencia:

| *Si tengo ocasión, cambio de organización* | *1 2 3 4 5 6 7 8 9 10* | *Continuaré en esta organización* |

---

34 En este apartado se alude exclusivamente a los clientes externos.

Existen entidades especializadas en la evaluación de la satisfacción experimentada, que disponen de índices de amplia utilización por las más variadas empresas. Entre los índices más acreditados están:

a) El *American Customer Satisfaction Index* (ASCI), diseñado (Fornell, 1992, 2007; Fornel et al., 1996) para medir el grado de satisfacción de los consumidores (en el conjunto de la nación estadounidense, normalmente). La parte nuclear del índice es una serie de tres cuestiones que miden la satisfacción en una escala de 10 puntos:

- ¿Cuál es su grado de satisfacción con el servicio?

    Muy insatisfactorio   *1 2 3 4 5 6 7 8 9 10*   *Muy satisfactorio*

- ¿En qué grado el servicio satisface sus expectativas?

    Muy por debajo   *1 2 3 4 5 6 7 8 9 10*   *Las supera*
    de lo esperado   *ampliamente*

- ¿En qué medida el servicio responde a su tipo ideal?

    Muy alejado   *1 2 3 4 5 6 7 8 9 10*   *Está muy cerca*

En la Figura 28 se representa el modelo ASCI.

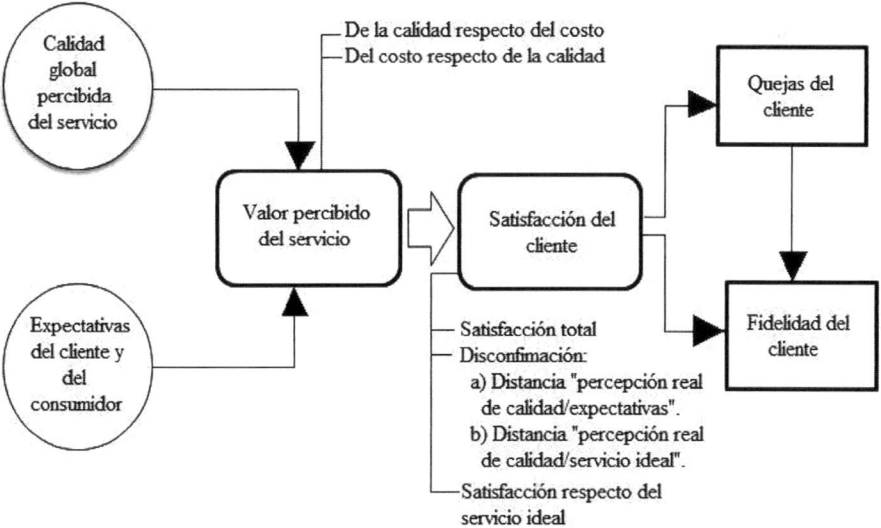

Figura 28

b) El *European Customer Satisfaction Index* (ECSI), que aprecia las relaciones/ efectos entre imagen corporativa, expectativas, percepciones de calidad y de valor de la prestación, satisfacción y lealtad del consumidor (Tabla 4), se representa en la Figura 29.

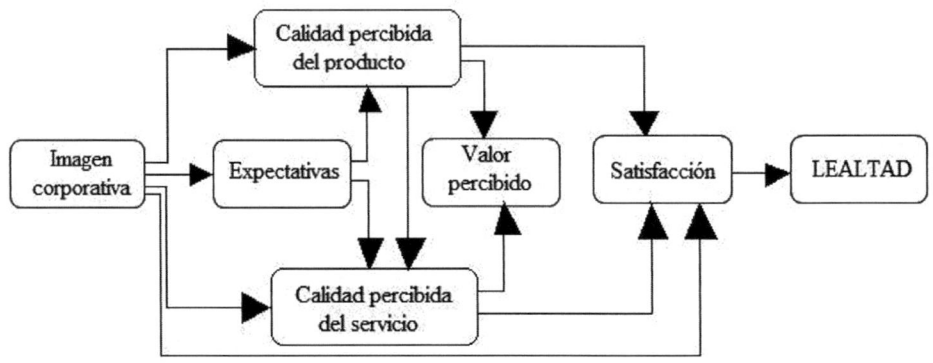

Figura 29

Los modelos ACSI y ECSI difieren en que este último:

a) No incluye las conductas de "queja de los clientes" como un efecto de la falta de satisfacción.

b) Incorpora la imagen corporativa como variable latente con efectos directos en las variables "expectativas", satisfacción y fidelidad/lealtad.

El ESCI ha sido sustituido por el EPSI (*European Performance Satisfaction Index*), que ha ampliado las variables del inicial ESCI con otras como la satisfacción de los empleados (clientes internos) y la confianza en la organización. Este modelo se inscribe en la lógica de los sistemas de gestión de la calidad EFQM (*European Foundation for Quality Management*, EOQ (*European Organization for Quality*) y IFCF (*International Foundation for Customer Focus*).

Variables latentes	Variables observables (indicadores)
Imagen del centro escolar en su área de influencia	— De conjunto (prestigio, demanda, tasas de éxito de los alumnos, premios y distinciones, etc.) — De sus componentes (instalaciones, profesorado, dirección) — De su *ethos* (ideología, orientación religiosa).
Expectativas de los clientes	— Inducidas — Construidas por el propio cliente
Valor percibido	— Percepción de la relación costo/calidad — Percepción de la relación costo/efectividad comparada con la de otras organizaciones elegibles
Calidad percibida del servicio	— Global — De los componentes — Respecto de la calidad ofrecida a través del marketing
Satisfacción del consumidor	— Global — Con aspectos significativos del servicio — Valor de la disconformidad — Valor de disconformidad respecto del ideal
Lealtad/Fidelidad	— Deseo de seguir recibiendo el servicio — Intención de recomendar el servicio.

Tabla 4

3. COMPETIR POR LOS CLIENTES: EL *BENCHMARKING*

El *benchmarking* es un sistema para incrementar la capacidad de competir de forma exitosa con organizaciones que ejercen un claro liderazgo en la captación de consumidores y en la fidelización de los clientes y que operan en el mismo segmento del mercado, mediante la incorporación de sus mejores soluciones y prácticas a la estructura y funcionamiento de la empresa que lo utiliza.

Consiste, pues, en explorar el entorno de la organización con la finalidad de identificar, analizar y valorar las fortalezas de las organizaciones excelentes y excepcionales *(benchmarking* externo), y también observar el funcionamiento interno a fin de detectar diferencias significativas entre aquellos de sus departamentos cuya actividad y resultados sean comparables (profesores en su actividad docente, por ejemplo) a fin de transferir a los más "débiles" las prácticas de los más "fuertes" (*benchmarking* interno).

En su esencia, son elementos del *benchmarking*:

1) Evaluar las fortalezas y debilidades propias.

2) Identificar las fortalezas de los mejores competidores.

3) Incorporar, a la organización propia, las mejores prácticas, convenientemente adaptadas, de los competidores con la finalidad de alcanzar una posición de liderazgo en el mercado de servicios (escolares).

El *benchmarking* debiera ser una actividad permanente de las organizaciones, conducida por un reducido grupo de personas que, actuando como equipo de especialistas, tenga como objetivo general la obtención y sistematización de información relativa al funcionamiento del mercado (escolar). Para alcanzar ese objetivo, el grupo ha de:

1.º) **Realizar** estudios de mercado (datos disponibles acerca de la demanda de servicios, estudios de satisfacción de los consumidores, análisis de páginas web, marketing, etc.) que permitan disponer de información acerca de qué explica el éxito (fortalezas y debilidades) de las mejores organizaciones (las que reciben una mayor demanda).

2.º) **Diagnosticar**, mediante el análisis y la evaluación de las fortalezas y debilidades identificadas, qué causas están en la raíz de las mismas y qué factores las originan.

3.º) **Diseñar**, efectuado el diagnóstico, un plan de actuación que permita incorporar a la estructura y funcionamiento propios, con las necesarias adaptaciones, las mejores prácticas de las organizaciones competidoras.

5.º) **Proponer**, elaborado el plan de actuación, su aprobación a la dirección de la organización.

6.º) **Asesorar** a la dirección y a los departamentos implicados en el proceso de incorporación de las mejores prácticas fruto del *benchmarking* durante el proceso de aplicación del plan de mejora.

7.º) **Controlar** y valorar el impacto que ha tenido el plan de mejora en la aceptación del servicio por parte de los consumidores y en la satisfacción de los clientes, dando cuenta a la dirección.

8.º) **Apoyar** a la dirección para incorporar, en el caso de que se hayan producido los efectos deseados en la mejora de la competitividad, los cambios a la cultura organizacional. En caso contrario, se reiniciará el proceso en 2.º), realizando un nuevo diagnóstico.

9.º) **Mantener** el estudio del mercado con la finalidad de detectar nuevas desviaciones respecto de las fortalezas de las mejores organizaciones con las que compite la organización propia.

El *benchmarking* en modo alguno puede confundirse con el llamado "espionaje industrial", debiendo ser considerado un sistema ordinario de mejora empresarial, sometido a exigencias éticas, consistente en utilizar información disponible en el mercado de forma abierta y proporcionada por el marketing del propio competidor o por las entidades, públicas y privadas, que realizan estudios sobre la oferta y demanda de servicios. El *benchmarking* no utilizará información que la organización analizada considere secreta o sometida a los requerimientos legales de privacidad.

Es especialmente recomendable realizar el *benchmarking* de forma cooperativa entre instituciones que tengan fortalezas y debilidades que se correspondan, respectivamente, con sus debilidades y fortalezas. En este caso, las organizaciones pueden, y tal vez deban, no operar en el mismo segmento del mercado de servicios, sustanciando el *partnership* mediante un acuerdo formalmente establecido.

Este tipo de cooperación para el *benchmarking* permite garantizar a ambas partes la exigencia de "juego limpio", sometiéndose, por ejemplo, a los principios éticos de las buenas prácticas empresariales, del *European Code of Conduct to Guide Benchmarking* (EFQM), que establece las siguientes normas aplicables a las organizaciones competidoras actuales o futuras:

1.º) Al realizar el *benchmarking* con competidores actuales o potenciales, es obligado que se respeten las leyes que regulan la competitividad, para lo cual han de tenerse en cuenta las disposiciones legales que regulan esta práctica antes de iniciar el proceso de *benchmarking*. Si las actuaciones no son aceptadas de grado por la organización competidora, no han de efectuarse. Cuando sea así, es necesario negociar para llegar a la firma de un acuerdo que respete la normativa de cada uno de los *partners*.

2.º) No ha de ser desvelada, ni pretendida, información sensible, evitando que a la organización *partner* se le susciten dudas acerca de si ha de proporcionar tal información para continuar con el proceso de *benchmarking*.

3.º) No se solicitará al *partner* información que no forme parte del acuerdo para realizar el *benchmarking*.

4.º) En caso necesario, se recurrirá a un tercero experimentado y serio para recabar y hacer que no sean difundidos datos reservados.

5.º) Cualquier información obtenida mediante *benchmarking* debe ser considerada interna y privilegiada.

Por su parte, la *Qual Serve Benchmarking Clearinghouse* ha adoptado el *Benchmarking Code of Conduct*, desarrollado bajo *copyright* por el *American Productivity & Quality Center* (APQC) para su utilización por la *International Benchmarking Clearinghouse*. Son principios de este código, al que se pueden referir los acuerdos para el *benchmarking* que se sustancien con organizaciones escolares radicadas en USA, los de:

1.º) Legalidad
2.º) Intercambio (entre los *partners*)
3.º) Confidencialidad
4.º) Uso (solamente se utilizará la información según lo establecido en el acuerdo de *benchmarking*)
5.º) Contacto (designación de quienes realizarán los contactos para efectuar el *benchmarking*).
6.º) Preparación (competencia para realizar el *benchmarking* con eficiencia y efectividad).
7.º) Conclusión (en el tiempo establecido y con garantía de satisfacción para las partes).
8.º) Comprensión y trato adecuado.
9.º) Suministro y empleo compartido datos relativos a indicadores de rendimiento.

Tips para la excelencia

1. La regulación ideológica del mercado, cualquiera que sea, no debe inhibir el esfuerzo de las organizaciones para competir por ser las mejores de las mejores.

2. La excelencia solo es posible en un mercado libre, en el que sean la inteligencia y el esfuerzo, y no las condiciones sociales y económicas, los que establezcan el techo competencial alcanzable por las personas.

3. El éxito de la organización depende de su capacidad para generar en los potenciales consumidores de sus servicios la percepción de que recibiéndolos obtendrán retornos que satisfarán sus necesidades y expectativas.

---

4. Los servicios deben diseñarse para satisfacer a los consumidores del mismo, y no para satisfacerse a sí misma la organización que los presta (a sus propietarios y directivos).

5. La organización debe persuadir a los consumidores de que su servicio es "es el mejor de los mejores" para ellos, y hacerlo estando firmemente convencida de que es así.

6. La organización debe ofrecer servicios que satisfagan a la mayor parte de los consumidores, pero ha de saber que no siempre eso es posible, por lo que ha de establecer cuál es, en último término, su "nicho" de explotación, y trabajar para consolidarlo y ampliarlo.

7. Aunque el punto de partida requiere situar con la mayor precisión qué esperan los consumidores del servicio, el objetivo final puede incluir el modificar la situación de partida, añadiendo qué quiere la organización que los consumidores esperen del servicio.

8. Si existe disconformidad/disconfirmación entre expectativas/demandas de los clientes y la percepción de calidad del servicio que reciben, el error está en la organización y nunca en el cliente.

9. Para permanecer en un mercado libre, es necesario competir con ventaja con las organizaciones que prestan el mismo servicio al mismo segmento de población.

10. La organización ha de estar siempre atenta a lo que esperan los consumidores y los clientes del servicio que ofrece, en el primer caso, y proporciona, en el segundo.

11. El éxito en la captación de consumidores y en la fidelización de clientes no ocurre accidentalmente: es el resultado de un trabajo sistemático y constante para ajustar el servicio a lo que esperan quienes lo reciben.

12. Cuando una organización compite, lealmente, se beneficia a sí misma y a las organizaciones con las que compite, y sobre todo a quienes beneficia es a los destinatarios del servicio que una y otras ofrecen.

13. Las organizaciones deben conocer, adaptar e incorporar las mejores prácticas de las organizaciones con las que compiten, y estar dispuestas a dar a conocer sus mejores prácticas a las organizaciones con las que mantienen relaciones y compiten.

14. La excelencia únicamente se consigue si se compite en un mercado libre, tanto para los consumidores como para los productores de los servicios, y si la asignación de recursos tiene en cuenta el tipo de población al que cada organización le presta sus servicios.

15. El determinante más importante de la excelencia es la disposición de la organización a satisfacer las necesidades de los receptores de sus servicios, cualesquiera que sean sus características —las de los receptores— y los recursos de que dispone —la organización— para hacerlo de forma excelente.

16. El marketing debe ser considerado una actividad regular de la organización, en cuya realización es preciso utilizar, de forma sistemática y racional, las mejores técnicas e instrumentos para dar a conocer la calidad de los servicios y productos.

17. Los clientes satisfechos son el mejor instrumento de marketing organizacional, y la mejor vía para atraer consumidores.

18. *A customer is not dependent to us... We are dependent to him.*

T. Peters y N. Austin, 1985

Capítulo III. *Management* y mánager para la excelencia

"Scientific Management (…) may be summarized as:

- *Science, not rule of thumb*
- *Harmony, not discord*
- *Cooperation, not individualism*
- *Maximum output in place of restricted output*
- *The development of each man to his greatest efficiency and prosperity"*

La Gestión Científica (…) puede sintetizarse en estos principios:

- Ciencia, no actuaciones basadas en la mera práctica
- Harmonía, no discrepancia
- Cooperación, no individualismo
- Máximos logros, no mínimos resultados
- Desarrollo de cada persona (trabajador) hasta su máxima eficiencia y bienestar

Frederick W. Taylor
The Principles of Scientific Management

1. EL *MANAGEMENT*

1.1. Aspectos generales

El estudio de la efectividad y de la eficiencia, de alta calidad y de la e4xcelencia, de los clientes internos y externos, no puede realizarse sin hacer referencia al *management* o ejercicio de la función de los mánager, quienes en el seno de las organizaciones asumen funciones de dirección y de liderazgo, y al referirse al *management* es inevitable hacer referencia a algunos de los hitos (se hará de forma nada exhaustiva) que han jalonado la construcción de la organización científica, todavía al día de hoy una joven disciplina académica.

Es de general aceptación el situar en la obra *Principles of Scientific Management* (1911), de Frederick W. Taylor, el inicio de los estudios sistemáticos sobre la gestión científica de las organizaciones. A la obra de Taylor le han seguido a lo largo de todo el siglo XX aportaciones que han subrayado 1) la búsqueda de principios generales de dirección y la delimitación de las áreas funcionales de las organizaciones (Fayol, Gulick, Urwick, Mooney, etc.); 2) la puesta en valor de la dimensión humana del trabajador y de las relaciones sociales en la empresa (Elton Mayo); 3) la formalización de la estructura y de la actividad organizacional (Max Weber); 4) la aplicación de los estudios sobre el comportamiento de la persona y de los grupos para explicar la conducta laboral (K. Lewin, McGregor, Maslow); 5) la interpretación cognitiva y social cognitiva de las actitudes y comportamientos de los trabajadores, con la consiguiente puesta en valor de los recursos humanos de todos los integrantes de la organización en beneficio de los objetivos empresariales (Bandura, Likert, Hertzberg o Argyris), y 6) la aplicación de modelos matemáticos y de la inteligencia artificial a la racionalización de la toma de decisiones.

Estas, y otras, aportaciones, además de consolidar progresivamente la organización científica como disciplina académica, desvelan y ponen en valor prácticas de *management* que facilitan la efectividad y la eficiencia organizacionales, cuyo conocimiento es imprescindible para los mánager que se han planteado como uno de los objetivos de su gestión la excelencia.

La dirección científica y la departamentalización

Las primeras grandes aportaciones sistemáticas a la "dirección científica" se recogen en la seminal obra "Principios de dirección científica", de F. Taylor (1916). Este ingeniero estadounidense, y otros miembros de su larga escuela, tuvieron como objetivo de sus trabajos revisar y racionalizar las prácticas existentes de gestión empresarial mediante la utilización de información fiable y válida, superadora de tradicionales prejuicios, a la gestión y dirección de las organizaciones. Algunos de los postulados básicos de la "dirección científica" *tayloriana* son:

- Existe una "mejor vía" que optimiza la productividad, cuya determinación requiere de experimentos científicamente diseñados por los órganos de dirección.
- La eficiencia de las organizaciones está asociada a la existencia de un sistema profesional de dirección y gestión.
- Es imprescindible que cada trabajador, considerando sus capacidades y los requerimientos del puesto de trabajo, esté en las mejores condiciones para realizar las tareas que se le encomienden.
- Es necesario que exista una asignación clara de tareas y responsabilidades a cada miembro de la organización.
- Es imprescindible utilizar pruebas objetivas en los procesos de selección del personal laboral.
- Los incentivos salariales son una práctica fundamental para incrementar la productividad.

Tienen gran interés las aportaciones que, en el marco de la "dirección científica", realizaron Frank Gilbreth[35] y J. Gantt (1910, 1919). De Gilbreth merecen ser considerados sus estudios sobre las actividades profesionales, su división en unidades elementales y la subsiguiente determinación de tiempos óptimos de realización y de-

---

35 Es recomendable la lectura de la obra de Barnes sobre los tiempos de realización de tareas (Barnes, 1958).

limitación de los procesos operativos correspondientes a cada tarea[36]. Gantt ha hecho contribuciones especialmente interesantes sobre índices de producción y técnicas de programación y control (las "gráficas de Gantt").

Coincidiendo en el tiempo con el taylorismo científico, diversos científicos e ingenieros, como Henry Fayol (1931), Lyndall Urwick (1937), James Money (1939) o Luther Gulick (1936, 1937), trataron de identificar "principios generales", aplicables a la dirección y gestión de las organizaciones, a partir de la sistematización de datos empíricos, frecuentemente obtenidos de su propia experiencia empresarial exitosa.

Es muy interesante la identificación y análisis de las funciones de las organizaciones, y la atribución de cada área funcional a un departamento especializado (de ahí que la voz "Departamentalización" sirva para etiquetar el pensamiento de parte de los investigadores de este grupo), que para Fayol son Planificación, Organización, Dirección, Coordinación y Control.

Esta clasificación la completan Gulick y Urwick (1937), después de distinguir entre actividades que se dirigen a la "fabricación" de los "productos" (enseñanza, en el caso de las organizaciones escolares) propios de la organización (operativas) y las de soporte de las anteriores (auxiliares o *staff*), estableciendo las que a partir de ellos se han venido considerando las funciones básicas de una organización (suelen presentarse en forma del acrónimo "POSDCORB"):

- **P**lanificar
- **O**rganizar
- Asesorar (**S**taffing)
- **D**irigir
- **Co**ordinar
- Informar (**R**eporting)
- Presupuestar (**B**udgeting).

Es también contribución de esta corriente científica el resaltar la relevancia que tiene el atender a las relaciones verticales y horizontales a la hora de configurar la estructura de una organización y a los elementos esenciales de este tipo de relaciones: el *liderazgo* y la *delegación de autoridad*.

---

36 Gilbreth identifica 17 "movimientos" elementales en la ejecución laboral (*Therbligs:* Gilbreth" escrito de derecha a izquierda con la "th" traspuesta): Buscar, Escoger, Pegar, Transportar desocupado, Transportar cargado, Posicionar (colocar en posición), Ubicar previamente (preparar para colocar en posición), Unir (juntar), Separar, Utilizar, Descargar, Inspeccionar, Asegurar, Esperar inevitablemente, Esperar cuando es evitable, Reposar, Planear.

Las críticas que con mayor frecuencia se le han hecho a quienes han impulsado tanto la "dirección científica" como "la aplicación de principios generales" a la gestión y gobierno de las organizaciones es la de que han olvidado, o no le han concedido la importancia que tiene, al que se ha definido como "factor humano" de las organizaciones, así como el en ocasiones excesivo empirismo y simplismo de algunas de sus propuestas.

La irrupción del factor humano

En el entorno del año 1929 (año que coincide con el del "crack" económico que sacudió EE.UU.), especialmente como resultado de las investigaciones del Instituto de Organización de Empresas de la Universidad de Harvard, se pone de evidencia la importancia de un factor que, si bien no es justo decir que haya sido ignorado por los "ingenieros" y "gestores" del taylorismo y fayolismo, no fue su importancia suficientemente subrayada hasta que el grupo de científicos encabezado por Elton Mayo puso de evidencia la importancia que en la eficacia y eficiencia de las organizaciones tienen las "relaciones humanas", elemento esencial del que hoy se conoce como "factor humano de las organizaciones laborales".

Tienen especial interés en el proceso de construcción de la Organización las investigaciones que los científicos de la Harvard realizaron en los años 30 del siglo XX en la planta de Hawthorne, radicada en Chicago y perteneciente a la *Western Electric Company*, para conocer si las condiciones de trabajo, cuya relevancia había destacada la "dirección científica" de Taylor, tienen efectos significativos en la productividad, aplicando métodos experimentales para desvelarlos y no los meramente empíricos que fueron utilizados en períodos anteriores.

Mayo[37], Roethlisberger (1948, 1955) y otros miembros del grupo investigador llegan a la conclusión de que para explicar el rendimiento laboral resultaban insuficientes los factores ya identificados por Taylor o Gilbreth[38], debiendo por ello incorporar un nuevo factor explicativo, de especial importancia, que no es otro que el "clima de relaciones humanas" existente en la organización, del cual son indicadores muy importantes las "actitudes mentales de los trabajadores" y las "relaciones sociales

---

37 Tiene especial interés la lectura de la obra de E. Mayo *The human problems of industrial civilization* (1933).

38 Conviene no olvidar que la más estrecha colaboradora de Gilbreth es su mujer, Lillian, que es psicóloga e interesada por las circunstancias personales que afectan a la actividad laboral de los trabajadores (Gilbreth, L., 1914, 1924)

que se consolidan en la empresa", cuya génesis está asociada a la existencia de un sistema de dirección o *"management"* participativo.

Son elementos esenciales del "modelo" de relaciones humanas desarrollado a partir de los experimentos realizados en Hawthorne:

- La consideración del trabajador como un ser humano y la puesta en valor de sus condiciones personales;
- El postulado de que el trabajador no actúa siempre según las prescripciones de la lógica racional, sino que resulta afectado frecuentemente por circunstancias afectivas de sus personalidad;
- La constatación de que para la productividad tiene importancia no sólo la dimensión individual del trabajador, sino, y especialmente, su proyección social y las relaciones que mantiene con "los-otros-que-le-son-significativos";
- La aceptación de que la organización es algo más que el agregado de elementos individuales situados en una estructura formal diseñada para articular en fases el proceso productivo: el "plus" son las interacciones, y el clima social al que dan lugar, entre sus miembros;
- El hallazgo de que la eficacia y eficiencia de una organización están íntimamente asociadas al grado en el que los trabajadores experimentan subjetivamente que la actividad laboral está contribuyendo a satisfacer sus necesidades personales, especialmente las de proyección social;
- La conclusión de que para generar el cambio organizacional es preciso actuar sobre las actitudes de los trabajadores, en cuanto que son reguladores de su conducta laboral.

El haber destacado la relevancia que tiene para la ciencia de la organización el "clima de relaciones humanas", y la aplicación del método científico al estudio de los factores que modifican la productividad laboral, son, sin duda méritos del grupo de investigadores del Instituto de Organización de Empresas, si bien esta notable aportación no conlleva un cambio radical en la concepción de la empresa que tiene Taylor y sus seguidores: la participación de los trabajadores en la toma de decisiones como vía para incrementar su satisfacción laboral no tiene otra finalidad que "manipular", en cierta medida, su CL a fin de que aporte más esfuerzo al proceso productivo, cuya planificación y determinación permanece totalmente como responsabilidad, no compartida, de quienes dirigen.

Los límites de la teoría de relaciones humanas radican, sobre todo, en su apego a la idea de que el trabajador sigue siendo un elemento de las organizaciones que tiene relevancia como ejecutor de tareas y no como fuente de recursos intelectuales y capacidad de innovación, por lo que este modelo sigue asentado, en esencia, en el "paradigma" tayloriano, con un cambio estratégico (de gran importancia, ciertamente): para regular la aportación de esfuerzo laboral Taylor acudía sobre todo al establecimiento de la "mejor vía", a la adscripción del trabajador al puesto que mejor se adecua a sus condiciones, a racionalizar constitución de los puestos de trabajo y a la incentivación económica; Mayo añade como factor esencial la "creación de climas sociales positivos", lo que pronto se transforma en manuales de "cómo tratar a la gente", en la concepción de la participación como "pago" del esfuerzo y en un sistema de dirección basado en la "sonrisa permanente"[39].

Psicología y Sociología de las Organizaciones

Bajo estas etiquetas se sitúan dominios científicos muy diversos, en los que psicólogos generales, psicólogos industriales, psicólogos sociales, psicólogos clínicos, psiquiatras, sociólogos, pedagogos, entre otros especialistas, se han interesado por desarrollar modelos que permitiesen explicar los comportamientos de las personas en el seno de las organizaciones laborales, los factores que los determinan y sus efectos en la productividad de los individuos y de los grupos, así como sus disfunciones y patologías.

Uno de los soportes de esos modelos ha sido, sin duda, la teoría de campo (K. Lewin, 1935), que sostiene que la interpretación del comportamiento de los individuos y de los grupos ha de hacerse en el "espacio vital" en el que actúan, que en el caso de las organizaciones escolares (y en el de otras empresas de servicios) es el espacio laboral.

Con este soporte, y desde diferentes paradigmas, una larga serie de científicos e investigadores ha tratado de conocer, desde las más variadas perspectivas, aunque siempre subrayando las dimensiones social y cognitiva de la persona, cómo explicar y modelar la CL:

- El "humanismo organizacional", que caracterizó las aportaciones de McGregor (1960) respecto del "lado humano de las empresas";
- La concepción de las "expectativas de los individuos respecto de su actividad laboral", como el factor originador y orientador de la CL (Vroom, 1964; Porter y Lawler, 1968);
- El condicionamiento operante, de Skinner (1953), tal vez la explicación más parsimoniosa de la CL.

---

39 Las publicaciones hechas bajo el halo "Mayo" tienen un notorio sesgo hacia la concepción del trabajador como "hombre social" y no como a un "hombre económico". Este sesgo se atenúa en escritos hechos con mayor independencia por otros miembros del grupo (Es interesante, por ejemplo, leer, para apreciar este hecho, el escrito de Roethlisbrger "A 'New look' for Management", publicado formando parte de *Worker moral and productivity* (General Management Series # 141, págs. 12-16. Nueva York: American Management Association).

- La "teoría de la atribución", concernida por el estudio de la relación que existe entre la percepción individual y la conducta interpersonal;
- La teoría del "aprendizaje social", con contribuciones como la de A. Bandura (1977), que se destaca la importancia de la autopercepción de eficacia o el aprendizaje vicario como determinantes de la CL;
- Las "teorías de la contingencia", que modifican en profundidad el postulado de la "mejor vía" por el del "mejor ajuste";
- Los modelos, desarrollados en los años 70 del siglo XX, cuyos elementos esenciales son el liderazgo participativo, el compromiso del trabajador con la organización y la creciente importancia otorgada a los "trabajadores de base";
- Las concepciones del *neoestructuralismo* marxista, de Burrel y Morgan (1979), desde las que se analizan las teorías sociológicas a partir de cuatro *clusters* o paradigmas que se excluyen entre sí: el *funcionalista* (asume la racionalidad de la conducta humana), el *interpretativo* (la conducta humana se explica desde el punto de vista individual), el *radical-humanista* (los cambios revolucionarios se justifican con el fin de eliminar las limitaciones sociales del potencial humano) y el *estructuralista radical* (el conflicto social genera los cambios mediante las crisis políticas y económicas);
- Las corrientes de pensamiento que enfatizan el valor de variables como la "clase social", el "status", el poder, la raza o el sexo, impulsadas por Billing y Albesson (1992) y Flax (1990), o las que (Clegg, 1990) recurren a metáforas para describir la complejidad de la CL.

La burocracia social

De las organizaciones forman parte muchos de los elementos que Max Weber consideró constitutivos de las burocracias: un orden jerárquico (órganos y personas con diferente nivel de autoridad), normas escritas para regular el funcionamiento de las distintas unidades organizacionales, objetivos formalizados que constituyen las metas de la organización, atribución expresa de responsabilidades, procedimientos formalizados para transmitir y conservar información, sistemas objetivos para la selección de las personas que han de desempeñar los distintos puestos de trabajo.

La burocracia concebida por Max Weber se basa en:

- La formalización (tanto de las normas como de los procedimientos);
- La centralización (definición de la jerarquía y la autoridad).

Ambas dimensiones deben interpretarse desde lo que Weber llama "la racionalidad formal", origen del "orden legítimo" que han de establecer las normas jurídicas. Weber (1977), a través de su conocida trilogía, establece que la legitimidad puede ser "**carismática**" (se basa en la santidad, heroicidad o en otras cualidades que concurren de forma especial en una determinada persona), "**tradicional**" (deriva del carácter sagrado que caracteriza a las tradiciones, usos o costumbres) y "**racional**" (que encuentra su fundamento en el principio de legalidad propio del ordenamiento jurídico). Para Weber, el ejemplo máximo de racionalidad lo constituye la "organización burocrática".

Son postulados de la **organización burocrática**:

- La eficacia y la burocracia son realidades inseparables;
- La actividad organizada se sustenta en la aplicación de un sistema formal de reglas abstractas, que regulan las relaciones entre los miembros de la organización en la que se realiza;
- El poder de una persona que forma parte de una organización deriva de los atributos que le reconozca el orden jurídico, estando siempre vinculados al puesto y no al individuo;
- Las unidades en las que se estructura una organización mantienen entre si relaciones jerárquicas perfectamente definidas y delimitadas, estando las del nivel inferior bajo la dirección, supervisión y control de las de nivel superior;
- La ejecución de las funciones propias de cada órgano requiere de competencias técnicas definidas, que han de poseer quienes hayan de asumirlas;
- La propiedad de los medios de producción es de la organización;
- Las decisiones y manifestaciones de voluntad de contenido normativo han de comunicarse por escrito.

Se le ha acusado a esta concepción, no siempre con suficientes fundamentos, de inducir en las organizaciones un alto grado de impersonalidad, un excesivo acento en la importancia de quien detenta la *postestas*, una tendencia a incrementar la reglamentación de la CL, la conversión de los medios (las normas) en fines y, al mismo tiempo, de prestar escasa atención a las relaciones sociales, a los comportamientos innovadores y creativos o a la participación de quienes constituyen la base de la pirámide organizativa en las decisiones de los órganos de mayor nivel jerárquico (Aiken y Hage, 1969; Coleman, 1974; Scott, 1988)

Junto con los críticos de las organizaciones burocrátizadas (dando a esta voz el sentido peyorativo que en el uso común del habla se le atribuye), no faltan quienes ponen de relieve la importancia que, desde una perspectiva organizativa, tienen los principios y normas desarrollados por Max Weber cuando sirven para proporcionar soporte y claridad a la distribución de funciones y responsabilidades, lo que tiene efectos positivos en:

- La satisfacción de los trabajadores (Michaels *et al.*, 1988);
- La innovación (Craig, 1995);
- La reducción de conflictos intraorganizacionales (Senatra, 1980);
- La disminución del riesgo de alienación (Moeller y Charters, 1966).

Arrancando del análisis realizado por Gouldner (1954) y del que cuatro décadas más tarde hicieron Adler y Borys (1996) sobre la formalización como atributo de las burocracias, W. K. Hoy y Scout R. Sweetland (2001) realizan un esclarecedor estudio de las estructuras burocráticas, advirtiendo que, según cual sea la orientación que en la realidad adopten, pueden crear reglas y procedimientos (formalización) que den lugar a contextos facilitadores o coercitivos de la CL así como a formas de ejercicio de la autoridad (centralización) obstructivas, en unos casos, e incentivadoras, en otros. Proponen, inicialmente, estos autores una tipología de las burocracias escolares que cuenta con cuatro tipos básicos o puros, a los que habría que añadir tipos híbridos (están formados por el carácter dominante de uno de los tipos puros e incluye comportamientos, más o menos importantes y extensos, de otros tipos puros), dando lugar al modelo (modificado del propuesto por Hoy, Scout y Sweetland) que reproduce la Figura 30.

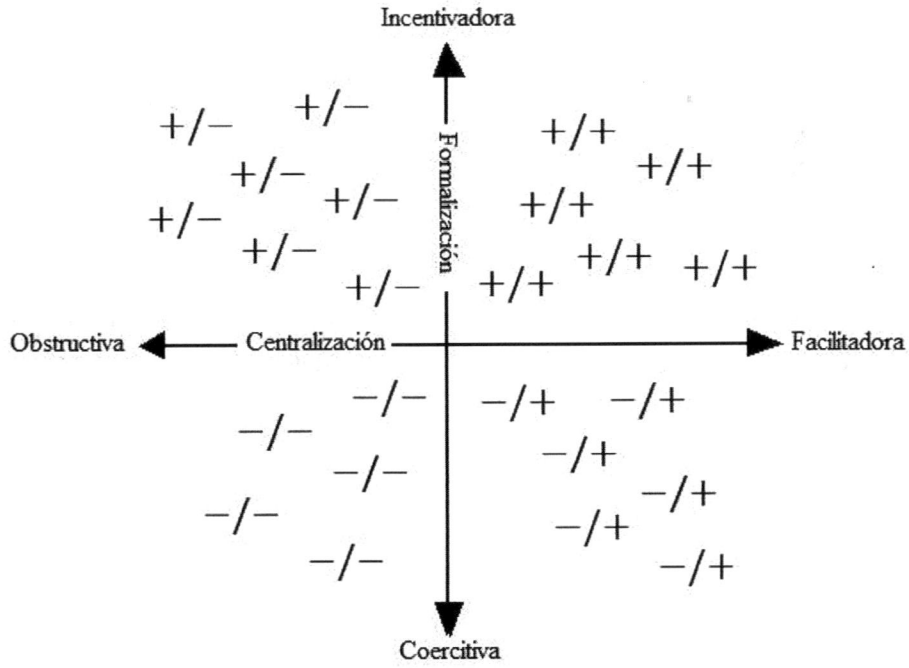

Figura 30

Se trata, pues, de un modelo de dos factores (formalización y centralización) cuyos valores se mueven entre dos polos (el "coercitivo/obstructivo" y el "incentivador/facilitador"), que, en la propuesta de Hoy y Sweetland, se presentan como independientes y que dan lugar, como ya se ha indicado, a tipos puros, susceptibles de hibridación.

Utilizando diversas muestras para probar la teoría de los dos factores, Hoy y Sweetlan hallan que, contrariamente a sus hipótesis iniciales, un solo factor (que denominan "burocracia"), que se mueve en un continuo con dos valores extremos ("facilitadora"[40], en el polo positivo, y "obstructiva", en el polo negativo), explica satisfactoriamente los datos empíricos. Establecido ya el modelo, verifican que el tipo de burocracia afecta a elementos esenciales del funcionamiento de los centros educativos: el grado en el que es "facilitadora/incentivadora" está en relación significativa positiva con la confianza que los profesores tienen en su mánager y en correlación negativa con la tendencia a ocultar información y con el número de conflictos.

La "burocracia" es positiva si es participativa, o "facilitadora/incentivadora" de la actuación de todos los miembros de la organización; se sitúa en valores mínimos cuando es *autocrática*[41] y coercitiva, y es *anárquica* si no aplica los principios propios del sistema burocrático (ausencia de normas y de autoridad), con lo que los individuos no tienen cauces para promover sus iniciativas, lo que genera retraimiento e insatisfacción, y ausencia de reglas de juego claras, hecho este que produce constantes conflictos interindividuales

En los últimos decenios ha hecho presencia una corriente de pensamiento que pretende, en cierta medida, sustituir los principios que han servido para definir la burocracia racional de Max Weber [su presentación suele hacerse bajo el rótulo

---

40 La condición facilitadora se aprecia con *items* de este tenor: a) "Las normas promueven una comunicación abierta y sin trabas entre los profesores y el director"; b) "El director motiva a los profesores en el desempeño de sus funciones".

41 Es más adecuado hablar de "comportamiento autoritario" que de "burocracia autoritaria": en una organización burocrática, definida de acuerdo con los planteamientos de M. Weber, el ejercicio de la autoridad que establecen las normas para cada puesto (de forma objetiva) es algo legítimo, sin que quepa que quien ostente la autoridad abdique de sus responsabilidades o las traslade a otras unidades de la organización (lo que no significa que no pueda o deba delegar funciones). Ahora bien, el desempeño de las funciones y atribuciones que corresponden a cada nivel jerárquico de la estructura burocrática puede hacerse de forma autocrática, participativa o, incluso, anárquica.

La forma participativa de ejercer la autoridad es la que está asociada a la "confianza en el mánager", los "climas sociales positivos" y la "sinceridad en la información que aportan los subordinados". Los comportamientos autocráticos y anárquicos propician valores negativos en estas mismas variables.

"post-burocracia"[42], aunque también es frecuente referirse a ella con las expresiones "corporación virtual" (Davidow y Malone, 1992) u "organización en forma de red" (Powel, 1990)] por los de "reducción de los niveles formales de jerarquía", "flexibilización como orientación opuesta al seguimiento normativo", "sustitución de las normas y reglas formales por los valores propios de la cultura organizacional" (Peters y Waterman, 1982), "consenso basado en personas influyentes y al menos parcialmente independientes de la jerarquía formal, es decir, en quienes acreditan ser expertos más que en los que ocupan un determinado nivel de autoridad" (Heckscher, 1994) y el de "permeabilidad de las fronteras, tanto intra como extra-organizacionales, con la consiguiente sustitución del empleo permanente por el temporal y la contratación de consultores y de expertos que trabajen en su domicilio"[43].

En el dominio escolar, no faltan iniciativas para abandonar elementos esenciales de la organización burocrática (las normas y la jerarquización formales) poniendo en su lugar principios de mayor flexibilidad. Es el caso, por ejemplo, del estudio que realizan Verdugo *et al.* (1997) para verificar si en las escuelas que evolucionan desde la condición de burocracias a la de comunidades (estas últimas consideradas entidades caracterizadas por informales y duraderos lazos sociales entre sus miembros y por compartir un común *ethos*), la satisfacción laboral de los profesores aumentará, sabiendo que:

- El grado en el que se conviertan en comunidades dependerá de en qué medida los profesores atribuyen legitimidad a su sistema de gobierno;
- Cuanta mayor sea la atribución de legitimidad otorgado por los profesores al sistema de gobierno de la escuela, mayor será su satisfacción laboral.

Los resultados de este trabajo confirman la importancia que tiene la "legitimidad atribuida", el "sentido de comunidad"[44], la "participación en las decisiones" y el

---

42 Este planteamiento forma parte de la historia del capitalismo, que ha generado, debido a los cambios económicos asociados a la globalización de los mercados, la necesidad de que los trabajadores sean más flexibles, comprometidos, participativos y abiertos a las nuevas prácticas a fin de hacer que la organización sea viable mediante la satisfacción de las demandas de los consumidores.

43 Se rompe, así, la concepción *weberiana* del empleo fijo, la promoción interna según reglas objetivas y generales y los planes de pensiones para cubrir las necesidades al término de la vida laboral de los trabajadores.

44 El sentido de comunidad se *operacionaliza* mediante tres indicadores:

1) En la escuela, existe una comprensión compartida de cuáles son los logros que han de ser conseguidos;

2) En la escuela, se comparte la creencia de que los alumnos pueden aprender si están en condiciones adecuadas;

"compromiso con la organización" para incrementar la satisfacción que experimentan los profesores.

Recursos humanos

En el entorno del año 1950, cristaliza, con la contribución de distintas corrientes científicas, una profunda revisión de los modelos explicativos del funcionamiento de las organizaciones y de la CL, fruto del trabajo de investigación que se realiza tanto en universidades norteamericanas como europeas y que da lugar a nuevas teorías que tienen como punto de encuentro la convicción de que la eficiencia depende del grado en que, mediante un *management* efectivo, se ponen en producción todos los "recursos humanos" con que cuentan las empresas.

Sobre este proceso de construcción de nuevas teorías acerca de las organizaciones laborales inciden diversos hechos que son crecientemente frecuentes en el mundo empresarial:

- La presencia de mano de obra y de cuadros intermedios con un nivel y una formación tecnológica cada vez mayores, lo que permite la automatización de los procesos productivos, y genera, a su vez, de una parte, un riesgo permanente de alienación y, de otra, como contrapunto, un creciente esfuerzo humanizador del trabajo que desactive la amenaza de despersonalización que gravita sobre los individuos;
- El desarrollo de técnicas y procedimientos, con base matemática, para apoyar las funciones de *management*, disminuyendo el riesgo y la incertidumbre de las decisiones y creando sistemas más eficientes de control y programación;
- La consolidación de nuevas herramientas para analizar y diseñar las organizaciones, siendo especialmente útiles las que provienen de la Teoría General de Sistemas (TGS).

La confluencia de estas, y de otras, fuerzas renovadoras hace que surja una nueva filosofía de las organizaciones y de la dirección y gestión empresariales, de la que es elemento esencial la creencia de que la eficacia y eficiencia laborales dependen no sólo de la fuerza del trabajo disponible y utilizada, de la capacidad técnica de los trabajadores o de la racionalización de las funciones de dirección y gestión sino de **la incorporación de los recursos intelectuales y de la capacidad de innovación de todos los trabajadores a la toma de decisiones, a la resolución de problemas y a la promoción del cambio.**

---

3) En la escuela, la comunicación no se percibe como amenazadora y se produce en doble sentido.

Las emergentes "teorías de recursos humanos" revisan el papel de la variable "participación", que pasa de ser un instrumento para "relajar" la resistencia del trabajador a aportar fuerza de trabajo y capacidad técnica a la organización, a constituir un elemento esencial del proceso productivo, cuyo objetivo es incorporar las competencias de todos a la toma de decisiones.

Este en cierto modo "cambio de paradigma" se produce como consecuencia de los trabajos de un grupo muy amplio de científicos, de entre los que no cabe omitir a McGregor (1960), Likert (1961), Hertzberg (1966), Argyris (1957) o Beckhard[45] (1969), siendo la lectura de sus obras altamente recomendable.

La Teoría General de Sistemas (TGS) y la Investigación de Operaciones (IO)

La construcción de modelos explicativos del funcionamiento de las organizaciones con apoyatura matemática ha permitido realizar avances de extraordinaria importancia en campos tan diversos como "toma de decisiones", "programación", "control de calidad", "optimación", etc., especialmente en situaciones complejas en las que la eficacia y eficiencia son función de múltiples variables (Gómez Dacal, 1996).

Tales modelos de dirección y gestión es usual presentarlos bajo el rótulo "Investigación de Operaciones" (IO)[46], aunque no es infrecuente referirse a desarrollos particulares con expresiones como "Teoría de la decisión", "Control científico de calidad", "Modelos de secuenciación y programación", "Modelos de optimación", "Modelos de programación dinámica" o "Técnicas de simulación", "Inteligencia artificial", entre otras. En este Ensayo, consideraremos que lo que se significa con todas estas expresiones se incluye en la IO.

La primera utilidad práctica de la IO ha sido, y es, la construcción de modelos icónicos, analógicos y simbólicos para representar estados, situaciones o procesos organizacionales. Estos modelos permiten identificar y representar con cierta facilidad las relaciones y los efectos que existen entre las partes y funciones de las organizaciones.

---

45 Estudia este autor cómo transitar desde el modelo "X" al "Y", de McGregor, o cómo transformar la monotonía laboral mediante programas de enriquecimiento personal.

46 Para obtener bibliografía y disponer de información actualizada acerca de este dominio científico, consúltense la publicación *European Journal of Operations Research*. Elsevier Science, B.V.: Ámsterdam (Ed. Alan Mercer). También en Gómez Dacal (1996): *op. cit.*) (páginas 41 y siguientes).

Son, sin duda, los modelos simbólicos[47] de tipo matemático los que tienen mayor utilidad para la Organización científica. Estos modelos responden a la expresión general:

$E = f (X_i, \varepsilon_i)$, siendo:

E: efectividad del sistema

X_i: *Variables que se definen en el modelo (están sometidas a control)*

ε_i: *Variables que no se definen en el modelo (no están sometidas a control).*

El futuro de la IO apunta en dos direcciones:

- La primera, se orienta al desarrollo de modelos matemáticos que permitan optimizar la eficacia y la eficiencia de las organizaciones.
- La segunda, apunta a aprovechar las posibilidades que ofrece la "inteligencia artificial" para racionalizar la adopción de decisiones complejas, minimizando el riesgo de error.

Los planteamientos científicos actuales aceptan, como uno de sus postulados iniciales, que los objetos de estudio, por muy elementales que sean, han de ser tratados como realidades constituidas por elementos en interrelación con variables de su entorno. Este postulado es especialmente aplicable a las organizaciones, por definición entidades constituidas con unidades dotadas de unidad estructural y que, como conjunto, interactúan con su entorno.

La aceptación de este hecho hace que sea crecientemente útil el recurso a la Teoría General de Sistema (TGS), disciplina que permite tratar a los objetos de estudio de las diferentes ciencias como sistemas constituidos por partes interrelacionadas y que ha hecho a estos efectos dos contribuciones esenciales:

- El desarrollo de modelos teóricos explicativos de la entidad "sistema";
- La investigación de los isomorfismos entre conceptos, leyes y modelos científicos, moderando con ello la compartimentación disciplinar característica de una buena parte de la historia de la ciencia y facilitando por esa vía la transferencia de conocimientos entre las distintas ramas científicas.

---

47 En los capítulos V y VI, especialmente, el Ensayo hará uso de modelos matemáticos con la finalidad de facilitar la interpretación de los efectos de variables como la ratio profesor/alumnos o la segregación/integración escolar en la producción de conocimiento, y los resultados de estudios sobre las mismas.

La OE también ha recibido aportaciones muy significativas de la TGS, tales como:

- La construcción del concepto de "organización" como sinónimo de un particular tipo de sistema social y abierto;
- La especificación de los elementos esenciales del sistema "organización" (objetivos, contorno y restricciones fijas, recursos, actividades, relaciones, etc.).
- La definición de propiedades aplicables a las organizaciones, tales como las de:
  — Completud e interdependencia: cada componente de la organización está en relación con los restantes, de forma tal que un cambio en cualquiera de ellos repercute en los restantes.
  — Segregación y sistematización progresiva: muchos sistemas de naturaleza no abstracta cambian en el tiempo. Si estos cambios conducen a la segregación, decae el crecimiento; si, por el contrario, generan una mayor sistematización, generan completitud y la creación de una situación más robusta y estable.
  — Centralización.
- La posibilidad de utilizar conceptos que ha desarrollado y precisado, tales como los de "directividad", "teleología", "autorregulación", "homeostasis"[48], "equifinalidad", "entropía"[49], etc.

1.2. El *management* para el control y la gestión de la calidad

1.2.1. Aspectos generales

Sin solución de continuidad con la consolidación de la Organización Científica, se desarrolla en EE.UU. y con una rápida transferencia a las universidades y centros de investigación de Japón y de diversos países europeos, una compleja corriente de pensamiento, muy vinculada al desarrollo industrial y empresarial, que centra su

---

48 Es una característica de los sistemas (de las organizaciones, por consiguiente) en virtud de la cual tienen la capacidad de adaptarse a las nuevas condiciones que definen el entorno en el que actúan, manteniendo el necesario equilibrio entre todos sus componentes. Es, pues, una propiedad en virtud de la cual, en un contexto cambiante, la organización mantiene un equilibrio dinámico, captando en su exterior los recursos (la energía) que necesita para continuar actuando con niveles suficientes de efectividad y eficiencia (Langley 1982).

49 Tendencia de los sistemas a desaparecer por el desgaste que sufren como consecuencia de su funcionamiento. En los sistemas cerrados, la entropía es positiva y conduce al caos (estado de máxima probabilidad). Los sistemas abiertos (como las organizaciones escolares) captan recursos (energía) del entorno suficiente como para generar entropía negativa (*neguentropía*), es decir, para mejorar sus propias organización y eficiencia.

preocupación en el diseño de modelos e instrumentos para la gestión y el control de la calidad con la que se prestan servicios y se producen bienes.

Este cambio de paradigma (Kuhn, 1962), producido bajo la presión de los procesos de globalización, de puesta en valor de la innovación y del desarrollo tecnológico como instrumentos para ofrecer servicios y bienes a los consumidores de forma crecientemente eficiente y efectiva (competitiva, por consiguiente), tiene como consecuencia la desaparición de numerosas organizaciones incapaces de actuar con las nuevas reglas del mercado y la consolidación de las que sí han dispuesto de la capacidad y la voluntad para hacerlo. A las organizaciones que prestan servicios escolares esta espiral de cambio no llega, o llega muy parcial y tardíamente, como consecuencia del control que ejercen sobre el mercado de la educación (con grandes diferencias entre países) las Administraciones públicas, tanto en la financiación como en la regulación de la enseñanza (para preservar la equidad en el acceso a las prestaciones de este servicio).

El objetivo estratégico de las organizaciones más dinámicas es conseguir la calidad total[50] de forma competitiva (alta efectividad y alta eficiencia), lo que supone:

- Producir a bajo coste, alcanzando
- elevadas ganancias (que permitan la actualización constante de los recursos de que dispone la organización, con
- trabajadores, satisfechos, comprometidos y con alta percepción de competencia (capital humano), que aporten valor a la potencia de la organización para
- captar consumidores y fidelizar clientes mediante el ajuste de los objetivos, del funcionamiento y de resultados a la satisfacción de las necesidades y demandas de los receptores del "producto" empresarial.

Para conseguir actuar bajo tales premisas, la gestión total de la calidad requiere que:

a) La organización: 1) tenga establecido de forma clara qué es lo que pretende en el largo plazo situar (el "producto") en el mercado (escolar) para satisfacer a los consumidores y clientes; 2) fijar objetivos que sean indicadores válidos y fiables de qué pretende y qué le permitan conocer en qué medida lo está

---

50 La calidad total se define en ISO 8402: 1994 como "una forma de gestión empresarial (*management*) y un concepto de organización basados en la participación de todos sus integrantes que pretende el éxito en el largo plazo a través de la satisfacción de los consumidores y de los beneficios que obtienen sus trabajadores y la sociedad en general". La idea de "calidad total" se ha formulado como "control total de calidad" (TQC), control de calidad sobre el conjunto de la organización (CWQC) y gestión total de calidad (*Total Quality Managment*: TQM), que se ha convertido en la expresión más usual.

consiguiendo, y 3) comprometer en el proyecto empresarial a todos sus integrantes.

b) Se asegure la conexión y la sinergia de los departamentos y trabajadores que han de realizar los procesos que conducen a los resultados.

c) Se mantenga el esfuerzo y la innovación en el nivel necesario para que la eficiencia y efectividad aseguren la competitividad incluso en situaciones de cambio en el mercado (variación en las demandas de los consumidores y clientes, en la normativa aplicable a los procesos de producción, en la tecnología, etc.).

d) El diseño, la planificación, el control y los procesos de mejora integren un sistema eficiente y efectivo, eliminando los defectos (de diseño, planificación y proceso) de tal forma que se compense el incremento de costos asociado a la mejora de la calidad (introducción de nuevas tecnologías, formación de trabajadores, etc.) (Figura 31).

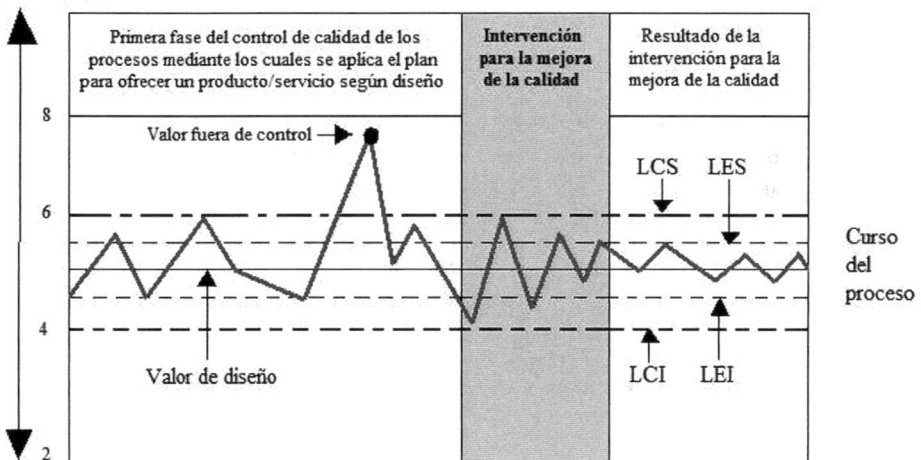

LCS y LCI: límites de control superior e inferior. Señalan los valores a partir de los cuales las desviaciones respecto del valor de diseño no pueden ser atribuidas a causas aleatorias, y si a causas asignables con efectos significativos.

LES y LEI: límites estimados superior e inferior. Fijan los límites a partir de los cuales las desviaciones respecto del valor de diseño se considera que no son tolerables para, por ejemplo, matener la competitividad de los productos/servicios. Mediante intervenciones sucesivas, la organización puede, y debe, situar estos límites tan cerca como le sea posible al valor de diseño.

━━━━ : curso que sigue el proceso de producción del servicio/bien respecto del valor de diseño

Figura 31

e) Poner en práctica un sistema efectivo de formación *in servicie* dirigido a todos sus integrantes, a fin de capacitarlos en la utilización de las tecnologías más eficientes y, especialmente, de introducir formas de actuación acordes con los principios del TQM. Este entrenamiento *in service* ha de estar íntimamente implicado en los procesos productivos y basarse en el principio de "aprender haciendo".

1.2.2. El management *para la calidad total*

Los principales actores

En la trayectoria científica y empresarial de sostenidos esfuerzos de *reengineering* de los modelos de gestión y control de la calidad en búsqueda de la excelencia empresarial en la prestación de servicios y bienes, han hecho aportaciones muy importantes, en buena medida complementarias:

a) W. A. Shewhart[51], W. S. Gosset[52], W. E. Deming[53], G. Taguchi[54], K. Ishikawa[55], A. V. Feigenbaum[56], J. M. Juran[57], Shigeo Shingo[58] o Philip B. Crosby[59].

---

51 Walter Andrew Shewhart (1891 - 1967) fue un físico, ingeniero y estadístico que inicia los trabajos que han conducido a los actuales métodos de control estadístico de la calidad (Véase Gómez Dacal y Tocino Garcia, 2004).

52 William Sealy Gosset (1876 –1937) fue un estadístico, conocido como **Student**. La distribución **t** (de Student, o de Gosset) es una distribución de probabilidad que permite estimar la media de una población normalmente distribuida cuando el tamaño de la muestra es pequeño. Fue en realidad R. A. Fisher (considerado el creador de la inferencia estadística) quién, a partir de los trabajos de Gosset sobre muestras pequeñas introdujo la distribución **t** ajustada a su teoría de los grados de libertad.

53 William Edwards Deming (1900 - 1993). Es el científico que ha sentado las bases del concepto de calidad total. A invitación de la Unión Japonesa de Científicos e Ingenieros (JUSE), Deming dictó conferencias sobre control estadístico de procesos, entre junio y agosto de 1950, a través de las que se formaron innumerables ingenieros, directivos y estudiantes en el control estadístico de los procesos (SPC) y en el concepto de calidad. La JUSE, en reconocimiento a la obra de Deming, creó el *Deming Prize.*

54 Genichi Taguchi (1924 – 2012) ha sido uno de los mayores contribuyentes a la consolidación del modelo actual de TQM. Entre sus publicaciones destacan *Introduction to Quality Engineering, Systems of Experimental Design, Robust Engineering y The Mahalanobis-Taguchi System.* Ha recibido el Premio Deming en cuatro ocasiones por sus aportaciones sobre calidad

55 Kaoru Ishikawa (**Kaoru Ishikawa** 1915 – 1989), fue un gran experto en el control de calidad, destacando sus aportaciones en materia de sistemas de calidad, especialmente al análisis científico de las causas de problemas (diagrama Ishikawa).

56 Armand Vallin Feigenbaum (nace en 1922) acuña el concepto del modelo *Total Quality Control,* (TQC). Sus ideas figuran en su famoso libro *Total Quality Control (1961),* publicado inicialmente en

b) Organizaciones y entidades (a menudo con apoyo en publicaciones especializadas) como la *American Society of Quality Control*[60], la *Japanese Union of Scientists and Enginiers*[61], el *National Institute of Standards and Technology*[62], la *European Foundation for Quality Management*[63] o la *International Organization for Standardization*[64].

1951 bajo el título *Quality Control: Principles, Practice, and Administration.* Fue presidente de la *American Society for Quality* (1961–1963).

57 Joseph Moses Juran (1904 - 2008) es considerado uno de los más influyentes defensores de la importancia de la gestión y control de la calidad para el éxito empresarial en el siglo XX. "Descubrió" la importancia de los trabajos de Vilfredo Pareto y fue un convencido aplicador del principio de que el éxito depende de la capacidad de mánager para identificar los pocos factores críticos que afectan negativamente a la calidad y separarlos de los muchos que son triviales.

58 Shigeo Shingo (1909-1990), se distinguió por sus trabajos sobre el Sistema de Producción de Toyota, que ha dado lugar a la producción *just-in-time* (JIT). Creó y formalizó el modelo "Cero Control de Calidad", relacionado con los Poka Yoke, sistemas de inspección en la fuente, y con el SMED (*Single Minute Exchange of Dies*), concebido como un sistema de reducción de los tiempos de preparación de las máquinas (reducción de tiempos improductivos).

59 Philip Bayard "Phil" Crosby, (1926 - 2001) estableció que la eficiencia está asociada a *"doing it right the first time"* (DIRFT) y el planteamiento empresarial basado en la práctica conducente a "cero defectos" y a la conformidad con los estándares del diseño.

60 La *American Society for Quality* (ASQ), formalmente *American Society for Quality Control* (ASQC), se constituye en el año 1946 (con base en Milwaukee), siendo su "misión" facilitar la mejora continua de la satisfacción de los consumidores mediante la aplicación de los principios y las tecnologías que inducen la mejora de la calidad empresarial.

61 En el año 1946, Kenichi Koyanagi fundó la JUSE (*Union of Japanese Scientists and Engineers*) con Ichiro Ishikawa, de la que fue su presidente. La JUSE creó el Grupo de Investigación del Control de la Calidad (*Quality Control Research Group*: QCRG), del que formaron parte ingenieros y científicos como Shigeru Mizuno, Kaoru Ishikawa o Tetsuichi Asaka, impulsores de la aplicación de los planteamientos del TQM en Japón.

62 El *National Institute of Standards and Technology* (NIST), es una agencia del *Department of Commerce* de EE.UU., cuya misión oficial es la promoción de la innovación y la competitividad mediante la aplicación de la ciencia del *management*, el establecimiento de estándares y la introducción de tecnología a fin de garantizar la seguridad económica y la calidad de vida del pueblo estadounidense

63 La Fundación Europea para la Gestión de la Calidad (*European Foundation for Quality Management*, EFQM) se funda en 1988 por los presidentes de las catorce mayores compañías europeas, con el apoyo de la Comisión Europea, con la finalidad de mejorar la eficacia, eficiencia y competitividad de las organizaciones empresariales europeas.

64 La *International Organization for Standardization*, conocida como **ISO**, se constituye (a partir de diversas organizaciones anteriores) en 1946, con ocasión de la reunión, en el *Institute of Civil Engineers,* de Londres, de delegaciones de 25 países, iniciando sus operaciones en 1947. El objetivo inicial de ISO fue fijar estándares internacionales para facilitar el comercio mundial, al establecer las condiciones que garantizan la calidad de las organizaciones que prestar servicios o producen bienes.

c) La creación de los premios para distinguir a las empresas cuya gestión empresarial alcanza la excelencia, de los que cabe destacar el *Deming Prize*[65], el *Malcolm Baldridge National Quality Award*[66] y el *European Quality Award*[67]

Los pioneros

- La empresa AT&T, que en los primeros años del siglo pasado diseña procedimientos para la inspección de la calidad de productos y crea, en 1920, un departamento para la evaluación de la calidad;
- W. S. Gossett (Student), que en el año 1908, como resultado de sus estudios en la Cervecería Guiness, introduce la distribución "t", que será un instrumento muy importante para el control estadístico de la calidad, utilizando muestras pequeñas, de una variable aleatoria que tiene una distribución normal en la población.
- W. A. Shewhart (1917, 1931) que, trabajando en los Laboratorios Bell, diseña los diagramas de control de calidad, que siguen empleándose (con nuevas aportaciones) en los últimos desarrollos de los sistemas actuales de control estadístico de calidad[68]. En el año 1931 publica Shewhart la obra *Economic Control of Quality of Manufactured Product,* y dicta lecciones sobre su metodología, en 1932, en la Universidad de Londres. Shewhart defiende estas tres proposiciones:
  — Los sistemas de causas posibles no son semejantes, en el sentido que ellos nos permitan predecir el futuro en términos del pasado.
  — Existen sistemas constantes de causas posibles;
  — Causas asignables de variación pueden ser identificadas y eliminadas

En *Economic Control of Quality of Manufactured Product*, Shewhart escribió:

"El objetivo de la industria es establecer procedimientos eficientes para dar satisfacción a las necesidades de las personas, reduciendo los procesos

---

65 Lo crea la JUSE, con dos formatos: para individuos y para compañías (este último es el *Deming Application Prize),* en el año 1951, en honor al científico que lleva su nombre. El primer ganador individual fue Motosaburo MASUYAMA y la primera compañía en obtener el *Deming Application Prize* fue Fuji Iron & Steel Co., Ltd.

66 Se constituye mediante la *Malcolm Baldridge National Quality Improvement Act,* publicada en el año de 1987, firmada por el entonces Presidente de los EE.UU. Ronald Reagan, con el objetivo de promover la calidad y la productividad de las empresas estadounidenses.

67 El *European Quality Award* se denomina en la actualidad *"EFQM Excellence Award".* El objetivo del Premio es reconocer la calidad de las empresas, públicas y privadas, que se distingan por la calidad de sus prestaciones. En el año 1993 la compañía ganadora del premio fue Milliken Europe.

68 Véase Gómez Dacal y Tocino García, 2004; Gómez Dacal, 2006.

industriales a rutinas que requieran el menor esfuerzo humano. Mediante la utilización del método científico, y de los instrumentos estadísticos actuales, es posible fijar los límites dentro de los cuales los resultados deben situarse si su consecución es eficiente. Las deviaciones en los resultados de las rutinas empresariales indican que esas rutinas no funcionan adecuadamente por lo que no serán eficientes hasta que las causas de las mismas no sean removidas".

W. E. Deming

Estas, y sin duda otras, iniciales aportaciones, junto con la "presión" por potenciar el desarrollo económico occidental y de Japón, hacen posible que, seminalmente ya en el año 1932, W. E. Deming (1966, 1986, 2000) organice seminarios sobre control de calidad, a los que invita al profesor Shewhart. Deming propone, en esos precursores trabajos, el modelo **Plan, Do, Study, Act** (**P**lanificar, **D**esarrollar el plan a pequeña escala, **E**studiar los resultados, **A**plicar de forma permanente) y, como alternativa (a fin de utilizar la palabra *Study* en lugar de *Check* por considerarla más cercana al significado que le daba Shewhart al término Control), el *"Plan-Do-Check-Act"* (PDCA), como un protocolo empresarial del que esos cuatro "pasos" son esenciales para la gestión y el control de la calidad.

De su modelo han sido y siguen siendo un referente en todos los programas de formación de directivos sus famosos 14 principios, que constituyen su especial *roadmap* para la alta calidad y la excelencia:

* Mejorar la calidad ha de ser una constante en la gestión.
* Adoptar una nueva filosofía basada en la eficiencia y en la no tolerancia del trabajo deficiente.
* Terminar con la dependencia de la inspección masiva de todas las dimensiones de los servicios o productos.
* Suprimir la práctica de decidir negocios procurando los precios más bajos y no la mejor calidad.
* Instituir un liderazgo efectivo, basado en la orientación y no en la mera incentivación mediante premios y sanciones.
* Procurar la mejora del sistema de producción y de prestación de servicios, de manera constante y permanente.
* Aplicar al control de calidad modernos métodos estadísticos.
* Decidir con racionalidad y sin estar atenazado por el miedo a los riesgos empresariales.
* Romper las barreras entre los departamentos de apoyo y los de línea.

- Desechar metas numéricas, carteles y frases publicitarias que pretendan aumentar la productividad mediante slogans, y actuar sobre los métodos y procedimientos de producción.
- Recurrir a estándares de trabajo basados en la calidad y no en la cantidad.
- Eliminar las barreras que impiden al trabajador hacer un buen trabajo, y sentirse orgulloso de la obra bien hecha.
- Desarrollar un vigoroso programa de educación y entrenamiento.
- Crear una estructura en la alta administración que impulse día a día los trece puntos anteriores.

A los que contrapone Deming los 7 errores ("pecados capitales") de la gestión:

1) Carecer de constancia en los propósitos.
2) Dar prioridad a los éxitos en el corto plazo.
3) Evaluar de rendimiento del trabajador para clasificarlo.
4) Generar inestabilidad de los gestores, generadora del desarraigo y la falta de compromisos que genera una movilidad excesiva.
5) Dirigir la compañía basándose solamente en las figuras visibles (lo más importante no siempre se puede representar numéricamente).
6) Evitar costos médicos excesivos.
7) No asumir costos de garantía excesivos, generados por despachos legales y auditores.

Con una referencia expresa o tácita a la ingente obra de Deming, a partir de los años 40, se inicia un apasionante proceso dirigido a mejorar la eficiencia de las organizaciones para hacerlas competitivas, que, con diferentes contribuciones, han dado lugar a los pujantes modelos que se desarrollan con referencia directa o indirecta al TQM.

Este movimiento, *Total Quality Management*, al que han hecho importantes aportaciones los "gurús" del *management* que se recogen en los siguientes apartados, se expande con fuerza en los años 70 en EE.UU., ya lejos la terminación de la Segunda Guerra Mundial, y lo hace una vez que su importancia ha sido ampliamente reconocida de forma operativa, con los naturales matices y variantes, por una buena parte de las organizaciones de éxito (a partir de 1950), adoptando los siguientes principios:

1) Los responsables de nivel superior deben estar profundamente comprometidos con la calidad, y transmitir con efectividad esta convicción y el programa de calidad a todos los miembros de la organización;
2) La organización en todos sus estamentos y niveles debe adoptar la "filosofía de la calidad" al establecer sus fines y objetivos (misión);

3) La organización debe promover el contacto directo y personal con sus clientes a fin de decidir acerca de las características de sus productos y los estándares de calidad;

4) La organización debe procurar que lo que sus proveedores le proporcionen sea de calidad, y que acepten los principios y la filosofía de la calidad;

5) La organización debe procurar conocer las "mejores prácticas" (*benchmarking*) de otras organizaciones;

6) Las organizaciones deben caracterizarse por tener poca burocracia y por crear fuertes vínculos entre departamentos, equipos de trabajo y una cultura organizacional basada en la autoconfianza;

7) Ha de promoverse la interacción de los miembros de la organización con los clientes y proveedores, así como crear un sistema que fomente la autonomía en la adopción de decisiones y generación de propuestas de mejora;

8) Ha de inducirse, como una convicción en todos los empleados, la mentalidad de "cero defectos";

9) Han de emplearse métodos de control estadístico de procesos y métodos de análisis de causas del tipo "Taguchi";

10) Ha de generarse una mejora en la efectividad de los procesos mediante los que se prestan los servicios, se atienden las peticiones o se proporcionan los productos.

11) La calidad ha de medirse en todas las áreas, y han de establecerse programas de formación para que todos los miembros de la organización tengan las competencias necesarias para utilizar los métodos estadísticos e interpretar diagramas y gráficas de control de calidad.

La aplicación a la realidad de los principios de la calidad total, se ha visto fortalecida, y se ha visualizado, por los protocolos que han servido para seleccionar a los mánager y a las organizaciones que han mostrado ser los mejores de los mejores (el *Deming Prize* y el *Malcolm Baldridge National Quality Award*) y los mejores (el *European Quality Award*). Los protocolos y las condiciones de obtención de estos premios han venido inspirando a las organizaciones más dinámicas a partir de los años 50, dándolas a conocer como paradigmas o "ejemplos ejemplares" de lo que es ser *dantotsu*.

Hitos en la construcción de la moderna ciencia del *management*

La *American Society of Quality Control* y la *Japanese Union of Scientists and Enginiers*

En el año 1944, ve la luz el influyente *Industrial Quality Control*, iniciativa de Martin A. Brumbaugh, que lleva, dos años más tarde, a la creación de la *American*

Society of Quality Control. Este profesor de estadística de la universidad de Buffalo estuvo durante toda su actividad académica y profesional profundamente convencido de que el control de calidad se convertiría en una poderosa fuerza, concluida la Segunda Guerra Mundial, para mejorar la eficiencia empresarial, por lo que habría de llegar a formar parte de las técnicas de *management* (y así ha acontecido).

En el año siguiente al de la conclusión de la Segunda Guerra Mundial, 1946[69], Deming visita Japón en donde imparte enseñanzas sobre control de calidad, y participa con éxito en la reconstrucción del sistema productivo de ese país, creándose la *Japanese Union of Scientists and Enginiers*. Las figuras más influyentes en la historia de la JUSE han sido Ichiro Ishikawa y, especialmente, su hijo Kaoru Ishikawa. Ichiro Ishikawa organiza la JUSE y Kaoru difunde el pensamiento de Deming y Juran entre los responsables de la gestión y control de la calidad de Japón, desarrollando, a través de sus enseñanzas en la Universidad de Tokio, los "Círculos de Calidad", que, formando parte de la filosofía del TQM, comprometen a los trabajadores en la gestión de la mejora e innovación de la actividad de la empresa (*Quality is everybody' responsability*).

Con la contribución de Deming, la JUSE extiende en Japón los estudios sobre control de calidad, destacando en este periodo la figura de G. Taguchi (diseños experimentales), cuyos trabajos son crecientemente conocidos en EE.UU. a partir sobre todo de 1980[70].

G. Taguchi

Se multiplican, a partir de los años 80, en EE. UU., los trabajos de G. Taguchi (1986, 1989), muy influidos por Deming, en los que se sostiene que la calidad debe medirse a partir de la pérdida que genera la mala calidad (es la *función de pérdida: su valor es cero si el desvío respecto del parámetro objetivo es nulo*) cuando el servicio o el producto no cumple con la función que le corresponde, lo que inevitablemente sucede si no se ajusta a las especificaciones con que fue diseñado.

---

69 El 8 de mayo de 1945, Alfred Jodl firmó el acta de rendición incondicional para todas las fuerzas alemanas ante los Aliados, en cuyo texto figura la frase "todas las fuerzas bajo el mando alemán cesarán las operaciones activas a las 23:01 horas, hora de Europa Central". A partir de ese año se inicia un apasionante proceso de reconstrucción del tejido empresarial europeo y, en especial, japonés.

70 El antecedente de la aplicación que hace Taguchi de los diseños experimentales en organización y en control de calidad son, sin duda alguna, los trabajos que en la Granja Agrícola Experimental de Rothamsted, en el Reino Unido, realizó el matemático R. Fisher (1890-1962), introduciendo dos herramientas estadísticas de enorme importancia como son el análisis de varianza y el concepto de aleatorización. Puede consultar una amplia bibliografía de (y acerca de) R. Fisher en http://digital.library. adelaide.edu.au/coll/special//fisher/bibliog.html#statistical.

La función de pérdida se define como: $L(y) = k (y - T)^2$, en donde:

- $L (y)$, indica la pérdida (en unidades monetarias) que sufre la organización;
- k, es una constante específica de cada caso;
- T, es el valor objetivo o de diseño del servicio o del producto (valor ideal);
- y, es valor real de calidad del servicio o del producto.

Con su metodología, Taguchi pretende:

1) Diseñar productos y procesos resistentes a las cambiantes condiciones del mercado;
2) Diseñar y desarrollar productos que soportan la variación en sus componentes;
3) Minimizar la variación alrededor de un valor objetivo (el del diseño).

La "función de pérdidas" permite cuantificar el descenso del valor atribuido por el cliente al producto (o servicio) como consecuencia de la disminución de la calidad.

Su contribución más importante ha sido, sin duda, la combinación de métodos estadísticos y de ingeniería para conseguir rápidas mejoras en costes y calidad mediante la optimización del diseño y de los procesos de fabricación. Taguchi considera que la calidad se manifiesta en la producción de bienes (o servicios) atractivos para el cliente que sean mejores que los de las organizaciones con las que se compite.

Para Taguchi la mayor parte de los problemas de falta de calidad derivan del diseño y del proceso de realización del producto o del servicio, considerando, por ello, que el diseño del producto (o del servicio) debe ser "robusto", condición que cumple si responde a las demandas relevantes de los consumidores, para lo cual es necesario dejar de enfatizar lo que es trivial o escasamente importante para los potenciales clientes y centrarse en lo que es para ellos crítico, lo que maximiza la competitividad (al reducir costos eliminando lo que no es esencial).

De la ingeniería de la calidad desarrollada por Taguchi son aplicables a la producción de servicios (o productos) en el campo de la educación numerosos elementos, desde el principio de que conseguir diseños de calidad (modelo formativo) es más eficiente (mejora la relación costo/efectividad) que la eliminación de defectos en los resultados (formación adquirida por los alumnos), y continuando por los distintas fases de producción del servicio (escolar):

a) Diseño del "producto" y del proceso de producción. Es una etapa de "invención" en la que la organización, utilizando información *cutting edge* respecto del servicio o producto, de las demandas del mercado y de las organizaciones con las que compite "lanza" un producto. En esta fase, es muy importante la cooperación de personas con experiencia, de elevada formación y de alto potencial innovador, y en ella se establecen las condiciones que permiten que el producto sea robusto y se fijan las tolerancias en las desviaciones entre resultados y diseño, minimizando los costos.

b) Producción (trabajo en línea), de acuerdo con lo establecido en el diseño y con apoyo en tecnología *state of the art* a cargo de profesionales con la competencias necesaria para su utilización.

c) Evaluación de resultados (desviaciones respecto del diseño).

Kaoru Ishikawa

También son, como se ha indicado, del mayor interés para el *management* eficiente las aportaciones de Ishikawa (1985, 1991), de las que son muy conocidas los diagramas de control del tipo causa-efecto o "diagramas de espina de pez" y los Círculos de Calidad, de los que en la década de los años 70 existe profusión en EE.UU., tanto en empresas como en las instituciones académicas, y en los países escandinavos.

Los círculos de calidad son grupos de trabajo, constituidos por un reducido número de miembros, habitualmente del mismo departamento, que celebran reuniones periódicas con la finalidad de diagnosticar, analizar e identificar las causas de los errores que conducen a ineficiencia o inefectividad de los procesos organizacionales, con la finalidad subsanarlas en origen. Los *círculos de calidad* actúan siguiendo la pauta que se representa en la Figura 32.

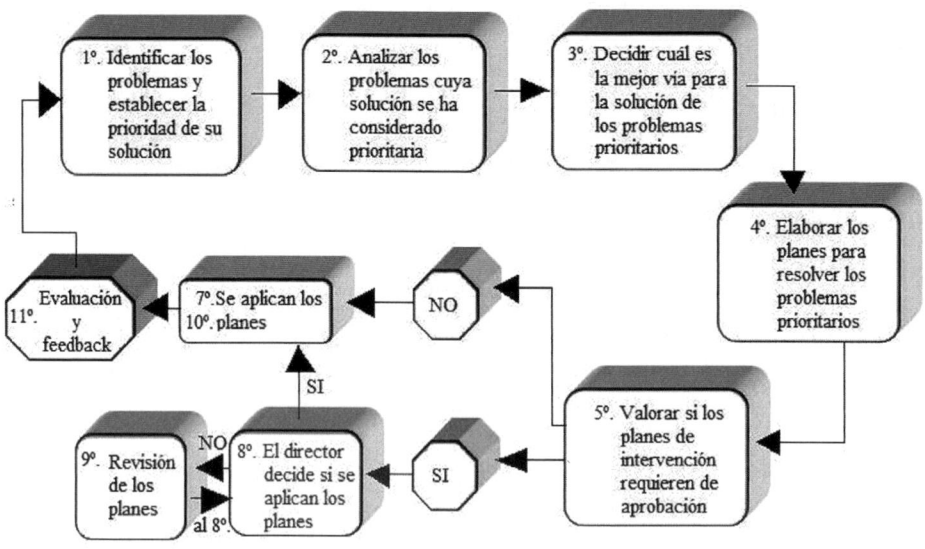

Figura 32

El movimiento hacia la calidad tiene, según este científico, los siguientes efectos:

1) El producto y el servicio empiezan a incrementar su calidad, y cada vez tienen menos defectos.
2) Los productos y servicios son más confiables.
3) Los costos bajan.
4) Aumentan los niveles de producción, de forma que se puedan elaborar programas más racionales.
5) Hay menos desperdicios y se reprocesa en menor cantidad (menos resultados insatisfactorios).
6) Se establece una técnica mejorada.
7) Se disminuyen las inspecciones y pruebas.
8) Los contratos entre vendedor y comprador se hacen más racionales.
9) Crecen las ventas.
10) Los departamentos mejoran su relación entre ellos.
11) Se disminuye la cantidad de informes falsos.
12) Se discute en un ambiente de madurez y democracia.
13) Las juntas son más tranquilas y calmadas.
14) Se vuelven más racionales las reparaciones y las instalaciones.
15) Las relaciones humanas mejoran.

El modelo Total Quality Control desarrollado por A. V. Feigenbaum

En el año 1951 se publica *Total Quality Control*, del que es autor Feigenbaum (1983, 2003), y en este mismo año se crea el *"Deming Prize"*. Feigenbaum sostiene que la consecución de la calidad por una organización no es sólo responsabilidad del departamento de producción, sino que es necesario que toda la organización se comprometa a conseguirla. Para él, "calidad" es sinónimo de *"customer satisfaction"*. Se le reconoce como un innovador en materia de la gestión de los costos de la calidad. Distingue Feigenbaum entre costos de prevención (para evitar fallos o defectos, y que derivan de las actuaciones de planificación, formación, evaluación de nuevos productos, inversiones en proyectos de mejora, etc.), de valoración (para inspección, control de calidad, etc.), de fallos internos (para evitar la inadecuada utilización de recursos, por ejemplo) y de fallos externos (a fin de reducir la frecuencia de las reclamaciones, pérdidas, retrasos, etc.), distinción que explica la complejidad de las decisiones del *management* excelente, que expresó Feigenbaum al señalar que antes de adoptar la decisión final, "deben tenerse en cuenta sus consecuencias organizacionales, humanas, económicas, sociales y tecnológicas".

Entre sus contribuciones más generales al conocimiento sobre el control de la calidad, cabe destacar estos tres principios hoy considerados básicos para el *managment* excelente:

- El Control Total de Calidad es un sistema para gestionar la integración de todos los departamentos en el desarrollo[71] mantenimiento[72] y mejora de la calidad[73], con la finalidad de hacer posible la prestación del servicio o la producción del bien de forma eficiente y dando plena satisfacción a los consumidores.
- El concepto de empresa (planta) "oculta" para hacer referencia a la gran cantidad de trabajo extra (no visible) que es necesario realizar para corregir los defectos y errores, y que hace pensar que efectivamente existe una planta no perceptible que lo realiza.
- Responsabilidad respecto de la calidad: la calidad está en cada uno de los puestos de trabajo, de ahí que cada trabajador deba ser dirigido y ser visible para los más altos niveles de *management*.

Feigenbaum considera que para la calidad en el grado de excelencia es esencial que:

a) Los mánager ejerzan un efectivo liderazgo, que haga que toda la organización se comprometa en la consecución de la máxima calidad y en la puesta en funcionamiento de sistemas para medir y mejorar los resultados, proporcionando *feedback* permanente respecto de los logros que se están consiguiendo.

b) La organización introduzca moderna tecnología y programas de formación que capaciten a sus miembros en su efectiva y eficiente utilización.

c) Se consolide en todos los trabajadores compromiso y pasión por alcanzar la calidad en el grado de excelencia en el servicio que prestan.

Los *"Deming Prizes"*

Con la finalidad de contribuir al desarrollo empresarial de Japón, y rendir homenaje a Deming, reconociéndolo como uno de los grandes maestros de los ingenieros y científicos del *management* japonés, la JUSE instaura los Premios Deming [*Deming Prize*/Individuos y *Deming Application Prize*/Organizaciones (DAP)].

Las organizaciones que aspiren a recibir el DAP han de estar en condiciones de:

---

71 "Desarrollo de la calidad" es la traducción de la expresión "*Quality development*", que hace referencia a la actividad de la organización dirigida a incorporar a sus procesos de *management* y de producción los conocimientos científicos que resultan de la investigación y que son aplicables a la mejora continua de sus objetivos y funcionamiento.

72 "Mantenimiento de la calidad" (*Quality maintenance*) hace referencia a las operaciones de mantenimiento de la tecnología de producción (de servicios) para que, por no «estar a punto», afecten a la eficiencia de la actividad organizacional.

73 "Mejora de la calidad" es traducción de la expresión "*Quality improvement*", que alude a los procesos organizacionales dirigidos a eliminar los defectos en cualquier elemento que tenga un impacto negativo en los resultados, actuando sobre sus causas "raíz".

a) Proveer de servicios o productos que sean económica y socialmente significativos.

b) Ser responsables (deben poder decidir) de las actuaciones de planificación, diseño, desarrollo, distribución, etc., necesarias para garantizar la calidad de los servicios y productos a los que se refiere el ítem a).

c) Tener las competencias para dirigir a sus integrantes y gestionar los materiales y los recursos financieros necesarios para realizar las funciones a que se refiere el ítem b)

El DAP se otorgará valorando la efectividad con la que las organizaciones realizan los tres elementos esenciales de la TQM:

a) Orientación centrada en las necesidades de los clientes, con estrategias establecidas de acuerdo con la filosofía del *management de calidad total*, el tipo de organización y el entorno de prestación de los servicios.

b) Implementación de forma efectiva y eficiente de los principios que determinen la consecución de los objetivos de la organización, según las estrategias a que se refiere el ítem a).

c) Obtención, con los recursos de gestión a los que se refieren los ítems a) y b), de los efectos (resultados) pretendidos por la organización.

Para la JUSE, el TQM (cuya aplicación en el nivel de excepcionalidad (*dantotsu*) es el criterio de otorgamiento del DAP) se caracteriza por:

a) Ser un sistema de actividades realizadas por el conjunto de la organización para alcanzar sus fines (la misión).

b) Realizar las actividades a que se refiere el ítem a) con la implicación en su consecución de todos los integrantes de la organización, de forma efectiva y eficiente.

c) Fijar objetivos que le aseguren a la organización la obtención de los beneficios necesarios para evolucionar en el largo plazo, dando satisfacción a los consumidores, a los empleados y a los diferentes grupos de interés.

d) Desarrollar las actividades necesarias para prestar los servicios o producir los bienes que satisfagan las necesidades de los consumidores: investigar, planificar, desarrollar, diseñar, preparar la producción, realizar adquisiciones, informar (marketing), inspeccionar y controlar, etc.

e) Considerar producto o servicio a lo que se pone a disposición de consumidor para dar satisfacción a sus necesidades.

f) Entender que la voz "calidad" significa *usuabilidad* (funcional y psicológica), fiabilidad y seguridad del producto o servicio que se proporciona al consumidor.

g) Considerar "consumidores" no solo a los que compran el servicio o el producto sino también a todos los grupos de interés de la organización.

J. M. Juran

F. M. Gryna (1995) y J. M. Juran (2003) publican, en 1957, la obra *Quality Control Handbook*, después de que el segundo de ellos diera una importante serie de cursos sobre control de calidad en Japón, en los que desarrolló su conocida "trilogía": *quality planning, quality control* y *quality improvement*"[74]. En 1979 se fundó el Instituto Juran, dedicado a estudiar las herramientas de la calidad.

El proceso de gestión de la calidad según las tres fases de la Trilogía de Juran se representan (con ligeras modificaciones) en la Figura 33 (Juran, J. M., 1989).

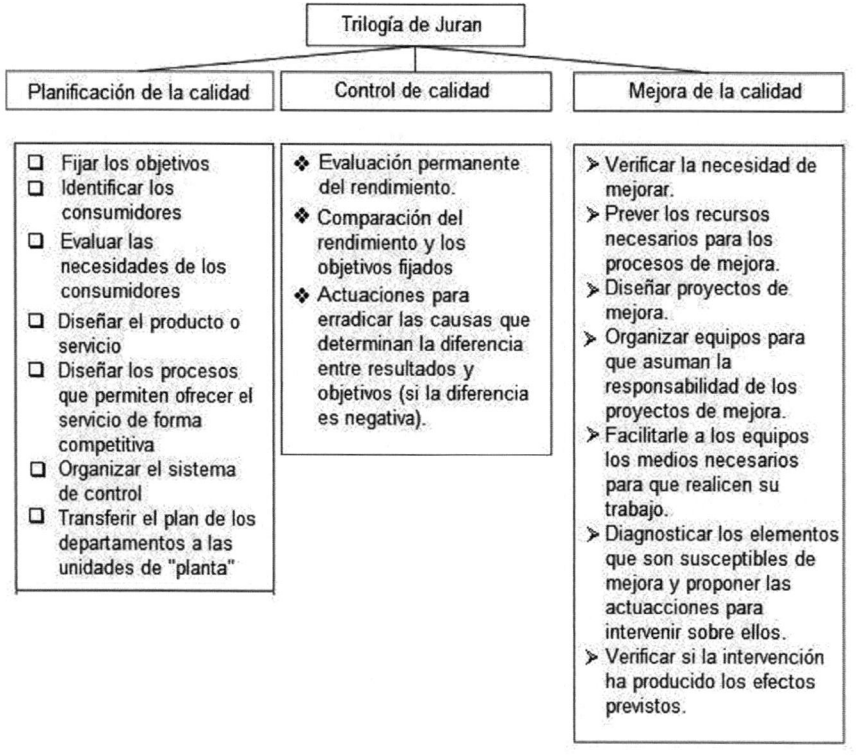

Figura 33

---

74 Juran considera que la trilogía sirve también para gestionar los procesos financieros, dando lugar así a: 1) Planificación de las finanzas (preparación del presupuesto anual), 2) Control de las finanzas (evaluación continua de la situación financiera respecto de los objetivos establecidos en el plan anual), y 3) Mejora de la financiación (reducción de costos, eliminación de gastos improductivos, atracción de nuevos consumidores, incorporación de nuevas fuentes de financiación, etc.).

La *planificación de la calidad* ha de permitir estrechar el *gap* que existe entre las expectativas y necesidades de los consumidores y las prestaciones de la organización, siendo en esta fase muy importante la identificación de los potenciales consumidores del producto o servicio, y decidir, a partir de sus necesidades, los objetivos de la organización, en el marco, claro está, de la misión (que en Juran se acepta que está centrada en el cliente y en el consumidor) y del *ethos* o ideario de la empresa (valores que informan el papel que la organización pretende representar en el sistema social del que forma parte).

El *control de calidad* en la Trilogía Juran se representa en la Figura 34, en la que se aprecia que —el control— se desarrolla en dos fases: en la primera (Zona original de control), el proceso productivo tiene un nivel inaceptable de "pérdidas" (alumnos, por ejemplo, que no alcanzan los estándares de rendimiento previstos), por lo que ha de iniciarse la fase de mejora. Como resultado de la fase de "mejora", la organización alcanza un nivel superior de rendimiento, en el que las "perdidas" disminuyen de forma significativa. Alcanzado ese nivel, la organización mantiene (segunda fase) su sistema de control con la finalidad de evitar retroceder a niveles anteriores de bajo rendimiento, debiendo este proceso continuar hasta alcanzar la excelencia (satisfacción plena de todos sus clientes con un nivel de eficiencia que asegure su competitividad) y, en su caso, la excepcionalidad.

La fase de *mejora de la calidad* tiene en la Trilogía Juran dos objetivos esenciales:

1) Elevar la calidad de las características del producto o del servicio, con la finalidad de fidelizar a los clientes y de atraer a nuevos consumidores, y así incrementar los recursos disponibles.
2) Eliminar los errores que generan "defectos" en el producto o servicio que repercutan en la satisfacción de los clientes, y asegurar la capacidad de la organización para competir en la captación de consumidores.

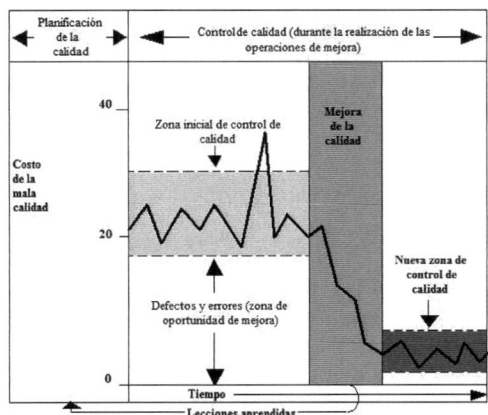

Figura 34

Shigeo Shingo

En los años 60, el ingeniero japonés, de la compañía Toyota, Shigeo Shingo (1981, 1985, 1986, 1991,1992), desarrolló el *Poka Yoke* y los llamados "sistemas de inspección en la fuente". En su conocida, interesante y atractiva obra *Improvin product qualy by preventing defects*, profusamente ilustrada con atractivas viñetas, establece los puntos básicos de su modelo (se adaptan al servicio escolar):

1) Precio: fije las matrículas al precio que las personas que quiera atraer puedan pagarlo;
2) Servicio: ofrezca únicamente lo que los clientes necesitan.
3) Calidad: procure satisfacer a sus potenciales clientes.
4) Costo: preste el servicio, garantizada la satisfacción de los potenciales clientes, al costo más bajo posible.
5) Seguridad: genere en los potenciales clientes seguridad en las prestaciones que ofrece su organización (garantía de calidad).

Más adelante, en 1977, presentó formalmente su propuesta de "Cero Control de Calidad" como una estrategia para llegar a Cero Defectos, objetivo que según él no puede conseguirse en la forma que se plantea en el Control Estadístico de la Calidad, y sí mediante un proceso en el que:

1) en el momento en que se presenta un defecto, la producción se detiene, hasta eliminar sus causas;
2) al conseguir "cero defectos", se reduce y elimina todo lo que es inútil o perturbador;
3) como consecuencia de lo anterior, no se acumulan "productos" defectuosos, y
4) al trabajar "sin errores", se cumple el principio de "alcanzar el objetivo en el tiempo justo".

Philip B. Crosby

Philip B. Crosby (1980, 1985, 1997) impulsa un modelo *"Zero defects"*, basado en cuatro principios: 1) la calidad es la conformidad del producto o servicio a lo previsto al diseñarlo; 2) la prevención es preferible al control de la calidad y a la corrección de los defectos; 3) el estándar de calidad es "cero defectos", y 4) la calidad ha de medirse en términos monetarios y en su monto repercute el costo de la "no conformidad del servicio o del producto".

Estos son los 14 principios de Crosby para la calidad (adaptados al rol de director de un centro escolar):

1. Comprométase con la calidad.
2. Constituya equipos para mejorar la calidad, de los que formen parte profesores de diferentes especialidades y niveles, además de otros profesionales del centro, con representantes de cada departamento.
3. Estudie, con ayuda de los equipos, en dónde existen errores o defectos en los procesos que inciden en la calidad actual y potencial del servicio escolar.
4. Evalúe el costo en recursos y esfuerzos de la calidad y de la excelencia, y justifíquelo, convenciendo a toda la organización.
5. Informe acerca de la calidad y de la "excelencia", y del interés que representa para la organización y para todos los trabajadores.
6. Adopte, sin vacilar, las medidas necesarias para eliminar las causas de los errores y defectos que afecten a la calidad del servicio.
7. Instaure una comisión en la que participen miembros de la comunidad escolar, para impulsar el programa "cero defectos".
8. Capacite a todos los empleados para que tengan las competencias necesarias y la predisposición a asumir la responsabilidad de sus obligaciones en el programa de mejora de la calidad.
9. Organice una "jornada de cero defectos" para que todos los miembros de la comunidad profesional y escolar sean conscientes del cambio en la cultura organizacional asociada al programa "cero defectos".
10. Motive a los trabajadores para que se fijen metas de mejora para sí mismos y para los departamentos de los que formen parte.
11. Cree las condiciones para que todos los trabajadores den cuenta de los obstáculos que dificultan el logro de sus metas de mejora.
12. Reconozca y valore a los trabajadores que participan activamente en el programa "cero defectos".
13. Constituya comités para la calidad, que sean canales que permitan mantener informados a todos los miembros de la comunidad escolar acerca del desarrollo del programa "cero defectos".
14. Transmita su determinación de que el programa de mejora de la calidad no tiene vuelta atrás.

El Malcolm Baldridge National Quality Award

El Congreso de EE.UU. crea el *Malcolm Baldridge National Quality Award* (Public Law 100-107, August 20, 1987). En la base 3 del *Award* se dice: "*strategic planning for quality and quality improvement programs, through a commitment to excellence in manufacturing and services, are becoming more and more essential to the well-being of our Nation's economy and our ability to compete effectively in the global marketplace*".

El modelo de este *Quality Award* se objetiva perfectamente si se consideran las variables que el jurado que lo otorga evalúa (Figura 35). Los miembros de este jurado visitan personalmente las organizaciones que optan a este prestigioso premio (*National Institute of Standards and Technology*, 1988)[75].

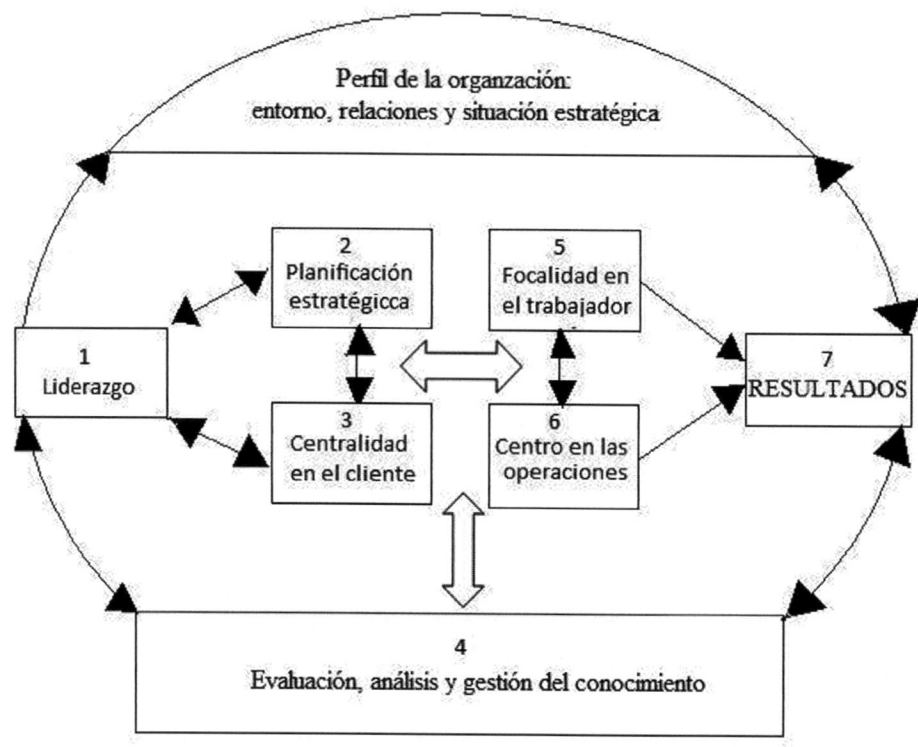

Figura 35

Las 7 categorías del *Malcolm Baldridge National Quality Award* sirven para identificar a la mejor de las mejores organizaciones que prestan servicios (también, naturalmente, las de enseñanza escolar), a partir de la valoración de cómo:

---

75 El manual 2011-12 del *Malcolm Baldridge National Quality Award* puede consultarse en http://www.nist.gov/baldrige/publications/upload/2011_2012_Business_Nonprofit_Criteria.pdf.

1. **Liderazgo (120 puntos)**

   Los líderes de la organización consolidan valores, generan expectativas de rendimiento, centran el interés en los consumidores y en los demás grupos de interés, generan percepción de competencia en los trabajadores e interés por la innovación y el aprendizaje.

2. **Planificación estratégica (85 puntos)**

   Cómo establece la organización sus objetivos estratégicos y sus planes de actuación, cómo los desarrolla y cómo mide el progreso.

3. **Centralidad de los consumidores (85 puntos)**

   La organización identifica las demandas, las expectativas y las preferencias de los consumidores y de los mercados, consolida relaciones con los destinatarios de sus servicios y determina qué factores son críticos para generar satisfacción y fidelización de los clientes y el crecimiento de su negocio.

4. **Medición, análisis y gestión conocimiento (90 puntos).**

   La organización selecciona, reúne, analiza, gestiona y mejora los datos, la información y el capital intelectual (copyright o patentes, por ejemplo).

5. **Centralidad de los recursos humanos ("fuerza de trabajo") (85 puntos).**

   Se interviene sobre los sistemas de trabajo, el aprendizaje y la motivación de los trabajadores a fin de que se sientan capaces de utilizar todo su potencial en la consecución de los objetivos y realización de los planes de la organización, y se constata qué esfuerzos realiza la organización para crear y mantener un entorno laboral y una percepción de soporte en los trabajadores que conduzcan a la excelencia en los resultados y al desarrollo de las personas y de la empresa.

6. **Centralidad de la operaciones (85 puntos)**

   Se gestionan los aspectos críticos del *management* de productos, servicios y procesos de negocio y se asegura su efectividad para que aporten valor a los consumidores y la organización. Esta categoría abarca todos los elementos esenciales de los procesos y de las unidades organizacionales.

7. **Resultados (450 puntos)**

   Rendimiento de la organización en las áreas críticas (satisfacción de los clientes, rendimiento de productos y servicios, eficiencia financiera, recursos humanos, gobernanza y responsabilidad social), y en la capacidad de competir en el mercado.

Cada una de estas categorías está dividida en ítems concretos. En el caso, por ejemplo, de la categoría 1 (liderazgo) se incluyen los ítems:

1.1 Dirección (*General Leadership*): 70 puntos.
1.2 Sistema de gestión y responsabilidades societarias: 50 puntos.

A su vez, cada uno de estos ítems se valora utilizando diferentes aspectos, a cada uno de los cuales se otorga un valor, expresado en puntos, según su importancia. El ítem 1.1., Dirección, por ejemplo, se desarrolla en la siguiente forma:

1.1 Dirección (General leadership): ¿Cómo lidera el director? (70 puntos). Se describe y valora cómo el director conduce y sostiene el funcionamiento de la organización y se comunica con los empleados generando en ellos compromiso con el alto rendimiento. La descripción y valoración se efectúan a través de las siguientes cuestiones:

a) Visión, Valores y Misión

1) Visión y valores ¿Cómo el director

— define los valores y la visión de la organización?
— lleva a la práctica la visión y los valores organizacionales a través de su liderazgo?
— refleja en sus actuaciones compromiso con los valores organizacionales?

2) Promoción conductas éticas y ajustadas a las leyes. ¿Cómo el director con

— su actuación demuestra compromiso con las normas y los principios éticos?
— sus acciones promueve un entorno adecuado al compromiso con la legalidad y los requerimientos éticos?

3) Creación de una organización sostenible. ¿Cómo el director

— promueve un entorno organizacional para que la organización mejore, cumpla y alcance sus objetivos estratégicos, sea innovadora y tenga agilidad para adaptarse al cambio?
— consolida una cultura organizacional que induzca en los clientes experiencias positivas y fidelización?
— genera un entorno que favorece el aprendizaje y la formación de los trabajadores y de los mánager?
— participa en el aprendizaje organizacional, en los planes para sus sucesión y para la capacitación de nuevos líderes?

b) Eficiencia organizacional

1) Comunicación ¿Cómo el director

— se relaciona y "conecta" con los trabajadores?
— impulsa una comunicación franca, en las dos direcciones, en toda la organización?
— informa acerca de las decisiones críticas (muy importantes o decisivas)?
— adopta un papel activo para recompensar y reconocer las actuaciones que favorecen el alto rendimiento y la satisfacción de los clientes?

2) Centralidad de la acción. ¿Cómo el director
   — consigue que la organización focalices sus actuaciones en la consecución de los objetivos, mejore el rendimiento y cumpla su misión?
   — identifica la necesidad de nuevas actuaciones?
   — Equilibra y hace compatibles los intereses de los clientes y los de los diferentes grupos de interés respecto del rendimiento organizacional?

Notas:

1. Visión organizacional: fijar el contexto para los objetivos estratégicos y planes de actuación

2. Una organización es sostenible si es capaz de satisfacer las necesidades actuales de sus clientes y acomodarse a los cambios que se producen en el mercado, en la gestión y en los planes de negocio. Para ello debe contar con la capacidad de innovación necesaria, tanto en tecnología como en la estructura y funcionamientos organizacionales. Una organización sostenible ha de garantizar, además, un entorno seguro tanto para sus integrantes como para los diferentes grupos de interés.

3. La centralidad de la acción se refiere a la estrategia, a los empleados, al sistema de trabajo y a los recursos. Incluye la asunción de riesgos inteligentes en la adopción de innovaciones y en la introducción de mejoras que afecten a la productividad.

La organización que gestiona el *Malcolm Baldridge National Quality Award* recomienda que se utilice un protocolo de autoevaluación (en forma de hoja de trabajo) en el que se incluyen las siete categorías del *Award* que son indicadores de excelencia antes de solicitar su inclusión entre los aspirantes a obtener esta distinción. Las organizaciones escolares españolas no pueden solicitar ser evaluadas para la obtención de este premio a la excepcionalidad, pero si realizar la autoevaluación de sus fortalezas y su potencial de mejora utilizando la hoja de trabajo que se incluye como Anexo 3.

La Quality Engineering

Se inicia, en 1988, la publicación del *Quality Engineering*, dedicado a presentar estudios relativos a la gestión de la calidad y a mostrar cómo los mánager de éxito gestionan la calidad (*"What the problem was, how we solved it, and what the results were"*)[76] y otras muchas publicaciones periódicas: *Quality Management Journal*,

---

76 Estos son los artículos que publica esta revista en su número 1:
- "Do we need new machines? A p-chart and regression study", Gerald B. Heyes.
- "New product introduction and quality program management", James T. Zurn

Journal for Quality and Participation, Journal of Quality Technology, The Quality Assurance Journal, Total Quality Management, *Qualitative Inquiry, Quality Assurance in Education, Quality and Reliability Engineering International,* y un largo etcétera, cuya importancia se aprecia si se tiene en cuenta que las revistas y libros sobre organización, dirección y *management* incorporan artículos y trabajos sobre calidad en una buena parte de sus números.

Las normas ISO[77] y AENOR

Las normas ISO 9000 son directrices de "calidad" establecidas por la Organización Internacional para la Estandarización (ISO). Se componen de estándares y guías relacionados con sistemas de gestión, aplicables en cualquier tipo de organización y de herramientas específicas como los métodos de auditoría (el proceso para verificar si los sistemas de gestión cumplen con los estándares).

Los estándares son documentos que informan de los requisitos, las especificaciones, las orientaciones y las características de los productos, servicios y procesos para que sean adecuados a los objetivos en función de los cuales se han generado. De acuerdo con ISO, los estándares han de definirse teniendo en cuenta los siguientes principios:

1. Reflejar y dar respuesta a las necesidades y demandas del mercado.
2. Estar basados en los estudios de expertos de reconocido prestigio internacional.
3. Establecerse teniendo en cuenta la opinión de múltiples y diferentes grupos de interés, ahí incluidos asociaciones de consumidores, centros de investigación, organizaciones y agencias gubernamentales y privadas.
4. Contar con consenso suficiente de todos los concernidos por el producto o servicio al que hacen referencia.

- "An application of fractional factorial experimental designs", Mary B. Kilgo
- "Management, measurement, and analysis of the supplier base", Glenn Roth
- "An approach for development of specifications for quality improvement", K. C. Kapur
- "New directions for reliability", James R. King
- "Nondestructive crimp verification", James R. Simmonds
- Variable gauge repeatability and reproducibility study using the analysis of variance method" PingfangTsai.

77 **"ISO"**, no es un acrónimo, sino un nombre que proviene de la voz griega "isos", que significa "igual".

El sistema de estándares genéricos de gestión ha sido desarrollado por ISO (web: *http://www.iso.org*) con la finalidad de promover y acreditar la calidad en los servicios y productos de acuerdo con normas internacionalmente reconocidas.

Una importante característica de las normas de la familia ISO 9000 es el carácter no prescriptivo de sus estándares, por lo que cada organización los aplicará acomodándolos al tipo de producto o servicio que proporciona, a su dimensión, a las normas a las que ha de someterse, al tipo de empleados que forman parte de su plantilla, etc. La única exigencia que establece este modelo es que la organización cuente con un mánager con capacidad de decidir, del que debe depender un miembro de su equipo que sea responsable del establecimiento, puesta en práctica, mantenimiento e información acerca del rendimiento del sistema de calidad.

Las normas ISO relativas a la calidad son:

a) ISO 9000: 2000 Sistemas de Gestión de la Calidad - Fundamentos y vocabulario.

b) ISO 9001: 2000 Sistemas de Gestión de la Calidad - Requisitos.

c) ISO 9004: 2000 Sistemas de Gestión de la Calidad - Directrices para la mejora del desempeño.

d) ISO 10011: 2002 Sistemas de Gestión de la Calidad - Directrices para auditorías de un sistema de gestión ISO 9001 y también para el sistema de gestión medioambiental especificado en ISO 14001.

e) OHSAS- Especificación de Series de Evaluación de Higiene y Seguridad en el Trabajo.

f) ISO 22001: Armonización de los requisitos de GESTION de la INOCUIDAD en toda la cadena alimentaria en todo el Mundo. Especifica los requisitos para un SGIA (Sistema de Gestión para la Inocuidad alimentaria SGIA) en la cadena alimentaria.

g) ISO 27001: define los requisitos para configurar un Sistema de Gestión de la Seguridad de la Información (SGSI).

La ISO acaba de publicar la Norma ISO 20121. Se trata de un sistema de gestión sostenible de los eventos, que incluye los requisitos necesarios para su aplicación. Los Juegos Olímpicos de Londres 2012 ha sido el primer evento que aseguró la sostenibilidad de su organización según la citada Norma, que ayudará a los organizadores de eventos de cualquier tipo (deportivos, comerciales, culturales, políticos, educativos, etc.) a integrar la exigencia de sostenible a sus actividades.

La Norma ISO 20121 se aplicará para los diferentes eslabones de la cadena de proveedores: organizadores, directores de eventos, montadores de stands y prestatarios de los servicios logísticos y de restauración.

Estos son algunos de los componentes básicos del sistema ISO:

1) El modelo (Figura 36):

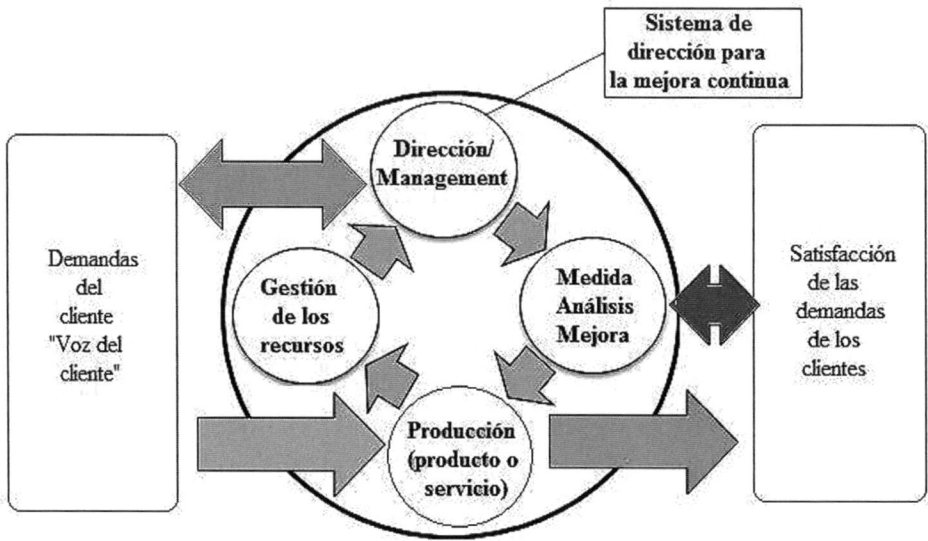

Figura 36

2) Los principios:

a) **Centralidad del cliente**: las organizaciones dependen de sus clientes y por lo tanto deben ser conscientes de sus necesidades y tratar de satisfacerlas;

b) **Liderazgo**: los directivos son quienes dotan de unidad de propósitos y definen su orientación y dirección de la organización;

c) **Implicación de todos los miembros de la organización**: el compromiso de los trabajadores es requisito para que comprometan todos sus recursos personales en el beneficio organizacional;

d) **Gestión basada en procesos**: los resultados se consiguen de forma más eficiente si las actividades y recursos se gestionan formando parte de procesos;

e) **La dirección ha de ser tratada como un sistema**: la gestión de los procesos organizacionales ha de realizarse considerando su interrelación y su condición de sistema;

f) **Mejora continua**: incrementar la calidad de sus prestaciones debe ser un objetivo permanente de las organizaciones;

g) **Decidir con fundamento en hechos**: las decisiones efectivas están basadas en el análisis de datos y en información válida y fiable;

h) **Relaciones mutuamente beneficiosas con los proveedores**: las organizaciones deben establecer intercambios con los proveedores de forma tal que ambas partes obtengan beneficios.

3) Las cuatro facetas de la calidad del producto (o del servicio):

- Constante puesta al día de las características del servicio (la educación) para que responda a las necesidades del mercado (escolar).
- Diseño del producto para que sus características respondan a los requerimientos de los potenciales receptores del mismo.
- Conformidad del producto con las especificaciones de su diseño.
- Revisión constante del producto (servicio) durante todo el tiempo que se preste.

4) La centralidad (Tabla 5) de la calidad de la gestión y de la garantía de calidad del producto (Markquardt *et al.,* 1991).

Referente (foco)	
Calidad de la gestión	**Garantía de calidad**
Logro de resultados que satisfagan los requisitos de la calidad.	Asegurar que los requisitos de calidad se han satisfecho.
Motivación por los grupos de interés internos (los que tienen intereses en la organización).	Motivación por los grupos de interés externos a la organización, especialmente los clientes.
El objetivo es satisfacer a los grupos de interés internos.	El objetivo es satisfacer a los clientes.
El resultado que se pretende es la efectiva, eficiente y continua mejora del rendimiento.	El resultado pretendido es generar confianza en la organización.
El interés se centra en todas las actividades que tienen efectos en los resultados empresariales.	La garantía de calidad ha de abarcar todas las actividades que repercuten en los procesos y en los resultados.

Tabla 5

AENOR es una "entidad española, privada, independiente, sin ánimo de lucro, reconocida en los ámbitos nacional, comunitario e internacional, que contribuye, mediante el desarrollo de las actividades de normalización y certificación (N+C), a mejorar la calidad en las empresas, sus productos y servicios, así como a proteger el medio ambiente y, con ello, el bienestar de la sociedad".

Los compromisos de la misión de AENOR "son:

- Elaborar normas técnicas españolas con la participación abierta a todas las partes interesadas y colaborar impulsando la aportación española en la elaboración de normas europeas e internacionales.
- Certificar productos, servicios y empresas (sistemas) confiriendo a los mismos un valor competitivo diferencial que contribuya a favorecer los intercambios comerciales y la cooperación internacional.
- Orientar la gestión a la satisfacción de nuestros clientes y la participación activa de nuestras personas, con criterios de calidad total, y obtener resultados que garanticen un desarrollo competitivo.
- Impulsar la difusión de una cultura que nos relacione con la calidad y nos identifique como apoyo a quien busca la excelencia.
- Garantizar el rigor, la imparcialidad y la competencia técnica de los servicios de certificación, como credencial principal y expresión de nuestros valores, manifiestos en la Declaración aprobada por el Comité de la Imparcialidad".

AENOR mantiene implantado y documentado un Sistema de Gestión de la Calidad basado en la gestión por procesos y que cumple las normas internacionales. Esta organización "ha contribuido notablemente a que hoy España sea el segundo país de Europa y cuarto del mundo en Gestión de la Calidad ISO 9001". La certificación Gestión Avanzada 9004 es una herramienta de mejora de la gestión que AENOR pone a disposición de aquellas organizaciones que quieren evolucionar desde los sistemas de gestión tradicionales hacia un modelo de excelencia global del negocio. Así mismo AENOR realiza evaluaciones de acuerdo a otros modelos como el EFQM y el Iberoamericano (Modelo FUNDIBEQ).

La European Foundation for Quality Management

En el año 1988 se creó en Europa la *European Foundation for Quality Management* (EFQM) por los presidentes de 14 grandes empresas con el objetivo de promover el incremento de la eficacia y la eficiencia de las organizaciones europeas, proporcionando, con inspiración en los movimientos ya consolidados en EE.UU. y en Japón (*Baldrige y Deming Foundations*), estímulos para generalizar la convicción de que el incremento de la calidad es un factor crítico en el siglo XXI (EFQM ha instaurado como incentivo el *Premio Europeo a la Calidad*). En el año 1991, se crea, por la **EFQM** y la Comisión de la UE, el **Modelo Europeo de Excelencia Empresarial**, cuyo núcleo es una norma para la autoevaluación, basada en un análisis detallado del funcionamiento del sistema de gestión de la organización

Los principios de EFQM, que han de informar una cultura organizacional de excelencia, son (Figura 37):

1) Cumplir la misión de la empresa y alcanzar resultados que den satisfacción, tanto en el corto como en el largo plazos, a las necesidades de sus grupos de interés.
2) Aceptar que los clientes y sus necesidades son la primera y última razón de ser de la organización.
3) Practicar un *management inspiracional*, con una clara visión estratégica e íntegro en sus planteamientos y comportamientos.
4) Dirigir mediante procesos estratégicos y estructurados, fruto de decisiones basadas en hechos, con la finalidad de alcanzar resultados equilibrados y sostenibles.
5) Valorar a sus miembros y crear una cultura de la que forma parte la autopercepción de competencia en cada uno de ellos respecto de su capacidad para contribuir, de forma equilibrada, a la consecución de objetivos organizacionales y personales.
6) Otorgar valor al incremento del rendimiento a través de una continua y sistemática innovación, integrando la creatividad de todos sus grupos de interés.
7) Desarrollar y mantener relaciones de confianza con varios *partners* con la finalidad de favorecer sus mutuos intereses. Estos vínculos deben establecerse con los clientes, la sociedad, los suministradores importantes, las entidades de formación y las organizaciones no gubernamentales.
8) Integrar en su cultura una actitud ética, valores claros y los más altos estándares de comportamiento organizacional, con la finalidad de poder comprometerse con la sostenibilidad económica, social y ecológica.

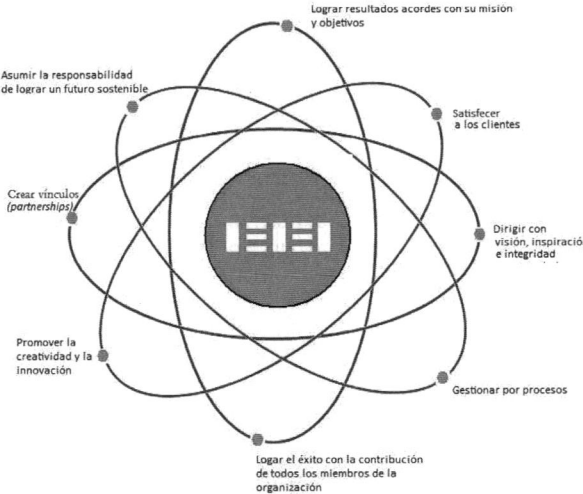

Figura 37

Los citados principios y los criterios que se reflejan en el modelo de la Figura 38 se desarrollan y ponderan al evaluar el grado de excelencia de la organización:

CRITERIO 1: Liderazgo

Son líderes excelentes los que con su actuación y su visión facilitan la realización de la misión de la organización, siendo capaces de reorientar, en la dirección del éxito, los objetivos y procesos si las situaciones de cambio del contexto lo requieren, comprometiendo en ello a todos los trabajadores.

CRITERIO 2: Política y estrategia

Las organizaciones excelentes centran su proyecto empresarial en dar satisfacción a las demandas y necesidades de los grupos que forman parte de su mercado potencial.

CRITERIO 3: Personas

Las organizaciones excelentes crean las condiciones necesarias para poner en valor todos los recursos intelectuales y fuerza laboral de sus integrantes, considerados tanto individuos como equipos y organización en su conjunto, y para hacerlo inducen percepción de equidad y justicia, compromiso e implicación con la finalidad de generar motivación por la consecución de los objetivos de la empresa.

CRITERIO 4: Alianzas y recursos

Las organizaciones excelentes tienen capacidad para generar alianzas externas y fidelizar a sus proveedores en beneficio de su eficiencia.

CRITERIO 5: Procesos

Las Organizaciones Excelentes diseñan, gestionan y mejoran sus procesos para satisfacer plenamente a sus clientes y a otros grupos de interés, y aportar cada vez mayor valor al servicio que prestan.

CRITERIO 6: Resultados en los clientes

Las Organizaciones Excelentes miden y evalúan de forman permanente, de forma objetiva objetiva y fiable, el grado en el que satisfacen a sus clientes.

CRITERIO 7: Resultados en las personas

Las organizaciones excelentes muestran respeto incondicional a las personas que las integran.

CRITERIO 8: Resultados en la sociedad

Las organizaciones excelentes miden de manera exhaustiva y logran resultados sobresalientes para satisfacer necesidades sociales.

CRITERIO 9: Resultados clave

Las organizaciones excelentes miden de manera exhaustiva y alcanzan resultados sobresalientes respecto de los elementos clave de su política y estrategia.

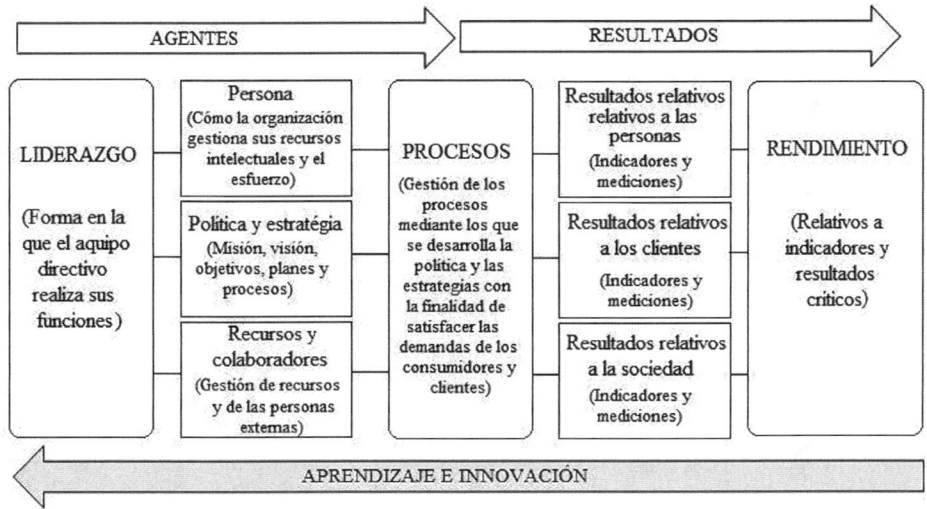

Figura 38

La aplicación de cada grupo de criterios se realiza con las reglas de evaluación del RADAR (Figura 39). La lógica del RADAR es la de un sistema dinámico de evaluación, concebido como herramienta de gestión para, de forma estructurada, cuestionar permanentemente el rendimiento de la organización. En su nivel más alto, la lógica del RADAR indica que las organizaciones necesitan:

- Determinar los resultados que pretenden alcanzar como parte de su estrategia empresarial.
- Planificar y desarrollar un sistema integrado de actuaciones que conduzca a los resultados previstos, tanto en la actualidad como en el futuro.
- Desarrollar los planes de forma sistemática para asegurar su efectiva implementación.

- Evaluar y ajustar la aplicación de los planes con apoyo en un proceso de seguimiento que permita valorar los resultados alcanzados en cada una de las fases a través de las que los objetivos se transforman en resultados.

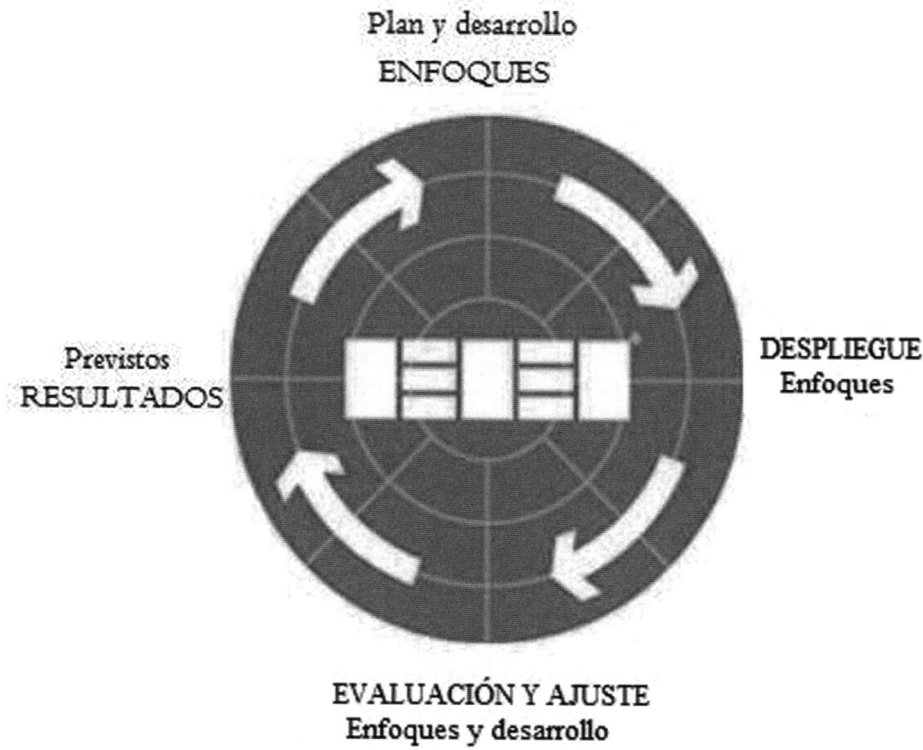

Figura 39

Las organizaciones (públicas y privadas) que implanten voluntariamente el modelo EFQM pueden presentar su candidatura para obtener el Reconocimiento a la Excelencia en la Gestión (sello EFQM a la excelencia), que se concede en uno de estos tres niveles:

- **Compromiso respecto de la excelencia**: el sello acredita que la organización se ha comprometido en procesos de mejora de la calidad. Para la obtención de esta certificación es necesario que la autoevaluación respecto del Modelo EFQM de Excelencia sea homologada alcanzando 200 o más puntos EFQM. Este nivel se otorga si la organización posee un Certificado ISO 9001.

- **Excelencia europea de tres estrellas**: para alcanzar esta certificación la organización ha de elaborar una Memoria descriptiva de sus actividades de gestión y resultados alcanzados. En el proceso de homologación ha de obtener 300 o más puntos EFQM.
- **Excelencia europea de 4 estrellas**: el proceso que se sigue para alcanzar este "sello" es similar al anterior, si bien en la homologación de la Memoria la organización debe recibir 400 o más puntos EFQM.
- **Excelencia europea de 5 estrellas**: en este caso el valor que alcanza la homologación de la Memoria ha de ser de, al menos, de 500 puntos EFQM.

El *EFQM Excellence Award* responde al modelo establecido en el año 2010. En ese año, los gestores del proyecto anunciaron que, en el plazo de 3 años, presentarán el nuevo modelo (en octubre de 2013), que será una *"evolution, not a revolution"*, y en él se hará hincapié en la responsabilidad de los mánager para conducir los procesos de transformación, acentuando el valor de la sustentabilidad de los servicios que prestan las empresas, la puesta en valor de la emergencia del talento y la gestión del riesgo.

SIX SIGMA y K SIGMA

Motorola inicia, en los años 80, una nueva concepción de la gestión empresarial: SIX SIGMA (George, 2002; Pande *et al.,* 2003; Pyzdek, 2003), sistema de gestión de procesos, con apoyo en datos objetivos, cuya finalidad es reducir el número de defectos en los productos y en los servicios, para lo cual prescribe la mejora continua y la reducción de la variabilidad.

Six Sigma utiliza dos metodologías para el análisis de procesos, cada una con cinco etapas bien definidas:

a) **DMAIC,** para procesos ya existentes:
- Definir el problema o el defecto
- Medir y recopilar datos
- Analizar datos
- Mejorar (*Improve*)
- Controlar

b) **DMADV,** para nuevos procesos (Definir, Medir, Analizar, Diseñar y Verificar).

A partir del año 2004 (Gómez Dacal y Tocino García) cobra cuerpo una versión de SIX SIGMA, aplicable al control y gestión de la calidad de los servicios escolares, que se presenta bajo el rótulo K SIGMA®, algunos de cuyos principios y componentes de su tecnología se utilizan en este Ensayo, y pueden consultarse en Gómez Dacal y Tocino García, 2004, y en Gómez Dacal, 2006.

2. LOS MÁNAGER

2.1. Aspectos generales

Si *the roadmaps* hacia la excelencia y la excepcionalidad en la prestación de servicios (escolares) son múltiples y, para cada organización, únicas, es consecuente suponer que quien tiene la responsabilidad primaria de movilizar todos los recursos para alcanzar esos niveles de calidad, el *general manager* (el director) tampoco puede ser caracterizado según un modelo estándar, como una configuración (un prototipo ideal) de rasgos y de comportamientos que, en cualquier situación, habría que entender que es el más conveniente.

No obstante este punto de partida, que incita a que quien ejerza como mánager acepte el reto de definir su propia vía hacia la excelencia en la gestión puede hallar inspiración en el enorme caudal de estudio e investigación que la organización científica ha realizado para conocer qué rasgos y qué formas de actuación son más frecuentes en los conductores exitosos de empresas de alta calidad (el "punto cero de la excepcionalidad"), de ahí que en este Capítulo se recoja información relativa a qué es "ser mánager", qué cualidades caracterizan a los mánager que han mostrados ser eficaces, qué estilos de *management* son más habituales, cómo valoran los integrantes de la organización a los mánager, cómo se espera que sean y qué efectos en la predisposición a aportar esfuerzo y recursos intelectuales de los trabajadores derivan de diferentes formas de *management*.

En estos *Aspectos generales*, se pretende precisar la terminología que utiliza la literatura científica (y este Ensayo) para referirse a los puestos que tienen la responsabilidad de dirigir o coordinar, en distintos niveles organizacionales, a fin de propiciar un acuerdo tan general como sea posible respecto del uso de los términos "director", "líder", "mánager", y los correspondientes "dirección", "liderazgo" y "*management*".

La voz "*management*" guarda relación con el significado de la voz οίκονομία/*oikonomia (oikos:* la casa, la familia; *nemo:* distribuir, administrar), que puede traducirse al inglés como *house/family management* y en español como *gobernanza de la familia*. Progresivamente su significado original se amplía a las personas (*mánager*) que administran comunidades y organizaciones:

- El diccionario de la Real Academia Española incluye la voz "mánager" con el significado (primera acepción) de "Gerente o directivo de una empresa o sociedad" (RAE, 2010).

- El diccionario Français-Anglais figura "Manage" como verbo transitivo cuyo significado es dirigir, administrar, gestionar... (M. M. Dubois, 1960).
- Para el *Quadrilingual economics dictionary* mánager es el director (el que tiene atribuido el poder efectivo) y *management* significa la acción de dirigir, y también el conjunto de personas que dirigen una empresa (F. J. de Jong, 1980).
- La voz alemana para *management* es *verwaltung* (gestión) y para *mánager* es *manager*.
- Para la OECD (2006) el mánager es el gerente, aquel que gestiona, el administrador, el jefe de un servicio y, en segunda acepción, el que dirige, el que forma parte del personal de dirección.

Este significado se mantiene en la actualidad, en lo esencial, en un buen número de publicaciones relacionadas con el mundo empresarial, en las que se utiliza para referirse a la persona que dirige, que es responsable, en distintos niveles y componentes organizacionales, de la gestión de una empresa o un departamento[78].

Son también abundantes las publicaciones en las que se prefieren las voces "liderazgo" y "líder" para referirse a quienes gobiernan organizaciones y grupos (formales o informales), especialmente cuando lo que publican se centra en el estudio del comportamiento (*Leader to Leader, Leadership & Organizational Development Journal, Leadership in Action, Leadership in Health Services, Leadership Quarterly*). También es muy usual la utilización de estas voces en las publicaciones centradas en el estudio del comportamiento en general (*Psychological Review* o el *Psychological Bulletin*, p. e.). En esta última publicación, el *Psychological Bulletin*, los articulistas recurren preferentemente a la voz *liderazgo* para referirse a una cualidad de las personas que tienen capacidad para influir en el comportamiento de los "otros", considerándola propia de los *mánager* (esta referencia al liderazgo como algo propio de los *mánager* aparece ya en el seminal estudio de Nealey y Fiedler (1968) sobre *Leadership Functions of Middle Managers*.

Han abordado, así mismo, el liderazgo y el *management* en los centros escolares revistas pedagógicas especializadas en la gestión y administración de este tipo de organizaciones: *Journal of Educational Administration* (E. Bridges, 1967), *Elementary School*

---

78 Véanse, por ejemplo, los trabajos que se publican en: *Academy of Management Review, The Academy of Management Journal, Management Accounting Research, Management Decision, Management Development Review, Management of Environmental Quality, Management Report for Nonunion Organizations, Management Research News, Management Science, Management Technology, Managerial and Decision Economics, Managerial and Decision Economics, Managerial Auditing Journal, Managerial Finance, Managing Service Quality, Organization Science, Organization Studies*).

Journal (Hallinger y Murphy, 1985; Hallinger *et al.*, 1996), *American Educational Research Journal* (Heck y Hallinger, 2009), *Educational Management, Administration & leadership* (Heck y Hallinger, 2005), *School leadership and Management* (Southworth, 2002), *Administrative Sciencie Quarterly* (Bossert *et al.*, 1982; Hallinger y Heck, 1996; Robinson *et al.*, 2008). En estas y otras publicaciones prima, sin duda, el empleo de la voz *leadership* (*principal leadership*) sin que ello implique la no utilización los términos "*management*" y "*administration*" para referirse a la gestión de las escuelas.

Llegados a este punto, y por mor de la simplicidad y de la claridad, en este Ensayo se propone a la comunidad científica, y será esta la norma que utilizará en los apartados siguientes, que se emplee con carácter general:

- La voz *mánager* para referirse a las personas que ejercen como gerentes o directivos en una empresa o sociedad, cualquiera que sea el nivel en el que se produzca ese ejercicio.
- La expresión *general manager* para designar al mánager de mayor nivel, considerando que tiene este papel, en el caso de las organizaciones escolares, el "director" (España), el "principal" (USA), el "directeur" (Francia), el "director" (Alemania), el "head teacher" (UK), el "direttore" (Italia), el "ディレクター" (Japón), etc.
- La voz *management*, para referirse a la función propia de los *mánager*.
- La voz *potestas* (véase apartado siguiente de este número) para referirse a la capacidad que la norma le otorga al *mánager* para decidir (fija el nivel jerárquico y el ámbito de responsabilidad del *mánager*).
- El término *líder* para referirse a la persona que tiene capacidad (*auctoritas:* véase apartado siguiente) para influir en el comportamiento de los "otros", tanto en un contexto formal como informal, en virtud de sus rasgos personales y de la adecuación de tales rasgos al entorno en el que actúa.
- La voz *liderazgo* para referirse a la función propia del *líder*, cuyo ejercicio requiere de la *auctorĭtas* (personalidad, formación y experiencia) que es requerida para influir de forma efectiva en la actuación de personas y grupos, en contextos formales o informales.

2.2. El rol de mánager

2.2.1. Auctorĭtas *y* potestas

En la literatura científica es usual que se describa el rol de mánager acentuando, en unos casos, la importancia que para el funcionamiento de la organización tienen sus cualidades como individuo (rasgos de personalidad, formación y experiencia profesionales) o resaltando, en otros, la relevancia de las tareas propias de su puesto de trabajo para la eficiencia organizacional. Ambas dimensiones, personal y formal, del desempeño de quienes dirigen organizaciones, o unidades organizacionales, son considerados determinantes críticos para:

1) Establecer qué requisitos son necesarios para desempeñar los puestos de dirección o gobierno de las organizaciones.
2) Elaborar los planes y programas mediante los cuales se formen las personas para ocupar puestos de dirección o gobierno.
3) Ejercer con éxito los puestos de dirección o gobierno.

Esta bipolaridad, personal versus formal es, pues, el punto de partida para analizar y describir el patrón de actuación profesional de los mánager y apreciar si incluye condiciones que, al menos potencialmente, pudieran influir positiva o negativamente en el *management* de *roadmaps* que conduzcan a las organizaciones a la excelencia y a la excepcionalidad, sabiendo, en todo caso, combinaciones diferentes de rasgos pueden dar lugar a mánager igualmente efectivos.

El pensamiento clásico, y las prácticas jurídica, política y administrativa a que ha dado lugar, pueden contribuir a definir ambas dimensiones, la formal y la informal, del mánager. Ya en la Roma clásica se distingue entre:

1) **Potestas** (lat. *potestas-ātis*): **potestad** atribuida por las normas y los usos legítimamente constituidos. La *potestas* es así el derecho de una persona mandar y a ser obedecida por el hecho de ocupar un determinado puesto jerárquico superior (al de aquel que le debe sumisión). La *potestas* es, pues, un privilegio de naturaleza organizacional e impersonal, al que le otorgan su fuerza coercitiva las normas y la costumbre. Quien lo posee no debiera hacer uso del mismo más allá de los límites estrictos establecidos por la norma jurídica o la tradición socialmente reconocida (si lo hace, incurre en "abuso de poder"). La *potestas* es el atributo que legitima el dominio que una persona (el mánager) ejerce sobre otras (sus subordinados) en el estricto ámbito que establece la propia *potestas*: al tratar la legitimad en el las organizaciones, Halaby advierte que el "*worker attachement (a la autoridad) depends on neither 'love' nor 'money', but on the perceived legitimacy of employer governance regimes*" (Halaby, 1986, p. 635).

2) **Auctorĭtas** (lat. *auctorĭtas-ātis*): capacidad, atribuida por la percepción de competencia, y de confianza a que da lugar, que reviste a una persona de *poder* para influir en la actuación de aquellos que se la reconocen. Es, por consiguiente, una cualidad que hace que quienes la posean sean percibidos como capaces de hacer contri-

buciones no comunes al logro de metas colectivas o a la satisfacción de necesidades y expectativas individuales.

Por su importancia y transcendencia, no solo para delimitar la *auctorĭtas* y la *potestas* tanto en el dominio de la organización empresarial como en la ciencia política, es imprescindible referirse a los trabajos de Max Weber, especialmente a sus estudios sobre la *legitimidad* de la autoridad y del poder de mandar y del consiguiente deber de sumisión y obediencia en aquellos sobre los que se ejerce la autoridad y el poder legítimos.

El estudio de la legitimidad lo realiza Max Weber al definir sus conocidos tres tipos de liderazgo (1969):

1) El *liderazgo carismático*, que explica la capacidad de unas personas para generar sumisión y obediencia en otras en razón de sus características personales singulares (de su χάρισμα/*charisma*).

2) El *liderazgo tradicional*, basado en la capacidad de mandar que deriva de las tradiciones, de los usos o de las costumbres (es el caso, por ejemplo, del poder de los padres respecto de los hijos o de los sacerdotes respecto de los fieles).

3) El *liderazgo racional*, cuya legitimidad no está basada ni en las cualidades de las personas ni en las tradiciones, sino en las normas, en la legalidad formal y abstracta.

Aunque en el análisis de la obra de Max Weber se suele identificar el liderazgo racional con la *autoridad* y el carismático (y también el tradicional) con el *poder*, parece que conveniente establecer, siguiendo el uso de los términos *auctorĭtas* y *potestas* 1), que la *auctorĭtas* deriva del *carisma personal* propio de cada persona; 2), que la *potestas* es la expresión genuina del liderazgo formal y racional, y por consiguiente impersonal[79], y 3) que ambas son generadoras de *poder*.

Se entra, pues, en la modernidad considerando que las instituciones y personas detentadoras de soberanía han de disponer en plenitud de *potestas* y *auctorĭtas*, idea que se ha ido consolidando de tal forma que ya es de general aceptación que quienes asumen la dirección de una organización han de estar investidos de ambas prerrogativas:

---

79 Desde el pensamiento de Max Weber, cabe haber de «democracia plebiscitaria de los mánager», como una estrategia demagógica de dominación en el ámbito empresarial, mediante la que se pretende dirigir de una forma participativa y tecnocrática, previsible, que hoy se suele conocer como "despotismo *managerial*".

1) De la *potestas* organizacional que la norma (de la Administración pública o del titular de la organización) le otorga para adoptar decisiones.
2) De las cualidades que generan percepción social de competencia, o *auctorĭtas*, consideradas crecientemente necesarias para hacer efectiva la *potestas* que la norma les reconoce, y que les capacita para influir de forma efectiva en la conducta laboral de aquellos a quienes dirigen.

Potestas y *auctorĭtas* condicionan, por consiguiente, la efectividad con la que el mánager desempeña su rol, correspondiendo a la investigación científica desvelar bajo qué condiciones se incrementa la probabilidad de que sea percibido como:

1) Poseyendo la *auctorĭtas* necesaria para generar en sus colaboradores conductas de aceptación de sus decisiones (Lord y Maher, 1991).
2) Investido por la organización de suficiente *potestas* para ejercer eficazmente sus funciones y generar en los subordinados percepción de legitimidad en tal desempeño.

2.2.2. *La* auctorĭtas del mánager

Si la *potestas* le es asignada al *mánager* por quien tiene la propiedad (la soberanía) de la organización en la que ejerce, y se plasma, por consiguiente, de forma diferente en cada organización, en las normas que regulan su estructura, la *auctorĭtas* no se prescribe formalmente, sino que es consecuencia de los rasgos de personalidad que hacen que el *mánag*er tenga mayor o menor capacidad de liderazgo[80].

Los departamentos de recursos humanos, una vez que el propietario de la organización prescribe las normas por las que se regula su estructura y funcionamiento, y fija la *potestas* de cada uno de los puestos de *mánager*, han de establecer los procedimientos y elegir los instrumentos para seleccionar las personas que vayan a ocupar tales puestos, procurando el mayor ajuste entre los rasgos personales de quienes están en condiciones de ocuparlos y los requerimientos del desempeño de cada puesto (ajuste *potestas/auctorĭtas*) (Getzels, 1958; Chatman, 1991; Edwards, 1991; Klimoski y Jones, 1995; Kristof, 1996).

---

80 En rigor, es la percepción (condicionada por la estructura cognitiva que han construido a través de su propia experiencia) de aquellos sobre los que se ejercen funciones de conducción (liderazgo) la que determina la *auctorĭtas* reconocida a *mánager*. Este hecho explica la capacidad interpretativa de las teorías contingestistas del *management* y del liderazgo, y la de las denominadas *organizational grounded theories*.

Siendo, pues, los rasgos de la personalidad del *mánager* los que explican su grado *auctorĭtas*, no conviene olvidar que:

1) Es el subordinado el que, en último término, como resultado de la comparación que hace, desde su estructura cognitiva, de la conducta percibida del *mánager* y la del prototipo de líder que se ha creado mediante su teoría implícita de liderazgo (Foti y Lord, 1987; Foti y Hauenstein, 2007), atribuye, a través de un proceso en gran parte no consciente, un valor ("su valor") al *mánager* en la variable *auctorĭtas* (Wood y Bandura, 1989; Lord y Maher, 1991).

2) Uno de los componentes de la estructura cognitiva de los subordinados que influyen en la percepción que tienen de la *auctorĭtas* del *mánager* es la *potestas* que la organización le reconoce (al *mánager*), y los instrumentos que le concede para ejercerla.

3) La *auctorĭtas* no es una constante, sino que su valor evoluciona según lo hace la percepción que tienen aquellos sobre los que se ejerce de la actuación del que la tiene atribuida (éxitos, fracaso, conflictos, etc.).

La literatura científica ha aportado información acerca de qué determina la percepción de *auctorĭtas*, cuya validez y fiabilidad en cada situación concreta ha de estar siempre sometida a las cautelas derivadas de los rasgos diferenciales de las distintas audiencias y contextos (especialmente el relativo a la atribución de *potestas*) en los que se manifiesta. En este dominio, aunque los primeros trabajos han tenido como preocupación predominante el hallar la relación que pudiera existir entre los rasgos de las personas y la condición de líder (Stogdill, 1948), a partir de aportaciones como las del propio Stogdill, en las que se sostiene que los resultados (se refiere a los que aportan las investigaciones acerca del líder) sugieren que el liderazgo no es algo asociado a un estado pasivo o a la mera posesión de determinada combinación de rasgos (Stogdill, 1974)[81], y las posteriores de Bass (1990), Yukl y Van Fleet (1992) o Hughes, Ginnet y Curphy (1996), se le presta una atención creciente a los factores situacionales para pronosticar la probabilidad de que una persona se convierta en un líder (generando en los "otros" percepción de *auctorĭtas*) y de que la forma en que ejerza como tal sea efectiva.

Sin, en modo alguno, ánimo de exhaustividad, y con las reservas que impone el *contingentismo organizacional*, son ciertamente hitos en el estudio de la determina-

---

81 En posteriores trabajos de este autor cobran importancia los factores personales, junto con los situacionales, que explican el liderazgo (Stogdill, R. M., 1974).

ción que los factores personales[82] ejercen sobre el grado de *auctorĭtas* de un *mánager* las aportaciones de:

1) Judge, Bono, Hies y Gerhart (2002), quienes, con apoyo en la revisión cuantitativa y cualitativa de información proveniente de diferentes investigaciones, hallan que son la extraversión, la apertura a la experiencia y la personalidad concienzuda (tres de los *Norman Big Five;* Goldberg, 1993) los rasgos que mayor peso tienen en la determinación de la "capacidad de liderazgo"[83].

2) Kilpatrick y Locke (1991) apuntan a la siguiente configuración de rasgos:
   — Disposición innata a actuar ("drive");
   — Motivación hacia el ejercicio del liderazgo;
   — Honestidad e integridad (ausencia de sesgos hacia el interés propio y personal);
   — Confianza en sí mismo;
   — Competencia cognitiva;
   — Conocimiento de la organización y del servicio que presta o bien que produce.

3) Stogdill (1958, 1974), quien, además de la cualidad que ha venido en llamarse "inteligencia para el *management* y el liderazgo", señala la importancia de las variables "vigor y persistencia en la consecución de objetivos"; "originalidad en la solución de problemas"; "disposición a tomar iniciativas"; "confianza en sí mismo"; "disposición a aceptar la responsabilidad por las consecuencias de sus decisiones"; "capacidad para no caer en situaciones de estrés"; "tolerancia a la frustración; habilidad para persuadir"; "capacidad para estructurar los sistemas de interacción social según sus intereses y objetivos".

4) Lord, De Vader y Alliger (1986), que añaden a la "inteligencia para el *management* y el liderazgo" los rasgos "masculinidad" y "dominio sobre las personas".

5) Offerman, Kennedy and Wirtz (1994) atribuyen al líder los rasgos: sensibilidad, dedicación, poder, carisma, atractivo, inteligencia, fortaleza y masculinidad.

6) Stemberg (1997), quien parte de un concepto de "inteligencia" lo suficientemente amplio como para abarcar la heterogénea gama de habilidades que han de poner en juego los mánager para alcanzar a ser efectivos, sostiene que la capacidad de las personas para el liderazgo guarda relación con tres amplias facetas o formas de inteligencia:

---

82 En el anexo 3 se recoge una breve síntesis de las cualidades personales que tienen relación con la efectividad laboral en general, también con la propia de los mánager, con una especial referencia a los llamados "Big Five", o los cinco grandes rasgos de la personalidad sobre los que existe una amplísima información relativa a sus efectos en la actuación de los trabajadores.

83 Véase Apéndice 3.

a) Las *inteligencia analítica*, que incluye capacidades de *metacognición* (relacionadas con la planificación, conducción y evaluación de procesos orientados a la solución de problemas), de ejecución (o de aplicación de los planes y programas diseñados para la solución de los problemas: dimensión estratégica de la inteligencia) y de adquisición de los conocimientos necesarios para resolver problemas.

b) La *inteligencia práctica*, o "sentido común", que incide en las competencias que manifiestan tener los mánager para intervenir con acierto en la actividad laboral real; para dar forma al entorno en el que han de actuar, y para seleccionar aquellos contextos que son más favorables a la organización de la que son responsables. Esta forma de inteligencia está relacionada con el llamado "conocimiento tácito", que es un conocimiento orientado a la acción, adquirido autónomamente y que posibilita a las personas a alcanzar aquellos objetivos que ellas mismas consideran valiosos.

c) La inteligencia creativa, o potencial innovador de la persona. Es propia de individuos que ven el valor allí donde otros no lo perciben, lo que les permite, en el terreno de las ideas y de la innovación, "comprar barato y vender caro"; es decir, son personas que disponen del talento para incorporar, a "bajo costo" por no ser percibidos como dotados de interés por sus competidores, elementos de gran potencial estratégico y que, por consiguiente, generarán en el futuro un diferencial positivo significativo en la calidad al servicio que presta o en el bien que produce la organización (lo que le permitirá "vender caro"). El mánager creativo es consistente a la hora de adoptar estas ideas de "bajo costo" y de alto rendimiento potencial, aunque no sean recibidas favorablemente por su entorno, o incluso en aquellos casos que susciten un fuerte rechazo.

7) Los investigadores que, partiendo de los trabajos de Mayer y Salovey (1993) y, posteriormente, de Goleman (1995, 1998a, 1998b), advierten de la importancia que tiene la inteligencia emocional como la *"ability to advantageously deal with one's emotions and those of others in problem solving and decisión making"* (Mayer y Salovey, 1993), cuyos resultados se han incorporado rápidamente a los programas de formación de *mánager* (Cherniss, Grimm y Liautaud, 2010). El desempeño de las funciones de liderazgo y de *management* resulta favorecido o limitado por el valor que alcanzan los mánager en las siguientes competencias emocionales:

a) Consciencia de su propia identidad (*self-awareness*):
- Conocimiento de las propias emociones y sentimientos, y de los efectos que pueden tener en su actuación personal y laboral;
- Conocimiento y correcta valoración de sus puntos fuertes y débiles; de sus posibilidades y limitaciones.
- Confianza en sí mismo y en sus competencias.

b) Autorregulación *(self-regulation):*
- Autocontrol y capacidad de gestión de las emociones e impulsos propios;
- Honestidad, mantenimiento de la integridad y acomodación del omportamiento propio a principios éticos;
- Asunción de las responsabilidad por la actuación propia;
- Adaptabilidad o disposición a aceptar cambios.
- Innovación o apertura a nuevas ideas.

c) Consciencia del entorno social (*social awareness*):
- Empatía o capacidad para adentrarse en los sentimientos y emociones de los otros, y "sentir con ellos";
- Orientación al servicio de las necesidades y demandas de los "clientes";
- Promoción de los "otros" o proclividad a favorecer el desarrollo personal y profesional de quienes constituyen su entorno social.
- Aceptación y aprovechamiento de la diversidad como origen de nuevas posibilidades;
- Percepción e identificación de las relaciones de poder que existen en el seno de los grupos, de las redes de comunicación y de las fuerzas que modelan las actitudes y comportamientos de quienes constituyen su entorno social;

d) Gestión del entorno social:
- Influencia y persuasión;
- Comunicación y capacidad de transmisión con eficacia y eficiencia de información;
- Liderazgo o capacidad de conducción y guía de individuos y grupos;
- Catálisis e inicio de cambios;
- Gestión de conflictos, y habilidad de negociación y mediación;
- Creación de vínculos y capacidad para establecer relaciones entre individuos y grupos;
- Colaboración y cooperación;
- Creación de grupos y facilidad para el trabajo en equipo.

Forma parte del "equipamiento" personal del mánager que genera percepción de *auctorĭtas* la formación y experiencia que demuestra el ejercicio de sus funciones: su puesto de trabajo difiere de los de gestión administrativa, de ejecución (de docencia en el caso de los establecimientos de enseñanza) o de carácter auxiliar, requiriendo su desempeño de competencias específicas en tres dominios:

- El de competencias y habilidades técnicas y prácticas necesarias para, con efectividad y solvencia, intervenir sobre el funcionamiento; tomar decisiones;

planificar y programar; captar y gestionar recursos; diseñar estructuras, sistemas y puestos de trabajo; elaborar y aplicar norma; incentivar; afrontar los cambios introduciendo innovaciones; emprender; negociar, etc.

- El humano, que incluye las destrezas necesarias para establecer relaciones personales con individuos y grupos y para crear climas de trabajo favorables al rendimiento de la organización.

- El científico, que capacite para manejar ideas y conceptos y producir conocimiento y generar tecnologías.

El *mánager* será, pues, percibido como teniendo *auctorĭtas* si la resultante de la integración de los rasgos de personalidad (Lord, De Vader y Alliger, 1986), la formación, la experiencia y la motivación/implicación que requiere un desempeño profesional (Chan y Drasgow, 2001) tiene la potencia necesaria para generar en sus subordinados predisposición a aportar fuerza de trabajo y recursos intelectuales en beneficio de los objetivos de la organización. Estos determinantes (personalidad, formación, experiencia y motivación/implicación) resultarán afectados en su influjo por la complejidad y las dimensiones de la organización, el nivel jerárquico del *mánager* y los prototipos contextualizados que conformen la percepción que tengan los subordinados de la adecuación de la *auctorĭtas* al entorno en el que ha de ejercerse (Lord, Brown, Harvey y Hall, 2001).

2.2.3. La potestas *del mánager*

En la estructura de cada organización existen puestos de *mánager* en distintos niveles jerárquicos y cuya responsabilidades corresponden a diferentes ámbitos funcionales o departamentos (planificación, finanzas, coordinación, control, recursos humanos, información, ventas y marketing, relaciones con el exterior, mantenimiento, seguridad, etc.), cada uno de los cuales tiene atribuida una determinada *potestas*, que el *mánager* ejerce, dentro de los límites que fija la norma organizacional, sobre aquellas unidades y personas de cuyo funcionamiento es responsable.

La atribución de *potestas* que hace la *norma organizacional* en favor del *mánager* va más allá de la fijación de las competencias (qué puede y debe hacer) y de las responsabilidades que asume respecto de la efectividad con la que actúa, ya que incluye la forma en la que tal atribución ha de ejercerse: participación de los subordinados en la toma de decisiones (a través de órganos *ad hoc* o de equipos de gestión y dirección) e intervención que se reconoce a determinados *stakeholders* (asociaciones de padres, sindicatos, administraciones locales, etc.) en el gobierno de la organización, por ejemplo (Ghoshal, Bartlett y Moran, 1999; Jones y Wicks, 1999; Walsh, 2005; De Luque *et al.*, 2008).

No existe, pues, una forma de *potestas* universal para el oficio de *mánager*, válida para cualquier organización y nivel de *management*, si bien las decisiones a las que otorga legitimidad crecen en generalidad a medida que el *mánager* ocupa un puesto jerárquico más elevado y especificidad según inciden en los componentes operativos de la organización (los que realizan la función que define la organización: la docencia directa, en el caso de las organizaciones escolares).

Es muy importante advertir, aceptando que quien está investido de *potestas* ha de ser percibido como teniendo *auctorĭtas*, que es en último término la *potestas* la que determina la *auctorĭtas* **que se espera** del *mánager*: la *potestas* se establece en el diseño de la organización, por lo que es un *a priori* y tiene una expresión concreta, normativa y formal, al definir los puestos de trabajo; técnicos e ideológicos asociados de la organización; se define según argumentos técnicos e ideológicos asociados al funcionamiento deseado de la cada empresa, y es el resultado de una decisión de quien tiene capacidad para asignarla (el "propietario"). La identificación de las personas que poseen las cualidades que se prevé que generarán percepción de *auctorĭtas*, viene, según se ha indicado, después, y se realiza por los departamentos de recursos humanos en virtud del conocimiento de que disponen acerca de qué capacidades de *liderazgo potencial* han de poseer quienes vayan a ser seleccionados para ejercer como *mánager*, siempre en función de las responsabilidades derivadas de la *potestas* que tengan atribuida.

En España, por ejemplo, los directores (*general managers*) de centros escolares públicos tienen reconocida, en la Ley de educación 12/2006, la *potestas* necesaria para ejercer los siguientes bloques de funciones[84]:

1) Representación.
2) Dirección y liderazgo pedagógicos[85].
3) Relación con la comunidad escolar.
4) Organización y gestión del centro.

---

84 Los directores tienen limitado su capacidad de decisión en estos ámbitos al tener atribuida la *potestas* para ser ejercida, para determinadas decisiones, en el seno de órganos colegiados (el Consejo Escolar o el Claustro de Profesores). La *potestas* del director no incluye materias tan importantes como la selección del profesorado, la incoación de expedientes disciplinarios, la distribución de incentivos o la asignación de puestos de trabajo a los profesores, por ejemplo.

85 En España, a pesar del peso que le otorga la legislación escolar a la función de liderazgo pedagógico del director, es preciso tener en cuenta que también el ordenamiento jurídico (véase la sentencia que se cita al respecto del Tribunal Constitucional de) reconoce la libertad de cátedra del profesor, que en la práctica limita de forma muy importante la intervención de los directores en la actividad docente (Sentencia 5/81, del Tribunal Constitucional, de 13 de febrero de 1981).

Es indudable que la *auctorĭtas* de los directores (y demás mánager) ha de ser ejercida en el mejor desempeño de la *potestas* que les atribuye la norma, y también es razonable admitir que la percepción de *auctorĭtas* que consoliden miembros de la organización (escolar) estará significativamente determinada por la forma en la que el director desempeña su *potestas*.

2.2.4. Potestas, auctorĭtas y poder

El **poder** (del lat. *potēre*) se manifiesta en la influencia que ejerce la persona que lo posee en el comportamiento de aquellos (individuos o grupos formales/informales) sobre los que incide. El valor que esta variable, el *poder*, alcanza en cada persona, en una organización formal, depende del grado en que posee *auctorĭtas* y tiene atribuida *potestas* (Obras clásicas sobre el "poder" en el seno de las organizaciones son: Bacharach y Lawler, 1980; Mintzberg, 1983; Coob, 1984; Kotter, 1985; Foucault, 1986; Clegg, 1989; Cook, Emerson, Guilmore y Yamagishi, 1993; Mitchell, Agle y Wood, 1997; Clegg, Courpasson y Phillips, 2006). En los grupos informales, el *poder* es únicamente función de la percepción de competencia (*auctorĭtas)* que le atribuyen en los mismos sus integrantes a quienes ejercen como *líderes sociales*.

En las organizaciones formales, *potestas* y *auctorĭtas* son componentes necesarios del *management*, estando ambos elementos íntimamente relacionados:

1) La *potestas* atribuida al puesto de *mánager* requiere de la *auctorĭtas* precisa para desempeñarlo con una eficiencia estable en el tiempo (sin fundamento en la mera coerción autoritaria e impersonal).
2) El ejercicio del *poder* que genera la *auctorĭtas* atribuida por los trabajadores al mánager ha de estar delimitado por la *potestas* (para que sea percibida como poder legítimo).

Sin entrar en el análisis político de la *legitimidad* con la que una persona ejerce el *poder* político, la *legitimidad organizacional* es función de la percepción que tiene el trabajador de que la organización (personalizada en el *general manager*) regula la actividad laboral en el marco de los límites que fijan las normas que establecen formalmente el grado de *potestas* de quien, de acuerdo con su posición (responsabilidades y competencias atribuidas) en la estructura de la organización, las aplica.

La *legitimidad* organizacional (que proporciona la *potestas*) se estudia por *Verdugo, Greenberg, Henderson, Uribe y Schneider* (1997), al analizar, partiendo del trabajo sobre entornos intraorganización de Rowan (1982), que lo relevante para generar satisfacción de los profesores no es que la institución escolar sea dirigida según un modelo de índole burocrática o comunitaria, sino que los profesores reconozcan o no legitimidad a la acción directiva.

La *legitimidad* en el seno de las organizaciones, en el caso de que existan miembros de la misma que no tengan *potestas* atribuida por la norma, pero que gocen de una elevada *auctorĭtas* (científica o ideológica), puede generar problemas que afecten a la estabilidad y a la eficiencia organizacionales, especialmente si al detentador legítimo de la *potestas* no se le reconoce la necesaria *auctorĭtas* por quienes constituyen su entorno, o no es percibido como teniendo influencia en el seno de la organización (Pelz, 1952; Pfeffer, 1972; Yukl, 2008). El modelo de Cobb-Emerson (Emerson, 1962; Pfeffer, 2005; Smith y Hitt, 2005) permite interpretar esta anómala situación: puesto que el *poder* es función del grado en que existe dependencia (para obtener incentivos, desarrollo profesional, reconocimiento, etc.) respecto de quien tiene reconocida la *potestas*, cuando los subordinados pueden conseguir aquello que les interesa a través de otra persona, ello induce paralelamente una disminución de su dependencia respecto del *mánager* poseedor de la *potestas* formal, cuyo *poder* resulta por ello significativamente erosionado.

Únicamente cuando el *mánager* dispone de los valores de *auctorĭtas* y de *potestas* necesarios para el ejercicio de sus funciones, y utiliza ambas prerrogativas de forma pertinente, cuenta con los requisitos para influir de forma efectiva en la eficiencia organizacional:

- Consigue que los trabajadores contribuyan con toda su capacidad de esfuerzo y de recursos intelectuales al logro de las metas (Pfeffer, 1981; Astley y Sachdeva, 1984; House, 1988), incrementando así el capital humano con que cuenta la organización (Becker, 1975; Snell y Bohlander, 2007; Nemanich y Keller, 2007).
- Genera comportamientos que no hubiesen ocurrido si esta fuerza (el *poder*) no hubiese sido ejercida con propiedad (Mecanic, 1962), es decir, dentro de los límites que fija la *potestas*.
- Afronta los problemas actuales o potenciales de la organización con efectividad (Hickson *et al.,* 1985).

2.3. *Management,* eficiencia y efectividad organizacionales

2.3.1. El influjo del mánager

El puesto de mánager se caracteriza por no estar sus actuaciones directamente vinculadas a las actividades mediante las que se presta el servicio (se enseña) o se elabora el producto (un programa didáctico, p. e.), actuando a través del comportamiento que genera en quienes sí realizan el trabajo propio de la organización (Figura 40). Su función no es, por consiguiente, la de realizar tareas de planta, sino la de crear las condiciones para que esas tareas se realicen en las mejores condiciones (estructura, recursos, adscripción de trabajadores a puestos de trabajo, etc.) y con el mayor aporte de capital humano (esfuerzo laboral, competencia e innovación) por todos los integrantes de la organización (Hallinger and Heck, 1996).

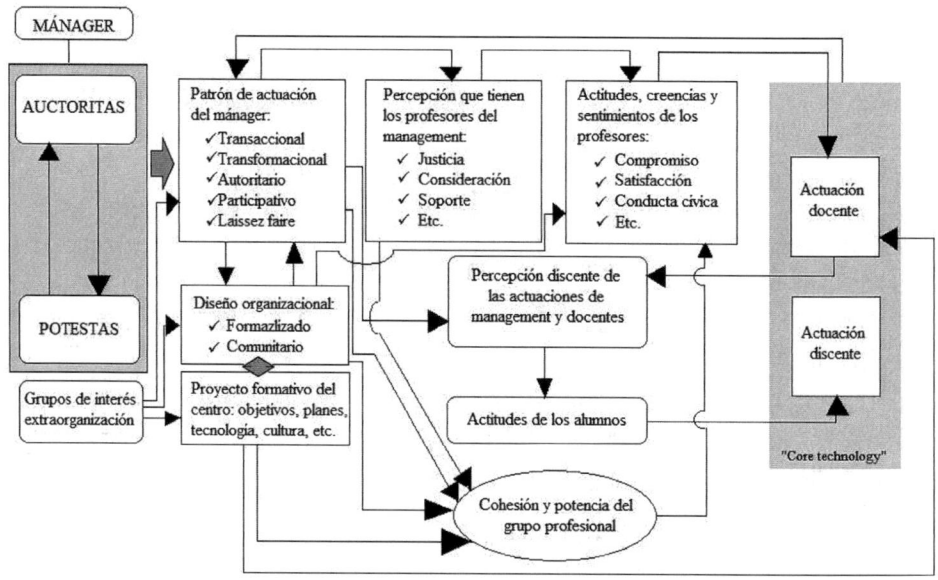

Figura 40

Los estudios relativos a la relación entre el mánager y el trabajador se han movido entre la concepción *tayloriana,* que sostiene que las decisiones relativas a los objetivos, planes y diseño de procesos deben residenciarse en los órganos de dirección (son los que saben) y las actuaciones de ejecución en trabajadores competentes para realizarlas bajo la presión de la motivación del mánager (son los que tienen las habilidades necesarias para hacer), y la que entiende que director y trabajadores deben comprometerse conjuntamente en el diseño y realización de todas las actuaciones que requiere la prestación eficiente y efectiva de los servicios.

En cualquier punto de ese continuo que se sitúe el *management* (el Ensayo, aun reconocimiento las importantes aportaciones del taylorismo, se sitúa en las concepciones basadas en el aprovechamiento integral de todos los recursos de que disponen los integrantes de la organización), corresponderá siempre al mánager coadyuvar a la creación de compromiso en los trabajadores con el éxito de la organización, lo que requiere de formas de actuación directiva que incidan positivamente en la satisfacción y el bienestar laborales.

En la creación del vínculo mánager-trabajadores, es preciso tener en cuenta que los mánager son *percibidos* por sus subordinados a través de su actuación personal y profesional, de ahí la importancia que tiene el conocer cómo los trabajadores aprecian la forma (el saber socialmente reconocido o *auctorĭtas*) en la que ejercen su *potestas* (el poder normativamente atribuido), y también cuál es su percepción –la de los trabajadores- de cómo debiera ser ese ejercicio (Van Knippenberg, Cremer y Hogg, 2004).

Si bien la atribución de *auctorĭtas* es consecuencia de cómo cada trabajador (profesor, etc.) interpreta desde su propio sistema de creencias (sistema cognitivo) cualidades de la actuación del *mánager*, tales como equidad, consideración, justicia, apoyo, etc., tal interpretación no opera analíticamente (sopesando y valorando cada cualidad de la conducta e integrándolas conscientemente para generar una determinada percepción de *auctorĭtas* que valora comparándola con un prototipo de *mánager* que también cognitiva y socialmente ha construido), sino que lo hace como reacción a una actuación captada como un todo, como una *gestalt* o configuración, de ahí la importancia que tiene el estudiar estas *gestalts o configuraciones*, sin renunciar, claro está, a una identificación "fina" de las cualidades que constituyen cada *gestalt* o *configuración*.

Una de las formas de ejercicio del *management* a la que la investigación pedagógica le ha prestado gran atención es el llamado *liderzgo instruccional* (Hallinguer, 2003; Camburn *et al.*, 2003), caracterizada por el influjo directo sobre el trabajo de los profesores con la finalidad de mejorar su calidad. Esta forma de actuación, que requiere de *auctorĭtas* pedagógica en el mánager, plantea, en la práctica, serios interrogantes, no siendo el menor de ellos el hecho de la dificultad, sino imposibilidad, de llevarla a la práctica especialmente en centros de grandes dimensiones, sobre profesores con diferentes especialidades, que trabajan con alumnos de distintas edades, etc., ya que requeriría una supervisión, tan elemental como se quiera, pero supervisión al fin, del trabajo que realiza realmente cada docente, puesto que la tutela indirecta, a partir de la información que el profesor proporciona respecto de sus aspiraciones y prácticas, no coincide frecuentemente con sus prácticas docentes reales con los alumnos (Mayer, 1999).

Este Ensayo, sin negar algunas de las virtualidades ni ignorar las limitaciones del *liderazgo instruccional* (Wahstrom y Seashore, 2008) subraya el valor crítico de las formas de intercambio mánager-trabajadores que generen actitudes, primero, y actuaciones, después, que, basadas en la confianza mutua (*trust*), coadyuven a la creación de comunidades profesionales que colectivamente confíen en su capacidad para prestar un servicio de alta calidad y en las que exista una pasión colectiva por la excelencia en la prestación del servicio de enseñanza.

2.3.2. La actuación de los mánager

La Organización científica ha prestado una gran atención a la descripción, estudio y valoración de las formas de conducta laboral de quienes desempeñan puestos directivos. En este dominio, han tenido especial relevancia los estudios que han analizado y valorado el comportamiento de los *mánager*, y sus efectos en la generación en los trabajadores de predisposición a aportar recursos intelectuales y esfuerzo a la consecución de los objetivos de la organización.

Una de las primeras clasificaciones, y tal vez de las más perdurables, de las conductas de liderazgo es la que arranca de la publicación por Lewin (1935, 1939), Lewin y Lippit (1938) y Lewin, Lippit y White (1939), de sus conocidos estudios acerca de la creación de "climas sociales experimentales", en los que han identificado y descrito los estilos "autocrático", "democrático/participativo" y "laissez-fair", concluyendo que:

- En los grupos conducidos de forma autocrática crecen las actitudes de hostilidad y los comportamientos de agresividad entre sus integrantes.
- La dirección democrática, e incluso la *laissez faire*, son preferidas a la autocrática por los miembros del grupo

Estudios posteriores (Vroom y Yetton (1973) y Yulk (1994), distinguen, considerando el grado de intervención de los subordinados en las decisiones organizacionales, cuatro estilos del mánager (en su faceta de líder):

1) Autocrático: toma las decisiones sin consultar a los miembros del grupo que ha de ejecutarlas;
2) Consultivo: recaba la opinión de los miembros del grupo y adopta, sin otorgar participación, él solo la decisión final;
3) Participativo: solicita asesoramiento de los miembros del grupo, quienes ejercen además influencia en la decisión que finalmente se adopte;
4) Coordinador: otorga, mediante delegación, al grupo la autoridad para decidir.

La tendencia de los mánager a sesgar su comportamiento hacia las personas (los trabajadores), con la finalidad de generar en ellos satisfacción y bienestar laborales, o hacia las tareas, otorgando prioridad a la productividad, ha dado lugar a diferentes tipologías del *managemen*:

1) Investigadores de la Universidad del Estado de Ohio (Stodgill, 1974), aislaron comportamientos directivos diferenciados según el grado en el que acentúan la importancia de los que *inician estructura* (organización del trabajo, definición de responsabilidades, programación de las actividades, asignación de recursos y, en general, todas las que se relacionan con el trabajo), o *consideración* (orientados a ge-

nerar percepción de justicia, a promover confianza en la organización, a crear lazos afectivos entre directivos y subordinados, etc.).

2) Cartwright y Zander (1960) y Likert (1967), de la *Universidad de Michigan*, distinguen entre las actuaciones directivas orientadas hacia los trabajadores (trato humano, valoración de las peculiaridades individuales y satisfacción de las necesidades de los empleados) y las centradas en la producción (ponderan las dimensiones técnicas y la contribución de los puestos de trabajo al rendimiento organizacional).

3) Con una indudable relación con los factores de comportamiento directivo descritos por Ohio State y Michigan, la llamada "Parrilla", de Mouton y Blake (Mouton y Blake, 1985; Blake y Mouton, 1985 y Blake y McCanse, 1991), sitúan los comportamientos de los mánager sobre dos factores (cuyos valores extremos son 1 y 9), según que se distingan por su "Preocupación por la producción" o por la "Preocupación por las personas", con lo que, al menos teóricamente, surgen 9 x 9 tipos básicos, de los que los que son representativos los llamados de "Club de campo", "Equipo", "En la mitad del camino", "No implicado" y "Basado en la autoridad" (Figura 41).

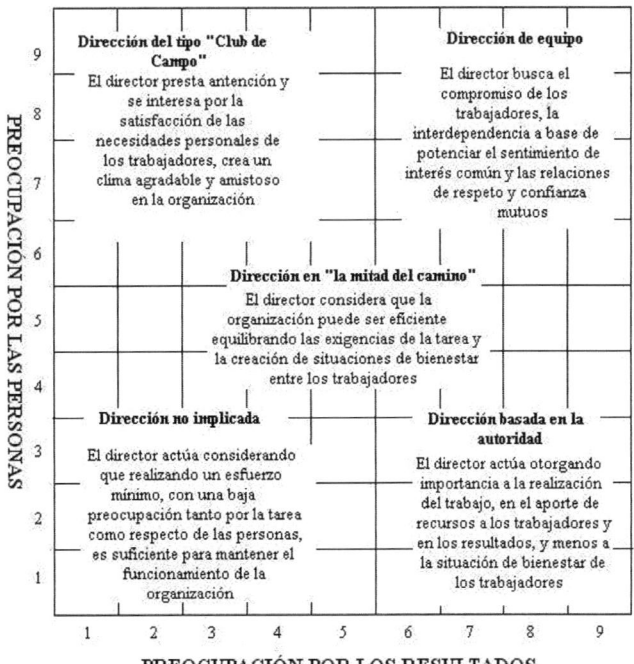

Figura 41

La efectividad de los mánager que ejercen según cada uno de los tipos de liderazgo que se definen en la "Parrilla" depende las características del puesto de *management* que desempeñe, si bien, con carácter general, cabe apuntar que los mánager:

- "Club de campo" crean climas sociales muy positivos, pero su efectividad es probable que se resienta si ejercen en empresas en las que la eficiencia es un factor crítico.
- "En la mitad del camino" se caracterizan por la falta de compromiso y la ambigüedad, lo que desde la perspectiva de los resultados de su gestión no suele ser brillante.
- "Centrados en los resultados" ejercen una fuerte presión sobre los trabajadores y las tareas que deben realizar, mostrando escaso interés por su bienestar y satisfacción, lo que incrementa la eficiencia en el corto plazo y la pone en riesgo en el largo plazo.
- "Laissez faire" o no implicados son inequívocamente inefectivos, afectando su gestión de forma negativa tanto si se valora en términos de satisfacción de los trabajadores como de productividad de la empresa.
- "Dirección en equipo" comprometen a los trabajadores con el éxito de la empresa, generan bienestar laboral y son conductores capaces de crear las condiciones para la excelencia de la organización en la que desempeñan sus funciones.

Son muy interesantes los resultados obtenidos por las investigaciones que han desarrollado tipologías de estilos de dirección en las que se subraya la importancia, al describir y valorar la actuación de los mánager, de los factores situacionales:

1) La Teoría del Liderazgo Situacional (*Situational Leadership Theory*), de Hersey y Blanchard (1969, 1977, 1988)[86] y Blanchard, Zigarme y Zigarme (1985), clasifica en cuatro *clusters* (se representa, con ligeras modificaciones que no afectan a la esencia del modelo, en la Figura 42) los estilos de liderazgo, según que sus actuaciones estén orientadas a suministrar soporte y apoyo a sus subordinados (distribución de información, aporte de indicaciones técnicas, fijación de objetivos, asignación de tareas, facilitación de *feedback*, etc.) o sean sobre todo de índole directiva (órdenes acerca de

---

86 El modelo de Hersey y Blanchard sufre importantes cambios entre su inicial propuesta en 1969 y las revisiones que publican en 1977, 1985 y 1988. Graef (1997) realiza una documentada crítica de este modelo, especialmente por la inconsistencia teórica que le atribuye. Ha parecido, no obstante, oportuno incluir la referencia a la *Situational Leadership Theory,* sin obviar sus debilidades teóricas (que comparte el Ensayo con Graef) considerando su representatividad en el dominio en los estudios que atienden a la dimensión situacional del ejercicio del liderazgo por los mánager y también por el sentido práctico de la propuesta de Hersey y Blanchard.

lo que hay que hacer y cómo debe hacerse). Los estilos resultantes son: S1/Informador o directivo; S2/*Coaching* o asesor, S3/Participativo y S4/Desconcentrador (delega).

Los trabajadores (constituyen el entorno inmediato del mánager) se caracterizan según cual sea su nivel competencial, su seguridad/confianza respecto de su capacidad para realizar sus funciones, su disposición a asumir las tareas que han de realizar, dando lugar asimismo a cuatro tipos (Figura 42).

De acuerdo con el modelo Hersey y Blachard, el mejor ajuste trabajador estilo de dirección, es el siguiente:

Estilo S1: Informa e Instruye *(telling)*/Dirige

Trabajador*:* R1: Baja competencia, bajo compromiso, insuficiente percepción de su capacidad para realizar sus funciones, no motivado a actuar, inseguro.

Mánager*:* Centrado en la tarea, escasa atención a las relaciones con el trabajador[87].

Estilo S2: Convence ("vende")/*Coaching*

Trabajador*:* R2: Competencia media, sin que llegue a estar seguro de su capacidad para realizar de forma eficiente sus funciones, compromiso variable, dispuesto y motivado y proclive a asumir sus obligaciones.

Mánager*:* Centrado en la tarea, presta gran atención a las relaciones.

Estilo S3: Participa/Ayuda

Trabajador*:* R3: Alta competencia, compromiso variable, satisfactoria percepción de su capacidad de desempeño pero inseguro.

Mánager: Escasa atención a las tareas, intensa dedicación a las relaciones con el trabajador.

Estilo S4: Delega

Trabajador*:* R4: Alta competencia, alto compromiso, se percibe capaz y está dispuesto al desempeño de sus tareas.

Mánager*: Escasa atención a las tareas y a los intercambios con el trabajador.*

---

87 Con frecuencia se ha criticado la presunción de que en el caso del estilo S1 el mánager deba "prestar escasa atención a las relaciones con el trabajador".

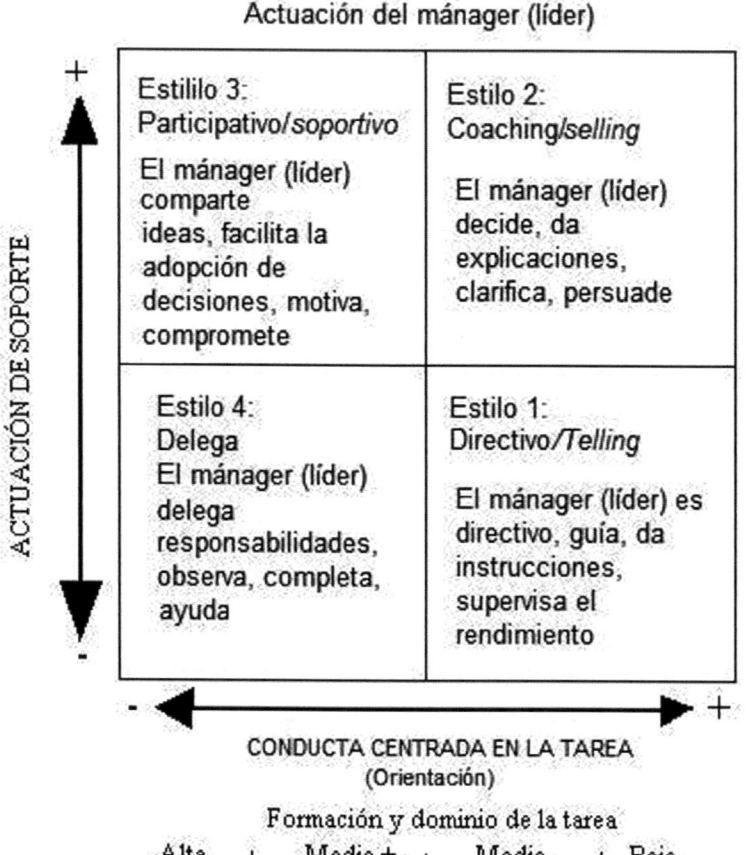

Figura 42

2) El modelo propuesto por Fiedler (1977, 1978), Fiedler y Chemers (1984) y Fiedler y García (1987), cuyo núcleo es el ajuste entre las características del líder (mánager) y las del contexto en el que actúa, con dos estilos de liderazgo: el cen-

trado en la tarea (se identifican con este estilo los directores cuya prioridad es la eficiente consecución de los objetivos de la organización) y el centrado en las personas (agrupa a los directivos cuya preocupación mayor es la creación de climas de relaciones humanas positivos). El valor que alcanza cada mánager en estos dos estilos lo obtiene Fiedler aplicando la escala *"Least Preferid Coworker"*, en la que puntuaciones altas son indicadores de un liderazgo orientado hacia las relaciones personales y bajas en el caso de que la orientación sea hacia el trabajo.

En el modelo *contingetista* de Fiedler, los factores situacionales que determinan el tipo de liderazgo que conviene a cada situación son:

- Las relaciones entre el líder y los subordinados (signo del clima y de la atmósfera laboral);
- El grado en el que las tareas están estructuradas (lo están si tienen bien establecidos los objetivos, planes y tiempos de realización; su conclusión está perfectamente determinada; las alternativas en cuanto a las formas de ejecución son limitadas).
- El nivel de *potestas* de que goza el mánager (capacidad para incentivar y sancionar).

De acuerdo con los resultados de sus investigaciones, Fiedler considera que la eficiencia en el *management* depende del ajuste entre las dos formas de comportamiento del líder y de las condiciones de la situación en la que opera, según se representa en la Figura 43.

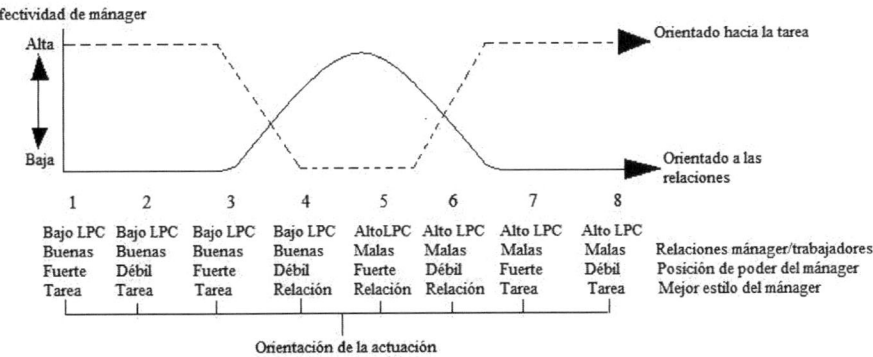

Nota: Los mánager con alto LPC consideran prioritario el consolidar relaciones humanas positivas y prestar apoyo a los trabajadores, mientras que los que tienen un valor bajo en LPC otorgan más importancia a la realización del trabajo, interesándose por las relaciones una vez que está asegurada la realización de las tareas laborales.

Figura 43

Con diferencias y semejanzas con las teorías *situacionales* y *contingentistas* descritas en los apartados anteriores, la teoría de metas (House y Mitchell, 1974; House, 1996), enfatiza la importancia que tiene para la efectividad del *management* la compatibilidad entre las cualidades de los trabajadores y el estilo del mánager, siendo el punto central de este marco de pensamiento dos postulados:

- La motivación de los trabajadores crece a medida que lo hace su percepción de que su actuación conduce a metas que son alcanzables y cuya consecución será seguida de los correspondientes incentivos;
- El estilo de liderazgo más efectivo es el que facilita apoyos para alcanzar los resultados a los que conduce la actividad laboral, mediante una definición clara de sus objetivos, la especificación de los procedimientos que son más convenientes para la eficiencia y efectividad, la eliminación de los obstáculos que pueden dificultar la conclusión exitosa de las tareas y el establecimiento de un sistema de incentivación justo y contingente respecto del esfuerzo y la contribución que hayan realizado cada individuo y grupo.

De acuerdo con esta teoría, los estilos de dirección pueden clasificarse en cuatro categorías (aunque un mismo mánager, según cual sean las características de sus subordinados y las de las tareas que ha de realizar, puede y debe adoptar uno o más estilos):

- Directivo: el mánager ordena, da instrucciones, fija tiempos de realización, indica cómo ha de realizarse la actividad, etc. Se adapta bien a subordinados con actitudes de aprecio a la autoridad y a las tareas complejas, poco estructuradas y de elevada ambigüedad en cuanto a los objetivos y procedimientos;
- Amigable: el mánager proporciona soporte y ayuda y procura activamente el bienestar de sus subordinados. Se adecúa a situaciones en las que los empleados están insatisfechos o necesitados de afecto (caso de los "recién" llegados) y a actividades rutinarias y poco interesantes;
- Participativo: el mánager consulta a sus colaboradores y favorece su intervención en la adopción de decisiones. Es recomendable si los trabajadores tienen autonomía, requieren de control, sus responsabilidades no están suficientemente estructuradas o tienen un alto nivel de ambigüedad;
- Orientado al rendimiento: el mánager plantea objetivos que suponen para los trabajadores un desafío, para lo cual fija al rendimiento estándares altos y promueve actitudes favorables a la excelencia en la prestación de los servicios. Es recomendable si se dirige a personas motivadas, con elevadas expectativas y que han de acometer tareas complejas y de alto nivel de dificultad.

Entre los numerosos estudios llevados a cabo acerca de los estilos de liderazgo de los mánager (de los cuales figura una incompleta, aunque selecta, selección en los apartados anteriores de este número), merecen, sin duda, una referencia especial los que han hecho hincapié en la condición transformacional de los líderes, definida seminalmente por el sociólogo Burns (1978) y por Burns, House y Bass (1985), al indicar que conductores de personas son quienes tienen la capacidad de dar satisfacción a sus seguidores a fin de alcanzar sus propios objetivos —los de los conductores—.

El liderazgo transformacional se manifiesta en esencia como un proceso mediante el cual se cambia y transforma a los individuos, y que tiene que ver con el carisma y con las emociones, los valores, las metas estratégicas, los motivos y las necesidades. Burns distingue además entre el liderazgo transformacional y el transaccional, este último basado en los intercambios entre líder y subordinados (intercambio, mediante la negociación, de incentivos por cantidad de tiempo o calidad de trabajo, por ejemplo). El desarrollo del concepto de liderazgo transformacional recibe, ya en sus inicios, aportaciones como las House (1977) o Bass (1985), que matizan la idea inicial de Burns (1978) de que la conducta transformacional constituye el polo opuesto de la transaccional, al establecer que ambas pautas de comportamiento pueden darse en un mismo líder. Es Bass (1985) quien establece la teoría de las cuatro dimensiones del liderazgo transformacional, a saber:

- Influencia idealizada (los seguidores le atribuyen al líder un rol carismático);
- Motivación *inspiracional* (el líder traslada a los seguidores una clara, atractiva e inspiradora visión de lo que hay que hacer);
- Estimulación intelectual (el líder promueve la innovación y el desafío a superar el *statu quo*);
- Consideración hacia las personas (el líder atiende y ayuda a satisfacer las necesidades y expectativas de sus seguidores).

El liderazgo transaccional se describe también mediante cuatro dimensiones (se relacionan del nivel superior al inferior):

- Recompensa contingente (el líder proporciona a cada seguidor la recompensa que corresponde a la aportación que hace);
- Dirección por excepción-activa (el líder dirige el proceso de trabajo y corrige las desviaciones que se producen);
- Dirección por excepción-pasiva (el líder solo interviene cuando surgen problemas graves);
- Conducta de *laissez-faire* (el líder evita la asunción de sus obligaciones en cuanto tal): en este tipo lo que se produce es ausencia de liderazgo.

Las posiciones del liderazgo transformacional y transaccional respecto de los factores "Activo-Pasivo" y "Efectivo-Inefectivo" se representan en el Figura 44.

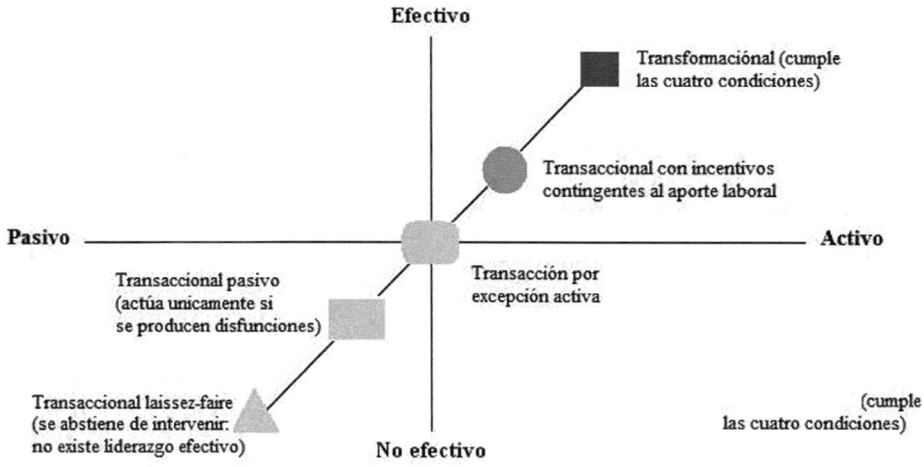

LIDERAZGO TRANSFORMACIONAL
VERSUS
TRANSACIONAL

(Modificado de Avolio y Bass, 1994)

Efectivo

Transformaciónal (cumple las cuatro condiciones)

Transaccional con incentivos contingentes al aporte laboral

Pasivo — — Activo

Transaccional pasivo (actúa unicamente si se producen disfunciones)

Transacción por excepción activa

Transaccional laissez-faire (se abstiene de intervenir: no existe liderazgo efectivo)

No efectivo

(cumple las cuatro condiciones)

Figura 44

El mánager que ejerce un liderazgo *trasformacional* tiene carisma y capacidad de dominación, le satisface influir en sus subordinados, tiene confianza en su mismo y genera confianza en las personas a las que dirige, asume un sistema de valores perfectamente definido, y es percibido como un *role model*. En su actuación demuestra competencia profesional, comunica altas expectativas, manifiesta consideración y actúa sin sesgos y con equidad. Bass (1985) considera que el líder transformacional induce una alta motivación mediante comportamientos orientados a que sus subordinados:

- Sean conscientes de la importancia que para la organización y para ellos tienen los objetivos y metas establecidos;
- Trasciendan sus propios intereses en favor de los del equipo y organización en la que trabajan;

- Se formen necesidades y expectativas de alto nivel respecto de su actividad laboral y la de la organización a la que pertenecen.

Quienes son conducidos por dirigentes que han adoptado un estilo transformacional, responden con: 1) confianza y compromiso hacia la organización y sus mánager; 2) implicación y participación en las tareas; 3) conducta cívico-organizacional; 4) actitudes de satisfacción, y 5) sentimientos y estados de bienestar.

Bogler (2001) estima el influjo de algunos de los estilos de liderazgo en la satisfacción laboral de los profesores mediante el modelo que se representa en la Figura 45 (obsérvese el valor negativo, no significativo, del efecto correspondiente al liderazgo transaccional).

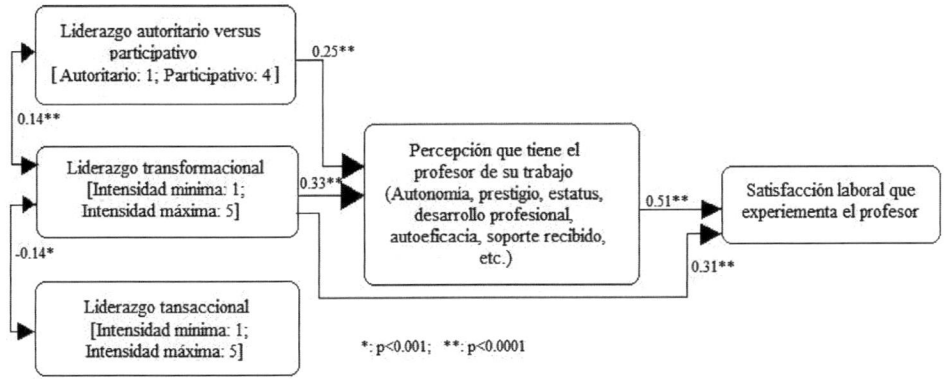

Figura 45

El liderazgo transformacional al promover la autonomía, el prestigio, las altas expectativas, la autoconfianza, la compatibilidad entre los objetivos de la organización y las necesidades de sus integrantes o el estatus profesional de los trabajadores, potencia en éstos la "capacidad percibida de poder" y la predisposición a comprometerse en la tarea, y quien lo ejerce lo hace con una forma de management cuyo aspecto más visible es la sustitución del rol de "jefe" por el de "facilitador", y el de trabajador (profesor) "subordinado" por el de "colaborador".

Miembros del Grupo de Pensamiento K SIGMA, de la Universidad de Salamanca, han replanteado los modelos que interpretan al actuación de los mánager, al entender que en su análisis y valoración debiera partirse de la *potestas* que tienen atribuida, que puede ser ejercida de acuerdo con diferentes tipos de comportamiento o modos de liderazgo (autoritario, democrático, transformacional, transaccional, etc.), según el nivel del puesto, la tarea y las variables presentes en el contexto.

El modelo KSIGMA permite reinterpretar, por ejemplo, los recientemente desarrollados por Ekvall y Arvone (1991) y por Cattonar *et al.* (Cattonar *et al.*, 2007), ya que los tipos de conductas que estos definen, *change-oriented* (Ekvall y Arvone) e *informational* (Cattonar *et al.*), describen la forma en la que el mánager ejerce su *potestas*, que difiere según que acentúe o no la importancia del cambio y o de la función de información.

Son, pues, posibles y útiles teorías que, a partir de las distintas formas de *management,* postulen la existencia de "tipos puros" (prototipos) de mánager potencialmente efectivos en cualquier contexto (House *et al.*, 1999). Se prefieren, no obstante, teorías que tomen en consideración variables de los contextos intraorganización y extraorganización que sean *contingencias críticas* para su capacidad de influjo –del mánager- tanto en la captación de recursos como en la gestión de los medios con que cuenta para conducir la organización o la unidad de la que es responsable. Es por ello que en este Ensayo se defiende la tesis de que la *potestas* con la que está investido formalmente el mánager es un referente que inexcusablemente ha de ser tenido en cuenta al predecir, primero, y evaluar, después, su efectividad, por tener la condición de *contingencia crítica* para el poder del mánager en el seno de la organización, al igual que lo tienen su personalidad y formación.

Esta simbiosis entre *auctorĭtas* y *potestas* (y otros elementos que son *contingencias críticas* de la efectividad de los mánager), da lugar a dos corolarios muy importantes:

a) El primero, postula que para describir y valorar la efectividad de los mánager es necesario definir configuraciones (Doty *et al.*, 1993) de rasgos que, como sistemas (Burns y Stalker, 1961; Von Bertalanffy, 1968; Goodman, 1968), den lugar al tipo que en forma de *gestalt* es percibido por quienes constituyen su entorno, evitando, *ab initio*, el llegar a conclusiones mediante análisis *bivariados* entre rasgos singulares y efectividad.

b) Dada la singularidad de los contextos intraorganización y extraorganización, el segundo corolario puede expresarse con el término *equifinalidad* acuñado por la TGS y aceptado en este Ensayo: un sistema [un tipo de mánager] puede alcanzar el mismo estado final [la misma efectividad] desde situaciones iniciales diferentes [con distintas cualidades] y por varias vías [mediante diferentes estrategias] (Von Bertalanffy, 1968; Katz y Kahn, 1978; Bailey, 1994).

2.4. Cuando el mánager es un equipo

2.4.1. Concepto

La creciente complejidad de las organizaciones que prestan servicios es una de las circunstancias que explican la utilización de formas de *management* en equipo, o equipos de dirección, en los que se integran mánager de distintos niveles o de distintas áreas organizacionales.

La dirección compartida[88] no excluye que exista participación de los trabajadores en la toma de decisiones, ni se confunde con el *managmeent* participativo, siendo su rasgo distintivo el centrar el punto de interés no tanto en quien tiene y ejerce la *potestas* organizacional sino en la *potestas* propiamente dicha.

Son frecuente los estudios que concluyen que el ejercicio del *management* colectivo es positivo para determinadas facetas del funcionamiento de la organización, habiéndose constatado, por ejemplo, que tiene un impacto más positivo que el individual en la efectividad y en el cambio organizacionales (Harris *et al.,* 2007; Heck y Hallinger, 2009), la potencia académica de la organización (Heck y Hallinguer, 2009) e incluso en el rendimiento discente (Heck y Hallinger, 2009; Marks y Printy, 2003), aunque no siempre la superioridad de esta forma de *management* distribuido ha mostrado tener ventajas sobre el ejercido individualmente (Leihtwood y Jantzi, 1999 y 2000; Silins *et al.,* 2002; Mayrowetz *et al.,* 2007).

La distribución de la *potestas* (forma más clara de *management* distribuido) para que sea efectiva no debe consistir en una partición indiferenciada, en "paquetes" equivalentes, de las funciones que la norma atribuye al mánager, sino una distribu-

---

88 En la literatura científica (Fullan, 2001; Marks y Printy,, 2003; Heck y Hallinger; 2009; Leithwood y Mascall, 2008ª; Hulpia *et al.,* 2011), esta forma de *management* suele denominarse "*Distributed leadership*", y también liderazgo colectivo (Leithwood y Mascall, 2008), expresiones que, de acuerdo con la terminología utilizada en este Ensayo, no son precisas: el liderazgo (la *auctoritas*) no se distribuye ni se comparte, ya que se trata de una forma de ser personal, no transferible ni delegable. Lo que sí cabe "distribuir", delegar o compartir es la *potestas*, el poder legalmente reconocido, ya que se trata de algo formal, susceptible por consiguiente de ser distribuido entre varias unidades o de ser ejercido colectivamente por un equipo o grupo (en el que cada componente tendrá su propia autonomía. En este número se traduce la expresión "*distributed leadership*" por *management* distribuido o compartido", y se hará siempre referencia a la reasignación de la *potestas*. Cabría también pensar en la *auctoritas* de un grupo considerado una unidad funcional (*agency*), si bien a cada integrante del grupo se le reconoce su propia *auctoritas*, debiendo ser la resultante (*auctoritas grupal*) superior a la suma de las *auctoritas* individuales.

ción en función de las características de cada miembro del equipo de *management*, coincidiendo este planteamiento con el que realizan, por ejemplo, Gronn (2002), Spillane (2006) o Mehra *et al.*, 2006). En el caso de España, y considerando las funciones que la legislación incluye formando parte de la *potestas* del mánager, el equipo de *management* debiera asignar diferentes funciones a cada uno de los integrantes del equipo:

a) El director: establecimiento de los objetivos, relaciones humanas (clientes internos) y relaciones exteriores (clientes externos).
b) El jefe de estudios, coordinación de la organización staff (departamentos) y gestión pedagógica.
c) Administrador (gestión burocrática).

El equipo, en cuanto unidad organizacional de gobierno, puede ser receptor de *potestas*, especialmente en materias que afecten al desarrollo de planes estratégicos o desarrollos organizacionales, si bien, incluso en esos casos, la responsabilidad debe seguir residenciada en el *general manager*, que mantendrá, al menos, la función de coordinación y de implementación de las decisiones.

Para que el *management* en equipo asegure una gestión efectiva y eficiente, además de una racional distribución de la *potestas* organizacional, es necesario que el grupo:

a) Tenga una alta conexidad (facilidad de relación entre sus miembros).
b) Esté fuertemente cohesionado
c) Su funcionamiento sea el propio de un grupo productivo (*Teamthink*).
d) Adopte las decisiones con la intervención solidaria de todos sus miembros, sin perjuicio de la asignación diferenciada de responsabilidades.

Tanto si la organización es dirigida por un mánager individual o por un equipo de dirección, han de preverse sistemas de participación de todos los miembros de la organización en las decisiones organizacionales, especialmente en las que afectan a su actividad o a su posición en la empresa, ya que la satisfacción laboral se favorece[89] si:

• Los trabajadores participan y se comprometen en la adopción de decisiones en materia de objetivos, planes, procedimiento de actuación, innovación, asignación de puestos de trabajo, evaluación de resultados, etc. (Roethlisberger y Dickson, 1939).

---

89 Véase capítulo IV.

- Existe una adecuada distribución del poder organizacional entre quienes son responsables de los procesos mediante los que se presta el servicio o desarrolla el producto (Berger y Cummings, 1979).

Los efectos de la participación de los trabajadores (profesores) en la adopción de decisiones van más allá del incremento de la satisfacción:

- Es una práctica asociada a los centros escolares más eficientes (Brookover *et al.*, 1978).
- Tiene un efecto positivo significativo en la efectividad y eficiencia organizacionales (Spillane *et al.*, 2004; Mayrowetz *et al.*, 2007).
- Incrementa el compromiso del trabajador con la institución (Pounder, 1999).
- Tiene efectos positivos en las prácticas docentes (Marks y Printy, 2003; Wahlstrom y Seashore, 2008).

2.4.2.   *Cohesión del grupo de* management

El concepto de cohesión es complejo, lo que no ha supuesto un impedimento para que haya sido y sea ser uno de los descriptores más universales de los grupos, cuya importancia ha sido destacada en especial por el Centro de Investigación sobre la Dinámica de los Grupos (Festinguer, 1950a). Los estudios sobre la cohesión grupal suelen destacar la importancia:

- De los comportamientos y actitudes de los miembros del grupo: cercanía afectiva y muestras de afecto mutuo, proximidad física en el trabajo, focalización de la atención de unos en los otros, actuaciones coordinadas, baja tendencia al PWE (propensión a retener esfuerzo[90], s*ocial loafing o soldiering*), intercambios verbales frecuentes, baja conflictividad, objetivos comunes, etc.
- Del desarrollo y utilización de un argot común;
- De la evaluación positiva por cada miembro del grupo de sus compañeros;
- De la importancia del alto grado de compromiso con las tareas y metas del grupo.

Una de las primeras definiciones de este rasgo que alcanzó un alto grado de generalización y aceptación, siendo todavía hoy una de las más utilizadas, es la que en el año 1950 propuso Festinguer (1950b): "la cohesión es la resultante de la composición de las fuerzas que actúan sobre los individuos y que los mantiene unidos formando un grupo".

---

90 Véase Capítulo IV.

La cohesión no es una cualidad constante, sino una variable en la que el grupo puede alcanzar distintos valores en el transcurso del tiempo según:

a) El tipo de liderazgo que ejerce el "primero" (el director) sobre los integrantes del equipo de *management*, y especialmente:

- Su tolerancia respecto de las facilidades que otorga para de forma colectiva hallar las soluciones a los problemas que han de afrontar;
- La eficacia con la que fomenta sentimientos de cordialidad
- La percepción de *auctoritas* que genera en los restantes miembros de equipo.

b) El tiempo durante el cual consigue que los integrantes del grupo permanecen juntos: a medida que aumenta, lo hace la cohesión;

c) El grado en que logra que todos satisfagan sus expectativas personales, por el hecho de formar parte del equipo de dirección.

La cohesión del equipo de *management* tiene efectos muy importantes en:

- La disposición a participar en las tareas comunes y en la erradicación de las conductas disruptivas;
- La existencia de comportamientos cívico-organizacionales de ayuda a quienes rinden por debajo de los estándares que se consideran mínimos para la consecución de los objetivos del grupo;
- La aceptación de las normas del grupo por todos sus integrantes.
- La efectividad del grupo (que, a su vez, influye en la cohesión (Mullen y Cooper, 2001).

2.4.3. Pérdida de efectividad del equipo de management

La dinámica de los grupos puede estar afectada por disfunciones que minoren su efectividad colectiva (a través de la pérdida de potencia grupal y disminución de la cohesión o de la autopercepción colectiva de eficacia, por ejemplo). Tales disfunciones, de etiología múltiple y compleja, presentan un síntoma general consistente en el crecimiento de la insatisfacción que experimentan los integrantes del grupo al percibir que la entidad de la que forman parte no está en condiciones de satisfacer sus necesidades individuales.

Cuando el grado de la disfunción afecta de forma significativa a la efectividad del grupo, se constituye en una patología grupal, de entre las que están al día de hoy bien documentadas:

- La pérdida de identidad del grupo.
- La polarización del grupo.
- El síndrome del *groupthink.*

a) **La pérdida de identidad**

Un primer estado que puede disminuir gravemente la capacidad operativa de los grupos de *management* es la pérdida de su identidad colectiva, consecuencia de que alguno de sus miembros:

- Persigue metas, realiza actividades o acepta y aplica normas que no se corresponden o entran en contradicción con las que son propias del grupo;
- Deja de procurar metas, de realizar actividades o de cumplir normas que son esenciales para el adecuado funcionamiento del grupo.

En el origen de estas situaciones pueden estar:

- La propensión de algún miembro, con cierta capacidad de liderazgo (no detentando la dirección del equipo), a ejercer influencia o a monopolizar y establecer normas al margen de las que rigen el funcionamiento del grupo;
- La colisión entre los interés contrapuestos de individualidades influyentes, que quien detenta la autoridad o el liderazgo no puede controlar;
- La pérdida de eficacia de las actuaciones colectivas.

b) **Fragmentación del grupo**

Es frecuente, sobre todo en situaciones en las que existe un liderazgo débil, o de fuerte heterogeneidad del grupo, que hagan que cristalicen coaliciones o subgrupos que fragmentan la entidad colectiva que inicialmente constituyen. Estos fenómenos, primero de polarización y después de fragmentación, suelen explicarse desde diferentes teorías:

- La constitución de subgrupos, temporales o permanentes, surge de la pretensión de hacer que sea mayor la probabilidad de obtención, por un sector del grupo, de una recompensa divisible;
- La redistribución del poder en el seno del grupo (emergencia de nuevos líderes con elevada *auctorĭtas*);

La fragmentación y polarización de los grupos está asociada a un fenómeno de enorme interés escolar y social: la aparición de minorías y mayorías (frecuentemente de raíz étnica, cultural o social), a su vez en el origen de situaciones de creciente inestabilidad grupal.

c) La patología del *groupthink*

En el año 1972, publica Inwin Janis un interesantísimo e influyente trabajo, al que siguen otros de él mismo y de otros investigadores, en el que describe e interpreta una situación, la patología *groupthink* (Janis, 1882; Ahlfinger Esser, 2001; Kowert, 2002), que tiene las siguientes características generales:

- La presión por alcanzar la uniformidad individual y la lealtad incondicional al líder (director) prevalecen sobre el logro de efectividad cognitiva y la consolidación de juicios de raíz ética, lo que genera la eclosión de un sistema represor (que actúa de forma tácita o expresa) cuya finalidad es inhibir la crítica y el pensamiento divergente en el seno del grupo;
- El aislamiento de las personas que mantienen planteamientos ideológicos, morales, científicos, técnicos, etc., diferentes a los que se consolidan en el grupo bajo la presión de la tendencia a la uniformidad y la simplificación del pensamiento.

La dinámica de este proceso patológico[91] se representa en la Figura 46.

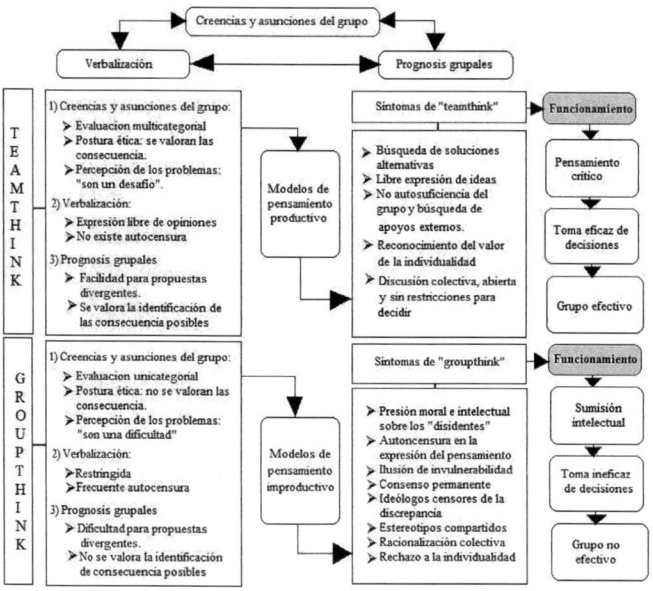

Figura 46

91 Diversos sucesos han sido estudiados recurriendo al comportamiento de grupos que han estado afectaos por la patología *groupthink:*

Tips para la excelencia

1. El mánager, cualquiera que sea su nivel organizacional, es, ante todo, un conductor de personas dotado de las cualidades que hacen que sea percibido como dotado de *auctorĭtas*.

2. El trabajador identifica a la organización a través de la percepción que tiene de sus mánager: imagen, liderazgo, honestidad, equidad, apoyo, consideración.

3. Para el ejercicio de sus funciones, la organización le atribuye al mánager la potestad para ordenar; esa *potestas* tiene unos límites estrictos, que fijan las normas: si se sobrepasan, se incurre en abuso de poder.

4. Únicamente los mánager que son percibidos como teniendo *auctorĭtas* generan en sus subordinados confianza, inicialmente, y, después, compromiso con la organización.

5. La confianza es lo primero que espera el trabajador de sus mánager: si falta, no es posible ejercer un efectivo liderazgo por lo que el *management* deviene en autoritario.

6. El trabajador se siente satisfecho si participa en las decisiones organizacionales, y especialmente satisfecho si percibe que los procedimientos mediante los que se decide son justos.

7. La *potestas* (el poder legalmente atribuido al mánager por la norma) puede, y frecuentemente, debe ser delegada; la *auctorĭtas*, el poder que arranca de la competencia y la personalidad del mánager, es indelegable: depende de la percepción de los "otros" sobre los que la ejerce el mánager.

---

a) La incapacidad de los servicios de inteligencia de EE.UU. de prever el ataque a Pearl Harbor, debido a la presunción de invulnerabilidad de quienes analizaron la información proveniente de medios japoneses.

b) El fracaso de la invasión de la Bahía de los Cochinos por parte de los disidentes cubanos, apoyados por EE.UU.: el presidente Kennedy acepta, de forma no crítica, la propuesta de la CIA, acallando las opiniones contrarias de Arthur M. Schlesinger Jr. y J. William Fulbright.

c) La "crisis de los misiles soviéticos para ser instalados en Cuba", en 1962, en la que se produjo un debate abierto que le llevó a decir a Robert Kennedy: "Pudimos hablar, debatir, argumentar, discrepar y el debate fue esencial para adoptar la última decisión" (en este ocasión, el grupo actuó sin estar afectado por la patología *groupthink* y tomó la decisión correcta).

8. El verdadero líder sabe cómo conseguir que sus subordinados se sientan capaces de afrontar la consecución de objetivos que les supongan un difícil reto, y siente con ellos el éxito cuando lo logran.

9. Si es usted un mánager, piense que su éxito depende de saber gestionar la capacidad de personas que, cada una es su trabajo, son más competentes que usted.

10. Sea usted previsible: las personas que dependen de usted necesitan tener seguridad de cómo reaccionará como consecuencia de sus actuaciones.

11. Hasta el último de los trabajadores debe sentirse visible por parte de la dirección, y ser consciente de que su trabajo importa a la organización.

12. Cuando el *management* es en equipo, el *general manager* debe facilitar la libre expresión de las ideas, evitando cualquier forma de simplificación del pensamiento y asumiendo, adoptadas las decisiones, la responsabilidad de sus consecuencias, especialmente cuando son negativas.

13. Trate a sus subordinados como sus clientes: los trabajadores tienen expectativas y necesidades que esperan cumplir y satisfacer, respectivamente, a través de su actividad laboral. Cuando ello ocurre, se muestran satisfechos y devolverán a la organización, en forma de esfuerzo e inteligencia, mucho más de lo que han recibido.

14. La mayor parte de los contactos con los clientes la realiza el mánager a través de los trabajadores, que son la faz visible de la organización.

15. La salud y el bienestar de los trabajadores es un activo muy importante de la organización: cualquier patología de la conducta laboral tiene un precio, primero, para el que la padece y, después, para la organización.

16. Facilite la discrepancia, la expresión libre de pensamiento, la crítica: evite el consenso tanto como pueda.

17. *"Experience alone, without theory, teaches management nothing about what to do to improve quality and competitive position, nor how to do it".*

W. Edwards Deming
Out of the Crisis

Capítulo IV. El trabajador (docente) y el grupo profesional

Human actions are composed of work motivation and work methods. No matter how you look at it, the decisive, impulsive element in this pair is the work motivation. Nothing will get done unless people are move to get it done.

La actuación laboral del ser humano es una combinación de motivación y método. Cualquiera que sea la forma en la que se plantee, lo decisivo, lo que impulsará la acción es la motivación. Nada se realiza si quien deba realizarlo no decide hacerlo.

Shigeo Shingo
Zero Quality Control: Since Inspection and the Polka-yoke System

There is always an inner game being played in your mind no matter what outer game you are playing. How you play this game usually makes the difference between success and failure.

Siempre hay un juego que se juega internamente, en la mente de cada uno, cualquiera que sea el juego que se deba jugar en la realidad. La forma en la que cada uno juega ese juego —el interno— determinará su éxito o fracaso en el juego real.

Tim Gallwey
The Inner Game of Tennis: The Classic Guide to the Mental Side of Peak Performance

1. NOTAS PREVIAS

Aunque todos los profesionales que realizan las complementarias tareas de la organización aportan *inputs* a la producción de conocimiento (esfuerzo, recursos intelectuales, innovación, etc.) a cambio de retornos (salario, relaciones sociales, consideración, aprecio, etc.) y constituyen el grupo profesional de la organización, en este Capítulo se considera únicamente el subgrupo formado por los profesores, o trabajadores que, de forma directa, prestan el servicio de enseñanza.

Dadas las características de la función docente (en el momento que se ejerce en su sentido más estricto de conducción del proceso de aprendizaje de los alumnos), el estudio del *grupo profesional* ha de estar precedido por la consideración del profesor en su irrepetible individualidad, ya que una buena parte de su aportación a la producción de conocimiento se efectúa, precisamente, en su calidad de individuo, y el director, y en general quienes ejerzan funciones de *management*, han de tratar de influir en la forma en la que como tal, como individuo, afronta la realización de su trabajo, sin por ello dejar de tener en cuenta que el grupo profesional en su conjunto es un determinante muy importante de variables personales (satisfacción, percepción de soporte, *autoconcepto*, etc.) que influyen de forma significativa en el rendimiento laboral.

Tres son los elementos que la literatura científica considera al estudiar la contribución que la actuación específica del profesor (la docencia) hace a la efectividad con la que los alumnos aprenden:

a) Características personales y la formación.

b) Capacidad para generar esfuerzo y oportunidad de aprender en el alumno.

c) Condiciones de la situación de enseñanza y aprendizaje en las que actúa (ratio profesor/alumnos; recursos disponibles; homogeneidad/heterogeneidad del grupo, etc.).

La efectividad de un profesor es, en gran medida, función de su capacidad para generar "oportunidad de aprender" aquello que es objeto de la enseñanza que imparte, y de su implicación —la del profesor— en el proceso de aprendizaje de sus alumnos, aportándoles los recursos necesarios para que realicen el esfuerzo que requiere la adquisición de conocimiento a través de la enseñanza escolar[92].

La cuestión a resolver, sentado lo anterior, es la de desvelar cómo los profesores, ya motivados, generan esfuerzo por aprender en los alumnos. Ayuda a dar una respuesta coherente con la función de producción de conocimiento el modelo desarrollado por Correa y Gruver (1987), según el cual:

a) El aprendizaje depende de la cantidad de tiempo que dedican tanto el profesor como el alumno a su realización, siendo esta relación (tiempo/aprendizaje) no lineal, ajustable de acuerdo con la ley de retornos decrecientes, significando con ello que los efectos marginales del tiempo que consume la adquisición de nuevas competencias no crece linealmente, sino que su tasa de crecimiento disminuye con el paso del tiempo.

b) La utilidad percibida por el alumno de los aprendizajes que adquiere es función de los logros y del tiempo empleado para conseguirlos (en competencia con otras actividades de aprendizaje escolar o de recreo).

c) La utilidad percibida por el profesor, es, así mismo, función de los resultados del aprendizaje (que atribuye en parte a su esfuerzo docente) y del tiempo que ha empleado en contribuir a su consecución.

d) Profesores y alumnos, en la función de producción de conocimiento, son consumidores y productores de aprendizaje (función de utilidad), entrando, por consiguiente, el aprendizaje a formar parte de las dos funciones de utilidad (es, pues, un bien público)[93].

---

92 La generación de "oportunidad de aprender" está determinada por variables endógenas (la competencia del profesor para ajustar la información que aporta –directa o indirectamente– a la capacidad de cada alumno para asimilarla, por ejemplo), y por variables exógenas no controlables por el profesor (como el número de alumnos –ratio profesor/alumnos– a los que imparte enseñanza o las características –aulas inclusivas o segregadas– de estos alumnos, por ejemplo).

93 Un bien público es una variable social que forma parte simultáneamente de la función de utilidad de más de una persona.

La función de producción de aprendizaje, a tenor de lo señañado, es $v \leq \hat{v}(e, a)$, en donde **e** = esfuerzo del alumno en aprender y **a** = actuaciones que realiza el profesor para que el alumno aprenda. Tanto **e** como **a** se miden en horas. La función $\hat{v}$ es cóncava, verificándose que: $\hat{v}(e, a) \geq 0$; $\hat{v}(0, a) = 0$; $\hat{v}_e > 0$; $\hat{v}_a > 0$, lo que significa que la función $\hat{v}$ no es negativa, que no existe aprendizaje si el alumno no realiza algún esfuerzo y que el rendimiento del alumno crece a medida que lo hace su esfuerzo y el aporte de información por el profesor.

En este modelo, la motivación/esfuerzo del alumno es, pues, requisito *sine qua non* de aprendizaje, en lo que coincide este Ensayo. En el modelo de Correa y Gruver, y en la aplicación que del mismo hace Bonesrønning (2004), el desencadenante del esfuerzo discente es el influjo en el alumno de la percepción de éxito que generan las calificaciones que le otorga el profesor. En este Ensayo, sin descartar el poder motivador que tienen las calificaciones para producir esfuerzo por aprender, se destaca que es la *oportunidad de aprender* del alumno al sentirse capaz (sensación de éxito) de asimilar (comprender, utilizar, valorar) la información que le aporta (directa o indirectamente) el profesor la variable que tiene un mayor potencial motivador, y por lo tanto liberador de esfuerzo discente.

El núcleo de este Ensayo, de ahí la forma que se plantea este Capítulo, es, pues, la presunción de que la calidad de la enseñanza depende de la efectividad con la que los mánager coadyuvan a que los trabajadores (profesores) estén dispuestos a aportar trabajo (lo que requiere en ellos motivación, implicación, compromiso, conducta cívica, etc.) por conseguir que los alumnos tengan oportunidad de aprender y estén dispuestos a comprometer el esfuerzo necesario para aprovecharla.

No se aborda el estudio de qué valores ideales, en cuanto a características personales y tipos de competencias de los profesores, podrían constituir un *input* significativo a la función de adquisición de conocimiento por los alumnos (Golhaber y Brewer, 1997; Hanushek *et al.*, 2001), al formar parte de las asunciones de este Ensayo que distintos tipos de profesores pueden ser igualmente efectivos, y que los mismos tipos pueden tener impactos no equiparables en la motivación y oportunidad de aprender de sus alumnos (*equifinalidad*), si bien las características (incluidas las necesidades, objetivos y valores) del preceptor sí serán importantes a la hora de asignarle funciones (si existe ajuste entre los rasgos personales y los requerimientos laborales crecerá la motivación del trabajador).

Estas consideraciones han tenido refrendo en el estudio que realizan Leithwood y Mascall (2008) para conocer los efectos que el *liderazgo compartido* tiene, a través de las variables mediadores "capacidad" (formación y experiencia) y "motivación" de los profesores, de una parte, y "situación de trabajo", de otra, en la efectividad con la que los alumnos aprenden, en el que las variables "motivación docente" y "situación de trabajo" tienen efectos directos en los resultados escolares, mientras que la variable capacidad no los tiene directos, y sí indirectos, influyendo en la motivación (Figura 47); influjo este último que en este Ensayo se supone que se debe al ajuste profesor/puesto de trabajo.

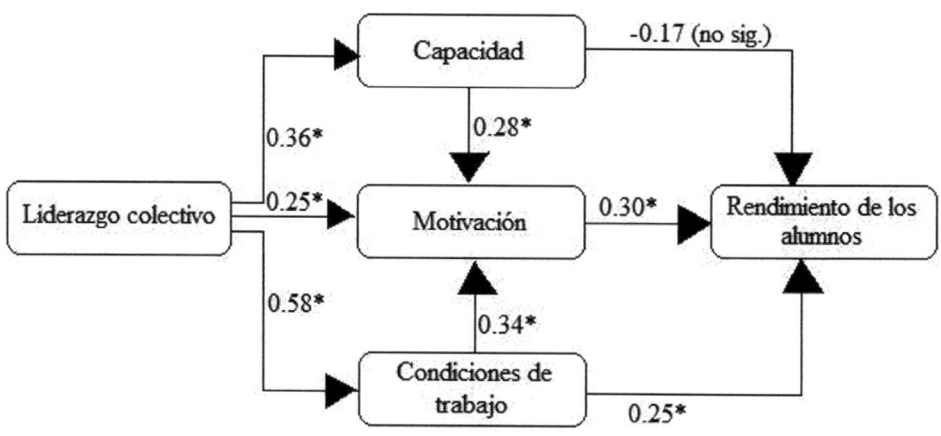

Figura 47

La literatura científica distingue diferentes formas de ajuste entre el trabajador y distintos componentes de su actividad laboral (origen de motivación docente), según se produzca entre la persona y

- su vocación profesional, o similitud que existe entre la personalidad de cada individuo y las características de su entorno laboral (Super, 1953).
- el grupo de trabajo (o equipo), o compatibilidad entre el individuo y los colegas que trabajan con él en el mismo equipo o unidad (una de las condiciones de efectividad de los grupos es la existencia de condiciones para la harmonía entre todos sus miembros) (Klimoski y Jones, 1995), y
- la empresa, que se define (Kristof, 1996) como la compatibilidad entre el trabajador y la organización.

El ajuste al que se refiere Kristof (1996) requiere la compatibilidad y complementariedad entre los trabajadores y la organización, situación que ocurre cuando: a) al menos una de las partes aporta lo que la otra necesita; b) ambas partes tienen unas características similares; c) se producen a) y b) (Figura 48).

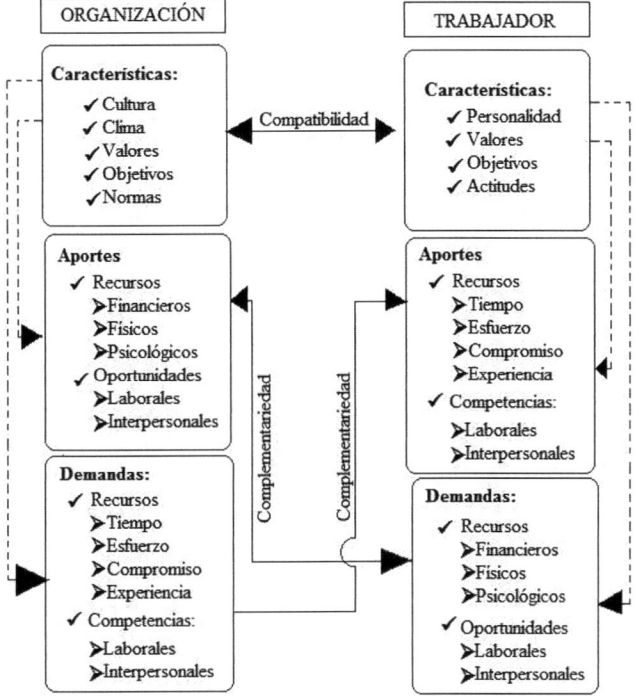

Figura 48

El mánager únicamente alcanzará los objetivos propios de su función (que son los de la organización o de la unidad de la que es responsable) en la medida que consiga: 1) la puesta en valor del potencial competencial de cada trabajador, y 2) la creación de las condiciones laborales y personales necesarias para que el trabajador aporte toda su capacidad de esfuerzo a la consecución de los objetivos de la organización. Ambas condiciones resultan afectadas por la bondad del acoplamiento trabajador/ puesto de trabajo (Hanlon, 1968; Kahn, 1990).

2. PERCEPCIONES Y ESTADOS DE ÁNIMO DEL TRABAJADOR

2.1. Aspectos generales

El efectivo y adecuado a la norma ejercicio de la *potestas* atribuida y de la *auctoritas* reconocida a los mánager (y muy en especial al *general manager*) transmiten sus efectos a la calidad del servicio que presta la organización a través de diferentes "rutas", entre las que tienen especial importancia las relativas a los estados de ánimo y percepciones que generan en los trabajadores: satisfacción, motivación, compromiso, percepción de justicia y soporte organizacionales, autopercepción de eficacia, conducta cívica, etc.

El mánager ha de modelar, pues, su actuación considerando las reacciones que presumiblemente generará en los "clientes internos", o trabajadores, de la organización, sabiendo que, también en este caso, no existe un patrón único de comportamiento directivo aplicable con los mismos efectos a cada situación y trabajador.

La consideración del trabajador (profesor, orientador, administrador, etc.) como "cliente interno" tiene, en la organización científica actual, un renovado interés, de acuerdo con la creciente evidencia de que al satisfacer sus necesidades se están sentando las bases para que se comprometa en dar respuesta efectiva a las expectativas y demandas de los clientes externos (Barnes *et al.,* 2004; Longbottom *et al.,* 2006).

Esta orientación de la organización hacia los trabajadores (marketing interno) coadyuva a que las relaciones con los consumidores externos no se deterioren, que la calidad del servicio se mantenga e incremente y que se favorezca la lealtad de los clientes (Gronroos, 1994). Se trata, pues, de una forma de gestión de los recursos humanos realizada con la pretensión de que quienes están en contacto y en interacción con los destinatarios del servicio (como es el caso de los profesores) contribuyan a consolidar la imagen más atractiva de la organización (Gummesson, 2000).

La importancia del marketing interno, o la consideración del trabajador como cliente, tiene efectos muy significativos en variables tan importantes como el compromiso, la implicación y la satisfacción laborales, tal como se refleja en el modelo desarrollado por Sujeh-Chin Ting (2011), y que se representa en la Figura 49 (modificada la presentación original, sin alterar el modelo). El marketing interno se genera en este estudio aportando a los trabajadores formación, soporte organizacional, comunicación y motivación, y tiene un impacto positivo en variables extraordinariamente relevantes para la efectividad y eficiencia:

a) Implicación en el trabajo.
b) Satisfacción laboral.
c) Compromiso organizacional.

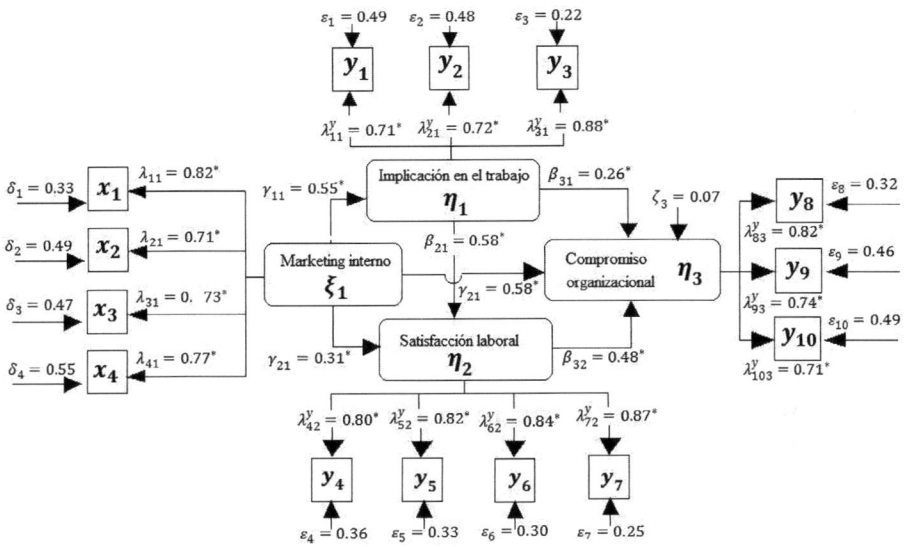

Figura 49

En este Capítulo se aporta, sin afán normativo y si descriptivo, información obtenida en diferentes contextos acerca de estados cognitivos y emocionales de los trabajadores que es imprescindible conocer a fin de tener información acerca de sus previsibles efectos y de tratar de influir en los mismos (en su generación y orientación) de forma inteligente y flexible.

Las variables a las que se hará referencia tienen siempre un componente cognitivo, de ahí que el valor que en cada una de ellas alcance cada trabajador dependerá de la "distancia" (Festinguer, 1950b) a la que se encuentren: 1) lo que proponga el mánager para influir, y 2) el prototipo cognitivo que respecto de esa propuesta haya construido cada trabajador: es preciso, pues, racionalizar y hacer progresivos, salvo situaciones que requieran de cambios radicales, los procesos de adaptación de las estructuras cognitivas de los trabajadores a las iniciativas que impulse el mánager.

Además del componente cognitivo, al tratar este apartado de percepciones y estados de ánimo que influyen en la conducta laboral, el mánager debe recurrir a las competencias emocionales que le habiliten para conocer, primero, y gestionar, después, los estados de ánimo propios y los de los trabajadores (Goleman, 1995), siendo especialmente importantes las competencias relativas a cómo promover:

- Satisfacción
- Confianza
- Empatía
- Influencia
- Comunicación
- Colaboración y cooperación
- Consciencia y control de las emociones propias
- Autoconfianza
- Autocontrol
- Responsabilidad
- Iniciativa
- Compromiso

Los intercambios que mantiene el mánager (LMX: *Leader Member Exchange Theory*)[94] con los trabajadores y el ajuste de estos a las características del puesto de trabajo que desempeña (JCT: *Job Characteristics Theory*)[95] condicionan, como se ha adelantado ya, en buena media estas percepciones y estados de ánimo que, a su vez, son *inputs* críticos del rendimiento laboral:

a) Las relaciones mánager/subordinados tienen una alta calidad (son propias del *In Group*) si están imbuidas de confianza y lealtad mutuas y por la comunicación, consideración, soporte y reconocimiento del mánager hacia los trabajadores. Las de baja calidad tienen características opuestas.

b) El ajuste de la persona al puesto de trabajo genera en el trabajador el sentimiento de competencia y capacidad para asumir sus responsabilidades (*empowerment*), estando este sentimiento asociado a un elevado rendimiento, alta satisfacción, compromiso y deseo de permanecer en la organización (lealtad).

---

94 La teoría de intercambios entre el mánager (líder) y los miembros de la organización (LMX) describe estos intercambios en tres fases: 1.ª) Asunción de su rol por los trabajadores, al incorporarse a la organización o a un nuevo equipo o departamento; 2.ª) Implicación en el trabajo de la organización o del departamento. Durante esta fase, los intercambios sitúan a cada trabajador en el entorno inmediato del mánager (*In-Group*), si tienen su confianza y lealtad, o fuera de este entorno (*Out-Grup*), cuando no responden a las expectativas del mánager; 3.ª) *Rutinización* de las relaciones positivas y cercanas entre el mánager y los subordinados (en el *In-Group*) y crecientemente distantes mánager-subordinados (en el *Out-Group*). (Deluga, 1998; Seibert y Sparrowe, 2003).

95 Desde la Teoría de las Características del Puesto de Trabajo se sostiene que los descriptores del puesto de trabajo son: variedad competencial requerida, identidad del rol, importancia de la función, autonomía en el desempeño y *feedback* respecto de la efectividad de sus contribuciones al logro de las metas organizacionales (Hackman y Oldham, 1976).

El mánager, tiene, pues, la responsabilidad de conducir las relaciones con los trabajadores de forma adecuada a los intereses de la organización y asignar a cada trabajador el desempeño del rol que mejor se corresponda con sus cualidades personales y competencias, siendo, por consiguiente, un modelador crítico de la conducta laboral.

Aunque en este Capítulo se estudian estas actitudes y estados de ánimo en apartados separados, las relaciones entre los mismos hacen que en la realidad sean entidades inseparables. Esta forma de presentación debe interpretarse, pues, como un recurso meramente expositivo, que no debe ocultar que en cada momento el comportamiento del trabajador estará determinado por la resultante de la composición que su sistema cognitivo y emocional hacen de las percepciones que tiene de trato justo, de confianza o de percepción de soporte; resultante que se manifestará en forma de satisfacción, compromiso, autoconfianza, conducta cívica o estrés.

Con la finalidad de facilitar la "visualización" de conjunto de procesos a través de los cuales se transmite el potencial del mánager a la eficacia y satisfacción de los trabajadores, en la Figura 50 se representan las principales fases de esa transmisión, sabiendo que, dado que todos y cada uno de los componentes del modelo pueden, según la forma en la que se interpreten, ser causa o efecto, y también causa y efecto, caben otros modelos igualmente válidos. En el número siguiente, se estudian, precisamente, cada uno de tales componentes, extrayéndolos del sistema general que sirve de introducción a su estudio.

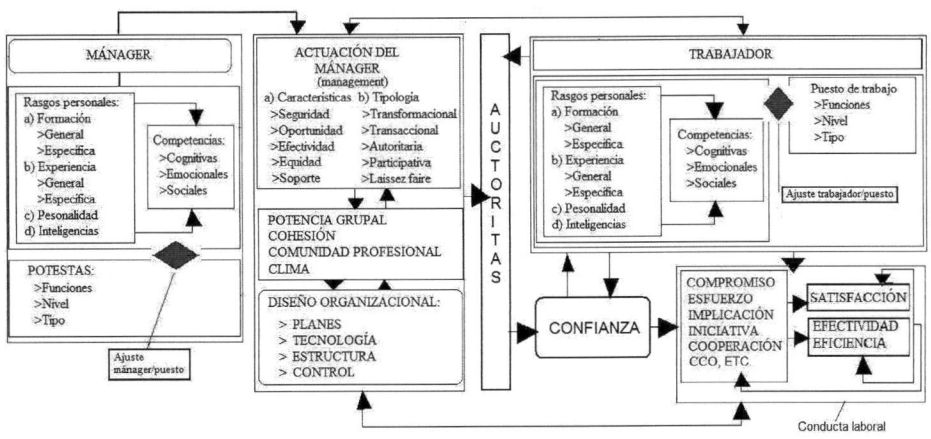

Figura 50

Es necesario, finalmente, advertir que las variables de "salida" del modelo que transforma el potencial personal y organizacional del mánager en eficiencia, efectividad y satisfacción de los trabajadores son de "entrada" a otro sistema del que es central el alumno, destinatario del servicio (escolar) y cuyos logros, y la percepción que tienen de los mismos los clientes externos de la organización, son los indicadores primarios de calidad.

2.2. Percepciones, estados emocionales y conducta laboral (CL)

2.2.1. Satisfacción

En su condición de "cliente interno", el trabajador, sus actitudes (su satisfacción) y su comportamiento (esfuerzo, implicación, lealtad, deseo de permanencia, etc.) son factores en los que el mánager debe tratar de influir con la finalidad de que sus efectos en el servicio sean tan positivos como sea posible: el mánager, el que dirige *the roadmaps to excelence* de la organización, desempeña un puesto que, entre otras características, tiene la de que la mayor parte de sus objetivos no los alcanza directamente (él no presta el servicio), sino que los consigue (o no) a través del trabajo de quienes realizan otras funciones (enseñanza, orientación, mantenimiento, etc.), tal como se ha indicado ya.

El contacto de las personas con los puestos de trabajo está, indefectiblemente, asociado a una de las actitudes o estados de ánimo que ha concitado más interés y ha dado lugar a un volumen mayor de documentación en la ciencia de la organización: la satisfacción, expresión del sentimiento que experimenta el trabajador como consecuencia del grado en que percibe que los retornos de su contribución a la empresa en la que actúa colman sus expectativas y necesidades, generando en él un "confortable estrado emocional que resulta de la valoración que hace de su puesto de trabajo o de su experiencia laboral" (Locke, 1976).

Se ha adelantado ya que en la satisfacción influye la adecuación o ajuste del trabajador a las funciones que ha de asumir, correspondiéndole a la organización el armonizar ambas variables (personalidad/funciones), proceso que Taylor llama "ajuste del trabajador a su puesto de trabajo" (1911) y que Argyris describe como "la apropiación del rol por el trabajador" (1993) y que cabe definir como la compatibilidad entre las competencias de la personas y los requerimientos que conlleva la asunción de sus obligaciones laborales (Edwards, 1991).

El estudio de la relación entre personalidad[96] y satisfacción laboral tiene ya una larga historia en la organización científica, con valiosos trabajos seminales como los de Fisher y Hanna (1931), Hoppock (1935), Smith (1955) o Weith (1952). El interés por desvelar este vínculo no decae en los años siguientes, si bien hay que esperar a la década de los años ochenta para hallar un rebrote significativo del esfuerzo investigador en este dominio (Staw y Ross (1985), Staw, Bell y Chausen (1986) o Arvey *et al.* (1989).

Ya en el momento actual, los estudios cobran un nuevo rumbo al utilizarse como descriptor de los rasgos de personalidad el modelo basado en los "Big Five" (Five Factor Model o FFM; Costa y McCrae, 1987, 1992, 1997), o cinco grandes rasgos de la personalidad [1) Extraversión; 2) Estabilidad emocional/Neuroticismo; 3) Carácter agradable; 4) Personalidad concienzuda/Responsable, y 5) Apertura a la experiencia], con lo que se supera la indeterminación existente en épocas anteriores acerca de qué dimensiones conforman la personalidad; indeterminación que sin duda dificultó el avance de los estudios en este dominio. Constituye una aportación relevante al esclarecimiento del grado en que cada uno de los "Big Five" determina la satisfacción que experimentan los trabajadores al realizar su actividad laboral el meta-análisis conducido por Judge, Séller y Mount (2002), en el que se concluye que las personas que propenden a la satisfacción son las *extravertidas*, con *carácter agradable*, *concienzudas* y *estables emocionalmente* (bajo neuroticismo).

Utilizando como descriptor de la personalidad la "autoevaluación de los aspectos esenciales del yo" (*Core Self-Evaluation*), de los que son dimensiones 1) Autoestima (Considero que soy una persona valiosa, al menos al mismo nivel que los demás); 2) Autoeficacia generalizada (Siento frecuentemente que no hay nada que no pueda hacer bien); 3) "Locus of control", y 4) Neuroticismo (Soy nervioso), Judge *et al.* (1997, 2000, 2002) desarrollan un modelo explicativo de la satisfacción laboral, al que incorporan como variable mediadora las características del oficio que desarrollan los trabajadores (Figura 51).

---

96 Véase Apéndice 3.

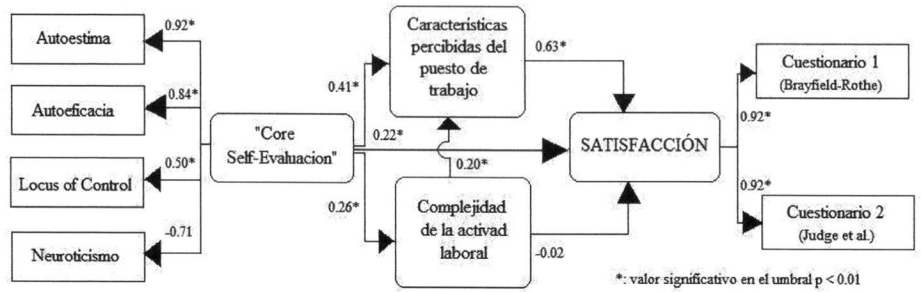

Figura 51

Prácticamente todas las teorías que han estudiado la CL han tratado de explicar cómo se generan estados anímicos de satisfacción en el desempeño de puestos de trabajo, al entender que el conseguir tales estados es deseable y beneficioso para incrementar la productividad laboral. En general, se acepta que favorece la percepción de satisfacción que experimentan los trabajadores:

- La participación en la adopción de decisiones en materia de objetivos, planes, procedimiento de actuación, innovación, asignación de puestos de trabajo, evaluación de resultados, etc. (Roethlisberger y Dickson, 1939).
- Las características del puesto de trabajo (posición, visibilidad, intervención, poder, autonomía, etc.) (Hackman. y Oldham, 1976; Griffin, 1983; Hall *et al.*, 1992);
- Los objetivos que se le fijan y la forma en la que se hace la asignación (Ivancevich, 1977);
- El salario y el sistema de incentivos, especialmente la equidad percibida en cuanto a su concesión y valoración de los retornos que la organización obtiene del trabajo de sus integrantes (London, M. y Oldham, 1976);
- Las características de la organización: distribución del poder (Berger y Cummings, 1979), grado de centralización (Drake y Mitchell, 1977), sistema de control (Baum y Youngblood, 1975), nivel de privacidad (Sundstron, Burt y Kamp, 1980);
- El tipo de liderazgo (la "consideración" o respeto que expresan los líderes a través de su conducta hacia los trabajadores está en relación positiva significativa con la percepción de satisfacción que éstos experimentan).

En el caso de los profesores, además de los factores con efectos significativos en la satisfacción de los trabajadores en general, una gran parte de su satisfacción laboral está determinada por:

© WK Educación

a) La autonomía que caracteriza al puesto de trabajo (Poulin y Walter, 1992; Pearson, 1995).

b) Las relaciones con los alumnos, con los padres y también con los colegas (Dinham, 1955), y, muy especialmente, el éxito escolar de sus discípulos (Taylor y Tashakkori, 1995; Heller *et al.*, 1992).

c) La participación en las decisiones que afectan al puesto de trabajo (Sheppard, 1996).

d) El estilo que caracteriza el comportamiento de los mánager (Bogler, 2001)

La forma en la que se ejerce el *management* es, pues, origen de satisfacción o de insatisfacción:

a) Podsakoff *et a.l* (1990), al estudiar los efectos del tipo de *management*, hallan que (Figura 52):

1) La "visión" o rasgo que permite identificar las posibilidades de la organización y la trasmisión de esta visión a sus subordinados, el constituirse en paradigma o "ejemplo ejemplar", la capacidad para promover la cooperación (cualidades que constituyen el núcleo del liderazgo transformacional: LT) y el proporcionar soporte individualizado a los trabajadores en la realización de sus funciones tienen efectos positivos significativos en la satisfacción laboral.

2) La estimulación intelectual de los trabajadores para que constantemente repiensen su actividad, ejerce un influjo significativo negativo en la satisfacción (tal vez, interpretan Posakoof *et al.,* como consecuencia de la tensión y estrés que genera esta "presión" por parte del mánager).

3) No se constatan efectos significativos en la satisfacción del liderazgo transaccional (los incentivos son contingentes al esfuerzo laboral) ni de la trasmisión de altas expectativas de rendimiento por parte del mánager[97].

---

97 Este tipo de conclusión no debe desanimar, y mucho menos confundir, al mánager, ya que una misma actuación puede tener efectos diferentes según el contexto en el que se produce. De hecho, no faltan trabajos que concluyen que el comportamiento transaccional es, en ocasiones, efectivo.

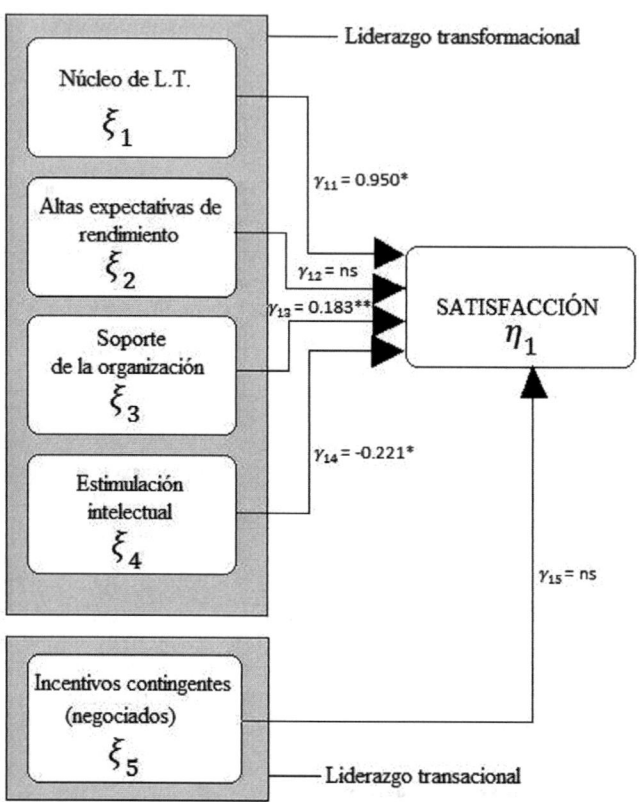

Núcleo de L.T.

ξ_1

Liderazgo transformacional

Altas expectativas de rendimiento

ξ_2

Soporte de la organización

ξ_3

Estimulación intelectual

ξ_4

$\gamma_{11} = 0.950^*$

$\gamma_{12} = ns$

$\gamma_{13} = 0.183^{**}$

SATISFACCIÓN

η_1

$\gamma_{14} = -0.221^*$

$\gamma_{15} = ns$

Incentivos contingentes (negociados)

ξ_5

Liderazgo transacional

$^*p < 0.05$; $^{**}p < 0.01$; ns: efecto no significativo; L.T.: núcleo del liderazgo transformacional

Figura 52

b) Bogler (2001) se plantea conocer en qué medida el *management* (liderazgo) transformacional o transaccional y el autocrático o participativo tienen efectos en la satisfacción que experimentan los profesores en su actividad docente, considerando al mismo tiempo la percepción que tienen de sus puestos de trabajo (autonomía, prestigio, capacidad para cambiar a las personas sobre las que actúa, posibilidades de promoción, oportunidades para el propio desarrollo personal).

Como resultados de su investigación, Bogler señala que (Figura 53):

1) La percepción que tiene el profesor de su profesión (PP) tiene un significativo efecto en su satisfacción laboral.
2) Sobre la PP, el liderazgo transformacional ejerce un influjo positivo significativo.
3) El estilo participativo del mánager acrecienta la satisfacción laboral.
4) El *management* (liderazgo) transaccional disminuye la satisfacción de los profesores.

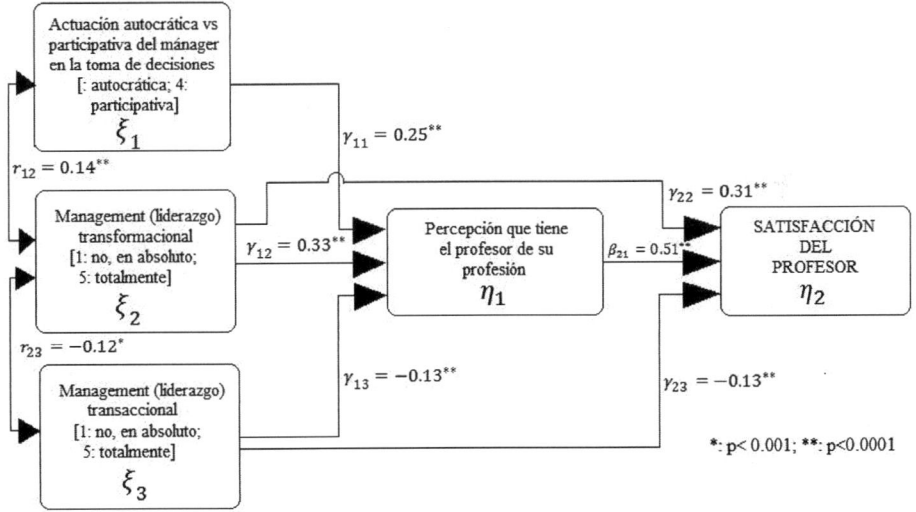

Figura 53

Tiene interés resaltar que la satisfacción laboral resulta afectada, en sentido positivo o negativo, no sólo por el grado de ajuste entre los rasgos del individuo y las características del puesto de trabajo que ha de desempeñar, el rol que debe asumir en la organización o las peculiaridades del grupo o equipo en el desarrolla sus funciones, sino también por la concepción de la propia organización de la que forma parte.

Rowan (1990) aporta información de la que cabe deducir que la satisfacción y la insatisfacción laborales se presentan, de una parte, asociadas, respectivamente, a los modelos organizativos "burocrático" y "comunidad educativa", y, de otra, a la concepción rutinaria o no rutinaria que tienen quienes enseñan de su propio trabajo. Las cuatro categorías que resultan utilizando ambas dimensiones dan lugar a la clasificación que se incluye en la Tabla 6).

Percepción que tienen los profesores de su trabajo	Sistema de gobierno de la institución escolar	
	El propio de una burocracia	El característico de una comunidad
Rutinario	Los profesores se muestran satisfechos	Los profesores se muestran insatisfechos
No rutinario	Los profesores se muestran insatisfechos	Los profesores se muestran satisfechos

Tabla 6

Puesto que cada organización (escolar) alcanza valores en las variables "*grado en el que su actividad se desarrolla según rutinas*" y "*orientación burocrática/comunitaria*", cabe representarlas como puntos del plano cuyas coordenadas son sus valores en esas variables, y deducir de su posición el grado de satisfacción de los profesores (Figura 54).

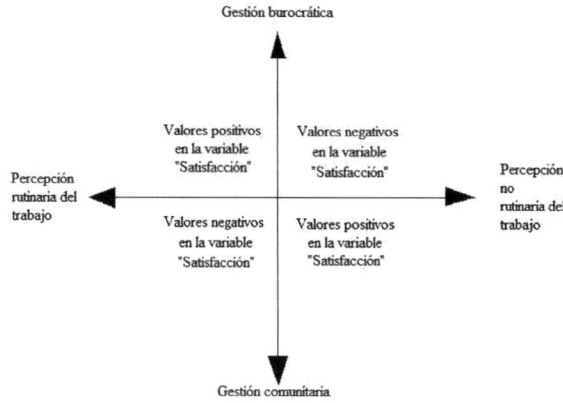

Figura 54

Verdugo *et al.* (1997), partiendo de la condición de burocracias [concebidos sus componentes en la forma en la que los define magistralmente M. Weber (1977)] o de comunidades (de las que son rasgos la participación de los profesores, la colegialidad, la innovación, la existencia de un *ethos* común, etc.) de las organizaciones escolares, concluyen que cuanto mayor es el sentido de comunidad, mayor es el grado de satisfacción de quienes enseñan (Figura 55), y que:

1.ª) En las escuelas que son burocracias en la medida que evolucionan hacia comunidades se incrementa la satisfacción de los profesores.

2.ª) La transformación de las organizaciones escolares en comunidades depende de en qué medida los profesores reconocen legitimidad al ejercicio de las funciones de *management*.

3.ª) A medida que crece la atribución de legitimidad por parte de los profesores a la acción de *management*, lo hace también la satisfacción que experimentan.

4.ª) La participación de los profesores en la evaluación y diseño de los programas, incrementa 1) la atribución de legitimidad a los órganos de *management*; 2) la percepción de la organización como comunidad, y 3) la satisfacción laboral.

El control y la gestión de las emociones por el mánager influye en la creatividad, en el rendimiento, en el sentimiento de bienestar/satisfacción y en la confianza de sus subordinados (Zhou y George, 2003; McColl-Kennedy y Anderson, 2002; Sy *et al.*, 2005; Kerr *et al.,* 2006), así como en la percepción de cuáles son los estados de ánimo de aquellos a los que ha de dirigir (Sosik y Megerian, 1999).

Es muy interesante, a este respecto, la distinción que realizan Fisk y Friesen (2012) entre "emociones auténticas", en las que el mánager gestiona y ajusta las relaciones entre la realidad y sus propias emociones (*deep acting*) y emociones aparentes (*surface acting*), en las que el mánager se muestra "como si" tratando de generar una percepción en los demás que no se corresponde con su estado emocional real. En su trabajo, Fisk y Fiesen hallan correlaciones significativas y positivas entre *deep acting*, satisfacción (0.27**) y conducta cívico-organizacional (0.26**) y negativas entre *surface acting* y satisfacción (−0.47**) y conducta cívico organizacional (−0.22*).

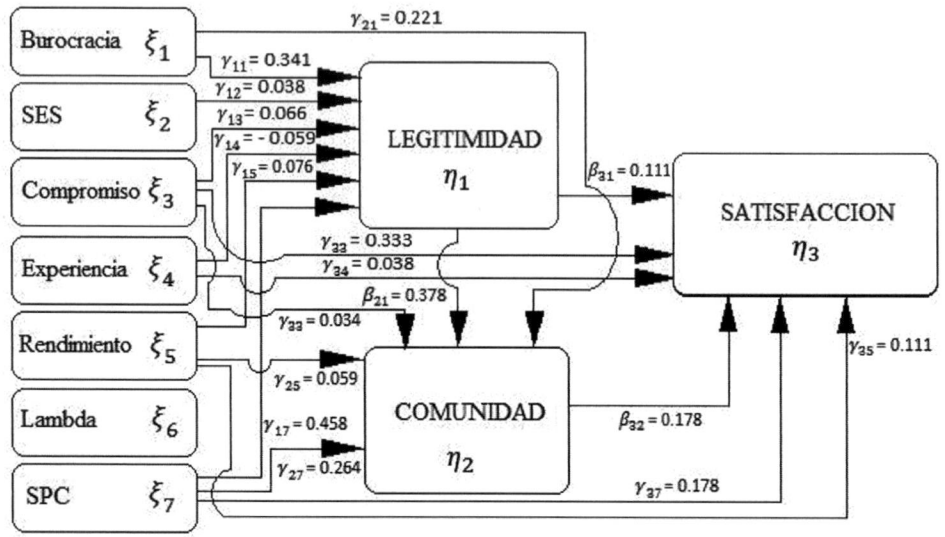

Figura 55

La gestión de las emociones se manifiesta, por lo tanto, en los intercambios que mantiene el mánager con los trabajadores, dando lugar, cuando son positivas, a satisfacción laboral y, en el caso de que sean negativas, a insatisfacción, estando, además, sus efectos determinados significativamente (Figura 56) por la percepción (*empowerment*) que tiene el trabajador de estar ejerciendo un puesto de trabajo que se corresponde con sus aspiraciones y competencias (Harris *et al.*, 2009)[98].

---

98 Obsérvese la importancia que tiene el ajuste del trabajador al puesto de trabajo, y el subsiguiente *empowerment*.

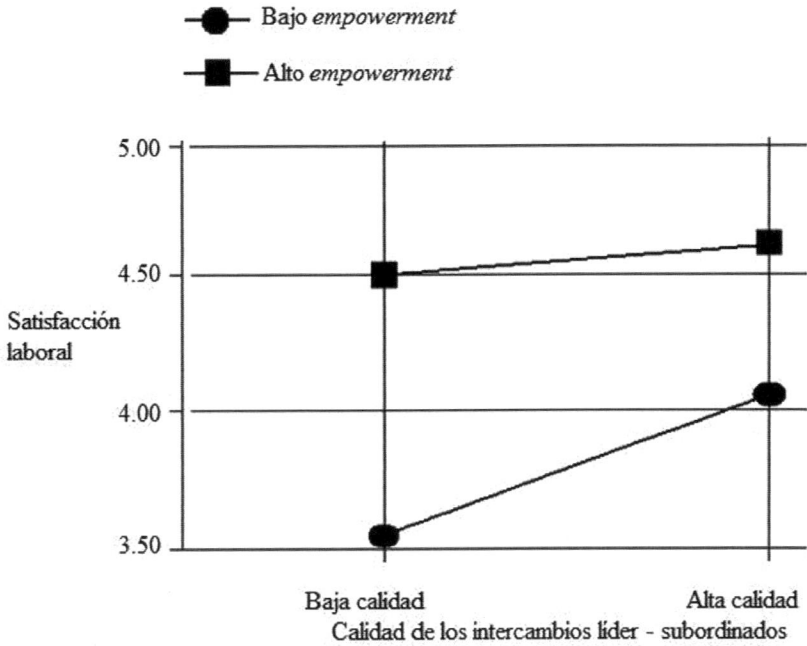

Figura 56

El permanente y elevado desajuste entre las características personales (rasgos, formación, experiencia, necesidades) del trabajador y las demandas del puesto de trabajo es, sin duda, uno de los causantes fundamentales de insatisfacción laboral, que, cuando es suficientemente intenso y durable, puede ser origen de una de las patologías laborales más graves: la del "quemado laboral" o *bournot*[99].

Entre los efectos de la insatisfacción, los relativos a la productividad del trabajador, son, sin duda muy importantes, de ahí el interés del trabajo realizado por, Judge, Thoresen, Bono, and Patton (2001), en el que, después de revisar 301 investigaciones sobre ambas variables (satisfacción y rendimiento), concluyen que la relación es significativa (coeficiente de correlación de 0.30), especialmente en las profesiones más complejas (como es el caso de las de docencia).

---

99 Esta patología de la conducta laboral se estudia en el número 3 de este capítulo.

2.2.2. Confianza

Fue Gambetta (1988) quien dijo que cuando se cita la palabra confianza (*trust*) se "alude a un fundamental ingrediente o lubricante, a una inevitable dimensión de la interacción social", que para las organizaciones laborales adquiere creciente importancia debido a que el trabajo que se realiza en las mismas conlleva inevitablemente la interdependencia y cooperación entre personas, cuya efectividad únicamente puede ser plena si se basa en la confianza mutua.

Corresponde a Mayer, Davis y Schoorman (1995) el mérito de haber propuesto, si no el inicial, sí el primer modelo que ha tenido una influencia relevante en el estudio de la "confianza organizacional". Parten estos investigadores de un detallado análisis de cuál es el elemento que diferencia a este constructo de otros con los que frecuentemente es identificado:

- La cooperación: la "confianza" facilita la cooperación, pero no todas las formas de cooperación requieren de confianza, tal ocurre cuando está determinada por unas rígidas normas que son llevadas a la práctica por una dirección autoritaria;
- La "predictibilidad" (saber cómo actuará o reaccionará una persona ante un hecho o una situación): no se confunde con "confianza" ya que se pueden predecir los comportamientos de un colega debido a la existencia de pautas de trabajo detalladas y, sin embargo no depositar "confianza" en su persona.

Fijada la terminología, Mayer *et al.*, sitúan la disposición a actuar ("vulnerabilidad") aceptando un determinado riesgo en el centro de su definición de "confianza": "la disposición de una parte –quien confía– a ser vulnerable a las acciones de otra parte –aquella en la que se deposita confianza– basada en la presunción de que ésta realizará una acción importante para aquella, cualquiera que sea la capacidad de quien confía para controlar a la persona en quien ha depositado confianza".

También Rousseau, Sitkin, Buró y Cameren, en la Introducción que escriben para el número monográfico que la prestigiosa *Academy of Management Review* (1998, 23), dedica a esta materia, advierten de la importancia que la investigación en organización le viene reconociendo a la variable "confianza en el mánager", para conseguir una efectividad alta y sostenida, entre otras razones por los benéficos efectos que esta variable (grado de confianza) tiene para hacer viable la cooperación laboral.

Así mismo, en la citada Introducción, Rousseau *et al.* (1998) definen la confianza como "el estado psicológico que conlleva la predisposición a aceptar el ser influido como consecuencia de las expectativas positivas acerca de las intenciones o conducta de otra persona".

Partiendo de los trabajos de McKnight *et al.* (1998) y de Mayer *et al.* (1995), cabe considerar que la "confianza" es un constructo del cual son componentes:

- La competencia percibida en el mánager (*auctoritas*) por el trabajador (profesor), en cuanto que otorga consistencia a las los intercambios líder/subordinados, y acrecienta el sentimiento de recibir soporte organizacional.
- La predictibilidad percibida, o grado de seguridad que el trabajador (profesor) tiene respecto de cuál será la reacción del mánager en las diferentes situaciones que se pueden producir en una situación laboral (ausencia de sesgos, ajuste a las normas, cortesía, etc.).
- La justicia organizacional percibida (equidad de trato).
- La integridad/honestidad percibida, o cumplimiento por el mánager de las normas éticas que acepta la organización.

En el estudio de los efectos que potencialmente puede tener esta variable, es frecuente distinguir entre efectos directos o inmediatos, que ocurren por el influjo que ejerce en las actitudes y en la conducta de las personas, e indirectos y mediatos, consecuencia de su función facilitadora o potenciadora de la incidencia que otras variables (crea, por ejemplo, las condiciones para que exista cooperación; cooperación que, a su vez, incrementa la efectividad del trabajo en grupo) pueden tener en la efectividad con la que se realizan las actividades laborales (la acción docente) (Dirks y Ferrin, 2001).

Interesa conocer cómo los mánager pueden generar confianza en sus subordinados. Burke *et al.* (2007) han tratado, precisamente, de elaborar una completa teoría (Figura 57) acerca de los **antecedentes** y de las características del liderazgo del mánager que son **determinantes** primarios de la confianza (competencia, benevolencia: soporte organizacional y "*coaching*"[100] e integridad), con la finalidad de contribuir a interpretar este importante estado al mismo tiempo cognitivo y emocional que es la confianza, y servir de pauta para la investigación acerca del mismo.

---

100   Para Timothy Gallwey (1986) *coaching* es un sistema que permite desbloquear el potencial de una persona para contribuir a hacer máximo su propio rendimiento, tratando de que aprenda a aprender. Para Myles Downey (2003), el *coaching* es el arte de facilitar el rendimiento, el aprendizaje y el desarrollo de los demás.

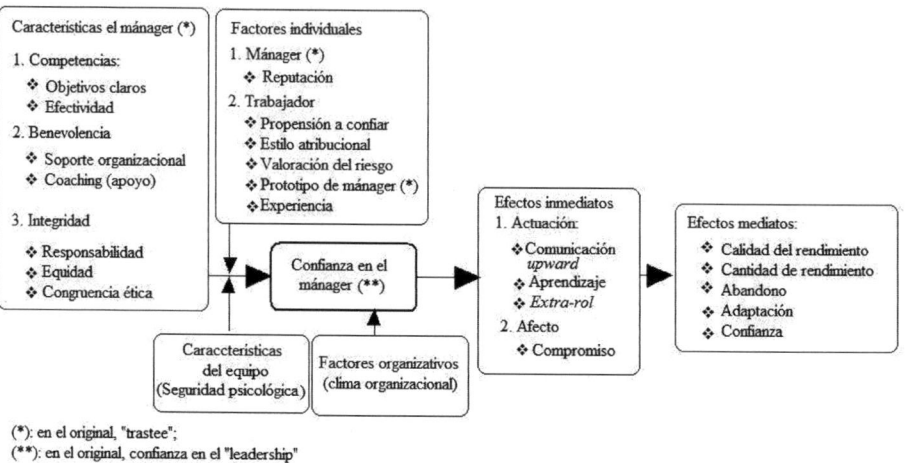

(*): en el original, "trastee";
(**): en el original, confianza en el "leadership"

Figura 57

Desde una perspectiva más dinámica, el modelo cibernético desarrollado por Oliver y Montgomery (2001) para explicar cómo emerge y evoluciona la "confianza organizacional" responde, también satisfactoriamente, a estos interrogantes (Figura 58).

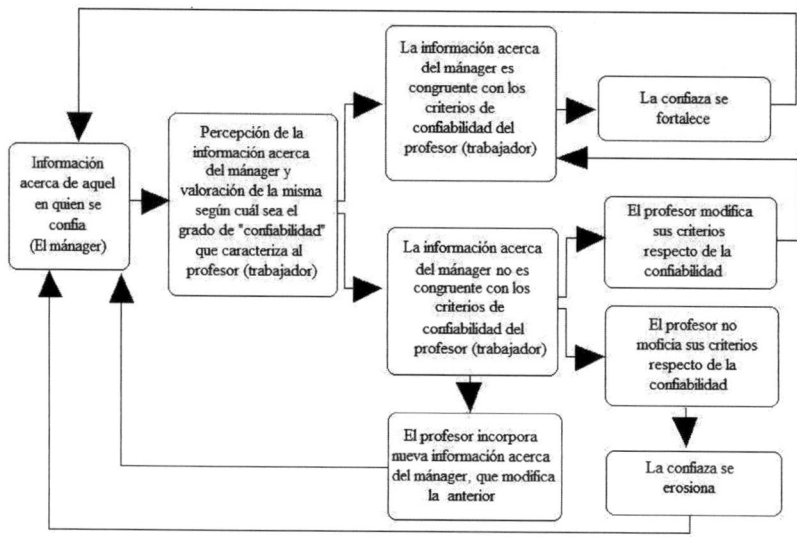

Figura 58

El modelo cibernético de la "confianza", de Oliver y Montgomery, contribuye a explicar que la atribución de esta cualidad a una persona (a un mánager) no es una constante, ya que puede variar tanto como consecuencia de las modificaciones que el propio trabajador (el que atribuye confianza) introduce en su propia estructura cognitiva respecto de las condiciones bajo las cuales el mánager genera en él ese estado anímico cuanto de la adopción por quien dirige de comportamientos compatibles o no con el paradigma de "confianza" que es propio de sus subordinados.

Si bien la concepción cibernética de la confianza como un proceso en permanente reconstrucción ayuda a explicar las variaciones que se producen en el valor que los mánager alcanzan en esta variable y el que obtienen los trabajadores en la percepción de confianza, deja, no obstante, sin resolver los problemas que mayor interés tienen para apreciar su importancia como determinante de la conducta laboral, de los cuales los más relevantes son dos:

- ¿Qué formas de comportamiento directivo generan percepción de confianza?
- ¿Qué efectos, directos e indirectos tiene la percepción de confianza en la actuación docente?

Puede servir de punto de arranque para hallar respuestas a una y otra pregunta el modelo desarrollado por Mayer, Davis y Schoorman (1995) para explicar los antecedentes y las consecuencias de la "confianza organizacional", en el que:

- La competencia es el conjunto de destrezas, de conocimientos y de características que hacen que una persona ejerza dominio sobre un determinado ámbito de actividad;
- La benevolencia es el grado en el que quien confía considera que lo que pretende aquel en quien confía es bueno para él, y que la persona en la que deposita confianza no está, por consiguiente, movida por intereses egoístas o que persigue únicamente su propio beneficio;
- La integridad es la percepción de que la persona en la que se deposita confianza actúa de acuerdo con unos principios que quien confía considera aceptables.
- Los valores que alcanza una persona en las variables "Competencia", "Benevolencia" e "Integridad" están correlacionados pero son separables;
- La predisposición a ser confiado es un rasgo de cada persona cuyo valor fija el umbral de vulnerabilidad respecto de la influencia de otros con los que se está en relación;
- La confianza tiene repercusiones organizativas importantes: con valores bajos en confianza del mánager en los trabajadores aumenta el control y la coerción; si los trabajadores confían en los mánager, aumenta su predisposición a la actividad autónoma y al aporte de esfuerzo para alcanzar las expectativas de rendimiento que la organización ha establecido.

La modificación de la actuación de los trabajadores por efecto de la confianza ha sido puesta de evidencia en los más variados contextos, con resultados no siempre coincidentes. Posdsakoff *et al.* (1990), por ejemplo, han verificado el papel mediador que ejerce la confianza en el efecto que los liderazgos transformacional y transaccional tienen en las modalidades de comportamiento extra-rol etiquetados como conducta cívico-organizacional (CCO).

Los resultados del estudio realizado por Podsakoff *et al.* (Figura 59) muestran que:

a) Las dimensiones de la CCO "altruismo" (disposición a ayudar a colegas que han de realizar una tarea relevante para la organización), "entrega" (ir "más allá" del estricto cumplimiento de las obligaciones propias), "tolerancia" (afrontar situaciones difíciles, sin quejas y con actitud positiva) y "cortesía" (actuación tendente a prevenir problemas que pudieran surgir con otros trabajadores), resultan afectadas de forma positiva significativa por la confianza.

b) Los comportamientos propios del "núcleo" del liderazgo transformacional (LT) ("Visión/Identificación de lo que interesa al grupo", "Aportar modelos que sirvan de ejemplo", "Promoción de la cooperación/Compromiso con objetivos del grupo") y el soporte organizacional individualizado tienen efectos positivos significativos en la confianza.

c) La inducción de estimulación intelectual para re-pensar la actividad laboral propia del LT tiene efectos significativos negativos en la confianza.

d) Los comportamientos generados por incentivos contingentes al esfuerzo laboral, propios del liderazgo transaccional, no tienen efectos significativos en la confianza de los trabajadores en el mánager.

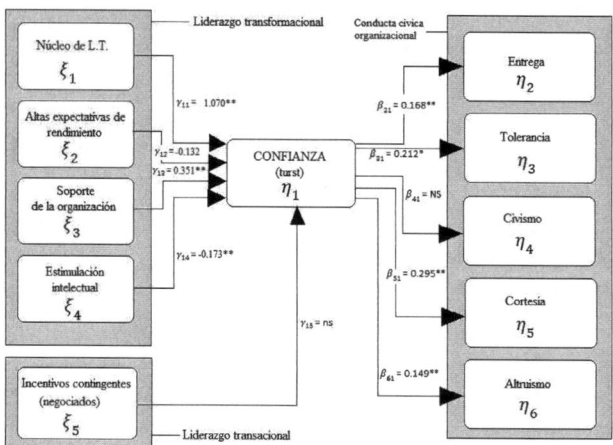

Figura 59

La confianza se genera, pues, en los intercambios que se producen en el contexto laboral entre quien tiene la responsabilidad de dirigir (en el marco de la *potestas* que le atribuye la norma) y los que, aun participando en el *management*, han de seguir las pautas establecidas por la organización para la realización de sus funciones. Es por ello que las teorías que estudian las relaciones "mánager/subordinados" (LMX) proporcionan información útil para conocer cómo, tales relaciones, pueden ser generadoras de confianza.

El trabajo realizado por Yang y Mossholder (2010), en el marco teórico de las LMX teorías, destaca los efectos de la confianza en los mánager (líderes), distinguiendo, como punto de partida, entre el nivel del mánager (cercano o lejano al trabajador) y la base psicológica de la confianza, según que sea cognitiva (competencia, dependencia e integridad) o afectiva (vínculos personales mánager/trabajador). Consideran Yang y Mossholder variables sensibles a la confianza la eficacia con la que el trabajador realiza las funciones propias de su puesto de trabajo (actuación *in-role*), el comportamiento de ayuda que no forma parte de las obligaciones propias del puesto de trabajo (actuaciones *extra-rol*), el compromiso afectivo con la organización y la satisfacción del trabajador.

Entre los resultados obtenidos por Yang y Mossholder, susceptibles de ser utilizados por el mánager escolar (en la mayor parte de los centros escolares no universitarios, "cercano" al trabajador) para generar confianza, cabe destacar los siguientes:

a) La confianza basada en el afecto mánager/trabajador determina de forma relevante tanto la actuación *in-role* (correspondiente al desempeño de las funciones del puesto de trabajo) como *extra-role* (las de ayuda no obligatorias).

b) La percepción que tiene el trabajador de la confiabilidad del mánager genera en él, si es positiva, actitudes de compromiso afectivo.

c) La integración de confianza generada cognitiva (mediante la valoración de la actuación y características del mánager) y afectivamente influye en la satisfacción laboral.

Son otros muchos los estudios que han aportado información acerca de la relevancia de la confianza para influir, directa o indirectamente, en las actitudes y actuación laboral de los trabajadores:

- Favorece el flujo de información del trabajador hacia el mánager (O´Reilly, 1978).
- Afecta positivamente a la conducta cívico-organizacional (Robinson, 1976).
- Disminuye la conflictividad intragrupo (Porter y Lilly, 1996).
- Promueve la participación de los trabajadores en la toma de decisiones (Spreitzer y Mishra, 1999).

- Mejora el rendimiento del grupo (Dirks, 2000).
- Incrementa la satisfacción laboral (Muchinsky, 1977; Driscoll, 1978; Rich, 1997).
- Media en la relación entre la actuación del mánager y el compromiso laboral (Pillai *et al.,* 1999).

Íntimamente relacionada con la confianza está la lealtad organizacional (Jauch *et al.,* 1978; Rosanas y Velilla, 2003): si un mánager confía en un trabajador éste, constante todo lo demás, le devuelve "lealtad" hacia la entidad que representa el mánager; lealtad que tiene entre sus manifestaciones el deseo de permanecer en la organización, la internalización de los objetivos de la empresa como objetivos propios, la satisfacción por formar parte de la organización, el compromiso con el éxito de la organización, la propensión a exhibir conducta cívico-organizacional, el otorgamiento de prioridad a la satisfacción del cliente y a la competitividad de la organización. La *auctoritas* y la forma en la que se ejerce (sin desbordar en ningún caso la *potestas*) son, sin duda, reguladores críticos tanto de confianza como de lealtad organizacionales.

2.2.3. *Motivación*[101]

La conducta laboral (CL) motivada suele describirse considerando su inicio, dirección, persistencia, intensidad y terminación. La explicación de esta cualidad que modela la CL se ha hecho desde un gran número de teorías (en realidad, toda teoría de la CL incluye una interpretación de esta actitud), de entre las que tienen especial interés para *the search of excelence*:

a) Las que consideran que son los incentivos económicos los que motivan al trabajador a incrementar su esfuerzo laboral, de ahí que sea el retorno económico al esfuerzo el sistema más eficiente para retribuir la productividad de las personas, aceptándose que rendimiento y salario se condicionan mutuamente. Dentro de este marco teórico de pensamiento, se han desarrollado modelos que, coincidiendo en los fundamentos (la concepción del hombre como un "ser económico"), difieren en cuanto a los sistemas de incentivación (Taylor, 1911; Gantt, 1919; Scanlon y Rutter Plan: Wilson, Haslam y Bowey, 1982).

---

101   Véase la referencia que se realiza en este Ensayo a las importantes teorías de Maslow (1954) y Alderfer (1968) en las páginas 75 y 76 del Ensayo.

b) Las teorías que acentúan la importancia de los factores sociales en la determinación de la CL, elaboradas no ya por ingenieros, como es frecuente en el caso de las que se relacionan en el apartado anterior, sino por especialistas en el comportamiento humano. Tres importantes aportaciones marcan el perfil y la eclosión de las teorías sociales de la motivación laboral:

- La formulación, por Williams (1920), del "postulado de la comparación social", que establece que la recompensa económica que se recibe como respuesta al incremento de productividad no cabe interpretarla en términos absolutos, sino relativos: la efectividad del incentivo depende sobre todo de la relación percibida por cada trabajador entre lo que él recibe y lo que reciben los restantes miembros de la organización;
- Desde su teoría de la "cantidad de trabajo disponible", Mathewson (1931), sostiene que la percepción de los trabajadores y de sus organizaciones (sindicatos) de que el incremento de la productividad puede inducir inseguridad laboral y ser un indicador de la falta de solidaridad con los desempleados explica la falta de efectividad de algunas de las formas de incentivación monetaria (las "horas extra", por ejemplo).
- La que es resultado de los estudios llevados a cabo por Elton Mayo y equipo, que ponen de evidencia que la variabilidad observada en la disposición de los trabajadores a aportar esfuerzo en beneficio de la organización está determinada por otros factores además de las condiciones de trabajo o los incentivos económicos, destacando estos investigadores el papel crítico que tienen el "clima de relaciones humanas", la "cohesión del grupo de trabajo", el "estilo de dirección" o la "participación" como motivadores de la CL [Mayo, 1933; Roethlisberger (1948, 1955), y Dickson, 1949].

c) Las teorías basadas, de una u otra forma, en la psicologías cognitiva y social cognitiva, marco teórico en el que múltiples autores han elaborado modelos explicativos de la motivación de la CL:

- McGregor (1960), quien, al estudiar la "dimensión humana de las organizaciones", desarrolla las que llamó "Teoría X" y "Teoría Y" de la CL, que interpretan lo que motiva a los individuos a realizar con eficacia su actividad laboral desde distintos postulados:

— Teoría X:

  □ Es una característica inherente a la naturaleza humana la aversión al trabajo, actividad que las personas tratarán de evitar siempre que puedan y en la medida que les sea factible;

□ Quienes tienen que trabajar para alcanzar objetivos que no satisfacen un interés personal lo hacen impelidos por causas externas, en la mayor paso coercitivas: normas, disciplina, control, pérdida de salarios, etc.

□ Las personas prefieren ser dirigidas, desean la seguridad y evitan la asunción de responsabilidades.

— Teoría Y:

□ El trabajo es algo natural, y las personas lo realizan con el mismo placer con el que acometen otras actividades como el juego;

□ El trabajador se autocontrola y autodirige para alcanzar con la mayor eficacia posible los fines de la organización de la que forma parte, siempre que se identifique con ellos;

□ El compromiso con la organización se produce si a través del vínculo laboral el trabajador satisface necesidades personales, especialmente las de "realización";

□ Las personas no rehúyen el aceptar responsabilidades, siempre que consideren que están en disposición de asumirlas con expectativas razonables de éxito;

□ La capacidad de innovación y de promoción del cambio y el talento para desempeñar tareas laborales con eficacia son cualidades que posee el común de las personas, sin que estén reservadas a un grupo selecto de individuos;

• Hertzberg (1966) construye una teoría en la que se parte de dos categorías de necesidades:

— La primera, incluye las de tipo primario, propias de la dimensión "animal" del ser humano: existencia, alimento, seguridad, etc.

— La segunda, agrupa todas las que inciden en lo que Hertzberg llama "compulsiva búsqueda del crecimiento psicológico", de la cual son manifestaciones el mantenimiento de la propia identidad, el deseo de ser creativo, la búsqueda de crecientes cotas de desarrollo personal y profesional, etc.

Según Hertzberg, en todo individuo conviven, con distinto peso, necesidades de uno y otro tipo, de ahí que las organizaciones deban recurrir, para satisfacerlas, a distintos incentivos:

— Cuando se pretende cubrir las necesidades primarias, es preciso recurrir a "factores higiénicos", tales como: creación de condiciones de trabajo confortables, incrementos salariales, estabilidad en el empleo, etc.

— En el caso de que la pretensión fuese dar satisfacción a la necesidad de desarrollo psicológico, lo procedente es acudir a otro tipo de incentivos: atribución de crecientes responsabilidades, ofrecimiento de programas de formación y desarrollo, facilitación de la innovación, etc.

• Hannlon (1968) ha elaborado un original modelo para explicar la motivación de la CL de enorme sencillez y atractivo. Se basa en estos postulados iniciales:

— La personas pretenden constante y permanentemente su *"autoactualización"*, entendiendo por ello que tratan siempre de transitar desde su actual estado de equilibrio personal (autoequilibrio dinámico)[102] hacia superiores estadios también de equilibrio personal.

— La propensión a la autoactualización estimula la liberación de energía con que cuentan las personas y su subsiguiente canalización al servicio de los objetivos a cuya consecución aspira.

— La energía que los individuos liberan para conseguir su autoactualización sigue dos direcciones: una parte se orienta a alcanzar una situación de equilibrio personal y otra al logro de estadios superiores de equilibrio.

— Las actuaciones necesarias para crear un clima favorable a la pretensión de autoactualización son las propias de los líderes que son efectivos.

• En la teoría de campo, desarrollada por K. Lewin (1935, 1936, 1948, 1951), es factible hallar recursos para interpretar la conducta social, y por consiguiente laboral, de las personas y los grupos, conociendo que siempre se hallan formando parte de un determinado "espacio vital"[103], en el que las relaciones entre sus componentes son *"adientes"*, o de aproximación y aceptación, o *"abientes"*, o de alejamiento y rechazo. De acuerdo con los planteamientos de esta teoría, para que el sistema de incentivos tenga efectos en el nivel de motivación laboral es preciso que el trabajador perciba el "éxito" (alcanzar el incentivo como consecuencia del incremento de su esfuerzo que libera) como posible (Figura 60).

---

102   Para Hannlon, en un estado de equilibrio la persona actúa de forma balanceada y harmoniosa, funcionando con una elevada eficacia y eficiencia.

103   Las situaciones laborales de conflicto o de cooperación pueden interpretarse, respectivamente, como espacios vitales en los que priman fuerzas con valencia negativa (*abientes*) o positiva (*adientes*).

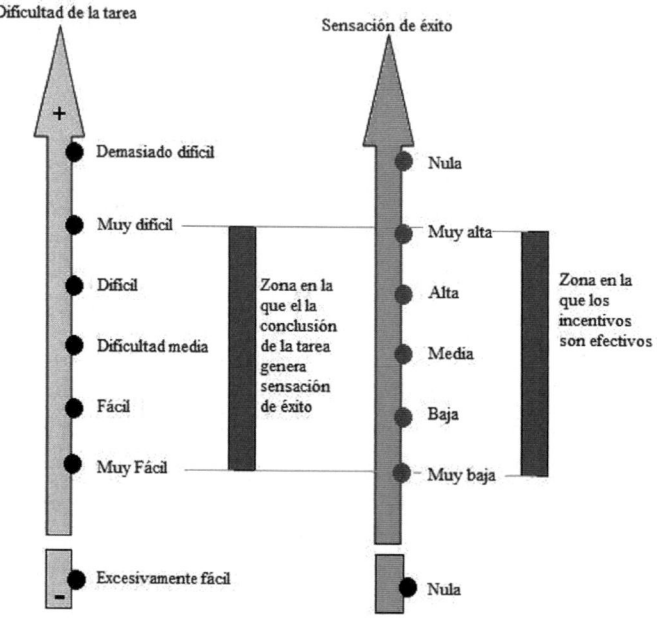

Figura 60

- Vecchio (1981), al que cabe considerar un genuino representante de una teoría de la equidad basada en la madurez moral, y cuyo modelo explicativo de la motivación de la conducta laboral se diseña a partir de un postulado básico: *las personas son capaces de percibir el justo trato en su entorno inmediato, y son propensas a percibirlo*, reaccionando en consonancia con tal percepción.

  Son variantes interesantes de la interpretación de la motivación desde la teoría de la equidad las que desarrollan autores como Birnbaum (1983) o Mellers (1982), quienes sostienen que los trabajadores aprecian, con gran precisión y sentido de la equidad, cuál es el puesto que, en atención a su mérito, le corresponde a cada individuo en la organización a la que pertenece, derivando de ahí el "equitativo" nivel de recompensa que cada uno debiera recibir según esta "equidad ajustada". Cuando tal correspondencia entre "mérito" y "recompensa" se produce, se genera una CL motivada positivamente respecto de la liberación de esfuerzo y recursos intelectuales para el logro de los objetivos de la organización.

- Las actuales teorías de **recursos humanos** parten, para explicar la motivación laboral, de planteamientos integradores, ya que aceptan el valor de los incentivos económicos al mismo tiempo que reconocen los efectos que en esta variable tienen los programas de desarrollo profesional y personal. Este grupo destaca, en todo caso, la relevancia que tiene el que los trabajadores se sientan partícipes de la *adopción de decisiones* y del *control del curso productivo* para que en ellos se generen actitudes favorables hacia la eficiente realización de las tareas y asunción de responsabilidades.

De estas teorías, han desarrollado un volumen de documentación suficiente como para fundamentar modelos explicativos de la motivación de la CL, entre otras, las siguientes:

— La de "expectati**vas**", basada en un paradigma cognitivo que acepta que las personas en una situación laboral eligen, sopesando los "costos" y los "beneficios" de su actuación, la opción que hace máximo su pronóstico de utilidad (Vroom, 1964; Porter & Lawler, 1968).

Según esta teoría:

• La persona combina, mediante procesos cognitivos, información acerca de la "valencia" (V: valor que la persona le atribuye al incentivo o "atractivo" que para ella tiene un determinado objetivo), las "expectativas" (E: percepción de que el esfuerzo permitirá tener éxito en la realización de la tarea) e instrumentalidad (I: percepción que tiene la persona de obtener el incentivo si alcanza el logro previsto). La fuerza de la motivación (FM) es igual a $V \times E \times I$, función en la que V y E son actitudes que están determinadas por el sistema cognitivo y las experiencias propias y por la experiencia vicaria (aprendizaje social: Bandura, 1977, 1982, 1986).

• Los modelos con capacidad de explicar los efectos de la motivación en la CL han de incorporar múltiples variables (a fin de captar las diferencias interindividuales en recursos cognitivos, logros pretendidos, tipo de variables dependientes, etc.).

— La de "estructura de metas", tal vez una de las teorías cognitivas actuales con mayor interés para explicar la conducta motivada en contextos laborales, cuyo arranque puede situarse en las siguientes proposiciones de Locke, Shaw, Saari y Latham (1981):

• Los objetivos de alto nivel de dificultad, si son aceptados por los trabajadores, inducen mayor efectividad que los que se perciben como un desafío menor.

• Los objetivos que se formulan con claridad están más estrechamente asociados a altos rendimientos que los que se establecen con un elevado nivel de ambigüedad;

- Las vías a través de las que la estructura de objetivos afecta a la eficiencia son: "mayor dirección de la atención hacia la tarea", "liberación de más esfuerzo", "incremento de la persistencia" y "búsqueda de estrategias más eficientes";
- Los efectos conjuntos del *feedback* respecto de los logros y los objetivos es mayor que el que produce la suma de los efectos de ambas variables consideradas de forma independiente;
- Los objetivos afectan al rendimiento en la medida que la persona se compromete en la tarea que conduce a su logro;
- No existe evidencia de que el compromiso con las tareas guarde relación con la participación en la formulación de los correspondientes objetivos, y sí se constata una *covariación* positiva significativa con las expectativas respecto del éxito.

La teoría de estructura de metas, especialmente su postulado relativo a los efectos positivos que tiene la motivación para la búsqueda de estrategias de trabajo efectivas y el aporte de esfuerzo, sirve de fundamento a las actuales concepciones de los sistemas escolares concebidos como organizaciones competitivas.

- Con la vista puesta en los modelos del *economic man*, pero con planteamientos puestos al día con el fin de integrar el sistema de "pago por rendimiento" y la teoría social cognitiva de Albert Bandura (1969, 1999) en un modelo general de la motivación laboral, tiene sin duda un gran interés el estudio realizado por Stajkavic y Luthans (2001), en el que estos autores señalan que, al estar el comportamiento humano enraizado en sistemas sociales (Bandura, 1986), los incentivos pueden tener diferentes efectos según cual sea su:

  — Utilidad (grado en que permiten satisfacer determinadas necesidades), función que los de índole monetaria cumplen por su valor para adquirir bienes, servicios y privilegios que tienen interés para el trabajador;

  — Contenido informativo, que en el caso del dinero depende de si el incentivo es fijo (una cantidad de dinero para gratificar un determinado nivel global de rendimiento) o variable (el trabajador recibe el incentivo por unidad de producción, lo que le permite obtener información de forma permanente acerca de la relación que existe entre su rendimiento y los estándares fijados por la organización para evaluar los resultados).

  — Forma de regulación (la obtención de dinero como contrapartida al rendimiento genera comparaciones sociales acerca de la posición del individuo dentro del grupo laboral del que forma parte).

Al comparar los incentivos más usuales de la conducta laboral ("reconocimiento social" e "información de *feedback* respecto del rendimiento"), Stajkavic y Luthans hallan que los económicos, cuando adoptan la forma de "pago por unidad de trabajo" (PFP) son los más efectivos (Tabla 7).

Incentivo	Intervención de acuerdo con el modelo de modificación de la conducta laboral	Incremento del rendimiento (porcentaje respecto del rendimiento de partida)	Significación del efecto del incentivo en el rendimiento (t)
Dinero	No	11	2.01*
Dinero	Si	31.7	4.35*
Reconocimiento social	Si	24	2.42*
Feedback respecto de los resultados	Si	v	2.04*

*: $p < 0.5$

Tabla 7

El salario es, pues, un incentivo con capacidad para generar en el trabajador la disposición a producir retornos[104] que interesan a la organización, como implicación y rendimiento, por ejemplo, y es además un determinante del deseo de permanecer en la organización. Varios son los componentes de la compensación económica que al ser recibidas por el trabajador elevan sus aportaciones a los objetivos de la organización (Curral *et al.*, 2005):

- El nivel de salario (considerado en términos absolutos y en relación con el que perciben otros trabajadores).
- Los incrementos salariales asociados, por ejemplo, a la productividad o a la permanencia.
- La participación en los beneficios empresariales.

---

104   La posibilidad que tiene el mánager de modificar la asignación económica que recibe el trabajador por su aportación a la consecución de los objetivos organizacionales depende de la *potestas* que tenga atribuida. En España, en las organizaciones escolares públicas, los mánager no tienen capacidad normativa para incentivar económicamente a los profesores en función de su rendimiento. En la universidad, una parte del salario de los profesores sí está determinada por su contribución a la investigación, por ejemplo, aunque en las públicas el Rector no es quien valora esa contribución ni quien determina los efectos salariales de la misma.

- La estructura del salario (base, complementos) y la forma en la que se fijan las compensaciones (justicia en los procedimientos, p. e.).

En todo caso, la satisfacción por el salario sí desempeña un importante papel como regulador de la vinculación afectiva (compromiso afectivo), del sentimiento de obligación hacia la organización (compromiso normativo), de la percepción de los beneficios que perdería si abandona la organización (compromiso interesado) o de la percepción de inexistencia de mejores opciones laborales alcanzables mediante el cambio de empresa (alternativas), tal como ponen de evidencia (Figura 61) Vandenberghe y Tremblay (2008)[105].

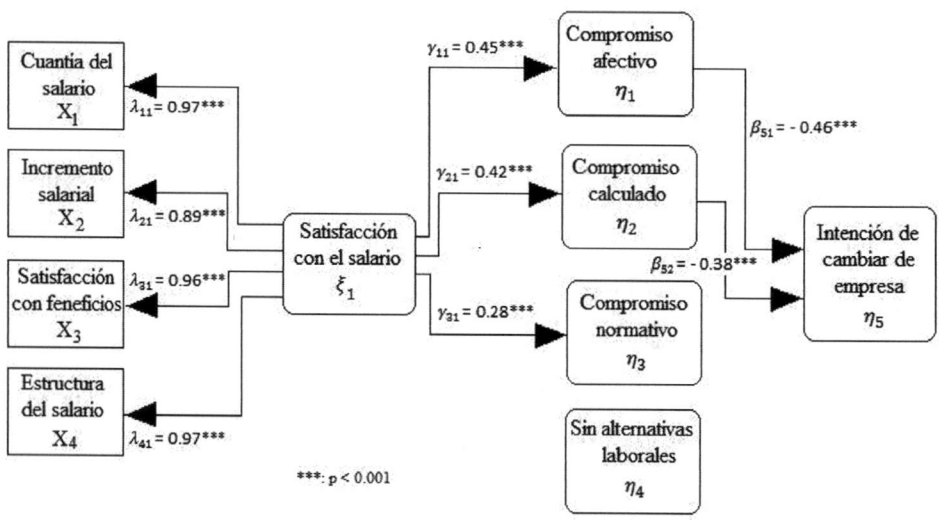

Figura 61

Una interesante variante del PFP como sistema de incentivación económica es la aplicada a grupos (el G-PFP), cuya característica esencial es que la compensación o incentivo es función del rendimiento no de un individuo sino del conjunto que integra una determinada unidad laboral. Este sistema adopta, en la práctica, dos modalidades;

---

105   Se incluye únicamente los valores obtenidos con la muestra formada por individuos procedentes de diferentes tipos de organizaciones.

- En la primera, es la consecución de los objetivos por el grupo la que determina la recepción del incentivo por parte de sus miembros (*"goal-sharing"*) (Belcher, 1996), estando de antemano fijadas las metas y en qué niveles de rendimiento se activa el sistema de incentivación;
- En la segunda, no se establecen unos objetivos determinados, sino que se sitúa un nivel de logro a partir del cual el grupo accede a los incentivos, correspondiéndole al grupo fijar las metas (*"open-goal plans"*) (Gross, 1995).

El sistema G-PFP afecta a la productividad a través de tres vías:

- El nivel en el que el grupo fija sus objetivos;
- El establecimiento espontáneo o autónomo por el grupo de nuevas metas con vistas a obtener mayores incentivos;
- El grado en el que los individuos se comprometen en la consecución de las metas.

Una iniciativa en materia de PFP se pone en marcha en el Reino Unido, con la publicación, en el año 1998, del "Documento Verde" (*Green Paper*), del Partido Laborista, entonces en el Gobierno, elaborado para modernizar la profesión docente, uno de cuyos elementos centrales es la conexión de las percepciones económicas de los directores y profesores a su rendimiento laboral (Richarddon, 1999). En este documento se fijan los criterios que deben servir de referente para medir el rendimiento laboral de directores y profesores:

- En el caso de los directores, se apreciará su contribución al progreso instructivo global de los alumnos (*liderazgo instruccional*) y el eficiente desempeño de sus funciones de liderazgo y de gestión.
- Los profesores que imparten enseñanza se evaluarán en función de su efectividad en el logro de los objetivos de la escuela y del departamento o equipo al que pertenezcan, así como de sus aportaciones al desarrollo y la innovación profesional.

Se prevén, así mismo, incentivos para gratificar el rendimiento de las escuelas en su conjunto, bajo dos modalidades: el de excelencia en los resultados, situando a cada escuela en una banda integrada por las que están radicadas en un entorno sociofamiliar similar, y el de progreso. La distribución del incentivo adopta, igualmente, dos modalidades: entre todos los miembros del colegio o su asignación aquellos que hayan hecho una contribución mayor al éxito de la escuela.

Las críticas a este sistema de PFP han sido muy diversas (Schleicher, 2012; Lundström, 2012):

- La evaluación objetiva del rendimiento de los profesores que solicitan participar en el sistema de revisión salarial supone una carga de trabajo muy fuerte, que hace difícil su aplicación con garantías de equidad;
- Existen dificultadas para ligar "evaluación del rendimiento" e "incentivación económica": mientras que el primero requiere situar al mismo nivel al evaluador y al evaluado, en el segundo es claro que quien incentiva debe estar en un nivel superior al incentivado.
- El proceso de evaluación puede generar una sobrecarga excesiva en los administradores de las escuelas.
- Se corre el riesgo de romper la tendencia a trabajar en equipo, modalidad que, desde una perspectiva pedagógica, se impulsa cada vez más.

En educación, el sistema PFP se concibe, desde la década de los ochenta especialmente, formando parte del amplio movimiento que pretende mejorar la calidad de la educación aplicando al sistema escolar algunos de los principios y leyes que regulan el funcionamiento de los "mercados"[106]:

- La atribución de responsabilidad a los profesores, directores y escuelas de los resultados que alcanzan y de la eficiencia con la que administran los recursos que reciben (*accountability*)[107].
- El establecimiento, formando parte de la *accountability*, de sistemas "objetivos" para la evaluación de los profesores y de los centros de enseñanza, tomando como indicadores los resultados instructivos de los alumnos.
- La asignación a los sistemas de inspección y supervisión de la responsabilidad de evaluar a los profesores y a los centros de enseñanza (en algunos casos, esta evaluación se atribuye a agencias externas).

Junto con las teorías que permiten diseñar modelos de incentivación de aplicación general, Pinder (1985) destaca la necesidad de desarrollar "teorías de nivel medio", entendiendo por tal aquellas que son especialmente útiles para explicar y promover conductas laborales motivadas respecto de determinadas y concretas situaciones laborales. Pueden citarse como propuestas de esta índole las de:

---

106   La relación del PFP con el "mercado escolar" ha levantado duras críticas, al entender sus detractores que genera la "proletarización" de la función docente y porque pudiera tener efectos negativos en el funcionamiento interno de los centros: los profesores podrán dejar de actuar como un equipo y competirán entre sí para conseguir incrementos salariales individuales (Gewirtz, 2000).

107   *Accountability*: Ser responsable (un centro escolar, p. e.) y responder de los resultados que alcanza, habida cuenta de los recursos que se le proporcionan. La responsabilidad es ante la entidad (jurídica o física) que es "propietaria" del centro escolar.

- Dittrich y Carrel (1979), autores que sostienen que la percepción del trato equitativo influye significativamente en la tasa de absentismo laboral;
- Lathan y Dosset (1978), para los que la satisfacción está íntimamente asociada al esfuerzo;
- Guest (1984), quien, después de realizar una amplia revisión de las investigaciones sobre motivación laboral, sostiene que la variable "expectativas" influye poderosamente en las elecciones de carácter organizativo que realizan los trabajadores.

Landy y Becker (1987) estudian (Tabla 8) qué variable dependiente resulta afectada de forma más significativa aplicando diferentes modelos motivacionales, siendo los de equidad los que tienen un impacto de mayor espectro.

Variable dependiente	Teorías				
	Necesidades	Refuerzo	Equidad	Expectativas	Objetivos
Elección tareas			X	X	X
Esfuerzo	X	X	X		
Satisfacción	X		X		
Eficiencia		X	X		X
Abandono		X	X	X	

Tabla 8

Las teorías de los intercambios entre el mánager y el trabajador (LMX) y de las características del puesto de trabajo (JCT) explican, consideradas conjuntamente, la importancia que tiene la forma de ejercer el *management* (Harris *et al.,* 2009) en la inducción de motivación laboral:

a) Cuando el trabajador tiene dificultades para el efectivo desempeño de su puesto de trabajo, la existencia de relaciones positivas con el mánager es un determinante significativo de motivación.

b) Si los intercambios mánager/trabajadores son positivos, en una situación de baja percepción de competencia por parte de los trabajadores, se genera alta conducta cívico-organizacional, a su vez un factor con un fuerte impacto en la motivación.

c) El mánager ha de integrar las relaciones positivas y el ajuste del trabajador al puesto de trabajo para generar satisfacción y motivación laborales.

2.2.4. Percepción de justicia (trato justo)

El estudio de la "justicia organizacional" se inicia al tratar de apreciar la sustantividad y los efectos que tienen dos tipos de percepciones de los trabajadores:

- La de equidad con la que la organización (sus directivos) distribuyen "beneficios" (incentivos, puestos de trabajos, promoción, etc.), que se etiqueta con la expresión "justicia distributiva";
- La de equidad de los procedimientos a través de los cuales la organización adopta las decisiones para conceder "beneficios", etiquetada como "justicia procedimental".

El análisis de la justicia distributiva arranca de la contribución que en el año 1965 hace Adams, al advertir que la percepción que tiene el trabajador (profesor) de si la organización tiene comportamientos equitativos es el resultado de un proceso cognitivo mediante el que compara —el trabajador— la relación entre sus contribuciones (esfuerzo, tiempo, formación, inteligencia, persistencia, etc.) a las metas colectivas y los "beneficios" que recibe, de una parte, y la estimación que hace del valor que alcanza esta relación en otras personas de su mismo grupo laboral, de otra parte.

Fueron Thibaut y Walter (1975), estudiando cómo se resuelven la disputas ante los tribunales, quienes introducen el concepto de "justicia procedimental", al distinguir en las actuaciones de arbitraje y mediación dos fases: la de proceso y la de decisión, definiendo el control que las partes tienen sobre cada fase como control del proceso y control de la decisión. A la forma en la que se ejerce el control sobre el proceso se designa, posteriormente, "justicia procedimental".

Leventhal (1980) fija ya en los años ochenta los criterios que los procedimientos debieran cumplir para que sean, y sean percibidos, como justos o "limpios":

- Han de aplicarse en las mismas condiciones a todas las personas y en cualquier momento.
- Deben estar libres de sesgos.
- La información que se utiliza en la adopción de las decisiones ha de ser válida y fiable.
- Han de existir procedimientos para detectar y corregir actuaciones sesgadas.
- Deben ajustarse a los estándares de ética y moralidad que prevalecen en el grupo.
- Han de tomase en consideración las opiniones de los grupos que pudieran resultar afectados por las decisiones.

Con posterioridad a la identificación y documentación de estas dos formas de "justicia organizacional", Bies y Moag (1986) hallan que los intercambios entre los mánager y los trabajadores se producen con diferentes niveles de calidad, que se reflejan en el grado en que estos —los trabajadores— perciben que reciben un trato amable, digno y respetuoso por parte de la organización (de sus dirigentes). Esta "calidad" del trato la designan "*justicia interaccional*". Greenberg (1993) aísla una nueva forma de justicia organizacional que denomina "justicia informativa", cuyo valor depende del grado en el que las personas consideran que están recibiendo la adecuada y necesaria información para la realización eficiente de sus tareas.

La percepción de ser tratado por la organización (por el mánager) de forma justa genera en el trabajador (profesor) formas de comportamiento que favorecen o limitan su propensión a aportar más o menos esfuerzo, a sentirse satisfecho o insatisfecho, a valorar positiva o negativamente a sus mánager, a alcanzar niveles de mayor o menor compromiso organizacional o a ser más o menos vulnerable al estrés.

Se constata la importancia de la "percepción de justicia organizacional" por parte de los trabajadores (profesores) como modificador de las actitudes y comportamientos laborales, al verificarse que:

- La relación entre "participación" y "satisfacción laboral" está mediatizada de forma significativa por la percepción que tienen las personas de estar recibiendo un trato equitativo en el proceso decisional (justicia distributiva), dándose además la circunstancia de que los sistemas participativos hacen más crítica la importancia de esta percepción (Lind y Tyler, 1988). Roberson, Moye y Locke (1999) verifican un modelo en el que se constata este papel mediador (Figura 62: obsérvese que la "participación percibida" no tiene un efecto significativo directo en "satisfacción").

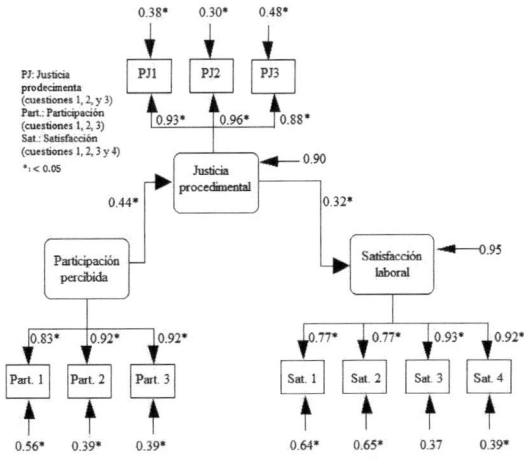

Figura 62

- La percepción de justicia (Colquitt, 2001):
  — distributiva incide en la satisfacción y en la *instrumentalidad* (convicción que tiene el trabajador de que los incentivos guardan relación con el esfuerzo laboral);
  — interpersonal afecta a la evaluación del mánager por los trabajadores y a las conductas de ayuda a los colegas;
  — procedimental repercute en el cumplimiento de las normas y en el compromiso organizacional, y la de justicia informativa, en el sentimiento de afecto colectivo.

La sensación de estar recibiendo un trato justo tiene, así mismo, un importante efecto en la conducta docente al prevenir la aparición de síntomas de estrés, patología con efectos negativos constatados en la contribución que hacen los trabajadores (profesores) a la eficiencia organizacional (al limitar, por ejemplo, sus aportaciones de esfuerzo).

Al estar demostrado el papel mediador de la "percepción de justicia organizacional" en la relación que mantienen la "percepción de participación" y "satisfacción" y otros determinantes del bienestar laborales, a su vez con influjo potencial en la aparición de estrés, cabe pronosticar qué valores positivos en justicia procedimental disminuyen el riesgo de estrés laboral, pronóstico que confirman Elovainio, Kivimäki y Helkama (2001) (Figura 63).

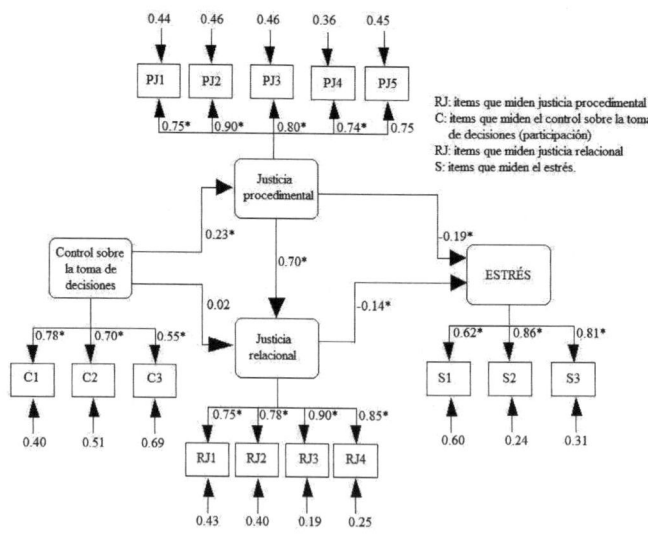

Figura 63

2.2.5. Percepción de soporte

Al ser las expectativas de éxito en el desempeño de su trabajo uno de los factores que con mayor fuerza influyen en la motivación de quienes forman parte de organizaciones laborales y, a través de esa y de otras variables, en la eficiencia y productividad, es consecuente predecir que:

- La percepción que tienen las personas del grado en el que la organización les facilita los recursos técnicos, las "herramientas", los espacios, la formación, etc. que son precisos para la eficaz asunción de las tareas que tienen asignadas, afecta significativamente a su predisposición (Levison, 1965) a aportar esfuerzo a la consecución de los objetivos generales.
- En la medida que los miembros de una organización constatan que los medios económicos y materiales se distribuyen de forma equitativa, teniendo en cuenta sus necesidades, tomando en consideración sus propuestas y otorgándole participación en su control, propenderán a implicarse y a comprometerse en las actividades productivas.
- La convicción que tienen los trabajadores de sentirse protegidos por la organización (por sus órganos representativos) a la que pertenecen y de recibir el trato y el aprecio que les corresponde en función de la autopercepción que tienen de su contribución a la consecución de los objetivos organizacionales son factores que inciden de forma significativa en su rendimiento.

Este vínculo trabajador/organización, que se establece a través de la percepción que éste tiene de que sus aportaciones son tomadas en consideración (tienen "visibilidad"), se fortalece por la tendencia de los individuos a atribuirle personalidad a las entidades laborales de las que forman parte, tal como advierte Levison en un seminal trabajo publicado en los años 60, produciéndose en ellos el sentimiento de que la relación laboral se basa en el "trato" entre dos "personas", el individuo y la organización, cuyo "tono" produce efectos relevantes en:

- La ligazón afectiva, la identificación, del trabajador a la organización (Buthcman, 1974; Cook y Wall, 1980);
- La percepción de que el esfuerzo laboral se aplica a unos objetivos que, siendo de la organización, se aprecian como propios (Hebiniak, 1974).

En su estudio de los efectos de las "facilidades y soporte percibidos", Eisemberger *et al.* (1986), tomando además en consideración el papel mediador de la variable "ideología", concluyen que:

- Los empleados (en su estudio maestros de una *High School*) se forman un estado de opinión perfectamente definido del "soporte que les proporciona la entidad" en la que trabajan;
- La percepción de "soporte recibido" está en correlación negativa significativa con las tasas de absentismo laboral;
- La relación entre las variables "soporte percibido" y "absentismo" modifica el influjo de la variable "ideología"[108].

En un trabajo posterior, Eisemberger, Fasolo y Davis-LaMastro (1990) comprueban que los efectos del "soporte percibido" van más allá y afectan a otras variables además de al "absentismo laboral":

- Dedicación y atención con la que las personas asumen sus responsabilidades laborales;
- Innovación organizacional.

Para crear en los trabajadores la percepción de "recibir soporte" de la organización, los órganos de dirección (son "la organización" para los trabajadores) han de:

- Reconocer expresa y formalmente el trabajo que realiza cada persona (Mowday, Porter, Steers, 1982);
- Valorar e incentivar la eficiencia laboral (Goludner, 1960);
- Satisfacer las necesidades personales de los trabajadores (Schopler, 1970).

En diversos trabajos sobre la teoría del soporte organizacional (Eisenberger *et al.*, 1997, 2001; Wayne, *et al.*, 1997*)* se sostiene que, en virtud del principio de reciprocidad, los trabajadores devuelven a la organización en forma de compromiso y rendimiento el trato equitativo y preocupación que perciben que tiene la organización para proteger su bienestar.

Esta reciprocidad crea en quienes trabajan el "sentimiento de obligación" o actitud por la que manifiestan deseos prescriptivos de contribuir al logro de los objetivos organizacionales. El SOP consolida una relación entre los esfuerzos que realiza la organización para satisfacer las necesidades y expectativas de sus miembros y el

---

108   La voz "ideología" se refiere a "la interpretación que hace el trabajador de los efectos de los intercambios que mantiene con la organización", o a la relación que existe entre esfuerzo laboral y el trato de la organización. En este estudio, la variable "ideología" se mide con una versión del *Analysis Exchange Ideology Questionaire*, que incluye ítems como el siguiente:

"El esfuerzo que aporta el trabajador debiera depender parcialmente de en qué medida la organización trata de satisfacer sus deseos y dificultades".

aporte de esfuerzo y de trabajo de éstos en beneficio del rendimiento laboral. Esta relación está afectada, de acuerdo con Eisenberger *et al.* (2001), por el grado en el que el trabajador considera que sus aportes a la entidad laboral de la que forma parte deben estar en correspondencia con el trato que recibe de ella. Forma parte del sentimiento de obligación la disposición del trabajador a realizar tareas extras o que van más allá de sus estrictas responsabilidades (ayuda a los compañeros de trabajo, adoptar medidas para prevenir riesgos, ofrecer ideas constructivas o mejorar en competencia profesional) así como a mejorar la forma en las que realiza las tareas que tiene atribuidas como obligatorias.

Otra variable que Eisenberger *et al.* (2001) interpretan que tiene un papel mediador entre el SOP y variables organizacionales como el compromiso, el rendimiento intragrupo o los deseos de abandono es el humor, que da lugar a comportamientos de ayuda a los demás o a destacar los rasgos positivos de los colegas (Figura 64).

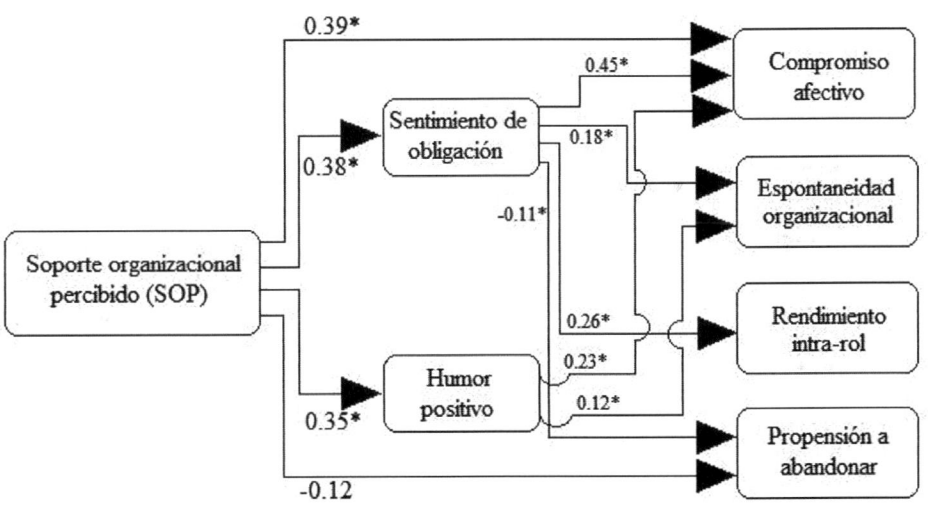

Figura 64

Esta reciprocidad entre la actuación del trabajador y la respuesta de la organización halla su mejor explicación en el marco de la **teoría del intercambio social**, que postula que cuando una persona satisface necesidades o contribuye al logro de metas de otra, el receptor se siente obligado a actuar con reciprocidad; reciprocidad que se produce tanto entre individuos como entre individuos, grupos y organización.

Desde esta perspectiva, es razonable admitir que el soporte percibido por parte de la organización se traduce, en aplicación del principio de reciprocidad, en compromiso del trabajador –especialmente–, conducta cívica, productividad y estabilidad (no absentismo o no intenciones de abandono).

El soporte que recibe un trabajador en su actividad laboral puede provenir no sólo de la organización en su conjunto (SOP) sino también de los miembros de su equipo o unidad (SEP): cuando un miembro de un equipo constata que sus colegas de unidad valoran su contribución al trabajo de conjunto y que se preocupan por su satisfacción personal y laboral, reacciona aportando esfuerzo en beneficio de los objetivos de conjunto, generándose en él compromiso con el equipo (Bishop, Scott y Buroughs, 2000).

2.2.6. Percepción de autoeficacia

Dos de los centros de interés que han tenido en los últimos decenios los estudios sobre la CL fueron, sin duda alguna, y en buena medida de la mano de la psicología cognitiva, la "percepción de autoeficacia" y la "fijación de metas", con la pretensión de:

- Identificar los factores y circunstancias que influyen en la valoración que hace la persona de su propia eficacia ("autoeficacia percibida");
- Estimar las relaciones entre "autoeficacia percibida" y "fijación de metas", y los efectos de estos dos constructos en la eficiencia laboral;
- Conocer la fiabilidad y validez de la autoevaluación de la eficacia personal.

A. Bandura (1977, 1986) ha sido, y sigue siendo, uno de los tratadistas que ha hecho aportaciones más comprensivas[109] acerca del papel que tiene la "autoeficacia percibida" en la conducta de las personas. Según sus aportaciones, la "autoeficacia percibida" está determinada por cuatro categorías experienciales:

- Logros anteriores;
- Experiencia vicaria (observación de la conducta y sus efectos en los "otros" significativos";
- Persuasión o influencia recibida;

---

109   Es muy recomendable la lectura del artículo de Robert Wood y Albert Bandura "Social Cognitive Theory of Organizacional Management", en el que en se realiza una lúcida aplicación de la teoría social cognitiva a la CL (1989).

- Nivel de "activación" (grado de ansiedad, por ejemplo).

El determinante inmediato de la autopercepción de eficacia es la integración cognitiva que hace cada persona de tales categorías, considerando al mismo tiempo la tarea y la situación en la que ha de realizarla (Figura 65).

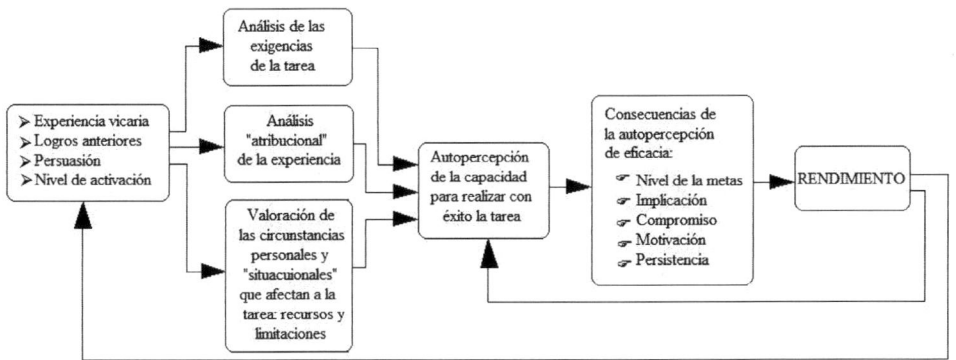

Figura 65

En las organizaciones de índole escolar, la percepción de eficacia, referida tanto a profesores como a los mánager, es al día de hoy una variable muy bien documentada, que muestra un comportamiento muy similar al que le es característico en organizaciones de otra índole. Es así que el estudio de la "autoevaluación de la eficacia docente" y de los efectos que esta variable pudiera tener en la productividad de la enseñanza, se estructuran, normalmente, al igual que los que se realizan en el ámbito más amplio de la organización científica general, de acuerdo con el modelo de dos factores desarrollado por A. Bandura formando parte de su teoría cognitiva del aprendizaje social:

- Primer factor: Expectativas relativas al grado de contingencia de los resultados (del aprendizaje escolar, en el caso educativo) respecto del trabajo que se realiza para alcanzarlos (la acción de enseñanza);
- Segundo factor: Nivel de competencia (prognosis de eficacia) percibida (por el profesor) para realizar las tareas (enseñanza) que le conducen con éxito a la consecución de determinados logros (aprendizajes).

La capacidad de explicación que tiene esta teoría de los dos factores ha sido ampliamente confirmada, aunque ha sido también frecuente el tratar de forma unitaria este constructo, de ahí que no falten advertencias en el sentido de que la investigación debe proseguir, tanto para alcanzar una mejor definición y delimitación de qué abarca el concepto "autoeficacia percibida" como para distinguirlo, si se tratase de dos constructos diferentes, de otros factores como las "expectativas docentes".

Si bien no se han hallado relaciones, al mismo tiempo inequívocas y suficientemente estables como para apoyar en ellas planteamientos normativos que regulen con niveles de riesgo aceptables, entre las numerosas formas de conducta docente y la eficacia con la que los alumnos aprenden, probablemente por la dificultad que entraña el identificar e integrar en el correspondiente modelo las numerosas variables que, directa o indirectamente, pueden tener efectos significativos en los resultados escolares, tal vez la "autoeficacia percibida" sea una excepción a esta situación de cierta incertidumbre, ya que se ha apreciado que tiene una significativa y consistente incidencia en:

- Motivación discente (Midgley, Fedlaufer y Eccles, 1989)
- Predisposición docente a la innovación (Guskey, 1988)
- Estrategias docentes (Ashton y Webb, 1986)
- Valoración por los supervisores de la eficiencia docente (Trentham, Silvern y Brogdon, 1985)
- Cantidad de tiempo que dedica el profesor a la tutela y orientación del trabajo que realizan los alumnos de forma individual, así como a impartir enseñanza a pequeños grupos (Gibson. y Dembo, 1984).
- Rendimiento instructivo del alumno (Armor *et al.,* 1976).

Una interesante aportación al estudio de la "autoeficacia percibida", realizada desde el marco conceptual que proporciona la "teoría de los dos factores", es la de Woolfolk y Hoy (1990). En su trabajo, Woolfolk y Hoy estiman los efectos de la "atribución de eficacia a la enseñanza" y de la "percepción prospectiva de eficacia" (para cada profesor, es "autopercepción de eficacia") en tres variables que vienen utilizándose con frecuencia como indicadores de calidad de la enseñanza:

- Control de la ideología discente (CI);
- Motivación por el profesor del trabajo de los alumnos (MD);
- Orientación burocrática de la acción docente (OB).

De acuerdo con los resultados de esta investigación, la "atribución de eficacia a la enseñanza" incide de forma significativa en las tres variables (CI, MD y OB), mientras que la "eficacia docente percibida" tiene efectos significativos en OB. Las dos variables independientes co-varían de forma significativa.

2.2.7. Compromiso

Con indudables relaciones con las variables "satisfacción", "motivación", "percepción de aceptación por los otros" y "percepción de facilidades y soporte recibidos", el *compromiso* de los trabajadores con los objetivos, el éxito y la pervivencia de la entidad en la que ejercen sus funciones influye de forma significativa en la conversión de las organizaciones en grupos dotados de alta cohesión.

Por "compromiso organizacional" se entiende en la literatura científica la "vinculación afectiva a la organización y al logro de sus objetivos" (Allen y Meyer, 1990, 1991; Hackett *et al.*, 1994), constructo constituido por tres factores:

- Aceptación de los objetivos y valores de la organización;
- Disposición a aportar esfuerzo en favor de la organización;
- Deseo de permanecer en la organización.

También el *compromiso* guarda relación con los "vínculos que los trabajadores establecen con la organización para proteger sus propios intereses personales" y no correr el riesgo de perder las "inversiones" ("*side bets*": aportaciones para una pensión, especialización, poder y prestigio, etc.) que han hecho a lo largo de su vida profesional (Meyer y Allen, 1984).

Meyer y Allen (1991), designan "compromiso afectivo" y "compromiso calculado" a la primera y segunda acepción de esta voz, y dan cuenta de que una gran parte de las investigaciones sobre esta actitud no han diferenciado una y otra forma de compromiso. Además, estos autores identifican una nueva forma de compromiso, que llaman "compromiso normativo", o convencimiento que experimentan los trabajadores de que han de implicarse en la entidad de la que forman parte, por efecto, en unos casos, de normas y creencias familiares y sociales y, en otros, del proceso de socialización que experimentan al incorporarse a la misma

En 1990, Mathieu y Zajac integran los resultados de un amplio número de investigación acerca de los antecedentes, las relaciones y las consecuencias del compromiso organizacional, concluyendo que:

a) Afectan al compromiso:

— De forma positiva: 1) la competencia personal percibida; 2) la consideración percibida de parte del mánager; el liderazgo del tipo "inicia estructura" (*Ohio State University*)

— De forma negativa: 1) la ambigüedad del rol (asignación no clara de funciones) y 2) la conflictividad del puesto de trabajo.

b) El compromiso está en relación significativa con:

— La motivación laboral interna.
— La implicación en el puesto de trabajo.
— El nivel de estrés (relación negativa).
— La satisfacción laboral global, el puesto del trabajo, el sistema de promoción y la forma de supervisión.

c) Las consecuencias de la falta de compromiso son:

— La intención de buscar otro trabajo.
— El incremento del absentismo laboral

Entre las muchas conclusiones que cabe obtener de los estudios realizados para conocer el papel que juega el compromiso organizacional, y saber cómo promover este vínculo de los trabajadores con la organización a la que pertenecen, tienen extraordinario interés práctico: 1ª) *"las personas tienden a devolver a la organización el soporte que perciben que reciben en forma de compromiso afectivo"*, y 2ª) *"el origen de esta indudable deseable situación radica en la habilidad de quienes dirigen para crear experiencias laborales positivas"*.

De acuerdo con la investigación realizada por Somech y Bogler (2002), el compromiso profesional (transaccional o calculado) y organizacional (afectivo), la participación de los trabajadores (profesores) en las decisiones técnicas y en las de *management* y la conducta cívico-organizacional mantienen estrechas relaciones, lo que le permite al mánager influir en el compromiso organizacional y en la conducta cívica mediante una actuación abierta a la participación de sus subordinados (Figura 66)[110].

---

110   CCO: Conducta Cívica Organizacional (punto 2.2.7.)

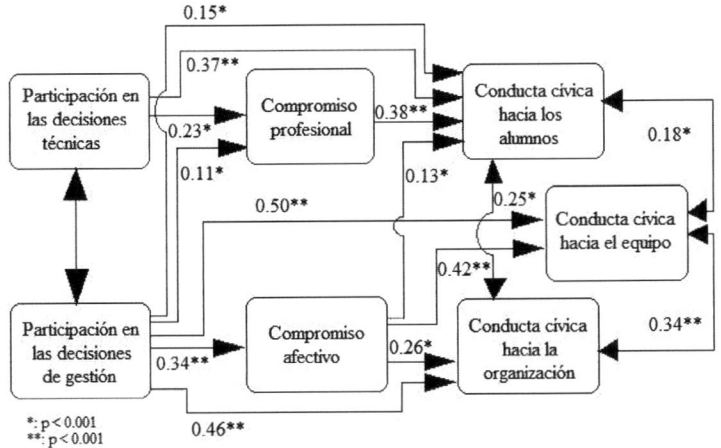

*p<0.001; **p<0.0001

Figura 66

La teoría basada en la fijación de objetivos (Locke y Latham, 2002) explica cómo para generar motivación para el rendimiento laboral, el mánager ha de procurar crear en los trabajadores *compromiso* respecto de las metas organizacionales, ya que determina el aporte de esfuerzo y la persistencia de los trabajadores en el logro de tales metas (Locke y Latham, 1990). En el citado trabajo de Somech y Bogler se subraya la importancia de la participación para generar compromiso organizacional, conclusión a la que aporta nuevas perspectiva el trabajo realizado por Li y Butler (2004) sobre los efectos de la participación en la fijación de objetivos y en el compromiso, según un modelo factorial del que forman parte 4 categorías, según que las decisiones sobre los objetivos se adopten con o sin participación y si, en cada una de estas categorías, se explicita y justifica o no el porqué de los objetivos (Figura 67).

Li y Butler concluyen que:

a) La participación en la fijación de objetivos realizada justificando su oportunidad y conveniencia genera un grado de compromiso de los trabajadores que no difiere significativamente del que se produce cuando los objetivos son asignados (sin participación) y sí con justificación de su oportunidad y conveniencia.

b) La explicación de la oportunidad y conveniencia de los objetivos es especialmente importante para generar compromiso laboral cuando los objetivos son asignados (sin participación).

c) Los trabajadores cuando reciben explicaciones acerca de los objetivos perciben que el mánager actúa con elevados niveles de justicia procedimental e *interaccional*.

d) El proporcionar explicaciones a los trabajadores acerca de los objetivos de la organización, induce compromiso laboral y percepción de estar recibiendo un trato de alta consideración por parte de la organización.

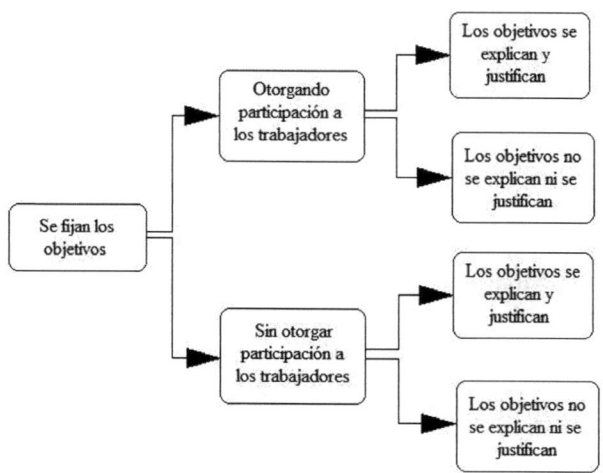

Figura 67

El compromiso organizacional es previsible que esté relacionado con la satisfacción del trabajador por el salario que recibe, y con las modificaciones salariales asociadas a la productividad o a los beneficios que obtiene la empresa. Esta presunción ha sido corroborada por Vandenberghe y Tremnblay (2008), mediante un modelo en el que, efectivamente, hallan que existen efectos significativos de la satisfacción laboral en las tres formas de compromiso definidas por Meyer y Allen (1991) y del compromiso con las intenciones de cambiar de empresa. Las conclusiones de este estudio ponen de evidencia la necesidad de que la *potestas* del mánager incluya la capacidad de incentivar económicamente la productividad de los trabajadores[111].

---

111   Véase, en el apartado "Motivación" los estudios sobre PFP. La atribución de incentivos contingentes a la productividad, requieren de altos valores en justicia distributiva, procedimental y normativa en el *general manager*, así como una reconocida *auctoritas*.

La forma en la que se ejerce el *management* (la perspectiva es la del ejercicio de la *potestas* como liderazgo *distribuido*[112]), es, de acuerdo con los resultados de la investigación realizada por Hulpia, Devos y Van Keer (2011) un determinante del compromiso en las organizaciones escolares, por cuanto el vínculo de los profesores con la institución de la que forman parte está significativamente influido por su percepción de que:

a) El grupo o equipo responsable último de la adopción de decisiones está cohesionado.
b) Tienen oportunidad de intervenir en las decisiones de la organización.
c) Reciben soporte por parte de los distintos mánager (en versión española, rector, decano, director, jefe de estudios, jefes de departamento, coordinadores de nivel, etc.).

2.2.8. Conducta cívica

Le corresponde a Graham (1991) el mérito de haber aplicado a contextos organizacionales las categorías de comportamiento "cívico" que Inkeles (1969) incluye dentro del constructo que llama "síndrome de la ciudadanía activa", del cual son indicadores la obediencia a las normas, la lealtad respecto de los intereses comunes y la predisposición a participar de forma comprometida en las actividades de la organización. Organ aporta (1997) una excelente definición de la conducta organizacional cívica (CCO): "comportamiento organizacional que contribuye indirectamente a la viabilidad de la organización mediante el mantenimiento de su sistema social".

Graham aporta las siguientes definiciones de los referidos indicadores del comportamiento cívico:

- *Obediencia organizacional*: predisposición a aceptar la necesidad y conveniencia de que existan reglas racionales para gobernar la estructura de la organización, en las que se especifiquen las responsabilidades y funciones de cada

---

112   El liderazgo *distribuido* es una forma de conducción de la organización en la que la *auctoritas* es percibida como una prerrogativa no de un individuo (el mánager) sino de un grupo (Gronn 2002; Spillane, 2006). En el caso español, tal grupo podría estar constituido por el director, el vicedirector, el jefe de estudios y el secretario. Es su correcta interpretación, el *liderazgo distribuido* no se agota en la atribución de *de potestas* (y en cierta medida de auctoritas) a un equipo restringido, sino que se extiende a todos los integrantes de la organización, especialmente los profesores y demás trabajadores "de planta" en el caso de las organizaciones escolares (*management* participativo), y se caracteriza por la adopción conjunta y compartida de decisiones, la existencia de objetivos comunes y la confianza (*trust*) mutua (Senior y Swailes, 2007). Véase apartado "El mánager".

puesto de trabajo y se formalice la política de personal (salarios, promoción, resolución de conflictos, etc.).

- *Lealtad organizacional*: fidelidad e identificación con los líderes y con la organización como un todo, trascendiendo los intereses particulares de los individuos, los grupos o los departamentos.
- *Participación organizacional*: interés por las funciones y actividades de la organización, por mantenerse informado acerca del desarrollo y resultados de las mismas y por implicarse en su puesta en práctica y mejora.

Desde otra perspectiva, Smith, Organ y Near (1983) valoran como esenciales para la efectividad organizacional una parte de los comportamientos identificados por Katz (1964) como componentes de la conducta laboral motivada, y en concreto:

- El interés por incorporarse y permanecer en la organización;
- El desempeño responsable de las tareas del rol o puesto de trabajo asignado;
- La implicación en tareas innovadoras de carácter no prescriptivo, que van más allá del cumplimiento estricto de las obligaciones laborales;

Al tercero de estos grupos de actividades lo consideran expresivo del constructo "conducta cívica organizacional".

La conducta cívico-organizacional se sitúa en uno de los últimos tramos del proceso de identificación entre el individuo y la organización, más allá del simple compromiso, estando su núcleo constituido por el tipo de relación denominado "relación convenida", que se caracteriza por la existencia entre el trabajador y la empresa de:

- Un vínculo abierto y expreso respecto de los fines (no el que se establece para tal o cual objetivo, sino el que constituye una disposición incondicional respecto del logro de las metas comunes);
- Una estable confianza mutua;
- Un conjunto permanente de valores compartidos.

Esta *relación convenida* se fundamenta en la percepción que tiene el trabajador de "estar amparado" por la organización (una forma de compromiso de la organización con sus integrantes) y en el sentimiento complementario de compromiso del individuo con la entidad de la que forma parte, y genera una situación laboral que favorece la predisposición a aportar esfuerzo y recursos intelectuales en favor de la consecución de objetivos colectivos (Gordon, Anderson y Bruning, 1992).

Van Dyne, Graham y Dinesch (1994) aislaron en el constructo "conducta cívico-organizacional" cinco componentes:

- Fidelidad a la organización;
- Obediencia a las normas y a las "reglas de juego" existentes en el contexto organizacional;
- Participación en los intercambios sociales que se producen en el seno de la organización;
- Implicación en la promoción de la innovación y el cambio;
- Compromiso con la mejora de la eficiencia de la organización.

Un modelo ilustrativo de cómo cristaliza la "conducta cívico-organizacional[113], lo han desarrollado Konovsky y Pugh (1994), en el que tienen un importante papel los intercambios entre los trabajadores y el supervisor (Figura 68).

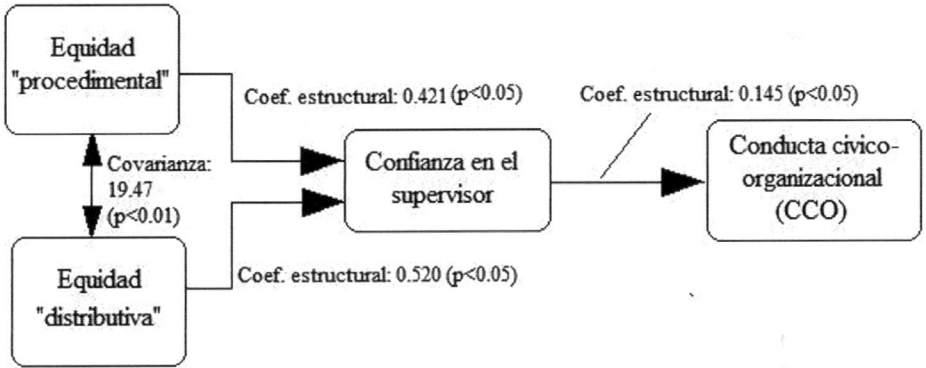

Figura 68

___

113   La equidad procedimental se aprecia mediante un cuestionario con preguntas del siguiente tipo:
El supervisor permite que cada trabajador exponga sus propios puntos de vista:
( ) Siempre
( ) Casi siempre
( ) A veces
( ) Casi nunca
( ) Nunca
Para apreciar la equidad distributiva el tipo de pregunta es el siguiente:
Los incentivos económicos se asignan de forma justa:
( ) Siempre
( ) Casi siempre
( ) A veces
( ) Casi nunca
( ) Nunca

En los últimos años, se han multiplicado los artículos acerca de la CCO (véase por ejemplo los de Van Scotter y Motowidlo (1996), Motowidlo (2000) o los que, utilizando como metodología el meta-análisis, han tratado de integrar los resultados de la investigación sobre la CCO, y que han publicado Organ y Ryan (1995); Podsakoff, Mackencie, Paine y Bachrach (2000) o Le Pine, Erez y Johnson (2002).

Este esfuerzo de investigación ha llevado a plantear hasta qué punto la estructura factorial que se viene presumiendo para la CCO, con apoyo en trabajos como el ya clásico de Organ (1988), en el que se diferencian cinco dimensiones en este constructo ("altruismo", "consciencia", "espíritu deportivo", "cortesía", "civismo"), se justifica o si, por el contrario, es preciso identificar dimensiones más amplias, como las que etiquetan autores como Motowildo o Scotter con la expresión "rendimiento contextual", para distinguir las "actividades de la organización que contribuyen directamente al logro de sus objetivos" (rendimiento de la tarea) de las que "hacen de soporte del contexto social y psicológico en el que el núcleo técnico de la organización está inmerso" (rendimiento contextual).

La CCO contribuye a la eficiencia organizacional más allá de lo que es estrictamente obligatorio o reglamentario, de ahí que su fomento permita obtener un "plus" de esfuerzo y recursos intelectuales de los trabajadores consecuencia de la percepción que éstos tienen del soporte y el trato equitativo que reciben de la entidad laboral. De entre las aportaciones "voluntarias" propias de la CCO, tienen en educación una importancia notable las que surgen de los comportamientos de ayuda a colegas que, por diversas circunstancias (competenciales, afectivas, intelectuales, *sociofamiliares*, físicas, sensoriales, etc.), rinden por debajo de lo que es imprescindible para que su aportación al conjunto de la organización sea satisfactorio, especialmente cuando la interdependencia de las tareas es alta.

Ante situaciones tales, los miembros del grupo reaccionan con comportamientos de tipo cognitivo-*atribucional*: valoran la responsabilidad del trabajador ineficiente interpretando a qué puede ser debido el que su rendimiento se sitúe significativamente por debajo del promedio, barajando la posibilidad de atribuirlo a causas externas y no controlables —se tiende a ello cuando la ineficiencia afecta a un único tipo de tarea, mientras que en las restantes sus aportaciones al grupo son similares a las de los restantes miembros— o internas —la ineficiencia es estable en todas las tareas—. Cuando el bajo rendimiento se debe a causas externas, se generan en los colegas simpatía y propensión a la ayuda (CCO), mientras que si son internas y controlables las reacciones son de antipatía y rechazo.

2.3. Patologías de la CL y percepción de bienestar

La actividad laboral ocurre en un contexto complejo, casi siempre radicalmente distinto, en cuanto a las normas y usos que regulan en su seno los comportamientos de los individuos y los grupos, de los que imperan en otros medios más naturales (la familia o el grupo de amigos, por ejemplo), ya que en él:

a) Operan fuerzas frecuentemente contradictorias en cuanto a su valencia, que obligan a las personas a afrontar desafíos que pueden ser una amenaza para la imagen de su propio yo.

b) Se recorta o impide, en ocasiones, la libre expresión de iniciativas.

Como consecuencia de todo ello, el trabajador está en riesgo de sufrir desarreglos y perturbaciones de su CL de etiología muy variada, con efectos perturbadores no siempre predecibles para la persona y la organización, pero que con frecuencia afectan a la eficacia laboral y a la estabilidad emocional y conducta social de quienes los padecen.

Constituye, pues, el estudio de estas patologías de la CL un capítulo inexcusable de un Ensayo sobre la excelencia organizacional, redactado con la pretensión de conocerlas con el fin, primero, de prevenirlas y, después, cuando ya se han producido, tratar de que su impacto en la persona del trabajador y en el funcionamiento de la organización sea el menor posible.

Las patologías de la conducta organizacional que se estudian en esta parte del Ensayo están entre sí íntimamente relacionadas, siendo a veces difícil diferenciarlas dada la similitud de sus síntomas. Ha parecido, sin embargo, oportuno tratarlas por separado, a fin de poder atender a las peculiaridades que de forma específica caracterizan a cada una de ellas.

Serán, así, objeto de breve referencia (para su estudio en profundidad debe el lector acudir a tratados especializados):

- La "haraganería" social ("*social loafing*");
- El síndrome del "quemado laboral" ("*job burnout*").
- Las diferentes conductas de "acoso" laboral y personal.

a) **El *social loafing* (haraganería social)**[114]

---

114   El *loafing* o *soldiering* puede manifestarse (Taylor, 1911) como *soldiering natural* (consecuencia del instinto natural y de la tendencia de las personas hacia lo más fácil) y *soldiering sistemático* (con origen en las relaciones entre las personas y en la interpretación que hace cada una de ellas de sus características y motivaciones).

Tal vez el primer experimento realizado en psicología social es el que con la firma de Triplet se publicó en el año 1898, en el hoy ya veterano *American Journal of Psychology* y en el que se concluye que si se trabaja de forma independiente y en un mismo espacio laboral ("uno al lado del otro") el rendimiento es mayor que cuando la actividad laboral se desarrolla de forma tal que los trabajadores realizan sus tareas de forma aislada.

Unos años más tarde, Ringelmann (1913) identifica un efecto que incorpora importantes matices a las conclusiones obtenidas por Triplet: cuando varias personas actúan conjuntamente en una tarea que tiene un mismo efecto (tirar de una cuerda en ese caso), el esfuerzo individual realizado en grupo es inferior al que cada persona puede realizar si lo hace de forma individual.

Estos dos estudios son considerados el inicio de una amplísima e interesante actividad investigadora cuyo objetivo ha sido el desvelar los efectos que para el rendimiento tiene el trabajar en grupo o en equipo; actividad investigadora que ha permitido documentar una patología, la "haraganería social" (*social loafing*)[115], que se manifiesta en la propensión que algunos individuos muestran a realizar un menor esfuerzo cuando lo aportan de forma colectiva que en los casos en los que lo hacen individualmente.

La "haraganería social" es una de las tres patologías asociadas a la tendencia de las personas a retener el esfuerzo, o a contribuir con menos esfuerzo del que podrían hacer, al realizar su trabajo (*Propensity to Withhold Effort* o PWE):

- El "*shirking*", o acción de "remolonear": *shirker* o "remolón" es la persona que en una situación de trabajo en grupo consigue engañar a los demás y disfrutar de mayor tiempo de descanso del que es promedio para el grupo, al evadirse de la realización de determinadas tareas u obligaciones (Jones, 1984).
- El "*free riding*", o tendencia de ciertos trabajadores (*free rider*/insolidario) a "ir por libre". Es la tendencia, o la dificultad, que tienen algunas personas para participar en actividades conjuntas si no están constreñidas por medidas sancionadoras o incentivadoras (Stigler, 1971*).
- El "*social loafing*", o patología que se caracteriza por la PWE del "haragán" (*loafer*) en situaciones de grupo, y cuyo estudio se realiza en este capítulo.

---

115   Al considerar este síndrome una patología de la CL, coincidimos con Latané, Wiliams y Harkins (Latané, B. *et al*., 1979).

En sentido estricto, el efecto "haraganería" es consecuencia de una reducción de la motivación laboral en los casos en los que es la contribución de varios trabajadores lo que permite alcanzar unos predeterminados resultados. Para explicar esta perturbación de la C.L, de etiología múltiple, se han elaborado diferentes teorías:

- La del "impacto social", para la que, al ser las personas el origen y el destino de los estímulos sociales que se generan en los contextos laborales, cuando se trabaja en grupo en una misma tarea, la estimulación social se distribuye y reparte, de ahí que no llegue en su plenitud a cada individuo, absorbiendo además una buena parte de la misma quienes ocupan los puestos de representación (el mánager o el supervisor, por ejemplo), lo que puede llevar aparejado que, en quienes se sientan "no recompensados en su esfuerzo" (quienes son "invisibles" socialmente) o no tratados con equidad, se genere una actitud que retrae el aporte de esfuerzo y, por consiguiente, disminuye su contribución a la eficiencia de la unidad de la que forman parte.
- La del "potencial evaluador" (Kerr y Bruun, 1983; Harkins, 1987*)*, según la cual la "haraganería social" está asociada a la pérdida de motivación que se produce en los grupos laborales como consecuencia de la reducción de la *identificabilidad* del individuo por parte de quien ejecuta la acción evaluadora: en las actuaciones colectivas existe el riesgo de que se induzca la sensación de que lo personal se diluye y no se aprecia y considera. Diversos estudios realizados por los defensores de esta teoría muestran que si se valoran individualmente las aportaciones de esfuerzo que se realizan para llevar a término tareas atribuidas a un grupo el efecto "haraganería" no ocurre (Harkins, y Szymanski, 1987).
- La de la *"dispensabilidad* del esfuerzo": los trabajadores contribuyen con un menor esfuerzo cuando actúan en grupo si perciben que su aportación al resultado común pretendido no va a ser significativa (Kerr, 1983*)*.
- La de "equiparación del esfuerzo": cuando trabajan en grupo, las personas tienden a presuponer que en sus colegas se produce una tendencia a disminuir el esfuerzo individual; presunción que provoca en ellas, para mantener el principio de equidad organizacional, una actitud similar (Jackson y Harkins, 1985*)*.
- La de "polarización de la atención": sostiene que los trabajadores se muestran más concentrados en las tareas cuando actúan de forma independiente que si lo hacen formando parte de un grupo (Mullen, 1983*)*.

Kidwell y Bennett proponen, en 1993, un modelo conceptual para explicar la "propensión a retener esfuerzo" (PWE), en cualquiera de sus formas, partiendo del postulado de Knoke de que una única forma de motivación laboral no permite explicar por qué las personas no contribuyen con toda su capacidad al logro de objetivos comunes de la organización o del grupo al que pertenecen, por lo que habría que integrar tres tipos de motivaciones para explicar esta PWE:

- El de índole racional: las personas calculan la relación esfuerzo/beneficios con la finalidad de obtener en cada una de sus actuaciones la máxima utilidad posible, para lo cual consideran: 1) la dimensión del grupo de trabajo; 2) la interdependencia entre las tareas que debe realizar cada miembro del grupo, y 3) la relación recompensa económica/esfuerzo;

- El de carácter normativo: los individuos tienden a adherirse a los comportamientos socialmente considerados positivos, hecho que determina que su proclividad a aportar esfuerzo esté asociada a la robustez de las normas que regulan las contribuciones individuales a la tarea común y a la equidad de trato en el trabajo que se realiza e incentiva en grupo;

- El de condición afectiva: los trabajadores están predispuestos a liberar esfuerzo si se sienten ligados a sus colegas y grupos de trabajo por sentimientos positivos. Estas predisposiciones se manifiestan en: 1) los porcentajes de absentismo y abandono; 2) la compatibilidad interpersonal, y 3) el altruismo percibido en los "otros" significativos.

La importancia que tiene el grupo de trabajo en las organizaciones, hace que esta disfunción laboral, la "haraganería social", y las otras formas de PWE, constituyan un punto de referencia esencial en el estudio de la eficacia colectiva; eficacia que es función tanto de la interacción y coordinación de los individuos que constituyen equipos de trabajo cuanto de la disposición de cada persona a contribuir, sin otras limitaciones que sus posibilidades personales, a la consecución de los objetivos (Hackman, 1987).

Tomando como unidad de análisis los grupos de trabajo en situaciones reales, y con apoyo en los resultados de investigaciones hechas también en medios productivos convencionales (una buena parte de la investigación anterior se hizo en laboratorio), Comer (1995) propone un ilustrativo y práctico modelo explicativo de la contracción que sufre la disposición a suministrar esfuerzo cuando se actúa en órganos o unidades pluripersonales, del que son hipótesis:

1.ª) El "efecto haraganería" cuando se trabaja de forma colectiva crece como consecuencia:

— Del deseo de evitar el asumir el rol de "bobo esforzado";
— De la percepción de que no se tiene capacidad para influir de forma significativa en los resultados que se pretenden alcanzar;
— Del prejuicio de no aparecer como siendo "demasiado competente";

— De la percepción de no sentirse "imprescindible";

— De la táctica consistente en no implicarse en situaciones en las que se pueda apreciar la propia incompetencia.

2.ª) La motivación laboral modera los efectos de las variables anteriores en el grado de "haraganería social", especialmente aquellas formas de motivación que guardan relación con la implicación en tareas significativas para el propio trabajador.

3.ª) El deseo de no asumir el rol de "bobo esforzado" se incrementa por efecto:

— Del individualismo *versus* colectivismo;

— De la percepción de que se está produciendo PWE en otros miembros del grupo.

4.ª) La convicción de que no se tiene capacidad para influir de forma significativa en los resultados del trabajo que realiza el grupo aumenta como consecuencia:

— Del individualismo *versus* colectivismo;

— De la percepción de que se está produciendo PWE en otros miembros del grupo;

— De la creencia de que otros miembros del grupo son más competentes en el desempeño de las tareas;

— De la percepción de que existen problemas de bajo rendimiento en el grupo.

5.ª) La pretensión de no parecer "demasiado competente" se acrecienta en la medida en que la autoevaluación de la competencia propia es superior que la que se hace de los otros compañeros de trabajo.

6.ª) La percepción de "no ser insustituible" crece de forma paralela a la creencia de ser menos competente que los demás colegas;

7.ª) El deseo de no querer ser considerado "poco competente" se hace más crítico cuando se tiene la percepción de ser inferior, en competencia laboral, a los demás miembros del grupo.

b) El *burnout* (síndrome del quemado laboral)

Una de las formas de estrés[116] que ha suscitado mayor interés en los últimos decenios ha sido la conocida como el "síndrome del quemado laboral"[117], desarre-

---

116   Se discute con frecuencia si esta patología es o no una forma de estrés (Véase, por ejemplo, Ganster y Schaubroeck, 1991)

117   El término "quemado" (*burnout*) ha sido acuñado por Freudenberger (Freudenberger, 1974), habiendo despertado su estudio un enorme interés en la organización científica, hecho que se puede

glo de la CL caracterizado por estar asociado a un estado de agotamiento físico, emocional y mental producido por haber permanecido, durante períodos estables, de extensa duración y de alta implicación con personas en situaciones de intensa demanda social (Cordes y Dougherty, 1993)[118]. De esta patología de la CL son síntomas:

- La sensación de agotamiento y el sentimiento de no disponibilidad de recursos emocionales para reaccionar ante las situaciones que se producen en el entorno, junto con la percepción de incapacidad para seguir afrontando las responsabilidades laborales y las exigencias de los destinatarios de los servicios del puesto de trabajo que el sujeto afectado por esta patología detenta ("Agotamiento emocional");
- El trato despersonalizado, con elevados niveles de cinismo tanto hacia los receptores de las prestaciones del puesto de trabajo de la persona que padece *burnout* como respecto de los compañeros de actividad laboral ("Despersonalización");
- La tendencia a generar autopercepción negativa respecto de las competencias y posibilidades de éxito ("Deterioro de la percepción de autoeficacia").

Los efectos que tiene sobre la conducta laboral esta patología son muy diversos e importantes:

- Disminución de la autoestima, depresión, irritabilidad, ansiedad, fatiga, insomnio, perturbaciones gástricas, etc. (Kahhill, 1988).
- Deterioro de la calidad de las relaciones interpersonales (amigos, familia, colegas, etc.) (Jackson y Malasch, 1982).
- Incremento del absentismo y abandono laborales, disminución del rendimiento, insatisfacción con la tarea, etc. (Lazaro *et al.*, 1985; Jackson *et al.*, 1986).

---

constatar, por ejemplo, en el número de estudios que se publican en los años inmediatamente posteriores a la aparición del artículo de Freudenberger (más de 300 artículos entre 1980 y 1985, además de numerosos libros sobre esta patología ven la luz en esos cinco años). Para más información sobre bibliografía, consúltese la nota 260, página 398, en Gómez Dacal, 1996).

118   Cordes y Dogherty (véase referencia) sitúan la profesión de profesor/maestro como una de las de más elevada "frecuencia de intercambios personales" y de mayor intensidad de las relaciones con los "clientes".

Cordes y Dougherty (1993) han desarrollado un interesante modelo explicativo del proceso mediante el cual se adquiere esta patología (Figura 69), cuya interpretación ha de hacerse a partir de las siguientes proposiciones:

a) La existencia de altos niveles de demanda para la realización del trabajo es el determinante primario del agotamiento emocional. Estas demandas incluyen sobrecarga laboral en:

— Conflictividad del puesto de trabajo;
— Contactos personales en el ejercicio de las funciones laborales directos, frecuentes y extensos;

b) Si se producen altos niveles de demanda laboral sobre el individuo, se facilita la propensión al agotamiento emocional. Los trabajadores de más edad y los que se forman altas expectativas de rendimiento en el desempeño de sus puestos de trabajo y respecto de la organización en su conjunto, así como aquellos que convierten su actividad laboral en el centro de su vida, tienen mayores riesgos de padecer agotamiento emocional.

c) La presencia de altos niveles de agotamiento emocional son el primer desencadenante de la despersonalización, siendo esta proposición especialmente verificable en trabajadores varones que han sido socializados laboralmente de forma altamente profesionalizada e impersonal.

d) Quienes experimentan agotamiento emocional son más proclives a "cosificar" a las personas con las que se relacionan laboralmente, intensificándose esta tendencia si trabajan en un ambiente burocrático, rígido, con escasa o nula participación en la adopción de decisiones y con un sistema de incentivos no equitativo respecto de las contingencias organizacionales (eficacia, eficiencia, dedicación, etc.).

e) Los trabajadores que padecen altos niveles de despersonalización alteran sus relaciones con los clientes, con los colegas y con la organización de forma tal que inhiben su percepción de autoeficacia.

f) Cuando las personas juzgan que su esfuerzo no es apreciado, o que es inefectivo o inadecuado, disminuyen la autovaloración de sus capacidades.

g) La percepción de soporte organizacional, familiar y de otros significativos (amigos, colegas, etc.) minora el riesgo de agotamiento emocional, despersonalización y deterioro de la autoevaluación de competencia personal.

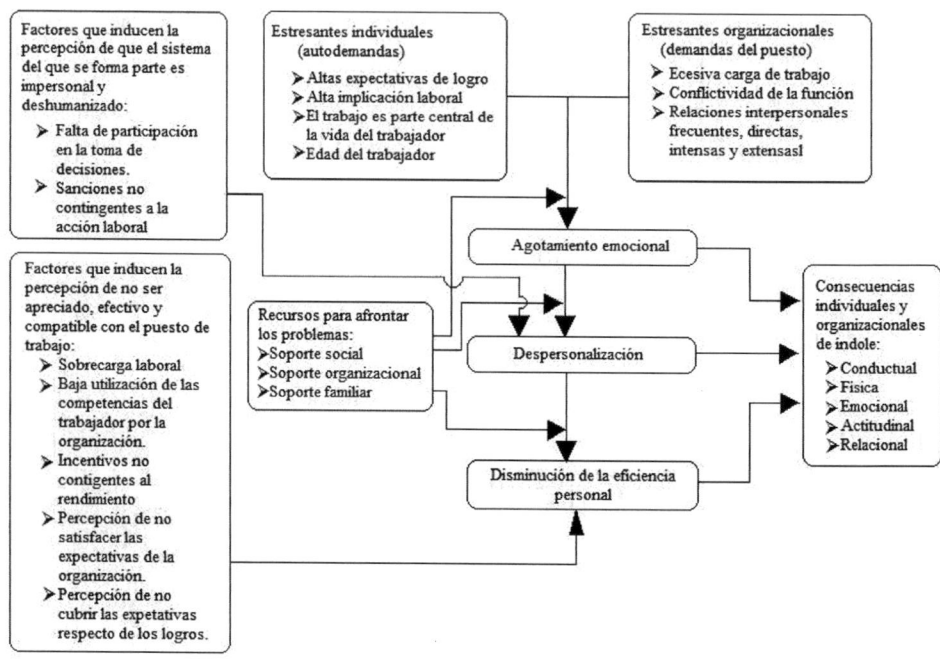

Figura 69

Uno de los estudios longitudinales más interesantes acerca del "síndrome del quemado laboral" en organizaciones escolares ha sido conducido por Burke y Greenglass (1995), autores que distinguen entre:

1) Factores que influyen en el origen de este tipo de estrés:

- Individuales y situacionales (edad, tiempo de permanencia en el centro educativo en el que ejercen, tipo de institución escolar de la que forman parte, estado civil, sexo, nivel profesional, antigüedad profesional, lapso de desempeño del actual puesto de trabajo, nivel académico, situación familiar).
- Circunstancias y condiciones estresantes:

   — Capacitación y orientación profesional adecuadas/inadecuadas ("La formación que he recibido para el desempeño de mi puesto actual de trabajo es/ no es suficiente y adecuada").

   — Carga laboral ("Ocupo/no ocupo, habitualmente, casi todo el tiempo de que dispongo en la realización de mi trabajo").

— Ausencia/presencia de estímulos laborales adecuados ("Mi trabajo es/no es estimulante para el desarrollo personal").

— Índole conflictiva ("En mi trabajo afronto/no afronto constantemente problemas que afectan a las personas con las que mantengo relaciones laborales").

— Objetivos precisos/ambiguos ("En la institución de la que formo parte existe/no existe una formulación clara e inequívoca de metas y cuenta con una "filosofía laboral" explícita").

— Autonomía ("Tengo/no tengo capacidad de decisión y control sobre el trabajo que realizo").

— Aislamiento ("Cuando me enfrento con dudas, tengo/no tengo ayuda para salir de ellas").

— Expectativas cumplidas/no cumplidas ("En general, el trabajo que realizo, y las expectativas que me formé acerca del mismo, se corresponden/no se corresponden con lo que esperaba al incorporarme a la organización").

— Ambigüedad (Conozco/no conozco exactamente qué espera la organización de mí").

— Participación ("Habitualmente, tengo/no tengo la oportunidad de dar mi opinión acerca de lo que conviene y no conviene hacer en el desempeño de mi trabajo").

— Soporte social (por parte de los superiores, colegas, familiares, amigos).

2) Consecuencias de padecer el síndrome del "quemado laboral":

• De tipo laboral:

— Insatisfacción.
— Absentismo.

• De índole emocional y de bienestar personal (agotamiento, pérdida de autoestima, etc.).

El efecto más significativo es, pues, de acuerdo con los resultados de este estudio, el agotamiento emocional, en el caso de los profesionales de la enseñanza.

Greenglass, Fiksenbaum y Burke, publican en el año 1994 un estudio en el que identifican las relaciones que existen entre el "soporte social" y los síntomas del *burnout* en profesores, advirtiendo que esta perturbación no se presenta como un suceso repentino, traumático, sino que es el resultado de un largo proceso que conduce al deterioro progresivo de la personalidad del trabajador. El soporte social[119] (familia,

---

119   Sobre los efectos favorables del apoyo social véase: Dignam *et al.* (1986), en el caso de que provenga de los supervisores; Leiter (1990) y Burke y Greenglass (1986), si es la familia la que lo ofrece, y Jarayaratne y Chess (1984), si son los compañeros de trabajo los que apoyan.

amigos, etc.), concluyen también estos investigadores, puede constituir una barrera para impedir la ocurrencia de esta patología, o constituir un factor de mejora de quien ya la padece.

Las investigaciones realizadas a partir sobre todo de los trabajos de Malasch, y con la utilización como instrumento de diagnóstico, del *"Malasch Burnout Inventory"* y del más reciente *"Malasch Burnout Inventory-General Survey"*, de Schaufeli, Leiter, Malasch y Jackson (1996), se plantearon considerando que el *burnout* es una patología específica de las profesiones que prestan servicios sociales (trabajo social, sanidad o enseñanza). Esta reducción ha sido puesta en cuestión en los últimos años con trabajos como los de Demerouti, Bakker, Nachreiner y Schaufeli (2001), en los que se admite que se trata de una forma de estrés que puede surgir en cualquier ámbito laboral cuando no existe equilibrio entre las demandas laborales (DL) y los recursos (RL) de que dispone la persona que trabaja para satisfacerlas. Consideran, de acuerdo con este planteamiento, que son manifestaciones del *burnout* en cualquier forma de actividad laboral[120]:

- El agotamiento, consecuencia de una tensión física, afectiva o cognitiva debida a una prolongada exposición a una fuerte demanda laboral.
- La "desvinculación", o distanciamiento de las obligaciones y responsabilidades laborales.

Para explicar estos desarreglos de la CL, Demerouti *et al.* proponen un modelo basado en dos factores:

1) Las demandas del puesto de trabajo (DR), definidas como los requerimientos físicos, mentales y afectivos de la actividad laboral.
2) Los recursos de que dispone el trabajador (RR), tanto los de índole organizacional (control sobre la actividad laboral, participación en las decisiones, variedad de tareas y posibilidades de cualificación) como social (apoyo de los colegas, de la familia y de grupos de iguales).

En la Figura 70 se representa el modelo DR-RR que alcanza en la investigación de Demerouti un nivel de ajuste satisfactorio a los datos empíricos (el estudio se realiza sobre una muestra de personas que trabajan en diferentes profesiones, incluida la de maestro).

---

120   Utilizan como instrumento de medida del *Burnout* el *Oldemburg Burnout Inventory* (Demeuroti, 1999).

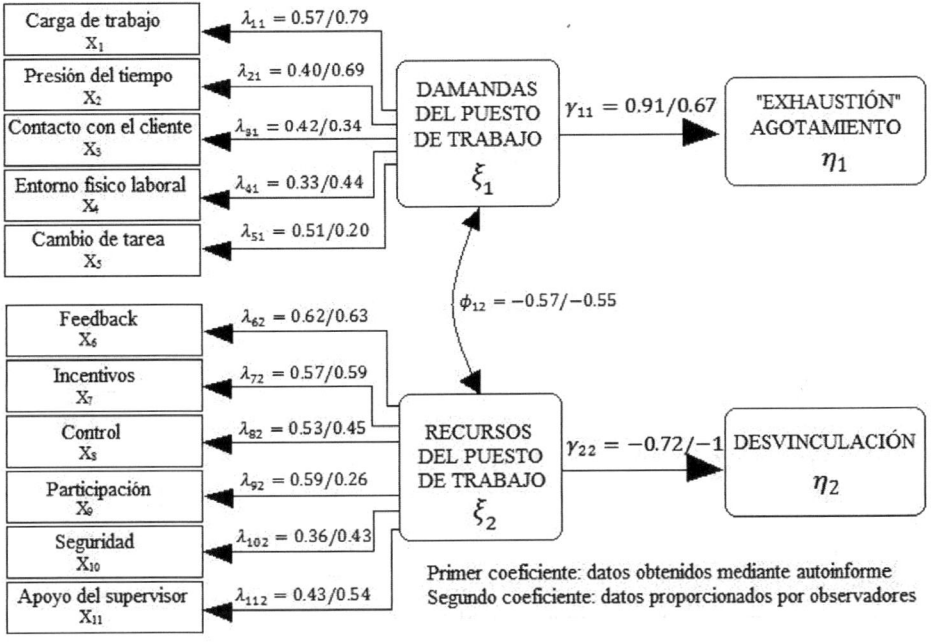

Figura 70

De los numerosos estudios que se han realizado para esclarecer las consecuencias de esta patología de la CL, algunos de los cuales ya están referenciados en este Capítulo, es oportuno citar el de Jackson, Schwab y Schuler (1986), realizado con la genérica finalidad de "comprender el fenómeno del *burnout*", con resultados no concluyentes pero en muchos aspectos esclarecedores e iluminadores de futuras líneas de investigación.

Las conclusiones más significativas acerca de los antecedentes de esta patología son:

- El "agotamiento emocional" está íntimamente asociado a la conflictividad del puesto de trabajo;
- La percepción de **autoeficacia**, con soporte de la organización (del mánager), constituye un importante freno a la despersonalización.
- La no satisfacción de las expectativas respecto del empleo no muestra relación significativa con el *burnout*.
- La sobrecarga laboral ("*caseload*"), como determinante del *burnout*, es preciso analizarla considerando dos aspectos diferentes en el *caseload*:

— Uno cuantitativo, del cual son indicadores la frecuencia y la duración de los contactos con los "clientes" (alumnos, padres);

— Otro cualitativo, del cual pueden ser indicadores la "distancia" afectiva o física que separa al trabajador (al profesor) del "cliente".

— Las características de los "clientes" (grado de conflictividad, rasgos *sociofamiliares*, edad, etc.).

Respecto de las consecuencias del *burnout*, Jackson, Schwab y Schuler hallan que tiene efectos significativos en:

- Posición laboral preferida.
- Intención de abandonar la profesión.
- Seguir procesos de formación para nuevas opciones profesionales.
- Abandono del centro de trabajo.

Las últimas tendencias en el estudio del *burnout* hacen hincapié en la importancia que tiene tomar como unidad de análisis la persona en su contexto, planteamiento que va más allá del que se centra en el análisis del grado inicial de ajuste entre tarea e individuo, ya que estudia la compatibilidad "persona-trabajo" en su evolución temporal. En el marco de este planteamiento, Malasch y Leiter (1997) y Malasch, Schaufeli y Leiter (2001) entienden que en esta forma más amplia de entender el *burnout* son críticos seis factores:

- La carga de trabajo: si es excesiva o no se ajusta al cuadro de competencias del trabajador genera agotamiento emocional, especialmente si la actividad laboral demanda del trabajador emociones que son incompatibles con sus sentimientos;
- El control: se origina cuando el individuo tiene la percepción de que no ejerce un control suficiente sobre los recursos que necesita para realizar de forma eficiente su trabajo o para decidir los métodos y procedimientos que considera que son más efectivos. Esta situación suele presentarse siempre que la persona ha de asumir más responsabilidades de las que le corresponderían por su nivel de autoridad.
- Recompensa: cuando una persona no recibe la recompensa económica por el trabajo que realiza o no se le reconoce socialmente la importancia de su contribución laboral a la organización, genera una percepción de ineficacia que favorece la aparición de *burnout*, especialmente en los casos en los que no tiene una fuerte motivación interna hacia la tarea que ha de realizar.
- Sentimiento de comunidad: si se produce un desajuste entre el individuo y el grupo, con el consiguiente aislamiento asociado a la falta de relaciones personales que proporcionen soporte, humor, respeto, confort, etc. el trabajador entra en una situación de aislamiento que lo hace especialmente vulnerable al *burnout*.

- Equidad: la percepción de falta de equidad laboral, tanto en la carga de trabajo como en la asignación de los incentivos o en las posibilidades de promoción, genera agotamiento emocional e induce comportamientos cínicos, asociados muy estrechamente a esta patología laboral.
- Valores compartidos: si el trabajador se siente obligado a realizar tareas que entran en colisión con sus valores o creencias se incrementa el riesgo a padecer *burnout*.

Se discute también en la actualidad si procede o no analizar el *burnout* como la antítesis negativa de la implicación del trabajador en su actividad laboral. Schaufeli y Enzmann (1998), por ejemplo, consideran que el *burnout* y la implicación laborales son dos formas independientes relacionadas con el bienestar en el trabajo, que forman parte de dos dimensiones más amplias: el placer y la activación, en las que el *burnout* tiene bajos niveles en una y otra y la implicación, por el contrario, los tiene elevados.

Para Schaufeli, la implicación se caracteriza por el **vigor** (*"me siento lleno de energía para realizar mi trabajo"*), la **dedicación** (*"me entusiasman las tareas que debo realizar"*) y la **absorción** (*"mi trabajo atrae toda mi atención"*), dimensiones que están en correlación negativa con el *burnout* y positiva con la implicación y la eficacia laborales.

Las estrategias para prevenir y, cuando ya se ha manifestado, eliminar o atenuar el *burnout* se deducen de los factores que lo determinan: es preciso evitar que concurran las circunstancias que hacen crecer el riesgo de que aparezcan síntomas de la patología. En todo caso, se consideran medidas preventivas:

- Formación de los trabajadores con la finalidad de que se consideren capaces de afrontar con posibilidades de éxito sus responsabilidades laborales;
- Adscripción de los trabajadores a puestos de trabajo que sean compatibles con sus perfiles profesionales, y en cuyo desempeño se sientan interesados;
- Intervención de los órganos de dirección para que los factores que evitan el *burnout* estén presentes en las diferentes situaciones de trabajo (distribución equitativa de la carga laboral y de los incentivo; establecimiento de un sistema de promoción justo; participación de los trabajadores en el control de los recursos y procedimientos de trabajo; fomento de climas sociales positivos, etc.

c) Conductas de acoso

Aunque el epígrafe "conductas de acoso" acoge diferentes tipos de comportamientos (no siempre caracterizados como patologías de la conducta laboral), no cabe duda de que en la actualidad con esta expresión es usual referirse, por su importancia, a las dos patologías que más perturban el desarrollo de las actividades laborales: el acoso sexual y el acoso racial. Dado que en la etiología del acoso sexual está, frecuentemente, presente el componente racial[121] de la víctima, en este apartado se estudian únicamente los comportamientos de acoso sexual en el espacio laboral.

Si bien la existencia de conductas de acoso sexual es tan antigua como las propias organizaciones (también las escolares) su estudio y tratamiento no se ha convertido en un centro de interés para la Organización científica hasta el inicio de los años 80[122]: *"Sexual harassment is a problem with a long past but a sort history"* (El acoso sexual es un problema con un largo pasado y una corta historia) (*American Psychological Association*, 1993, p. 3).

Las definiciones de este tipo de conducta, el "acoso sexual en contextos laborales" (AS), difieren según se planteen desde una perspectiva jurídica o científica:

- El Derecho tipifica las distintas formas de acoso sexual con la finalidad de sancionar actuaciones expresas que vulneran el derecho del acosado a no sufrir este tipo de agresión. Así, por ejemplo:

  — En España, Ley Orgánica 11/1999, de 30 de abril, que modifica el Título VIII del Libro II del Código Penal, aprobado por Ley Orgánica 10/1995, de 23 de noviembre, define en su artículo 184 las conductas de acoso sexual, y las sanciones a que da lugar este comportamiento, considerando agravantes si el acoso se "hubiera cometido prevaliéndose de una situación de superioridad laboral, docente o jerárquica" o cuando la "víctima sea especialmente vulnerable, por razón de su edad, enfermedad o situación"[123].

---

121 El lector interesado en las conductas de acoso racial, puede consultar Harrick y Sullivan, 1995; Kimberly *et al.,* 2000).

122 Aun cuando la primera sentencia por acoso sexual se produce en EE.UU. en el año 1976, esta forma de conducta alcanza a ser percibida como un problema social importante únicamente a partir del momento en el que el Comité Judicial del Senado de EE.UU. atendió la denuncia de la ciudadana Anita Hill contra el juez de la Corte Suprema Clarence Thomas, en el año 1991.

123 En el caso de la Administración pública, la Resolución de 28 de julio de 2011, de la Secretaría de Estado para la Función Pública, aprueba el Protocolo de actuación frente al acoso sexual y al acoso por razón de sexo en el ámbito de la Administración General del Estado y de los Organismos Públicos vinculados a ella.

— La Unión Europea, a través de la Directiva 2002/73/CE del Parlamento Europeo y del Consejo, de 23 de septiembre de 2002, que modifica la Directiva 76/207/CEE del Consejo relativa a la aplicación del principio de igualdad de trato entre hombres y mujeres en lo que se refiere al acceso al empleo, a la formación y a la promoción profesionales, y a las condiciones de trabajo, señala[124]:

"2. A efectos de la presente Directiva se entenderá por:
– 'acoso': la situación en que se produce un comportamiento no deseado relacionado con el sexo de una persona con el propósito o el efecto de atentar contra la dignidad de la persona y de crear un entorno intimidatorio, hostil, degradante, humillante u ofensivo,
– 'acoso sexual': la situación en que se produce cualquier comportamiento verbal, no verbal o físico no deseado de índole sexual con el propósito o el efecto de atentar contra la dignidad de una persona, en particular cuando se crea un entorno intimidatorio, hostil, degradante, humillante u ofensivo.
3. El acoso y el acoso sexual en el sentido de la presente Directiva se considerarán discriminación por razón de sexo y, por lo tanto, se prohibirán".

— En EE.UU., la Comisión para la Igualdad de Oportunidades Laborales, de EE.UU. (*Equal Employement Opportunity Comision*) define esta figura (*Sexual Harassment*) como *"la conducta verbal o física de naturaleza sexual que de forma no razonable interfiere el rendimiento laboral de una persona o le crea un entorno laboral hostil o intimidatorio"* (*Equal Employment Opportunity Commission*, 1990).

• Desde un punto de vista científico, se han dado diferentes definiciones de AS:

— "Cualquier forma de conducta a través de la que se pretende injuriar a otro psíquica o físicamente" (Tedeschi y Felson, 1994);
— "Cualquier forma de conducta que tiene como objetivo lastimar o injuriar a otro ser humano, quien se siente impelido a evitarla" (Baron, 1977).
— "Toda acción de índole sexual y relacionada con la actividad laboral e iniciada con la expectativa de producir daño a otra persona o de forzar su voluntad para alcanzar una finalidad que el agresor considera valiosa para él" (O´Learry-Kelly *et al.*, 2000).

---

124   Diario Oficial n.º L 269 de 05/10/2002 p. 0015 - 0020

Aunque desde el punto de vista científico el horizonte temporal de que se dispone para analizar esta perturbadora forma de comportamiento es limitado, ya al presente se ha tratado de interpretarla desde distintas teorías, casi siempre concebidas para explicar formas de comportamiento agresivo de índole más general, tales como:

- Las que se apoyan en la *"hipótesis de la cercanía"*, que sostienen que la frecuencia e intensidad de las relaciones en el trabajo inducen la creación de un entorno *"sexualizado"*, que incrementa el riesgo de que se produzca AS (Gutek *et al.,* 1990).
- La que arranca de la *"teoría del desbordamiento"*, que interpreta que el AS se produce como consecuencia de que algunos trabajadores trasladan al lugar de trabajo expectativas sexuales inapropiadas de índole personal (Lengnick-Hall, 1995).
- Las que, con cierto trasfondo feminista, defienden que el AS es un mecanismos dirigido a mantener una relación de domino del hombre sobre la mujer (Hemming, 1985).

Una materia muy importante, tanto desde una perspectiva jurídica como científica, es la de establecer un catálogo de conductas que son indicadores de *AS*[125]. Rotundo, Nguyen y Sackett, mediante integración de los resultados de 62 estudios sobre *AS*, proponen una clasificación con siete categorías que son manifestaciones de este tipo de comportamiento (Tabla 9).

---

125   A este respecto es muy interesante el caso de Teresa Harris en la empresa *Forklift Sys. Inc.* Teresa Harris, mánager de la empresa *Forklift Systems Inc.*, sufrió acoso sexual por parte de su superior. Ella denunció el hecho ante la corte federal de su distrito, afirmando que el acoso había creado un entorno de trabajo en el que se sentía intimidaba, por lo que entendía que ello violaba el Título VII de la Ley de Derechos Civiles de 1964. El acosador afirmó que el acoso no había sido lo suficientemente agresivo como para afectar a Teresa psicológicamente o a dificultar la realización de su trabajo, por lo que en ningún momento el entorno laboral fue intimidatorio. El juzgado de distrito consideró que no se había producido intimidación y consideró el caso cerrado. Teresa lleva el caso al Juzgado de Apelación, que ratifica la sentencia del juzgado del distrito. Posteriormente, la Corte Suprema (la juez fue Sandra Day O'Connor) anula la sentencia del Juzgado de Apelación, al entender que cuando un entorno es percibido razonablemente como hostil o intimidador, no es necesario que sea psicológicamente perjudicial para violar el Título VII.

Categoría	Descripción	Ejemplos de comportamiento
— **Actitudes despectivas de índole impersonal.**	— Comportamientos que son expresivos de actitudes de desprecio hacia el hombre o la mujer en general.	— Gestos o expresiones obscenos que no se dirigen a nadie en particular (mediante chistes estereotipados, p.e.).
— **Actitudes despectivas de índole personal.**	— Lo mismo que los anteriores, si bien se dirigen hacia la persona que es objeto de AS.	— Lo mismo, pero dirigidos hacia una persona en particular (mediante, por ejemplo, llamadas telefónicas).
— **Presión para concertar citas no deseadas.**	— Persistente solicitud de citas que la persona que es objeto de AS rechaza.	— Insistentes peticiones de citas para encuentros fuera de la escuela o lugar de trabajo.
— **Proposiciones sexuales.**	— Demandas sexuales explícitas.	— Proposiciones para mantener relaciones sexuales.
— **Contacto físico con intención sexual.**	— Conductas en las que el acosador procura contactos físicos de intención sexual con la persona acosada.	— Abrazos, besos, etc., sin justificación alguna, pero con intención sexual
— **Contacto físico sin intención sexual.**	— Lo mismo que la anterior, pero sin intención sexual.	— Abrazos y contactos frecuentes e injustificados.
— **Coerción sexual**	— Peticiones con intención sexual que se fuerzan bajo la amenaza de no promoción o la promesa de promoción (o de otros perjuicios/ beneficios laborales).	— Amenazas o promesa de favores a cambio de concesiones sexuales.

Tabla 9

Las situaciones de AS se caracterizan siempre por una compleja trama con importantes efectos mediadores de terceras variables asociadas (el sexo, por ejemplo, de las personas implicadas). O´Learry, Paetzold y Griffin (2000) proponen un modelo (Figura 71) en el que:

- Los objetivos del agresor pueden ser instrumentales (obtener favores sexuales) o emotivos (carencias afectivas, estereotipos de género, proclividad a la violencia, deseo de castigar a otros por tener la percepción de ser tratado de forma no equitativa, protección de la autoimagen etc.) (Miller, 1997).

- La conducta preferida por el agresor es el resultado de las creencias que se ha formado acerca de la efectividad que le atribuye, en función de experiencias anteriores o del aprendizaje social, para alcanzar sus fines (Bandura *et al.*, 1996); de un proceso de ruptura de sus códigos de comportamiento con los establecidos por las normas sociales, y de la activación de un mecanismo de defensa consistente en "deshumanizar" a las víctimas y distorsionar las consecuencias de sus actos de AS.

- La conducta del agresor es percibida por el agredido de acuerdo con sus creencias normativas (de lo que es correcto y no correcto y de su grado de presencia o de "normalidad" en el contexto en el que ocurren).

- El comportamiento del agredido puede ser de índole emocional (proteger el auto-respeto), retributivo (obtener una compensación a través de la empresa o de los tribunales de justicia), evitar una venganza por parte del agresor o salvaguardar su reputación. En general, el que padece AS considera diferentes objetivos ante el hecho de haber sufrido acoso, eligiendo aquel o aquellos que juzga que le serán más beneficiosos social y personalmente.

- Una vez que el agredido tiene claras sus metas, decide el tipo de comportamiento que, a su juicio, le conviene más para su consecución.

- De acuerdo con la teoría *atribucional*, la persona que ha sufrido AS reaccionará emocionalmente según interprete cuáles han sido las causas, qué grado de control tiene sobre la situación y su percepción de la estabilidad o permanencia de la agresión y sus efectos. En general, la investigación hecha sobre esta patología muestra que las emociones que son consecuencia de sufrir acoso son miedo, ansiedad, autoinculpación e ira (Gutek y Koss, 1993).

- El comportamiento con el que reacciona el acosado le afecta al agresor, que, al percibirlo, puede reaccionar con conductas de "cesar en la agresión" o, por el contrario, de incrementar su actuación acosadora.

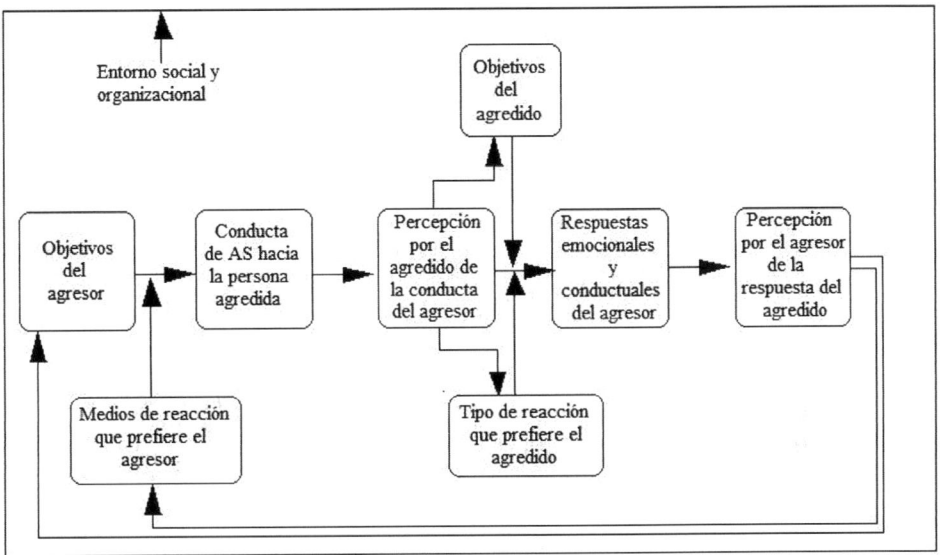

Figura 71

En este modelo, son, pues, cruciales las actuaciones del agredido, sabiendo que no es infrecuente que no informe de la experiencia que vive. La respuesta, especialmente cuando se produce en forma de denuncia, depende de la valoración que hace el acosado de la situación, a partir de consideraciones que pueden ser de índole:

- Individual o personal (experiencias anteriores, actitudes hacia el AS, posición en la organización, sensibilidad ante los comportamientos de acoso y tendencia a etiquetar "acercamientos" de los "otros" como de naturaleza acosadora, etc.).

- Situacional o contextual (frecuencia con la que ocurren comportamientos de AS, posición en la organización de la persona que agrede, grado de "masculinidad"/"feminidad" que caracteriza demográficamente el espacio laboral, etc.).

- Organizacional: reacción de los órganos de dirección cuando alguien denuncia una situación de AS (se sabe ante quién y cómo denunciar, no se teme ningún tipo de venganza, la dirección no minimiza o quita importancia a los hechos, etc.).

- Actitudinal: en ocasiones, el informar puede afectarle negativamente a la propia persona agredida (en su satisfacción laboral o en las relaciones con los compañeros de trabajo, por ejemplo), de ahí que con frecuencia se evite el dar cuenta de la presencia de esta patología de la CL.

Un esclarecedor estudio de la reacción de quienes se ven sometidos a AS, especialmente la que se manifiesta en forma de denuncia, lo publican, en el año 2002, Bergman, Langhout, Palmieri, Cortina y Fitzgerald en un interesante artículo del que forma parte un modelo, en el que se sitúan los comportamientos de "denunciar" formando parte de una teoría más amplia sobre el AS (Figura 72).

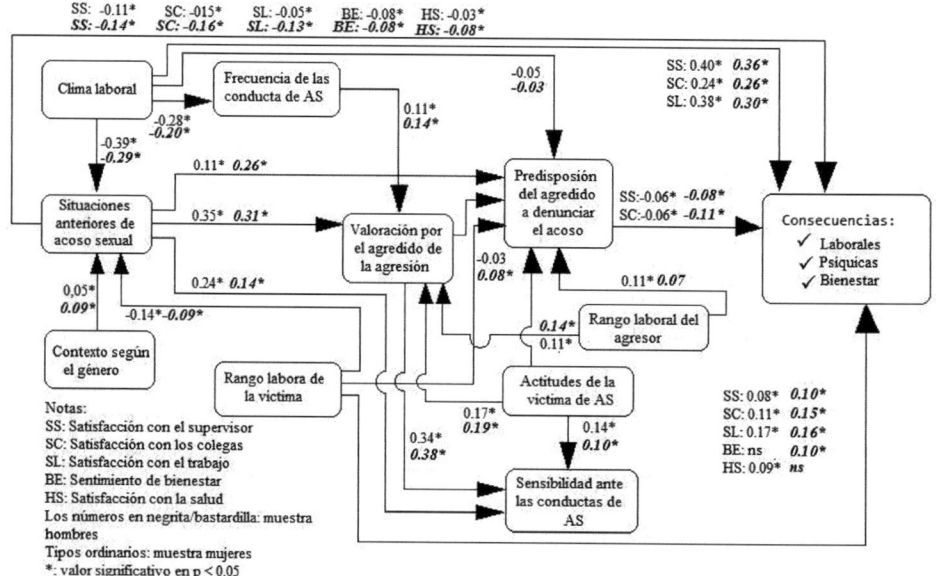

Figura 72

Con apoyo en los resultados de un segundo modelo, Bergman *et al.* ponen de evidencia que no es tan común como se ha supuesto que las personas acosadas informen de su situación, ya que al hacerlo pueden sufrir represalias, además de daño en su satisfacción laboral y un incremento de su estrés, de ahí que no sea infrecuente que las víctimas eviten el informar de las agresiones que reciben. Sigue concluyendo Bergman que la mayor contribución a la eliminación de este tipo de comportamiento lesivo para la persona y disruptivo para la organización es la creación de un clima de no tolerancia respecto del mismo.

Sobre las consecuencias para la persona acosada y para la organización del AS se han realizado otros numerosos estudios, de entre los que cabe citar los siguientes:

a) El de Schneider, Swan y Fitzsgerald (1997), cuyo objetivo es el de estudiar el impacto el AS en las actitudes hacia el trabajo, conducta laboral, bienestar psicológico y respuestas para enfrentarse al acosador de mujeres trabajadoras. Los autores de este trabajo concluyen que quienes sufren AS, respecto de las personas que no tienen experiencias de esta índole:

— Están menos satisfechos con sus colegas y con el supervisor y muestran una tendencia significativamente mayor al absentismo y al abandono del puesto que desempeñan y de la organización a la que pertenecen.

— Puntúan menos en escalas que miden el bienestar psicológico y muestran un mayor grado de estrés.

b) El de Fitzgerarld *et al.* (1997), quienes desarrollan y verifican la capacidad explicativa de un modelo que incorpora los antecedentes y las consecuencias del AS y que acepta que esta patología es consecuencia primaria o función de las características de la organización y del puesto de trabajo y resulta mejor conceptualizada si se atiende a la cultura del grupo en el que se produce y al clima organizacional que le es característico (Figura 73). De acuerdo con este modelo:

— La tolerancia organización con el AS induce y favorece las conductas de AS.

— Las conductas de acoso crecen a medida que el número de mujeres respecto del número de hombres en el contexto laboral disminuye.

— Las personas que sufren acoso muestran insatisfacción con el empleo y deseo de abandonar la empresa en la que trabajan.

— La ansiedad se incrementa a media que lo hacen las conductas de acoso.

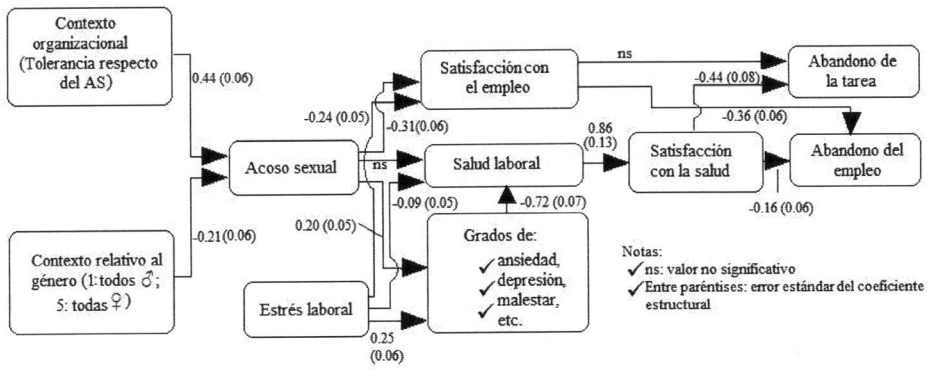

Figura 73

c) El de Glomb *et al.* (1999), en el que, además de verificar la pertinencia del modelo anterior (Fitzgerald *et al.,* 1997), identifican los efectos mediatos que produce el AS, para lo cual realizan dos mediciones de este comportamiento, separadas por 24 meses [Tiempo 1 y Tiempo 2, respectivamente (obsérvese que incluye también como variable externa "Disposición afectiva", o tendencia de la persona acosada a considerar relevantes hechos en principio irrelevantes del contexto laboral] (Figura 74). Glomb *et al.* obtienen resultados muy similares a los Fitzgerarld *et al.* (1997) y, además, constatan que:

— El AS mantiene sus efectos en la satisfacción laboral y en el deseo de abandonar la organización después de dos años de haberse producido.

— Las experiencias de AS están significativamente asociadas con la tensión psicológica, y esta con el absentismo laboral y los comportamientos de "*social loafing*".

— Las personas que han informado acerca de haber sufrido AS muestran una tendencia a seguir haciéndolo en el futuro, si se produjesen incidentes de esa índole.

— La percepción de que existe tolerancia a las conductas de AS inducen comportamientos de AS

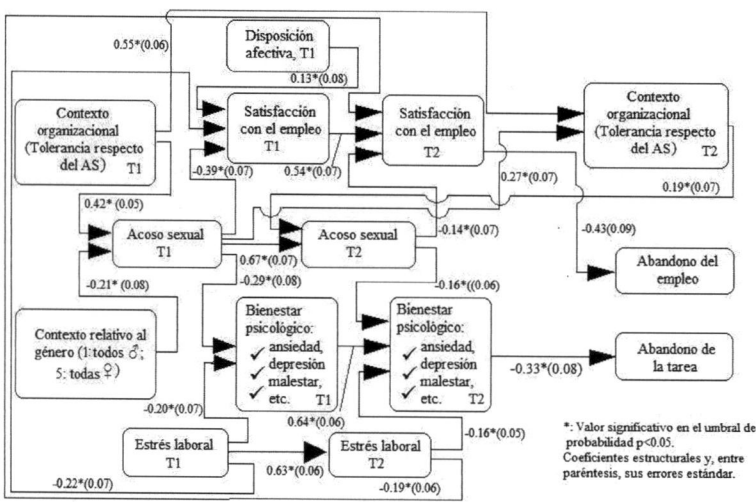

Figura 74

Además de explicar qué determina la ocurrencia de esta patología, es imprescindible conocer si quienes observan conductas de AS reaccionan con pasividad o, por el contrario, interviniendo para proteger a la víctima. Ryan y Wessel (2012), partiendo del modelo de Bowes-Sperry y O'Leary-Kelly (2005), estudian, precisamente, cuándo, cómo y por qué quienes presencian conductas de acoso sexual se implican ("debo intervenir" o "debiera intervenir") en la situación creada. Distinguen en su trabajo entre:

- Hostilidad de tipo sexista ("¿Con frecuencia le cuentan historias o le gastan bromas que son ofensivas para usted?").
- Hostilidad de tipo sexual ("¿Ha experimentado intentos no deseados de establecer una relación amorosa o sexual con usted?").
- Coerción sexual ("¿Le han propuesto una promoción rápida y mejor trato si acepta proposiciones sexuales?").

Entre los resultados de este trabajo, tienen especial interés desde la perspectiva de la gestión por los mánager de situaciones de acoso sexual:

- La existencia de un ambiente generalizado de acoso sexual está en relación significativa con la ocurrencia de conflictos laborales.
- La hostilidad sexual afecta de forma significativa a la cohesión de los grupos de trabajo y a su rendimiento.
- La intervención de las personas que observan comportamientos de acoso sexual (AS) es más probable si el AS es directo, se refiere a una persona con la que el observador tiene una relación personal de amistad, es recurrente o si el observador considera que obtendrá beneficios interviniendo (reciprocidad, sensación de bienestar, no sentimientos de culpabilidad).

La necesidad de que por parte de los mánager se adopte una política de "tolerancia cero" respecto de esta patología se justifica no sólo por los perturbadores efectos que produce en el rendimiento y la cohesión del grupo de trabajadores y en el bienestar y la dignidad de quien sufre AS, sino también para que los observadores de este comportamiento no se inhiban e intervengan para erradicarlo: en el estudio de Ryan y Vessel se concluye, por ejemplo, que un tercio de los observadores de AS no intervendría al presenciar este comportamiento y que solamente el 20% se implicaría a fondo e inmediatamente.

Corresponde, pues, a la organización, según los modelos expuestos, el adoptar medidas para prevenir esta patología de la conducta laboral, ya que los factores que con mayor fuerza determinan la frecuencia de aparición de AS son los relativos al entorno laboral, cuyo control corresponde fundamentalmente a los órganos de dirección. La no prevención en materia de AS, además de afectar a la organización desde múltiples perspectivas (eficiencia, imagen, tasas de abandono, etc.)

puede dar lugar a responsabilidades legales que los Tribunales pueden exigir a sus directivos:

- La empresa (el centro escolar) incurre en responsabilidad legal cuando el AS es una condición para el empleo o sirve de fundamento a decisiones que le afectan personalmente al trabajador (en los incentivos o en la promoción profesional, por ejemplo).
- La empresa (el centro escolar) es responsable cuando el AS perjudica de forma ostensible el rendimiento laboral de la persona agredida o se utiliza para crear un entorno laboral hostil, intimidatorio u ofensivo, dándose la circunstancia de que existe conocimiento de ello y no se han adoptado las acciones correctoras pertinentes.

3. LA COMUNIDAD PROFESIONAL

El conjunto de trabajadores de la empresa, ahí incluidos los mánager, constituyen la comunidad profesional: son las personas que desempeñan los distintos puestos de trabajo, consideradas un "grupo de interés", y que reciben recursos (económicos, sociales, de desarrollo personal, etc.) que son retornos a la prestación de un servicio o la producción de un bien que satisface las necesidades de quienes aportan de forma directa (pago de cuotas) o indirectas (impuestos) tales recursos.

En el origen de la puesta en valor, en el ámbito de las organizaciones escolares, de la importancia de la comunidad profesional para la eficiencia organización hay que situar las aportaciones de Rosenholtz (1989), y sus trabajos para demostrar que cuando el trabajador (profesor) se siente apoyado en sus opiniones y en sus prácticas docentes por quienes forman parte de su entorno profesional se muestra más comprometido y más efectivo respecto de los objetivos del servicio que presta, idea que han contribuido a consolidar:

- McLaughlin and Talbert (1993), que ratifican las ideas de Rosenholtz de que los profesores que se sienten apoyados en la búsqueda de innovación y en desarrollo profesional propenden a "devolver" a la organización "disposición a colaborar";
- Louis and Kruse (1995), quienes verifican que el liderazgo participativo y compartido facilita la constitución de comunidades profesionales en los centros escolares;
- Peter Senge (1990), que, en su libro *The Fifth Discipline,* introduce de forma sistemática la idea de que las comunidades profesionales conducen a la con-

versión de las empresas en *organizaciones que aprenden*, en las que "nuevos y expansivos sistemas de pensamiento se nutren, las aspiraciones colectivas se manifiestan libremente, y las personas se adiestran continuamente en cómo aprender juntos" (p. 3).

La comunidad profesional es el núcleo del espacio laboral (existe otros factores como las normas que regulan la actividad productiva y de funcionamiento de la organización) en el que el trabajador ejerce sus funciones y de ella recibe una parte de los estímulos que le hacen sentir satisfecho de formar parte de la empresa. El sentimiento de pertenencia a la comunidad profesional, que ciertamente varía según las características y dimensiones de la organización, únicamente tiene virtualidad cuando (Bryk *et al.,* 1999) existe:

- Diálogo reflexivo y frecuente entre el conjunto de sus miembros sobre los objetivos, recursos, contenidos, tecnologías, relaciones con el entorno, toma de decisiones, etc. relativos a la prestación del servicio.
- Transparencia respecto de la forma en la que cada trabajador asume sus responsabilidades, de los medios en que se apoya para la mejor asunción de su rol laboral y de la orientación que da al proceso a través del cual los receptores del servicio colman sus expectativas.
- Un sistema estable y frecuente de cooperación entre todos los profesionales.
- Aceptación clara y leal de las normas que regulan la actividad laboral y del aporte de esfuerzo para el mejor aprovechamiento de los recursos.
- Participación generalizada en la adopción de decisiones colectivas.
- Plena intervención de los "veteranos" en los procesos mediante los cuales se socializa a los nuevos integrantes de la organización.
- Aceptación del *ethos* de la organización, y de los valores y prácticas que forman parte de la cultura organizacional.

La relevancia de la comunidad profesional ha sido puesta de evidencia por investigaciones que han constatado sus efectos en la mejora del servicio que prestan las organizaciones, a través del impacto que puede tener en:

- Los procesos de trabajo de los distintos profesionales, mediante el intercambio de información, la visualización de las mejores prácticas, la elaboración y la distribución de recursos, etc. (King y Newman, 2001; Tighe *et al.,* 2002; Smyle y Wenzel, 2003, o Walhlstrom y Louis, 2008).
- La asunción, por cada trabajador, de diferentes roles (mánager, orientador, facilitador, coordinador, diseñador de *currícula*, miembro de grupos de discusión, etc.) (McLaughlin y Talbert, 2001; Hord y Sommers, 2008).

- La consolidación de la organización como una *comunidad que aprende* (Senge, 1990).
- La capacidad de la organización (*school capacity*) y la "potencia" de la comunidad profesional (Guzzo *et al.*, 1993) para prestar un servicio de alta calidad, aprovechando con eficiencia el capital intelectual de todos los trabajadores en un clima de confianza (*trust*) generalizada (Massell, 2000; Gamoran *et al.*, 2003; Cosner, 2009).
- La promoción de comportamientos cívicos (apoyo mutuo más allá de las estrictas obligaciones laborales), especialmente en situaciones de agotamiento emocional (*burnout*) de algún trabajador.
- La cohesión organizacional, a fin de que en el funcionamiento de la organización se trascienda lo particular y se hagan compatibles las naturales diferencias de intereses y objetivos de todos los trabajadores (Buelens *et al.*, 2006).

Es de indudable interés para la alta calidad en la prestación de los servicios (escolares) el conseguir que las comunidades profesionales se constituyan en "comunidades que aprenden e innovan", es decir que comparten y analizan críticamente el conocimiento, que estudian las mejores prácticas propias y ajenas (benchmarking), que estén fuertemente motivadas y apasionadas por alcanzar la excelencia en el desarrollo de la actuación profesional, tanto en el nivel individual como en el colectivo (Louis, Kruse y Bryk, 1995; King y Newmann, 2001; Toole y Louis, 2002; Seashore, Anderson y Riedel, 2003). De forma más precisa, las comunidades profesionales que aprenden (Louis *et al.*, 2006) tienen las siguientes características:

- Normas y valores comunes (Andrews y Lewis, 2007).
- Centralidad de la calidad del servicio para el conjunto de profesionales y responsabilidad colectiva respecto del aprendizaje de los alumnos (Hord, 2004; Kruse, Louis y Bryk, 1995).
- Colaboración entre todos sus miembros en la promoción del desarrollo profesional y el aprendizaje (Louis, 1994).
- Visibilidad por el grupo de las prácticas laborales de sus miembros.
- Diálogo reflexivo colectivo (Louis *et al.*, 1995).

La creación de este tipo de comunidades en las organizaciones se favorece mediante un proceso con las siguientes fases (Little, 2002):

a) Representación y visualización de las prácticas laborales: reuniones, puestas en común, constitución de grupos de trabajo, visitas a las aulas, etc., para que todos los integrantes de la comunidad profesional conozcan lo que cada trabajador realiza y cómo lo realiza.

b) Orientación de las prácticas laborales a través del conocimiento, análisis y valoración colectiva del desempeño de los distintos profesionales.

c) Establecimiento y aplicación de normas que sirvan para organizar de forma permanente la interacción entre todos los profesionales a fin de promover el aprendizaje colectivo como práctica de mejora de las actuaciones individuales.

En el surgimiento y consolidación de comunidades profesionales el *general manager* tiene un papel relevante, especialmente su capacidad para ejercer un efectivo y sólido liderazgo (*auctoritas*) que induzca en cada trabajador implicación y compromiso en la actividad de la organización y pasión por la excelencia en la prestación del servicio (Bryk *et al.*, 1999; Young y King, 2002).

Tips para la excelencia

1. La actuación de sus trabajadores es la clave del éxito de los mánager: el mánager no debe olvidar nunca que quien presta el servicio de la organización no es él, sino ellos, los trabajadores.

2. El mánager debe asignar a cada trabajador tareas y objetivos que, requiriendo esfuerzo para realizarlas y conseguirlos, los perciba como posibles: ha de sentirlos como un desafío, no como algo imposible.

3. De la *auctoritas* del mánager depende la confianza que depositen en él los trabajadores: la *auctoritas* no la atribuye ninguna norma, depende de las cualidades del líder y de cómo actúa en relación con las personas de su entorno.

4. El poder del mánager no es ilimitado: cuando va más allá de su *potestas* es ilegítimo, y, en ese caso, los trabajadores no le deben obediencia.

5. El mánager ha de valorar el esfuerzo que realiza cada trabajador, darlo a conocer y no tratar de "adornarse con plumas ajenas": quien dirige debe sentir orgullo de que sus subordinados sean percibidos incluso como mejores que él en su labor concreta.

6. Cuando el mánager reconoce la contribución que realiza cada trabajador a la consecución de los objetivos, le hace sentirse satisfecho, comprometido y motivado.

7. Es muy importante que el trabajador se sienta en todo momento protegido por la organización, ante cualquier contingencia (lo que no le exime de responsabilidad).

8. El trabajador es muy sensible al trato justo: el mánager no debe sesgar nunca su reconocimiento hacia un grupo concreto de trabajadores (su camarilla): ¡que nunca se actúe en términos de filias y fobias!

---

9. El mánager no debe olvidar que un trabajador es, ante todo, una persona que tiene necesidades, que la organización ha de contribuir a satisfacer.

10. El mánager debe asumir sus responsabilidades, y hacerlo integrando los conocimientos y las competencias de los trabajadores mediante la participación en las decisiones que deba tomar, especialmente las que afectan a los trabajadores.

11. Cuando el mánager deba gratificar el mérito por el trabajo, ha de hacerlo siendo justo tanto en la valoración del mérito como en los procedimientos (han de ser percibidos como "limpios") de valoración del mismo.

12. Un trabajador puede sufrir patologías de su conducta laboral (*burnout*, por ejemplo). El mánager debe valorar qué contribución ha tenido para que ello ocurra.

13. El mánager debe crear un clima de "tolerancia cero" respecto de cualquier tipo de conducta de acoso, adoptando las medidas organizativas, disciplinarias y legales que en cada caso procedan.

14. En el reconocimiento de la eficiencia laboral y en la asignación de puestos de trabajo deben primar únicamente los méritos objetivamente valorados, sin que existe sesgo alguno de tipo racial, sexual o de orientación política, religiosa o de cualquier otra índole.

15. De la calidad de un trabajador deben ser indicador principal sus aportes a los objetivos de la empresa.

16. El mánager reconocerá siempre el valor que tiene la conducta cívico-organizacional de los trabajadores (ir más allá de sus obligaciones), haciéndola visible.

17. La integridad percibida del mánager, genera confianza, y la confianza es expresión de reconocimiento de *auctoritas* que, a su vez, induce compromiso del trabajador con la organización, actitud que es un requisito de excelencia en la prestación del servicio.

18. La insatisfacción puede tener origen en el deseo de mejorar. Si es así, no reprima esa actitud en sus trabajadores. No olvide que "*The best way to have a good idea is to have a lot of ideas*" (**Linus Pauling**).

19. El mánager que es capaz de conducir su organización a la excelencia piensa, y actúa en consecuencia, que cualquier trabajador cuenta y que la comunidad que todos ellos conforman cuenta especialmente: ¡cuide de que ningún trabajador se sienta aislado!

Capítulo V. Los destinatarios del servicio (escolar)

The greatest service the teacher can render the student is to increase his freedom: his free range of activity and thought and his power of control.

Many people tell me what I ought to do and just how I ought to do it, but few have made me want to do something...

La mayor contribución que puede hacer el profesor al alumno es la de incrementar su libertad: su libertad para decidir sobre sus actividades, sus pensamientos y su capacidad de control.

Son muchas las personas que me dicen qué debería hacer y también cómo debiera hacerlo. Son, sin embargo, muy pocas las que me motivan para hacerlo.

Mary Parker Follet
The New State (1918)

1. EL PUNTO DE PARTIDA[126]

Los indicadores más "cercanos" de la calidad del servicio escolar son sus *outputs*, especialmente los que aportan información relativa al valor del capital humano que han adquirido quienes —los alumnos— lo han recibido –el servicio–, y a la percepción, de quienes son clientes externos de la organización (especialmente los padres o tutores), de en qué medida se cumplen sus expectativas respecto de lo que la enseñanza habría de haber contribuido, a su juicio, a la formación de sus pupilos, como retorno del capital social que ellos han invertido.

Para entender el complejo papel que representa el alumno en las *roadmaps to excellence,* es preciso conocer y tener en cuenta qué variables determinan su rendimiento, y la capacidad de la propia organización escolar (como totalidad) y sus integrantes (singularmente los trabajadores que imparten la enseñanza) para controlar sus efectos, lo que de forma sintética se representa en la Figura 75, en la que se representan, sumariamente, los procesos que trasladan a los resultados instructivos los efectos del profesor, de los iguales (colegas) y de la familia, omitiendo factores tan importantes como las decisiones de la Administración, la actuación de los mánager

---

126   Este Capítulo no pretende ser un tratado completo sobre psicología del comportamiento y de sus determinantes, y si una breve síntesis de los factores personales que aportan *inputs* importantes a la creación de conocimiento por el servicio escolar. El lector puede ampliar esta materia con la bibliografía que se aporta en el Capítulo, y también consultando los numerosos y excelentes tratados que existen sobre psicología del aprendizaje.

o el influjo que ejerce la comunidad profesional en sus integrantes, e indirectamente en el servicio que prestan[127].

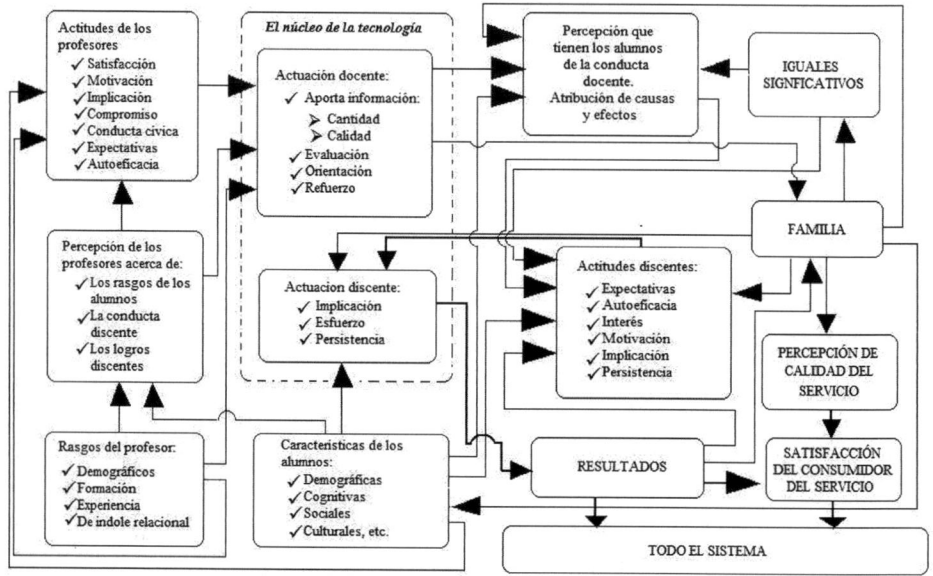

Figura 75

En último término, el aprendizaje del alumno se produce si las variables "oportunidad de aprender" y "esfuerzo por aprender" (Figura 75) alcanzan el umbral necesario para que el alumno incorpore a su *stock* cognitivo y emocional nuevas competencias, lo que ocurre si los determinantes de estas dos variables inciden con suficiente efectividad en cada una de ellas; determinantes cuyo origen hay que situarlo, de forma inmediata, en la actuación del profesor al interactuar con sus discípulos, de una parte, y en el soporte y contribución ofrecidos por la familia a la acción formativa, de otra.

---

127 Coburn y Russell (2008) han realizado un interesante trabajo sobre los modelos mediante los cuales los distintos elementos de las comunidades profesionales influyen en el aprendizaje de los alumnos.

Existe oportunidad de aprender si el alumno tiene recursos competenciales para procesar la nueva información que recibe, y ello es posible, inicialmente, en la que Vigotsky (1978) llama "Zona Próxima de Desarrollo" (ZPD)[128], y ocurre en la interacción del aprendiz con los estímulos que recibe en los entornos sociales en los que actúa, procedentes de personas (o de otras instancias como los libros o programas formativos presentados a través de, por ejemplo, Internet) con más formación que él (son los *More Knowledgeable Others*, MKO). Es, precisamente, en la ZPD en la que, primero bajo la orientación y ayuda del profesor (o de otro MKO) y, después, de forma autónoma, compartiendo experiencias, en donde el alumno aprende de forma cada vez más independiente e internalizada[129].

En la oportunidad de aprender inciden los *inputs* de variables que están bajo el control de la escuela, aunque no todas lo están, ya que los alumnos también adquieren competencias en la familia, en los grupos de "iguales" con las que convive o bajo el influjo del sistema educativo no formal (medios de comunicación, asociaciones juveniles, servicios comunitarios, etc.). El alumno tendrá la posibilidad de aprender si la información que le proporciona el profesor directa (a través de su actuación docente) o indirectamente (con apoyo en los medios que pone a disposición de los alumnos):

• Puede procesarla y asimilarla con los recursos cognitivos y emocionales (prerrequisitos para el aprendizaje) con que cuenta.
• Le es, al menos en parte, nueva.
• Le llega de forma compatible con su estilo cognitivo.
• Se ajusta en cantidad y en dificultad al tiempo que necesita para comprenderla y consolidarla.

La oportunidad de aprender es condición necesaria para que el aprendizaje ocurra, pero no suficiente: el alumno no aprenderá si no tiene la motivación[130] y no aporta el esfuerzo necesarios para, primero, "exponerse" (prestar atención) a la nueva infor-

---

128   Cabría utilizar otras teorías, si bien la de Vigotsky tiene suficiente capacidad explicativa, es ampliamente conocida y utilizada y da cuenta de forma intuitiva de cómo interpretar la oportunidad de aprender.

129   De acuerdo con este planteamiento, el aprendizaje no es precedido por el desarrollo, como sostiene Piaget (1959), sino que es la interacción del aprendiz con los estímulos procedentes de los entornos sociales en los que vive la que está en el origen de la adquisición de nuevos conocimientos. El dilema "lo social primero o el desarrollo antes" se supera si se admite que la ocurrencia de ambas situaciones debiera producirse simultáneamente, según un modelo no recursivo.

130   Uno de los principales determinantes de la motivación por aprender es la oportunidad de aprender.

mación y, después, realizar el trabajo que requiere integrarla en su sistema cognitivo. Ambas condiciones interactúan: para generar motivación es necesario que exista oportunidad de aprender, a su vez dependiente de las expectativas de éxito y de la puesta en valor, por los otros que le son significativos (familia, iguales, profesor, etc.), de las competencias adquiridas.

A la adquisición de conocimiento contribuye la escuela mediante la enseñanza. La familia, además de ser el cliente externo más importante de las organizaciones que ofrecen este servicio, realiza una aportación de gran relevancia a tal adquisición mediante su capital social[131], o estructura (Coleman, 1988), cuyos efectos se manifiestan en los objetivos que tienen los padres respecto del futuro académico y profesional (transmisión del estatus socioeconómico de una generación a la siguiente) de sus hijos, así como en la forma en la que ejercen su paternidad (Lareau, 2003) y en el tipo de influjo que, finalmente, ejercen sobre el rendimiento instructivo de sus pupilos.

Según los modelos explicativos de la función de producción de conocimiento (Hanusheck, 1986), el servicio escolar transforma, utilizando recursos, la formación inicial del alumno (el cliente), en otra, final, en la que debiera constatarse un incremento de sus competencias proporcional a los recursos consumidos en el proceso, siendo la diferencia entre las situaciones final e inicial el indicador más consistente de la calidad del servicio (el servicio añade, pues, valor al alumno enriqueciendo sus competencias, con más o menos eficiencia). En su forma convencional, estos modelos se representan mediante expresiones del siguiente tipo (Steven *et al.,* 2005):

$$\Delta A_{ifjgs}^{c} = A_{ifjgs}^{c} - A_{ifjg-1s}^{c} = X_{if}^{c}\beta_{x} + T_{jgs}^{c}\beta_{T} + S_{gs}^{c}\beta_{s} + al_{t} + \varepsilon_{ifjgs}^{c}$$

en la que[132]:

- ΔA_{ifjgs}^{c} : Incremento de competencias que se produce en el alumno *i*, de la cohorte *c*, que recibe enseñanza del profesor *j* en el grado *g* en la escuela *s*;
- A_{ifjgs}^{c} : competencias que tiene el alumno después de haber cursado el grado *g* con el profesor *j*;
- $A_{ifjg-1s}^{c}$: competencias de que dispone el alumno al inicio del grado *g* (el profesor pudiera ser el mismo).

---

131   El capital social de la familia se define en Coleman (1988) como la consistencia y fortaleza de las relaciones entre padres e hijos que es consecuencia de la presencia física, apoyo y atención que aquellos les proporcionan a sus pupilos.

132   En este modelo, las características del profesor son la formación, la experiencia y la ratio profesor alumnos. Mediante el desarrollo de este modelo, se puede estimar el efecto fijo de la calidad del profesor en el rendimiento de los alumnos. No se consideran, por mor de la simplicidad, las interacciones entre variables al representar el modelo.

- X_{if}^e: Características socioeconómicas (*inputs* familiares) de la familia del alumno i;
- T_{js}^e: cualidades y condiciones del profesor j (*inputs* docentes)
- S_{gs}^e: *inputs* que aporta la escuela s;
- al_t: rasgos propios del alumno (*inputs* en forma de recursos cognitivos, rasgos de personalidad, etc.) y
- ε_{ifjgs}^e: efectos producidos por variables no consideradas y generadoras de error.

El Informe "*Equality of Educational Opportunity*" (conocido como "Informe Coleman"), publicado en el año 1966, dio lugar a una corriente de pesimismo respecto de la capacidad de la institución escolar para compensar los déficits sociales y familiares de los alumnos desfavorecidos, al concluir que esta institución es incapaz de realizar un aporte significativo al rendimiento instructivo más allá del que tiene origen en su familia, y que las diferencias entre los resultados del servicio escolar no se explican desde las que existen entre los centros de enseñanza en los que han estado escolarizados.

El pesimismo pedagógico que late en el Informe Coleman hubiese aconsejado no publicar este Ensayo, que nace de la presunción de que 1) la alta calidad es posible; 2) existen diferencias en eficiencia y efectividad entre escuelas y profesores en cuanto a sus aportaciones netas al rendimiento de sus alumnos, y 3) investigaciones que han revisado la metodología y la interpretación de los datos del citado Informe han concluido que hay organizaciones escolares y profesores de calidad, tanto por su aportación al enriquecimiento del potencial competencial de sus alumnos (Hanushek y Kain, 1972; Hanushek, 2003) como por su contribución a la eliminación de los efectos negativos que sobre los receptores de sus servicios tienen factores presentes en medios sociales, culturales y económicos desfavorecidos (Rutter, 1987; Gordon Rouse y Cashin, 2000; Gordon Rouse, 2001; OCDE, 2011), que *sí importan.*

La información solvente disponible sobre la producción de conocimiento, adecuadamente adaptada a las organizaciones escolares, justifica, sin duda, el esfuerzo por conseguir organizaciones escolares y profesores de alta calidad, aunque no siempre elimina las incertidumbres acerca de qué factores y variables "*make a difference*", y que por consiguiente habrían de ser tenidos en cuenta, con las necesarias cautelas, para fundamentar las decisiones que, en el nivel de la *microgestión*, adoptan los mánager, y, en el de la *macrogestión,* toman las Administraciones educativas para avanzar hacia la mejora de la calidad de la enseñanza, todo ello sin ignorar que los resultados de la investigación en este dominio no es inusual que sean contradictorios y en ocasiones escasamente relevantes.

Como síntesis de los estudios sobre la contribución que hacen los *inputs* de la familia y de la organización escolar a los *outputs* del servicio escolar, en el estado actual de la investigación, cabe señalar lo siguiente:

a) La institución docente y los profesores, según cuáles sean sus características, pueden influir con tamaños de efectos diferentes, y significativos, en el rendimiento de los alumnos.

b) No se ha identificado un tipo ideal de profesor (personalidad, formación y experiencia), susceptible de generalización a cualquier situación de enseñanza y aprendizaje.

c) El conjunto de variables del entorno sociofamiliar, del centro escolar, del profesor y del propio alumno actúan sobre el rendimiento escolar como un sistema, en el que se cumplen los principios de totalidad y *equifinalidad*, de ahí que:

— El aporte de cada variable depende de la interacción que mantenga con el de las demás.

— Dos combinaciones distintas de variables pueden dar lugar al mismo efecto.

— La interacción entre alumnos y profesores influye en los efectos que genera cualquier combinación de determinantes (sociofamiliares, organizacionales, docentes y discentes) del rendimiento instructivo en la adquisición de nuevas competencias.

Este inevitable nivel de incertidumbre no anula, en modo alguno, el valor de la información existente acerca de los factores escolares que pueden hacer contribuciones positivas a la calidad, y sí advierte de la necesidad de manejar esta información con cautela y de contar con mánager y profesores que, por ser conocedores profundos de su oficio, dispongan de la capacidad de:

1) Medir los resultados que están alcanzando los alumnos;

2) Valorar si son o no satisfactorios para los receptores del servicio escolar (se corresponden o no con sus expectativas) y para la organización (son o no competitivos);

3) Analizar y valorar qué factores están influyendo positiva y/o negativamente en la eficiencia y efectividad de su trabajo, y saber intervenir sobre los mismos, si fuese necesario.

4) Tener la "visión" y las competencias necesarias para adoptar medidas de mejora del servicio, hasta llegar a la alta calidad y la excelencia.

Mediante estos sencillos modelos se explican los anteriores postulados:

a) El nivel competencial del alumno i (A_{0i}) antes de recibir el servicio escolar (por lo que las variables escolares todavía no empezaron a actuar: el nivel es "antes de") es función g de los *inputs* familiares (F_{0i}), sociales (iguales significativos del barrio, p. e.) (I_{0i}), personales (inteligencia, p. e.) (μ_i) y de los de otras variables no consideradas (ε_i):

$$A_{0i} = g \, (F_{0i}, \, I_{0i}, \mu_i, \varepsilon_i)$$

b) La elección que realiza la familia (*EF*) de la escuela j (si tiene opción) a la que desea llevar a su hijo es función f del nivel instructivo que atribuye a su hijo (A_{0i}), de la percepción que tiene de las características de la escuela y de los aportes que hará a su hijo ($\hat{E}_{ji}$) (pública, privada, con o sin servicios de comedor, horario, tipo de profesores, inmueble, instalaciones, etc.), de los recursos (económicos, p. e.) de que dispone y está dispuesta a invertir en formación de su hijo (R_{Fi}) y de las cualidades personales (inteligencia, p. e.) que atribuye a su hijo (μ_{Fi}), y de otras variables no consideradas (ε_i):

$$EF = f\,(A_{0i}, \, \hat{E}_{ji}, \, R_{Fi}, \, \mu_{Fi}, \, \varepsilon_i)$$

Esta decisión puede expresarse también a partir del ajuste entre la percepción que tienen los padres de los *inputs* que entiende que aportará la escuela y de los que juzga que necesitará su hijo ($E_{ji} - \hat{E}_{ji}$), esto es:

$$EF = f\,[A_{0i}, \, R_{Fi}, \, \mu_{Fi} (E_{ji} - \hat{E}_{ji}), \, \varepsilon_i]$$

c) Los *inputs* que debe aportar la institución docente j al inicio de la escolaridad (1) para impulsar el aprendizaje del alumno i (E_{ji1}) son función (ψ) del nivel instructivo del alumno ($A0i$) (dominio de la lectura y conocimientos en general), de los *inputs* procedentes del entorno social y familiar que estima la escuela que incidirán en el proceso de aprendizaje del alumno (E_{ji1}), de los que procedan del alumno (inteligencia, condiciones funcionales y físicas, etc.) y utiliza la escuela (μ_{ji}) y de los de otras variables no consideradas (ε_i). Esto es:

$$E_{ji1} = \psi \, (A_{0i}, \, F_{ji1}, \, \mu_{ji}, \, \varepsilon_i)$$

d) El nivel instructivo del alumno en el tiempo t (A_{ti}) es función (α) de su nivel en el tiempo t-1 (A_{it-1}), de los *inputs* familiares ($F_{i[t-1, \, t]}$) que han influido en el crecimiento instructivo en el periodo [t-1, t], de los *inputs* escolares (E) en ese mismo periodo con repercusión en la oportunidad de aprender y en la motivación del alumno ($E_{i[t-1, \, t]}$), de los que aporta el propio alumno (μ_i) y de los de variables no consideradas (ε_i):

$$A_{ti} = \alpha \, (Ati\text{-}1, \, F_{i[t-1, \, t]}, \, E_{i[t-1, \, t]}, \, \mu_i, \, \varepsilon_i)$$

Una *roadmap to excellence* cumple con las exigencias para el éxito de alcanzar el objetivo de excepcionalidad si, constante todo lo demás, integra en un sistema, sometido a los principios de totalidad y de *equifinalidad*, todos los *inputs* con que puede contribuir a la calidad de la enseñanza, tanto de índole escolar (recursos tecnológicos, planes y programas de enseñanza, organización de los alumnos, ajuste de los profesores a los puestos de trabajo, etc.), como familiar, social (iguales significativos) y personales de los alumnos (cualidades), de tal forma que —el sistema resultante— esté dotado de la capacidad de actuar con una sinergia carente de rozamientos (o con rozamientos mínimos) en la generación de esfuerzo y oportunidad de aprender. Cuando tales condiciones no existen, o no existen con la intensidad suficiente, el primer objetivo será el de modificar la situación a fin de dotarla de tales requerimientos, sabiendo que ello es *conditio sine qua non* para la excelencia.

2. EL ALUMNO

2.1. Aspectos generales

El aprendizaje (de los alumnos, en este caso) es el resultado de un proceso acumulativo que está determinado, o se explica, por los efectos de *inputs* sociofamiliares, escolares y personales de los propios alumnos (especialmente, sus inteligencias y cualidades físicas y funcionales); estas últimas debieran ser consideradas determinantes críticos de los *outputs* de la función de producción de conocimiento.

Las inteligencias, las cualidades somáticas, fisiológicas y funcionales de los alumnos son, pues, variables asignables, que condicionan de forman muy importante tanto la oportunidad de aprender como la disposición de los alumnos a aportar el esfuerzo y la persistencia necesarios para que se produzca aprendizaje, y a sus características (dada su rigidez respecto de la acción escolar) han de adaptarse, por consiguiente, tanto los *inputs* de los profesores relativos a la cantidad de conocimientos que transmiten por unidad de tiempo y a la forma mediante la cual los transmiten, como el diseño de los programas de enseñanza (han de ajustarse al tipo y a la cantidad de inteligencia de cada alumno –individualización– o grupo de alumnos –diversificación curricular– y las soluciones *organizacionales* (número de alumnos por clase, agrupamientos homogéneos o heterogéneos, etc.).

Los *inputs* del alumno a la función de producción de conocimiento no solo son las inteligencias y las cualidades somáticas y fisiológicas y las funcionales que los caracterizan, debiéndose incluir también los de origen cultural, ya que influyen en variables tan importantes como las respuestas emocionales a los estímulos escolares y sociales.

2.2. Las inteligencias

2.2.1. Concepto

Las personas difieren en el grado en el que son capaces de adquirir, almacenar y utilizar conocimientos y destrezas para adaptarse al entorno en el que viven, siendo de general aceptación que tal capacidad está determinada por factores genéticos y ambientales. Al mismo tiempo que se aprecia un acuerdo amplio sobre la existencia de tal capacidad, a la que viene llamándose inteligencia, es manifiesta la dificultad que a lo largo de los años ha existido para definir qué se significa realmente con este término (inteligencia).

En la actualidad, esta cualidad —la inteligencia— se considera que es una entidad multifacética, por lo que se habla de múltiples inteligencias y se acepta que cada persona pueda tener fortalezas en una o más de tales "inteligencias", conclusión, de extraordinaria importancia desde la perspectiva de la aportación que hace (*inputs*) a la función de producción de conocimiento. Son *cornstones* del trabajo científico acerca de qué es realmente la inteligencia:

a) Los estudios realizados para detectar los factores que explican las relaciones observadas entre los resultados en distintos *tests*, diseñados para medir competencias verbales, espaciales, numéricas o memorísticas (entre otras), y que han dado lugar a modelos multifactoriales de la inteligencia, como los de (se citan, sin pretensión de exhaustividad, como meros ejemplos):

- Spearman (1904, 1923, 1927, que considera que el sustrato de la inteligencia es una variable latente o factor, presente en todas las actividades de la mente (explica las correlaciones significativas entre los test correspondientes a cada actividad), el factor g, y del que forman parte así mismo factores específicos de cada tipo de actividad (Figura 76).

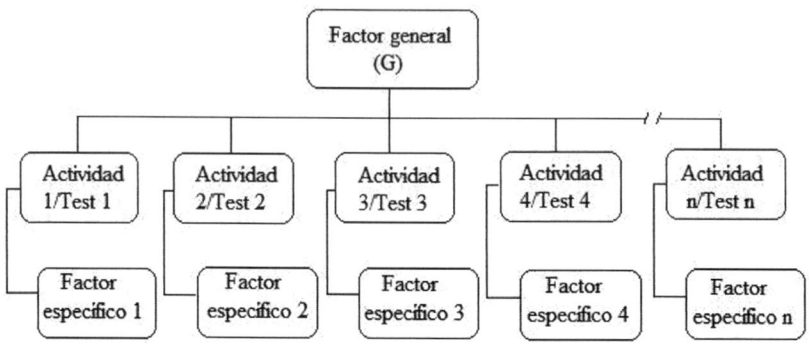

Figura 76

- Thurstone (1924, 1938, 1947), quien, con soporte en una nueva técnica de análisis factorial, concluye que la concepción de Spearman es consecuencia del tipo de análisis matemático que utiliza, y que, por consiguiente, no es fiel reflejo de la realidad. Para Thurstone, la inteligencia no está constituida por un único factor, sino por siete, a los que denomina *habilidades mentales primarias* (Figura 77): fluencia verbal (FV), comprensión verbal (CV), visualización espacial (VE), competencia numérica (CN), memoria asociativa (MA), razonamiento (RA) y velocidad perceptual (VP). En sus últimos análisis, Thurstone observó que entre las habilidades mentales primarias existían correlaciones significativas, lo que le llevó a admitir que existía también un factor general. Esta conclusión facilitó los trabajos posteriores de Cattell, Carroll y Horn, entre otros, que llevan a la formulación de los modelos jerárquicos de la inteligencia más acabados.

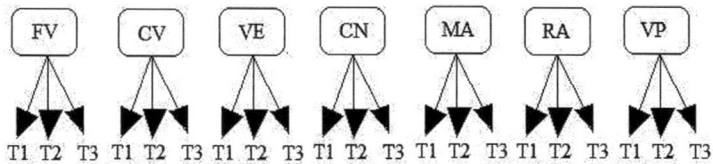

Figura 77

- R. B. Cattell (1950, 1971, 1982), además desarrollar una importante teoría de la personalidad, puso a punto, conjuntamente con su discípulo John Horn, un modelo en el que la inteligencia está formada por dos factores principales, que denominaron *inteligencia fluida* e *inteligencia cristalizada*. La inteligencia fluida (Gf) explica las competencias de la persona para controlar las operaciones mentales y resolver tareas relacionadas con la inferencia, la formación de conceptos, la clasificación, la generación de hipótesis, la identificación de relaciones, la memoria de corto plazo. Este tipo de inteligencia es escasamente modificable por factores culturales o educativos. La inteligencia cristalizada (Gc) es el resultado de los influjos culturales y educativos a los que la persona está sometida, y sirve de soporte a competencias relativas al lenguaje, a la información y, en general, a las destrezas adquiridas.

Además de las inteligencias fluida y cristalizada, el modelo Cattell-Horn incluye otros factores, como:

— Razonamiento cuantitativo (Gq)
— Memoria inmediata (Gsm)
— Inteligencia/competencia visual (Gv)
— Inteligencia/ competencia auditiva (Ga)
— Almacenamiento y recuperación de información (memoria de largo plazo) (Glr)
— Velocidad de procesamiento cognitivo (Gs)
— Tempo/ Velocidad de decisión/reacción (Gt)
— Competencia para Lectura-Escritura (Grw)

El modelo Cattell-Horn (Horn y Cattel, 1966, 1967) se completa con la inclusión del factor *g*, resultando el modelo Cattell-Horn-Carroll (CHC: Figura 78).

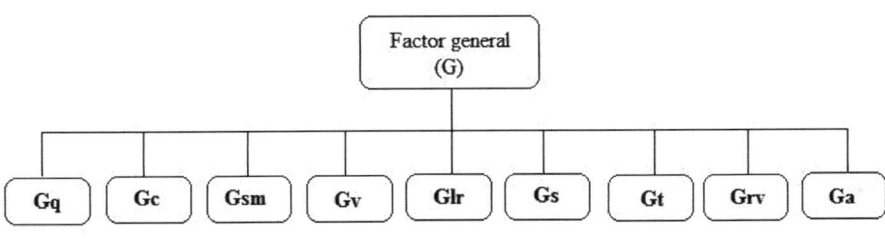

Figura 78

b) Las concepciones de la inteligencia como una entidad multifacética se enriquecen en los últimos años con trabajos muy importantes, de entre los que son significativos por su gran influencia en el dominio de la educación en general y en la de los alumnos de alta capacidad en particular, los de:

- Stemberg (1985, 1996, 1997, 2000), que defiende una teoría triádica de la inteligencia, que opera a través de habilidades: *analíticas* (sirven de base a competencias para evaluar, analizar, comparar y contrastar información), *creativas* (determinan el poder creador e innovador de las personas e influyen en su visión acerca de las consecuencias de actuaciones en el presente) y *prácticas* (regulan la capacidad de las personas para aplicar sus conocimientos a la realidad).

- Gardner (1993, 1999, 2000, 2003), considerado el divulgador de la teoría de las inteligencias múltiples (1983), que sostiene que en ningún caso es –la inteligencia– la consecuencia de un hipotético factor *g*. Por el contrario, cada una de las formas de inteligencia es el resultado de separados grupos de energía mental. Las inteligencias que identifica Gardner son:

  — Lingüística (competencias para leer, escribir y comunicarse oralmente);
  — Lógico-matemática (pensamiento lógico, solución de problemas matemáticos);
  — Espacial (orientación especial, lectura de planos);
  — Kinestésica (control del propio cuerpo);
  — Musical (identificación de tonos, ritmo, sentido musical, danza);
  — Interpersonal (competencias sociales, empatía, intuición acerca de los que mueve el comportamiento de los "otros");
  — Intrapersonal (auto-comprensión de los propios sentimientos y comportamientos).

- Goleman (1995), con contribuciones también de John Mayer y de Peter Salovey, escribió, en 1995, su conocida obra "Inteligencia emocional" (IE), en la que se considera —la IE— como un rasgo que sirve de soporte a las competencias que les permiten a las personas ser capaces de:

  — Conocer y comprender sus emociones de forma precisa.
  — Gestionar sus emociones, para facilitar el pensamiento y el razonamiento.
  — Comprender las emociones de los demás (empatía).
  — Gestionar las emociones de los demás.

  En el año 2006, Goleman publica "Inteligencia Social", obra en la que se propone analizar, desde una perspectiva complementaria a la de la "Inteligencia Emocional", las capacidades humanas, de tal forma que en lugar de enfocarlas a partir de la interioridad del individuo decide hacerlo considerando los intercambios de persona a persona, centrándose en la forma de conectar con el "otro", para establecer un vínculo o *rapport* efectivo. La inteligencia social es, pues, la dimensión interpersonal de la inteligencia emocional.

c) En los últimos años, se han formulado nuevas teorías de la inteligencia, entre las que cabe subrayar las siguientes:

- Teoría *Planning-Attention-Simultaneous-Successive* (PASS), concebida por Das, Naglieri, Kirby (1994) y Jarman (1979), en la que se cuestiona la capacidad de los modelos basados en un factor general, *g*, para explicar el funcionamiento de la mente. Frente a las teorías del factor general, en PASS se sostiene que el soporte de la inteligencia es la estructura neurológica de la persona, concebida como un sistema modular, en el que perturbaciones en uno de sus componentes afectan al funcionamiento de los demás[133]. Esta teoría postula que la inteligencia se manifiesta a través de cuatro procesos cognitivos o capacidades de:
  — Planificación (adopción de decisiones que resuelvan problemas);
  — Atención-*Arousal* (atención selectiva a determinados estímulos y a obviar otros);
  — Procesamiento simultáneo (integración de estímulos diferentes, dando lugar a sistemas interrelacionados y cohesionados);
  — Procesamiento sucesivo (integración de estímulos situándolos en orden secuencial).

  De acuerdo con la teoría PASS, el individuo lo primero que recibe, a través de sus sentidos, son estímulos de su entorno, a partir de los cuales se activan los cuatro procesos cognitivos, actuando el sistema que constituye el conjunto de conocimientos de que dispone.

- Las llamadas teorías implícitas de la inteligencia, que arrancan, de una u otra forma, de la constatación realizada por Carol Dweck (1983, 1999, 2002) de que mientras que algunos alumnos persisten en el fracaso otros consiguen remontarlo. Esta constatación le lleva a considerar que las presunciones que implícitamente tienen los alumnos acerca de su propia inteligencia tienen un significativo impacto en su actividad intelectual: los que entienden que la inteligencia es una cualidad rígida, no modificable, no se plantean como un desafío el superar sus dificultades de aprendizaje, mientras que sucede lo contrario entre los que tienen la percepción de que se trata de una cualidad que puede mejorarse mediante el esfuerzo y la persistencia.

- La teoría bio-ecológica de la inteligencia, desarrollada entre otros por Ceci (1990, 1995 y 1996), sostiene que la capacidad cognitiva, el contexto en

---

133   Das, Naglieri y demás científicos del grupo se basan en los trabajos de Luria (1966, 1973, 1980) para establecer un nuevo concepto de inteligencia. Luria sostiene que las funciones cognitivas pueden explicarse mediante tres "unidades funcionales", o tres sistemas que actúan separadamente pero en interrelación. Un niño, por ejemplo, puede realizar la misma tarea con diferentes aportaciones de los procesos PASS, con apoyo en sus conocimientos y habilidades.

el que actúa y los conocimientos que posee la persona son los factores que explican las diferencias interindividuales en rendimiento intelectual. El potencial cognitivo, según esta teoría, está determinado biológicamente, pero en su desarrollo influye de forma significativa el entorno en el que se utiliza. Lo estrictamente biológico o ecológico es difícil de identificar o de separar: una persona con la misma capacidad cognitiva actuará de forma diferente en contextos distintos.

2.2.2. Implicaciones para la intervención

Al menos en gran parte, las inteligencias son cualidades difícilmente modificables por la intervención escolar (fijan el potencial inicial de desarrollo)[134], de ahí que para generar oportunidad de aprender se requiera que lo que se enseña se ajuste a la capacidad del receptor (capacidad que dependerá no solo de las inteligencias naturales sino también, y de forma muy importante, de los recursos cognitivos de que dispone y de la forma en la que se ejerce la acción docente).

Es, pues, exigencia de la calidad, y desde luego una condición para la excelencia, el conocer, valorar y poner en producción el potencial de aprendizaje que tiene cada alumno (y no únicamente al nivel competencial que, de facto, y en una determina situación, tiene), considerando, especialmente, qué cualidades de la enseñanza se acomodan a todas y cada una (los "tipos") de sus inteligencias e intereses (son las fortalezas del aprendiz). El currículum debe, pues, tener la flexibilidad necesaria para que el alumno desarrolle el talento (y el tipo de talento) que su potencial de desarrollo cognitivo y emocional, personal, y su capacidad de esfuerzo, le permitan.

2.3. Los estilos cognitivos

2.3.1. Concepto y efectos diferenciales

Stemberg y Grigorenko (1997) se preguntan, en una revisión de los estudios sobre estilos cognitivos a la que se referirá este mismo punto, si todavía despierta interés su estudio, respondiendo afirmativamente, al entender que constituyen un "puente" entre dos de las áreas más pujantes de la investigación psicológica, la cognición y la

---

134   Sí es modificable el talento, resultado de añadir a la dotación genética las competencias para poner en acto y utilizar el potencial natural de las personas.

personalidad, y que pueden servir, enriqueciendo los modelos basados en capacidades, para incrementar la predicción del rendimiento instructivo de los alumnos que reciben el servicio de enseñanza escolar.

Los estilos cognitivos se han identificado con las dimensiones de la personalidad que, de forma consistente, determinan la forma en las que los individuos perciben, piensan y actúan (Messick, 1976); en la que procesan y utilizan información (Ausburn y Ausburn, 1978), o en la que hacen uso de sus competencias (Stemberg, 1988, 1990, 1997). Los primeros trabajos sobre los estilos cognitivos destacaron ya su importancia como reguladores de la forma en que se produce el ajuste de la persona a su entorno, función de las diferencias en la percepción de los estímulos que recibe y de cómo realiza su procesamiento cognitivo (Klein, 1951; Witkin *et al.*, 1962).

Uno de los campos en el que ha suscitado interés el estudio de los estilos cognitivos ha sido el de la enseñanza escolar, con la pretensión de identificar las diferencias individuales tanto en la orientación académica como en rendimiento instructivo, acuñándose la expresión "estilos de aprendizaje" para referirse a cómo cada alumno prefiere organizar y desarrollar su curso discente, según que otorgue preferencia 1) a lo concreto o a lo abstracto; 2) a lo secuencial o a lo asistemático (Gregorc, 1979, 1984); 3) al recurso al pensamiento convergente o al divergente; 4) a la observación reflexiva o a la activa experimentación (Kolb, 1974, 1984).

El interés por conocer la relación entre estilos cognitivos o estilos de aprendizaje y la forma en la que el profesor enseña e incide en el rendimiento instructivo, ha dado lugar a una amplia documentación, de la que se recoge en este punto una breve síntesis, arrancando de la serie de trabajos realizados por Taldmadge y Shearer (1967, 1969) con la finalidad de conocer cómo emplear los métodos docentes para que su ajuste a las características y modos de aprender de los alumnos sea el más conveniente y efectivo. Definen estos autores el estilo de aprendizaje como "un atributo del alumno, que interactúa con las características de la instrucción dando lugar a un rendimiento instructivo diferencial que es función de cómo ocurre tal interacción" (1969, p. 222).

En sus dos primeros estudios, Taldmadge y Shearer no hallan relación significativa entre los estilos y el rendimiento instructivo, lo que les lleva a considerar, en el tercero (1969), el papel que tiene lo que ha de ser aprendido, de tal forma que su propósito fue conocer las relaciones entre métodos de enseñanza y características de los alumnos, actuando como variable moderadora de estas relaciones los contenidos.

En su tercer trabajo, Taldmadge y Shearer se plantearon: a) identificar las circunstancias que pueden generar diferencias en rendimiento instructivo y b) conocer las características del aprendiz que interactúan con esas circunstancias. Las conclusiones a que llegaron fueron: 1) existen estilos de aprendizaje; 2) los estilos son de índole no cognitiva más que cognitiva, y 3) la forma en la que se desarrolla el aprendizaje es un factor crítico que afecta a la magnitud de la relación existente entre las características del aprendiz (orientación e interés hacia lo científico o no) y los métodos de enseñanza (inductivos *versus* deductivos).

Un avance muy importante en el estudio de los estilos cognitivos se produce con las aportaciones que realizan Witkin y asociados a partir de sus investigaciones sobre los estilos independientes y dependientes del entorno (1954/1972, 1972/1974, 1977). En el trabajo que publican, en 1977, sobre el papel que tienen estos estilos (EDE e EIE, respectivamente) en la evolución académica de las personas, Witkin *et al.*:

a) Consideran que la persona EDE se apoya en referencias externas para conducir sus procesos de procesamiento de información, aceptando, en general, las pautas que establece la estimulación exterior, de tal forma que las normas sociales son decisivas para modelar sus actitudes, especialmente en situaciones de cierta ambigüedad, sintiéndose confortable en contextos de intercambio social. La persona EIE, por el contrario, suele otorgar mayor crédito en ese procesamiento a referentes internos, tratando de ir más allá de lo que la información le proporciona; reestructuran constantemente las propiedades de los estímulos que reciben, y muestran una orientación menos social que los EDE, sintiéndose mejor cuando actúan de forma impersonal.

b) En los estilos EDE y EIE, se integran competencias tanto cognitivas (el EIE se caracteriza por puntuar alto en *tests* que miden la capacidad de reestructuración en el dominio cognitivo) como sociales (el EDE obtiene valores altos en sensibilidad social), de tal forma que los *clusters* de características (cognitivas *versus* sociales) de los EDE y EIE están en relación negativa (principio de bipolaridad), dándose la circunstancia de que cada estilo destaca en un tipo de características (principio de neutralidad o no supremacía de un estilo sobre el otro).

c) La bipolar orientación de los estilos EDE y EIE es estable en el tiempo y tiene significativos efectos en la selección de estudios universitarios y en el rendimiento académico.

Los datos que recogen en la publicación de 1977, referidos al período de estudio que inician en 1967, son consistentes con las tesis relativas a las características de las personas con puntuaciones altas/bajas en EDE y EIE, a saber:

1.º) La elección de especialidad en la universidad se corresponde con el estilo cognitivo, existiendo, pues, en general, compatibilidad entre elección académica y estilo.

2.º) Los EIE obtienen, mayoritariamente, mejores resultados en matemáticas y en ciencias físicas, así como en especialidades como arquitectura o ingenierías.

3.º) Desde la perspectiva de la asociación entre sexo de la persona y la orientación académica, los resultados corroboran la orientación de los hombres hacia las matemáticas y ciencias físicas y de las mujeres hacia la educación y los estudios sociales, advirtiendo que las mujeres que eligen especialidades con fuerte presencia de matemáticas/ciencias tienen una alta capacidad para este tipo de estudios.

En los últimos decenios, se han tratado de integrar los heterogéneos resultados obtenidos con anterioridad en materia de estilos cognitivos en teorías con mayor capacidad de explicación, de las que pueden servir de ejemplo las propuestas por:

a) Stemberg y Grigorenko, que estructuran los estilos que resultan de planteamientos:

1) cognitivos, que han dado lugar a las tipologías "reflexividad *versus* impulsividad" (Kagan, 1966) y "dependencia *versus* independencia del entorno" (Witkin *et al.*, 1962);

2) centrados en la personalidad, caso de la tipología de Jung (1923), que distingue los tipos en función de las dimensiones "extraversión *vs* introversión", "intuición *vs* sensación" y "pensamiento *vs* sentimiento",

3) basados en la actividad, o estilos de aprendizaje "realistas", "investigador", "artístico". "social", "emprendedor" y "convencional" (Holland, 1973).

La tipología que proponen, utilizando la metáfora de la gobernanza, diferencia los estilos según:

— Las funciones mentales de autogobierno: estilos "legislativo" (creativo y proponente), "ejecutivo" (implementador) y "judicial" (evaluador de reglas y procedimientos).

— Las formas mentales de autogobierno: estilos "monárquico" (concentración, en cada momento, en una tarea, en un objetivo o en una necesidad), "jerárquico" (capacidad para abordar diferentes objetivos y tareas, a los que concede en cada momento distinta prioridad), "oligárquico" (capacidad para abordar diferentes objetivos y tareas al mismo tiempo, con igual prioridad) y "anárquico" (no se ata a ningún sistema, regla o norma).

— Los niveles mentales de autogobierno: estilos "local" (preferencia por lo concreto, inmediato y cercano y por la precisión en la ejecución) y "global" (interés por los asuntos y problemas generales y que demandan pensamiento abstracto).

— La amplitud de las funciones mentales de autogobierno: estilos "interno" (preferencia por actuar de forma independiente, centrados en lo propio) y "externo" (experimentan satisfacción actuando en interacción con otros).

— El aprendizaje de las funciones mentales de autogobierno: estilos "liberal" (interesados en ir más allá de las reglas actuales y en la introducción de cambios en las formas habituales respecto de cómo se vienen haciendo las cosas) y "conservador" (permanencia en lo existente y seguimiento de las tradiciones y usos aceptados).

Para Stemberg y Grigorenko (1997), el estudio de los estilos cognitivos permitirá conectar la investigación que se realiza en la actualidad sobre cognición y personalidad y contribuirá a explicar la variación en el rendimiento instructivo y en el laboral, más allá de la que tiene su origen en las diferencias interindividuales en capacidad, lo que, a su vez, facilitará el ajuste del proceso de aprendizaje a las cualidades de las personas.

b) Gregorc (1982), cuyo modelo fenomenológico, que surge con la misma preocupación por la aplicación de la investigación sobre estilos al dominio de la enseñanza, parte de la presunción de que el aprendizaje se produce a través de experiencias concretas o abstractas, mediante procedimientos aleatorios (ensayo y error) o sistemáticos. Con este punto de partida, Gregorc justifica un sistema de cuatro estilos, diferenciados según cuál sea la forma de acceder a nuevas competencias que prefiere cada aprendiz:

- Concreta y sistemática (secuencial), avanzando "paso a paso" y con apoyo en estímulos sensoriales.
- Concreta y aleatoria, mediante ensayo y error, con apoyo en la intuición.
- Abstracta y sistemática, con un planteamiento lógico, analítico y con preferencia por la recepción de información verbal.
- Abstracta y aleatoria, con una orientación eminentemente holística, dando preferencia a las formas no estructuradas de recepción de información.

c) Los estudios que tratan de constatar la "rigidez" *versus* "flexibilidad" de los estilos, o la posibilidad que tienen, o no, las personas de modificarlos o cambiarlos, planteamiento que tiene ya su antecedente en la observación de Witkin (1965) de que un mismo individuo puede actuar como dependiente e independiente del entorno. Corresponde a Kholodnaya (2002) la introducción del concepto de "metacognición", para significar, en el marco de la bipolaridad "rigidez"/"flexibilidad" del estilo, la capacidad de la persona para regular y controlar su funcionamiento cognitivo, de tal forma que un individuo, por ejemplo, dependiente del entorno puede mostrar, si está altamente especializada en artes visuales, un estilo cognitivo visual y ser capaz de adoptar otro estilo en un dominio profesional o artístico diferente.

d) Quienes pretenden simplificar y organizar, a partir de categorías comprensivas, los estilos cognitivos. Se inscriben en este planteamiento los trabajos de Miller (1987, 1991) y Nosal (1990, 2009). Miller ha propuesto, por ejemplo, un modelo que relaciona la dimensión analítico-holística y los procesos de percepción, memoria y razonamiento, concebidos como diferentes estadios del sistema de procesamiento cognitivo de información, de tal forma que en cada uno de los tres estadios es posible identificar distintos estilos.

El modelo de Nosal (1990, 2009), basado en la cadena *módulos neurobiológicos*[135] → *organización de los procesos cognitivos* → *manifestación conductual de los estilos*, se organiza en cuatro niveles jerarquizados:

- Percepción (el individuo a través de la percepción figura o representa su entorno mediante imágenes. En este nivel se sitúan, por ejemplo, los estilos dependiente e independiente del entorno, o el de impulsividad *versus* reflexividad).
- Formación de conceptos (los estilos en este nivel guardan relación con los procesos de categorización (amplitud *versus* estrechez de conceptualización).
- Modelaje, que incluye la asimilación de nueva información a través de experiencias subjetivas, formación de modelos y prototipos mentales, elaboración de las estructuras cognitivas de que dispone el individuo).
- Programa. Constituye el nivel de los *metaestilos*, del que forman parte los estilos "rigidez/flexibilidad respecto de la capacidad de control" y también el "*locus of control* interno *versus* externo".

2.3.2. Implicaciones para la intervención

Considerada la inteligencia no una cualidad general (una suerte de factor *g* que de forma uniforme y general determina el potencial de desarrollo cognitivo de las personas) sino un constructo heterogéneo de potencialidades y orientaciones (que encuentran soporte en las cualidades físicas y fisiológicas de cada individuo y en la

---

135   En los últimos años se está estudiando la relación entre los estilos cognitivos mediante aportaciones de la neurociencia, conectando, por ejemplo, la dependencia del entorno, la memoria o la visualización espacial con el funcionamiento de los hemisferios cerebrales (Miyake *et al.*, 2001; Gevins y Smith, 2000; Kozhevnikov *et al.*, 2005).

forma en la que se consolidan como rasgos consecuencia de las interacciones que se producen entre tales cualidades y los estímulos del entorno), es evidente que el proceso mediante el cual cada alumno adquiere nuevas competencias, y por consiguiente la forma en la que los profesores (y "otros" factores significativos) ejercen tutela sobre tal proceso, ha de ser diferente de individuo a individuo.

Esta singularidad, consecuencia no solo del "potencial de desarrollo cognitivo y emocional" que deriva de las inteligencias de cada persona, sino también de los diferentes estilos de aprendizaje, o estilos cognitivos, demanda formas de enseñanza personalizadas, o individualizadas, que aseguren que todos los alumnos tienen la misma oportunidad de aprender y que resultan igualmente motivados a realizar el esfuerzo necesario para que tal oportunidad se realice en aprendizajes concretos, a lo que se opone cualquier forma de estandarización de la enseñanza, realícese tal estandarización tomando como criterio un hipotético estilo de aprendizaje que mayoritariamente se considere que es el habitual en un concreto contexto cultural o social o una peculiar forma de inteligencia.

2.4. La motivación

2.4.1. Teorías explicativas de los determinantes de la motivación

Si bien la oportunidad de aprender es condición necesaria para que se produzca aprendizaje, esa condición no se convierte en suficiente si el alumno no aporta el esfuerzo que requiere su aprovechamiento. Para que ocurra el aprendizaje es, pues, condición necesaria y suficiente tener oportunidad de aprender (disponer de los prerrequisitos cognitivos para entender y procesar la nueva información) y estar suficientemente motivado para realizar el trabajo escolar que requiere el aprendizaje.

Dado que en el número anterior se ha hecho referencia a los prerrequisitos cognitivos, determinados por las inteligencias y estilos de aprendizaje de los alumnos, en este se relacionan, de la mano de una interesante síntesis obra de Eccles y Wigfield (2002), modelos explicativos de cómo se genera la motivación necesaria para que las personas que son alumnos aprendan. Proponen estos autores una clasificación de las teorías de la motivación basada en cuatro categorías, entre las que existen frecuentes intersecciones:

a) **Teorías basadas en las expectativas** (sostienen que son las creencias acerca de la eficacia propia, de las expectativas de éxito y fracaso y del grado de control que se tiene de los logros las determinantes de la motivación):

- Teoría de la autoeficacia (Bandura, 1997): la autopercepción de eficacia para el logro de los objetivos o la realización de tareas son los factores que motivan el comportamiento.
- Teorías del control (Rotter, 1966): el potencial motivador tiene origen en las expectativas de éxito, que son función de la percepción que tiene el individuo del grado de control que ejerce sobre los factores que conducen a los objetivos.

b) **Teorías centradas en las razones que explican la implicación.** Tratan de interpretar por qué finalmente una persona se implica en la realización de una tarea, lo que entienden que no consiguen las teorías basadas en expectativas (un alumno puede percibirse como siendo capaz de realizar una actividad y, sin embargo, no implicarse en su ejecución). Forman parte de esta categoría:

- **Teorías de la motivación intrínseca**, que incluye como variantes:
  — La **teoría de la auto-determinación** (Deci y Ryan, 1985), cuyas asunciones son que las personas: 1) pretenden mantener un nivel óptimo de estimulación, y 2) tienen una necesidad básica de sentirse competentes y auto-determinados. Estas asunciones explican por qué los individuos se esfuerzan en realizar actividades que les suponen un desafío: su consecución satisface sus necesidades de sentirse competentes.
  — La **teoría del flujo** (Csikszentmihalyi, 1989): la motivación intrínseca surge de la experiencia subjetiva inmediata que experimenta la persona cuando está implicada en una actividad, y siente que sus competencias son suficientes para afrontar los desafíos que su realización le plantea;
  — **Teorías acerca de las diferencias individuales en motivación intrínseca** (Amabile *et al.*, 1994): la motivación no es únicamente un estado de la persona en un momento dado, constituyendo una cualidad individual estable, que hace que existan individuos que propenden a afrontar tareas difíciles, a guiar su aprendizaje por la curiosidad o el interés, a esforzarse por alcanzar un elevado nivel de competencia.
- **Teorías del interés**, cuyos defensores (Schiefele, 1999) tratan de explicar la conducta motivada por la tendencia de unas personas, y no otras, a orientar sus conductas hacia ciertos ámbitos (en función del atractivo de algunos objetos o de ciertas actividades).
- **Teorías basadas en objetivos**, para las que existe relación entre las metas del aprendizaje y la conducta discente (Anderman, *et al.*, 2001; Convington, 2000); Dweck, 1999). En este dominio se han hecho múltiples propuestas:
  — Los objetivos si son percibidos como un desafío generan autoeficacia y mejoran el rendimiento (Bandura, 1997):

- Los objetivos (Nicholls *et al.,* 1990) pueden referirse al "yo" (son los que favorecen la consolidación de una auto-imagen positiva y que por ello son motivadores relevantes) o a las tareas (tienen fuerza motivadora en la medida en se percibe que al alcanzarlos se incrementan las competencias). A estas dos categorías las denomina Dweck (1999) "objetivos de resultados" y "objetivos de aprendizaje".
- Es necesario distinguir (Elliott y Chech, 1997; Midgley *et al.,* 1998, y Skaalvick) entre objetivos en cuya consecución se implica el alumno al entender que mejoran su competencia y objetivos que evita pensando que pueden dañar su imagen.
- Son precisas (Ford, 1992; Nichols, 1987) taxonomías de objetivos, ya que en situaciones de aprendizaje las personas pretender metas de muy diversas categorías (estos autores han desarrollado instrumentos para medir hasta 24 tipos de objetivos).

b) Teorías que integran "expectativas" y "atribución de valor" para explicar la motivación

- **Teoría de la atribución.** Sus primeras formulaciones surgen de los trabajos de Weiner (1985), hechos sobre los modelos de Atkinson (1964) (Weiner fue alumno de Atkinson) y se caracterizan por enfatizar la interpretación que hacen los aprendices, en forma de atribuciones causales (explicaciones) y estimación de consecuencias, de sus logros escolares. Para Weiner y demás teóricos de esta corriente, las atribuciones acerca del aprendizaje (competencia, esfuerzo, dificultad de la tarea y suerte) han de clasificarse en tres categorías, cada una de ellas con tres polos:
  - *Locus of control* (interno *versus* externo);
  - Estabilidad (las causas que determinan el éxito en el aprendizaje se modifican o no con el paso del tiempo);
  - *Controlabilidad* (las causas son alterables por el sujeto —esfuerzo, por ejemplo— o por el contrario están fuera de su alcance el alterar su influjo —la suerte, por ejemplo—).

  Las causas incluidas en cada categoría tienen prefijadas formas de influencia en el proceso de aprendizaje: las de estabilidad, modifican las expectativas de éxito; las incluidas en el *locus of control*, repercuten en las reacciones afectivas, tales como la autoestima —se incrementa con la *internalidad*— o la gratitud —si el lugar del control es externo y favorece el éxito—.
- **Teoría fundamentada en las expectativas de éxito y en el valor atribuido a la tarea.** Hunde sus raíces en los trabajos de Atkinson y en ella se sostiene que tanto el rendimiento como la persistencia y la elección de tareas son variables

dependientes de las expectativas de éxito[136] y de la atribución de valor a los contenidos del aprendizaje. La teoría de Eccles (2002) queda representada en la Figura 79[137].

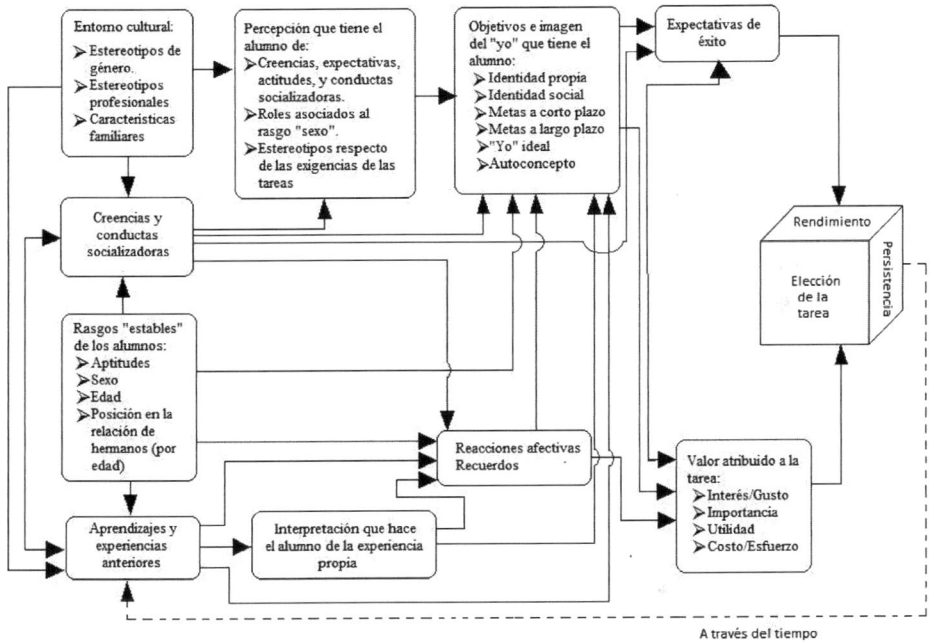

Figura 79

- **Teoría del valor de la auto-imagen** (Covington, 1998). Explica la motivación por la tendencia a mantener e incrementar el valor de la propia imagen: los

---

136   En Eccles, las expectativas de éxito son las creencias individuales acerca del grado en que realizarán bien, o mal, una tarea, tanto en el corto como en el largo plazos. No se trata de expectativas respecto de los resultados sino de expectativas de eficacia (Véase para distinguir ambos constructos, Bandura, 1977).

137   El "costo" es en Eccles una variable crítica que expresa los aspectos negativos que percibe el alumno cuando se implica en una tarea que por su dificultad o complejidad genera en él ansiedad o miedo al fracaso. En sus últimos trabajos, Eccles y Wigfield (1992, 2000) hallan efectos diferenciales de las atribuciones de rendimiento y del valor atribuido a la tarea: las primeras predicen los resultados en matemáticas y lengua, así como la elección de carrera, mientras que el segundo está significativamente asociado a los planes del alumno para matricularse en programas de matemáticas, física y lengua materna, así como para implicarse en actividades deportivas.

alumnos se esfuerzan con la finalidad de mejorar, o al menos no disminuir, la percepción que tienen del valor de su propio "yo" en un medio escolar, para lo cual hacen constantemente atribuciones (competencia, esfuerzo, interés, etc.) respecto de las tareas que tienen que realizar[138].

c) Teorías que integran factores motivacionales y cognitivos

Se basan en la constatación hecha de que las personas tienden a regular su comportamiento con la finalidad de alcanzar objetivos que consideran valiosos. Forman también parte de esta categoría las propuestas que distinguen entre motivación (la fuerza que influye en la decisión de implicarse o no en una determinada actividad) y volición (fuerza que selecciona qué actividades han de realizarse para alcanzar una meta en cuya consecución el individuo quiere implicarse). Dentro de este grupo identifica Eccles diferentes teorías:

- **Teorías social-cognitivas de autorregulación y motivación** (Zimmerman, 1989, 2000). Destacan la importancia de la percepción de autoeficacia, de la atribución de causas al éxito y a la fijación de metas: el alumno, una vez que se implica en una tarea, dirige su comportamiento (auto-observación), juzga los resultados (auto-valoración) y reacciona (auto-reacción) en la forma que considera más conveniente para lo que está haciendo. Subrayan, así mismo, quienes desarrollan estas teorías el poder motivador de los objetivos cuando se refieren a logros próximos, específicos y percibidos como un desafío.
- **Teorías que ligan "motivación" y "cognición",** entre las que cabe citar la de Borkowsky *et al.* (2000), que explicita las relaciones entre cognición, motivación y procesos autorregulados: el conocimiento de uno mismo (objetivos, "yo" posible, valor de la autoimagen), la información de que se dispone acerca de un determinado ámbito y el dominio de estrategias cognitivas dan lugar a la cristalización de distintos estados motivacionales (atribuciones, autoeficacia, motivación intrínseca), y la de Pintrich (1996), que destaca la interrelación entre factores cognitivos y motivadores, en un modelo que explica la generación de esfuerzo por aprender por el influjo del *background* del alumno (resultados escolares anteriores, por ejemplo), de aspectos sociales del contexto (interacción entre alumnos y alumnos y profesor, por ejemplo), de diversos constructos motivadores (expectativas, afecto, por ejemplo), y de elementos de natura-

---

138 En situaciones escolares en las que se promueve la competencia entre los alumnos y las comparaciones sociales, para la protección del valor del "yo" se evitan las actividades que pudieran poner de evidencia los puntos "débiles".

leza cognitiva (conocimientos previos, estrategias de aprendizaje, estrategias metacognitivas, etc.).

- **Teorías que relación "motivación" y "volición"**[139]. Desarrolladas por autores (Corno, 1993) que advierten que la motivación no explica suficientemente por qué una persona se implica en una actividad hasta alcanzar los resultados a que conduce: una vez que la persona se decide a actuar (determinada por la motivación), es su voluntad la que hace que tal decisión se mantenga o no en el tiempo, y que se concluya o no la actuación que ha iniciado.
- **Teorías que integran los modelos de "auto-regulación" y de expectativas-valor de la motivación.** Hacen compatibles las teorías de la "auto-regulación", para las que los objetivos son más críticos que la atribución de valor como reguladores de la conducta de aprendizaje y, en general, de la conducción de las personas a la acción, y planteamientos como los de Carver y Schier (2000), para quienes la importancia de los objetivos (su valor, por consiguiente) es el criterio por el que se jerarquizan, pudiendo, además, esta jerarquización ser el resultado de la aplicación de consideraciones asociadas a la importancia que se le da a la tarea.

2.4.2. Actitudes que afectan a la "motivación discente"

Las teorías acerca de la motivación por aprender explican, desde distintas perspectivas, la importancia que tienen ciertas actitudes de los aprendices como impulsoras de su esfuerzo e implicación en el trabajo escolar, de las que tienen especial interés las relativas a la "percepción de ser capaz de tener éxito", a las "expectativas de resultados" o a la "percepción de las expectativas que respecto del rendimiento propio tiene el profesor" (u otros significativos como los padres o los "iguales").

Estas actitudes son, en cierta medida, indicadores de la valoración que hace el alumno, de forma directa o indirecta, de su propia capacidad, de su potencia y de su autoconcepto. En su consolidación tienen una gran importancia las experiencias propias de éxito y fracaso (Wigfield y Eccles, 2000), y especialmente la percepción de la forma en la que los otros significativos (profesores o padres, por ejemplo) reaccionan ante tales experiencias; reacción que, si es negativa, activa los mecanismos de defensa del propio yo para evitar la crítica y el sufrimiento inevitablemente asociados al fracaso o a la sanción, lo que tiene como corolario la propensión a evitar tareas que supongan cualquier tipo de riesgo para la propia imagen.

---

139 Volición: fuerza de voluntad necesaria para completar una tarea o para proseguir en su realización.

En la génesis de las actitudes asociadas a la visión que construye el aprendiz de su fortaleza para afrontar con éxito la realización de las tareas que asigna el profesor está, sin duda, la tendencia de las personas a entender e interpretar, desde su propia estructura cognitiva y emocional, lo que ocurre en su entorno, sus experiencias, atribuyendo cualidades y otorgando valor a los estímulos que recibe en respuesta a su comportamiento, al mismo tiempo que a situar la responsabilidad (*locus of control*) de aquello que le ocurre y tiene valencia o carga emocional positivas (son portadores de algo que gratifica al individuo, como obtener una buena nota) o negativas (son portadores de un efecto negativo, como suspender un examen) en su propia actuación (he trabajado/no he trabajado lo suficiente) o en circunstancias del entorno (el profesor supo apreciar/no supo apreciar con justicia mi trabajo), que, en ambos casos, puede el aprendiz considerar modificables (podría haber realizado un mayor esfuerzo) o no (el criterio del profesor es inamovible).

Locus of control *y motivación discente*

Ya se han revisado, al tratar de los estilos cognitivos (2.3 de este apartado), las características asociadas a la internalidad *versus* externalidad de las personas, que la teoría de la atribución etiqueta como *locus of control*[140]. Queda, pues, señalar que muy mayoritariamente la investigación que ha tratado de identificar la relación entre el tipo de *locus of control* y el rendimiento instructivo apunta que:

a) Los alumnos que propenden a atribuir a causas externas (*locus of control* externo) sus éxitos y fracasos muestran tener, constante todo lo demás, un rendimiento escolar inferior al de los que los asocian a causas internas (Seligman, 1975; Marjoribanks, 1977; Stipek, 1980; Findley y Cooper, 1983; Shanahan y Walberg, 1985), aun cuando recientes estudios apuntan a que si bien la alta externalidad está relacionada con el bajo rendimiento instructivo, no sucede lo mismo con la internalidad respecto de su asociación con positivos resultados escolares.

b) No se constatan efectos diferenciales entre los alumnos y las alumnas en la relación entre el *locus of control* y los resultados de la enseñanza (Kalechstein y Nowicki, 1997).

c) Si el alumno percibe que es él el responsable de sus positivos resultados escolares, su rendimiento aumenta, y lo hace con más fuerza si, al mismo tiempo, el incremento de este rendimiento es percibido como estando bajo su control (Dweck, 1976).

---

140   Se considera, habitualmente, un rasgo de **personalidad** identificado seminalmente por los defensores de la teoría del aprendizaje social (Rotter, 1966).

Al estudiar la importancia del *locus of control* para la motivación, la liberación de esfuerzo y la implicación de los alumnos en su propio proceso de aprendizaje, Skinner *et al.* (1990) distinguen entre:

a) Percepción acerca de la capacidad propia para controlar el éxito y el fracaso escolar.
b) Percepción acerca de qué estrategias son efectivas para influir en los resultados escolares.
c) Percepción de la capacidad propia para aplicar las estrategias que son efectivas para influir en los resultados escolares.

Estos investigadores concluyen que la percepción que tienen los alumnos de su capacidad de control (capacidad que resulta influida por la percepción del soporte de los profesores) influye en el rendimiento instructivo, promoviendo una implicación activa en las actividades de aprendizaje.

Un aspecto central de este estudio es la distinción entre el concepto tradicional de *locus of control*, concebido como una dimensión bipolar de la personalidad, y el que considera que es preciso diferenciar entre la percepción de los factores internos (el esfuerzo, por ejemplo) y externos (los profesores, por ejemplo) que son determinantes de la capacidad de control sobre el éxito y el fracaso escolares. Según esta conceptualización, la actuación de los profesores (el grado, por ejemplo, en el que proporcionan expectativas claras e información de *feedback* respecto de las actividades y resultados del aprendizaje) hacia los alumnos es un factor que ejerce un influjo muy relevante en la percepción que estos tienen de su capacidad para controlar la actividad académica (Figura 80).

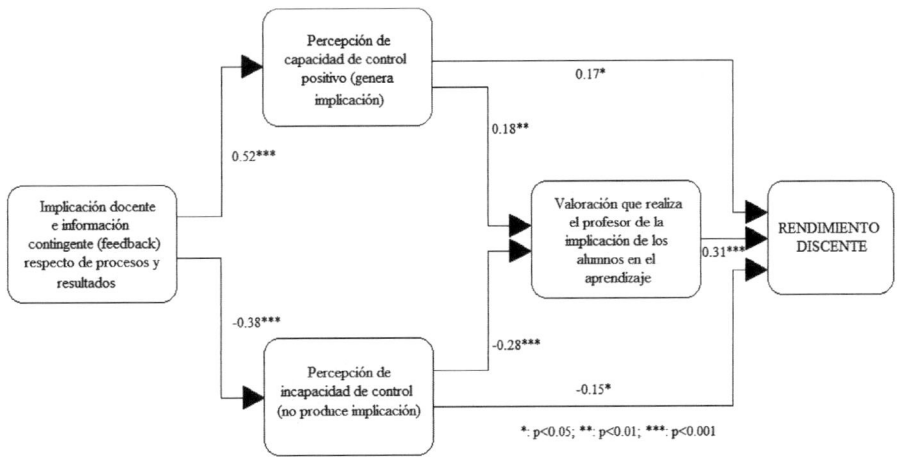

Figura 80

Estos resultados, interpretados en términos de motivación derivada del *locus of control*, justifican la conclusión de que la implicación del profesor, el aporte de información que realiza de los procesos y resultados del aprendizaje y la atribución a causas internas y externas de los éxitos y fracasos tienen efectos con importancia práctica para impulsar la implicación discente.

Además, los alumnos que se implican de forma activa en la actividad escolar son los que interpretan (Skinner, Wellborn, Connell, 1990) que:

a) El esfuerzo personal es causa principal de su éxito o fracaso.
b) Aunque la capacidad no es imprescindible para el éxito, tiene un valor alto para alcanzarlo.
c) Pueden influir en los "otros" (profesor, por ejemplo) que son relevantes para su éxito o fracaso.

Siendo el control percibido sobre el propio proceso de aprendizaje una fuente muy importante de motivación (y por lo tanto de implicación y aporte de esfuerzo), no es, ciertamente, la única, como se deduce de las teorías sobre la motivación que figuran en este mismo Capítulo. Además, Patrick *et al.* (1993) destacan el valor motivacional que tiene la autonomía de los alumnos respecto de las decisiones que afectan a su propio proceso de aprendizaje (en la elección de los factores y estrategias que determinan su éxito y fracaso), y la relevancia que tiene por consiguiente el apoyo del profesor a esa autonomía mediante actuaciones conducentes a: 1) facilitar la elección por el alumno de alternativas respecto de su trabajo escolar y 2) la supresión de la coerción respecto de la participación discente en la elección de las actividades que conducen al logro de los objetivos educacionales.

En la Figura 81, Patrick *et al.* representan las sendas a través de las que el control percibido por el alumno respecto de diferentes causas a las que atribuye sus éxitos y fracasos, influyen en las emociones y, a través de ellas en la autonomía o motivación para actuar en función de "razones" (motivos)[141] *extrínsecas* (tales como los castigos), *introyectadas* (el individuo no se siente libre para actuar como consecuencia, por ejemplo, de no querer provocar una calificación negativa de los "otros significativos"), *identificadas* (surgen del libre arbitrio, y motivan a la acción porque el individuo las considera importantes para sí) e *intrínsecas* (se justifican por el interés que despierta la actuación en sí misma, por sus propias características).

---

141   Utilizan los trabajos de Ryan y Deci, E. (2000), acerca de la teoría de la autodeterminación y de la motivación [también Deci y Ryan (1985) o Ryan y Connell (1989)].

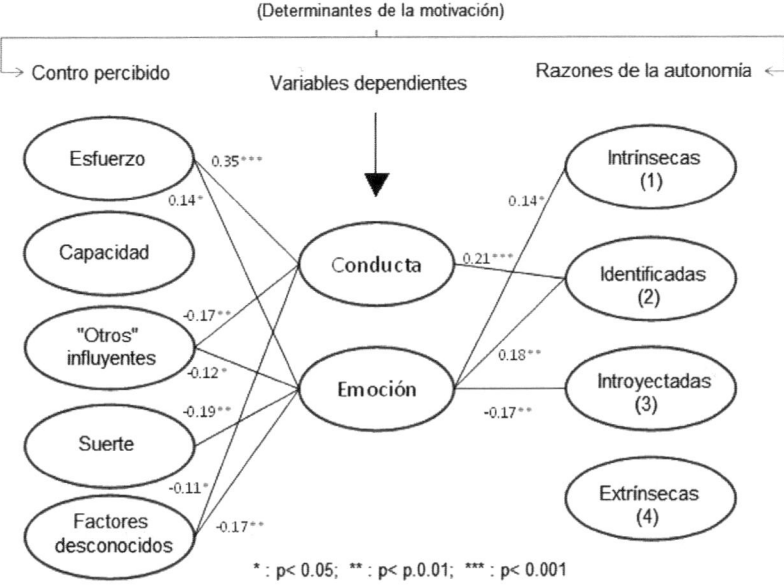

Figura 81

El trabajo de Patrick *et al.* complementa, pues, el papel que tiene la percepción de control que tiene el aprendiz de las causas que determinan su éxito y su fracaso, y también de sus estados emocionales, al advertir que la percepción de autonomía ejerce, así mismo, un influjo importante sobre su conducta y emociones, de tal forma que su estado de motivación óptimo se caracteriza por la implicación activa, el interés, el entusiasmo y la satisfacción que son resultado tanto de su percepción de control respecto de la efectividad y el esfuerzo como de un sentimiento de autonomía basado en razones de índoles *intrínseca* e *identificada*.

Autoconcepto y motivación discente

El estudio del autoconcepto, y de sus efectos en la predisposición del alumno a aportar esfuerzo e implicación al desarrollo de su trabajo escolar, tienen una larga trayectoria en la investigación pedagógica, pudiendo servir de síntesis la que realizan en el año 1982 Shavelson y Bolus[142], en la que consideran al constructo autoconcep-

---

142   Una breve relación de los trabajos anteriores a 1982 puede consultarse en Gómez Dacal (1992, pp. 287-292).

to una estructura jerarquizada y multifacética[143], que arranca de una faceta general (autoconcepto general), que se subdivide en una rama académica (autoconcepto académico), que a su vez se desglosa en la autopercepción respecto de diferentes ramas científicas, y otra no académica, que da lugar a formas de autoconcepto relativas a las dimensiones físicas, emocionales y sociales de la persona.

La primera revisión importante del modelo Shavelson/Bolus la realizan Marsh y Shavelson (1985) y Marsh (1986), en el marco de la teoría de la internalidad/externalidad (I/E), que postula que el autoconcepto lo construyen los individuos al comparar 1) la percepción de su propia capacidad respecto de la que consideran que tienen los otros iguales significativos (proceso externo) y 2) la percepción de su capacidad para, por ejemplo, el aprendizaje matemático, con la que consideran que tienen para, por ejemplo, el lingüístico (proceso interno). Brunner *et al.* (2010) verifican el modelo Marsh/Shavelson, basado en la teoría de la I/E, al estudiar la relación entre rendimiento escolar y los autoconceptos general (autoestima) y específicos (autoevaluación de competencia para dominios específicos) (Figura 82).

La relación entre el autoconcepto del alumno y su rendimiento académico es compleja, existiendo documentación para avalar diferentes tesis al respecto:

a) Para Marsh (1990), las relaciones entre autoconcepto y rendimiento escolar son recíprocas.
b) Según Maruyma *et al.* (1981), la covariación que se constata entre ambas variables se debe que el valor que alcanzan las personas en una y otra es consecuencia del influjo que sobre ellas ejerce una tercera variable (la capacidad o inteligencia, por ejemplo).
c) Rosemberg (1979) considera que la variable causal es el autoconcepto y la dependiente es el rendimiento, de ahí que para incidir positivamente en el aprendizaje de los alumnos se debe mejorar la percepción que tienen de su propia capacidad.
d) En Bachman y O´Malley (1986), la cadena causal se inicia en el rendimiento instructivo, que influye en el autoconcepto y finalmente es la percepción global de la propia imagen la que resulta afectada.

Marsh *et al.* (2005) incorporan al estudio de las relaciones existentes entre autoconcepto y rendimiento académico la variable "interés individual por la asignatura", cuyos efectos en la motivación, en la persistencia y en los resultados del aprendizaje

---

143   Las bases del modelo las establecen Shavelson, Hubner y Stanton (1976).

están muy documentados[144], y que, conjuntamente con el autoconcepto, debiera, por consiguiente, ser tenida en cuenta para generar el efecto conjunto "oportunidad de aprender"/"esfuerzo por aprender" en los alumnos.

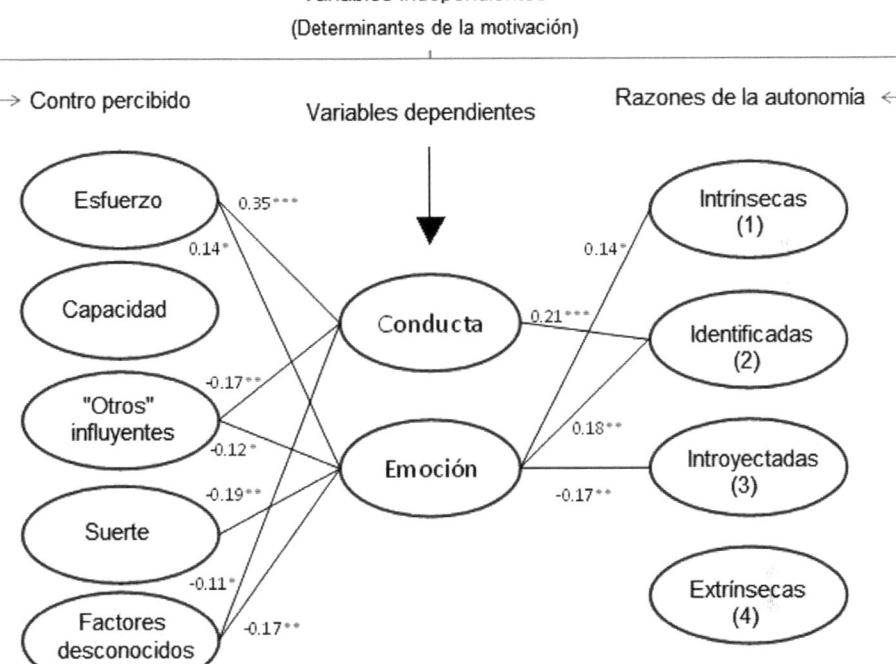

Figura 82

Parten Marsh *et al.* del modelo que acepta que las variables *autoconcepto* y *rendimiento académico* tienen efectos recíprocos[145], considerando, además, que la relación entre ambas se produce, al menos en parte, porque la primera tiene consecuencias motivacionales que, a su vez, influyen en la segunda (Byrne, 1966). Para la práctica docente, la dirección del influjo de las variables *autoconcepto, interés por lo académico* y *resultados escolares* importa al establecer en cuál de ellas debe

---

144   Véase Köhler, 2001 o Hidi y Ainley, 2002, por ejemplo.

145   Los dos planteamientos los analizan Calsyn y Kenny (1977), contrastando el modelo que interpreta que la variable dependiente es el rendimiento académico (*self-enhandement model*) y el que le atribuye la condición de dependiente al autoconcepto (*skill development model*).

hacer hincapié el profesor en primer lugar (¿es preferible mejorar la percepción que tiene el alumno de sus posibilidades o influir en sus logros instructivos?). Dada las frecuentes diferencias entre los resultados de investigaciones que sitúan el punto de partida de la actuación docente en el autoconcepto o en el rendimiento, lo recomendable es que el preceptor interiorice que si no se consideran conjuntamente los resultados en ningún caso serán brillantes más allá del corto plazo.

Expectativas de rendimiento

El influjo en los resultados escolares de las expectativas que tienen los profesores y los alumnos respecto del rendimiento instructivo (naturalmente de los alumnos) ha sido presentado frecuentemente como *"efecto Pigmalión"*[146], *"efecto Galatea"* y *"efecto Golem"* (Rosenthal y Jacobson, 1968)[147].

A raíz de la acuñación, por Robert Merton, en 1948, de la expresión "autoconfirmación de las profecías" (*self-fulfilling prophecy*), para describir cómo "la definición falsa de una situación es capaz de crear un comportamiento nuevo que hace que algo originariamente falso devenga verdadero" (Merton, 1968, p. 477), se realizan numerosos estudios para valorar los efectos que tienen las expectativas que se forman los profesores en el funcionamiento intelectual de sus alumnos (Rosenthal & Jacobson,

---

146   *Pygmalion* (1913) es el título de la obra escrita por George Bernard Shaw, en la que utiliza el mito griego del escultor Pigmalión que crea una escultura de mujer tan bella que se enamora de ella, por lo que quiere convertirla en una mujer real. La obra de Bernad Shaw relata que el profesor de fonética Henry Higgins apuesta a su amigo el coronel Pickering que él es capaz de hacer pasar a la florista Eliza Doolittle por una refinada dama de la alta sociedad enseñándole cómo hablar con el acento adecuado y utilizar los modales propios de las personas refinadas. A lo largo del proceso de transformación, Higgins y Eliza evolucionan en cercanía, pero finalmente ella rechaza a su dominante profesor y declara que se casará con Freddy Eynsford-Hill, un joven *gentlemen* pobre.

La obra del Shaw fue llevada al cine con éxito como *My Fair Lady,* siendo intérpretes Audrey Hepburn, en el papel de Eliza, y Rex Harrison, en el de profesor Higgins. A este film pertenece este fragmento de diálogo en el que Eliza se dirige a Pickering y le dice: "… la diferencia entre una florista y una señora no es consecuencia de cómo se comportan sino de cómo una y otra son tratadas. Yo seré siempre una florista para el profesor Higgins porque él siempre me considera tal. Pero, ciertamente, yo puedo ser una señora para usted, porque usted me trata siempre como una señora…".

147   En su primer experimento, Rosenthal y Jacobsen aplicaron en una escuela de enseñanza elemental una serie de *tests* "de inteligencia". Obtenidos los resultados, informaron a los profesores de los nombres de los alumnos que tenían una "inusual capacidad de crecimiento intelectual" (el 20% de los examinados), por lo que era predecible que sus resultados instructivos mejorasen de forma muy importante durante el curso. Aunque tales alumnos fueron elegidos aleatoriamente entre los de la clase (no formaban por consiguiente parte del grupo del 20% de alumnos de más capacidad), cuando Rosenthal y Jacobsen, ocho meses más tarde, midieron sus resultados instructivos hallaron que tales alumnos puntuaron en las pruebas de instrucción significativamente más alto que el resto de sus colegas.

1968), a los que se denominan también "efectos de las expectativas interpersonales" al entender que son bidireccionales.

Los efectos de las expectativas de, por ejemplo, el profesor en el rendimiento de sus alumnos, descritos como "efecto Pigmalión", pueden ser positivos (el profesor genera en sus alumnos altas expectativas que coadyuvan a su rendimiento instructivo de acuerdo con el proceso de autoconfirmación de las profecías), para cuya designación se utiliza la metáfora Galatea (efectos Galatea), o negativos (el profesor induce en sus alumnos bajas expectativas que tienden a confirmarse), siendo en este caso descritos con recurso al mito judío del Golem (efecto Golem), que se produce en ocasiones atribuyendo a determinados alumnos, primero, estereotipos negativos asociados, por ejemplo, a la raza o al sexo, y, después, teniendo hacia ellos un trato sesgado según el estereotipo.

Al estudio de en qué medida la propensión de los profesores a sesgar información en función de estereotipos afecta a sus expectativas positivas (efecto Galatea) o negativas (efecto Golem) respecto de los resultados instructivos de sus alumnos le dedican Babad, Imbar y Rosenthal un interesante trabajo que publican en el año 1982, en el que verifican que los que son proclives a sesgar información tienen comportamientos negativos (efecto Golem) y positivos (efecto Galatea) hacia los alumnos que consideran, respectivamente, menos o más capaces. Este sesgo se mantiene incluso si las actitudes del profesor son inducidas en un experimento manipulado, como el descrito por Rosenthal y Jacobson (1968). Se ha constatado, además, que la tendencia a sesgar información está significativa y positivamente asociada al rasgo "dogmatismo"[148] de los profesores: los profesores dogmáticos son proclives a exhibir comportamientos sesgados.

La percepción que tiene el profesor del alumno (especialmente cuanto tiende a sesgar información) genera en él determinadas expectativas que, de acuerdo con los modelos cognitivos de interacción social alcanzan a afectar a su propia actuación, a la percepción que tiene de la misma el alumno y a las actitudes y actuación de este último. Brophy y Good (1970), por ejemplo, interpretan este proceso como una secuencia de cinco pasos que arranca en la generación de expectativas docentes respecto del rendimiento de los alumnos y concluye influyendo en el aprendizaje discente (Figura 83).

---

148   El dogmatismo es considerado un rasgo de la personalidad del que son indicadores la rigidez, el autoritarismo, la simplicidad categorial al emitir juicios, la falta de apertura a lo nuevo.

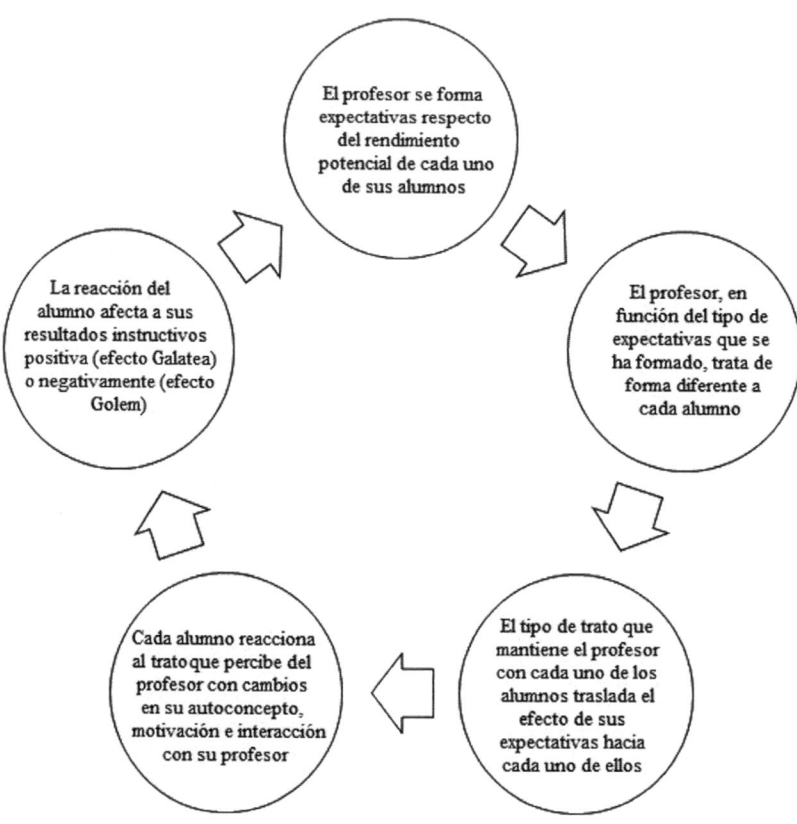

Figura 83

Harris y Rosenthal (1985), con un planteamiento similar al de Brophy y Good, trataron de obtener una respuesta convincente a la cuestión de cómo las expectativas que se forma el profesor respecto de la capacidad de sus alumnos llegan a influir en sus logros instructivos. Para hacerlo, revisan 135 estudios realizados a partir del año 1950 sobre el efecto expectativas, a partir de la cual formulan la teoría de los cuatro factores:

1) Clima (positivo) que los profesores crean en sus relaciones con los alumnos respecto de los cuales se forman altas expectativas de rendimiento (AAER).
2) *Feedback*, del cual es indicador la tendencia de los profesores a proporcionar a los AAER más y mejor información acerca de su proceso de aprendizaje.
3) *Input*, o tendencia de los profesores a aportar más contenidos de aprendizaje a los AAER.
4) *Output*, o inclinación de los profesores a interactuar más con los AAER.

Las expectativas de los profesores acerca de qué es esperable, en términos de motivación y rendimiento, de sus alumnos, modifican, pues, el comportamiento de estos ante el trabajo escolar e influyen tanto en su orientación (selección e implicación en aquellas tareas en las que consideran que tendrán mayor éxito) como en sus efectos (resultados), y esta implicación y resultados son, dada la índole bidireccional del proceso, un *input* para las expectativas docentes, generándose, un sistema que se autoalimenta de forma positiva (→ altas expectativas → alta motivación → alta implicación → altos resultados → altas expectativas →) o negativa (→ bajas expectativas → baja motivación→ baja implicación → bajos resultados→ bajas expectativas →).

El vínculo entre expectativas docentes y rendimiento discente afecta, por consiguiente, tanto a la oportunidad de aprender (las altas expectativas docentes animan al profesor a tratar de que el alumno aprenda constantemente nuevos contenidos, utilizando para ello sus mejores recursos didácticos) como a la motivación por aprender, todo ello bien estudiado en el marco de la teoría del valor motivacional de las expectativas ("*Expectancy-Value Tehory*": Atkinson, 1957; Eccles *et al.*, 1983; Wigfield y Eccles, 1992 y 2000), en la que se sostiene que la elección de la tarea, la persistencia en su realización y el rendimiento esperable explican 1) la creencia de los individuos en las posibilidades que tienen de éxito; 2) el valor que le atribuyen al mismo (intrínseco/satisfacción personal; extrínseco/importancia y utilidad), y 3) el costo/esfuerzo que les supone su consecución. A estos elementos, ha de añadirse que en todo en el proceso influye la percepción de quien realiza la tarea (el alumno) de en qué grado le consideran los "otros significativos" (el profesor, por ejemplo) capaz (Figura 84).

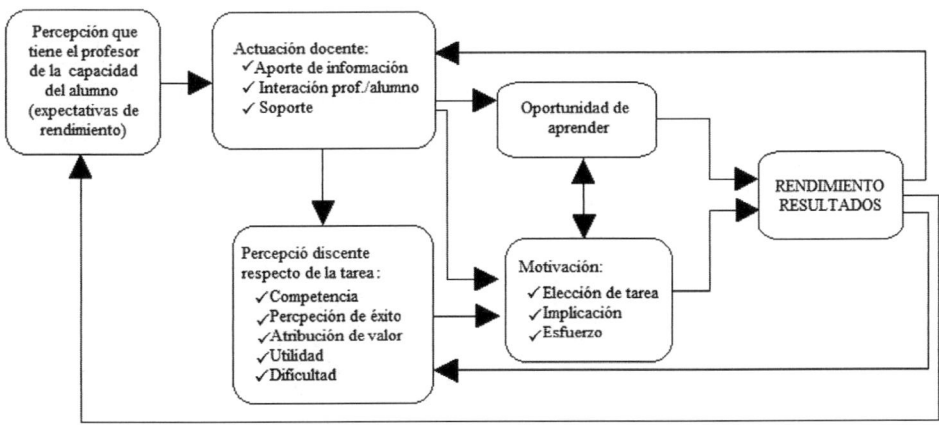

Figura 84

2.4.3. Implicaciones para la intervención

Que la motivación influye de forma significativa en el interés y el esfuerzo en la realización de las tareas escolares, y también en los resultados que a través de las mismas alcanzan los alumnos, es un hecho que los profesores conocen bien, por lo que a conseguir motivar a sus discípulos dedican una buena parte de su trabajo docente. Esta constatación, que se evidencia en el día a día de la actividad escolar, y que corroboran prácticamente todos los modelos explicativos de la efectividad del aprendizaje fruto de la enseñanza, es compatible con la desesperanza con la que muchos docentes constatan que una buena parte de sus discípulos no aportan al aprendizaje todo el esfuerzo de que son capaces, precisamente por falta de motivación para hacerlo.

Las distintas teorías explicativas de la motivación discente proporcionan, sin duda, información del mayor interés acerca de cómo inducir implicación y persistencia en el trabajo escolar, pudiendo ser considerado el denominador común de todas ellas el estado subjetivo que resulta de la integración de:

a) La percepción de oportunidad de aprender (es decir, de que existe la posibilidad real de concluir con éxito la tarea, presentando esa conclusión un cierto desafío para quien deba realizarla, en todo caso asumible por su grado de dificultad: no ha de ser valorada como excesivamente fácil o excesivamente difícil).

b) La percepción de que lo que se va a aprender será útil (o merecerá reconocimiento).

c) El disfrute (asociado a la satisfacción que genera la realización de la tarea o a la consecución de algo externo que tiene interés para el individuo) que es consecuencia de la constatación y valoración del éxito alcanzado.

El profesor que pretende que sus alumnos estén motivados, es decir, dispuestos a aportar esfuerzo en la realización del trabajo escolar, tiene que plantearles la realización de tareas que cada uno de ellos esté en condiciones, realmente, de afrontar, percibiendo que es capaz de hacerlo con un escaso riesgo de fracaso: cuando el preceptor, por ejemplo, explica al conjunto de la clase algo para cuya comprensión algunos de los alumnos no disponen de los prerrequisitos cognitivos necesarios, tales alumnos movilizan su sistema de defensa del yo (para evitar la constatación de fracaso), considerando que aquello que se le está transmitiendo no tiene interés, es irrelevante, le supone una pérdida de tiempo y no merece atención de su parte (en esa situación genera conductas disruptivas que afectan negativamente al conjunto de la clase).

La misma situación se produce si aquello que transmite el profesor es ya conocido por los alumnos de más capacidad, o es redundante (para que los menos capacitados dispongan de suficiente tiempo para asimilarlo), lo que conlleva que tales alumnos (los más capacitados) no presten atención, perturben el funcionamiento de la clase, no se impliquen (¿para qué?), pudiendo, incluso, ser considerados como afectados por el síndrome de hiperactividad y falta de atención, cuando su comportamiento está causado únicamente por la falta de oportunidad de aprender (lo que expone el profesor es trivial para ellos y por consiguiente carente de interés), y de motivación.

La rigidez y estandarización de los programas, especialmente cuando se utilizan en los modelos de enseñanza inclusiva, están en el origen de la desmotivación que está lastrando el potencial de aprendizaje de numerosos alumnos, y generando desesperanza en no pocos profesores (creciente a medida que se avanza en el sistema escolar). La solución no está, evidentemente, en eliminar la *inclusividad* y sustituirla por la segregación escolar, ya que esa no es la causa determinante del problema. La solución está en la utilización de una tecnología didáctica que permita poner en acto todo el potencial de aprendizaje, al ajustar el objeto de enseñanza (o de aprendizaje) a los recursos de que dispone el alumno para procesarlo e integrarlo en su estructura cognitiva. Este requisito no es fácil, pero es un elemento esencial en la *roadmap to excellence.*

Si la falta de motivación impide la efectividad del aprendizaje, la excesiva "presión" por conseguir que el alumno aprenda, se implique, cuando los recursos de que dispone [en forma de "inteligencia" (potencia) o de talento (competencias)] para aprender no son suficientes puede tener efectos contrarios a los deseables: si la acción motivadora se ejerce para suplir la carencia de tales recursos para aprender, al hacerlo se genera ansiedad en el aprendiz que, también como parte del sistema de defensa del yo, desencadena inhibición y desinterés con la finalidad de moderar los efectos nocivos que la excesiva tensión psíquica le puede producir[149].

---

149 La relación entre el grado de *arousal* (tensión por la tarea, motivación) y el rendimiento se estableció seminalmente por Yerkes y Dodson (1908) mediante una función en la que, para tareas complejas, existe un nivel de *arousal* óptimo por debajo del cual (baja tensión, baja motivación) el rendimiento es mínimo, creciendo a medida que el nivel de *arousal* alcanza su óptimo, punto a partir del cual crece la ansiedad y baja el rendimiento:

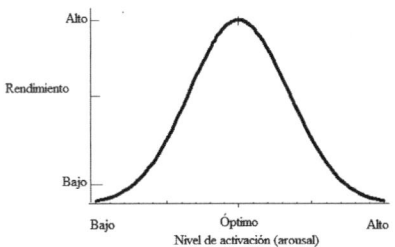

Tips para la excelencia

1. El indicador más robusto de excelencia y excepcionalidad de la enseñanza (de un centro escolar o un profesor) es el grado en el que los alumnos ponen en acto toda su capacidad potencial de aprender.

2. Cada alumno tiene determinadas fortalezas para el aprendizaje: corresponde al profesor identificarlas y ajustar la enseñanza a las mismas.

3. Un alumno aprende si tiene oportunidad de aprender y aporta el esfuerzo necesario para aprender: ambas variables son sensibles a la acción de los profesionales de la enseñanza.

4. Si un profesor ignora la materia sobre la que trabaja (el alumno) nunca podrá realizar con ella una obra que pueda calificarse de excelente.

5. Si un alumno tiene un comportamiento inadecuado y perturbador, no lo atribuya, en primer lugar, a su supuesta —perversidad natural—: piense si lo que usted le está enseñando está en condiciones de entenderlo y asimilarlo, y también si percibe su utilidad (para él, no para usted).

6. El profesor tiene éxito si el alumno tiene éxito.

7. Atribuir al alumno más capacidad de la que realmente tiene es un error, que detectará el profesor más pronto que tarde; considerar que tiene menos puede no tener otra manifestación que la de condenar al alumno a la mediocridad sin justificación alguna.

8. Casi siempre las causas de nuestros errores tienen origen en nuestra propia incapacidad: aceptar este hecho es requisito para subsanarlos, y un ejercicio de realismo.

9. Sea generoso al atribuir competencia para el aprendizaje a sus alumnos.

10. La persona, el alumno también (y el profesor), necesita que se les reconozcan y valoren sus éxitos, siendo este reconocimiento y valoración un factor motivacional de primer orden.

11. No tema a la autonomía del alumno, ni la confunda con *laissez faire:* si el alumno autorregula su trabajo aportando el esfuerzo necesario para aprender, ambos, profesor y alumno, actúan conforme a la pedagogía auténtica.

12. Un alumno con limitaciones personales no tiene un problema: el problema, si existe, es del profesor y del centro escolar si no han sabido crear las condiciones para que, cualesquiera que sean tales limitaciones, (todos tienen limitaciones y fortalezas) pueda poner en acto todo su potencial de aprendizaje mediante una adecuada adaptación de la enseñanza y del entorno.

13. Gran parte de los determinantes de la capacidad de aprender del alumno es exógena a su propia persona, proviniendo del medio social, familiar y escolar en el que se desarrolla.

14. Cuando una cualidad del alumno que influye en su aprendizaje no es modificable por la acción escolar, es necesario modificar la acción escolar para que se adapte a la cualidad.

15. Cada alumno tiene una "mejor vía" (estilo de aprendizaje o estilo cognitivo) a través de la que alcanzará a tener oportunidad de aprender de la forma más eficiente, y por consiguiente mayor motivación: al profesional docente le corresponde descubrirla y utilizarla.

16. *"What if, instead of measuring a child's acquired knowledge and intellectual skills, the ability to learn was evaluated first? And what if intelligence was not a fixed attributed, measurable once and for all? What if intelligence can be taught and was in fact the ability to learn?"*

Reuven Feuerstein
Dynamic assessments of cognitive modificability

Capítulo VI. El espacio laboral: *The workplace arena* (la clase)

Techniques developed by educators to guarantee that the students will learn a specific bit of information pile up on the rocks of human individuality. There is just no standard way to guarantee comprehension. Too much depends on the student and what he or she, as an individual, wants to learn.

Las técnicas diseñadas por los educadores para asegurar que sus alumnos aprenden cada unidad de información se apilan en las rocas de la individualidad humana. No existe un procedimiento estándar que garantice la comprensión, ya que el que se produzca depende sobre todo de en qué medida el alumno, él o ella, quieren aprender.

Philip B. Crosby
Quality Without Tears
The Art of Hassle-Free Management

1. NÚMERO DE ALUMNOS POR PROFESOR (RATIO PROFESOR/ALUMNOS)

1.1. Aspectos generales

Sin restar importancia a los efectos que el conjunto de la organización (ahí incluidos los de la actuación de los mánager) tiene sobre la actuación de profesores y alumnos (a cuyo estudio dedica este Ensayo numerosas páginas), no cabe duda de que el "espacio laboral" por excelencia, *the workplace arena,* aquel en el que profesores y alumnos trabajan para alcanzar los objetivos de la enseñanza, es la clase. Los intercambios que se producen en esa *arena* entre el profesor (el mánager en esa situación) y los trabajadores/aprendices (los alumnos) y entre los propios trabajadores/aprendices, en sus múltiples formas y manifestaciones, son críticos para la efectividad y eficiencia con las que se genera conocimiento y se da satisfacción a los clientes (externos e internos), de ahí su relevancia.

Una de los problemas más recurrentes en el estudio de la producción de conocimiento (por los centros de enseñanza)[150] ha sido, sin duda, el de estimar el efecto que

---

150   En este capítulo se incluyen modelos teóricos que, si bien son de difícil aplicación (en realidad, no se incluyen para ser aplicados) constituyen un instrumento muy importante para interpretar cómo intervienen determinadas variables (la ratio profesor/alumnos, por ejemplo) en la función de producción de conocimiento, y con esa finalidad se han incorporado al texto. Además de los modelos, el Ensayo aporta los resultados de investigaciones acerca de las variables (ratio profesor/alumnos o

realmente tienen en el rendimiento instructivo los *inputs* que proceden del número de alumnos por clase[151], hecho que se explica tanto por razones económicas (la eficiencia del servicio escolar está muy determinada por la contribución del salario de los profesores a su costo total, a su vez función del número de alumnos que cada profesor debe formar) como pedagógicas, dominio en el que el debate, sin obviar el problema de los costos, se ha centrado 1) en los efectos que tiene la ratio profesor/alumnos en el rendimiento instructivo y en la equidad escolar, según que la organización del alumnado sea en clases homogéneas o heterogéneas, y el modelo de enseñanza acepte la inclusión o la segregación de los alumnos de acuerdo con su potencial de aprendizaje y/o conocimientos, y 2) en el influjo que la ratio profesor/alumnos ejerce en la calidad de la actuación docente.

La estructura (inclusiva o segregada) que adopte la clase y el número de alumnos cuyo aprendizaje dirige cada profesor repercuten de forma significativa en los costos y en el valor de los *outputs* (adquisición el conocimiento por cada alumno) del servicio escolar (Lazear, 2001), especialmente debido a:

a) La conducta y características de los alumnos: cuando un alumno, por ejemplo, produce una disrupción o formula una pregunta porque no entiende lo que explica el profesor [la ratio C entre el *Tiempo de que Dispone para Aprender* (TDA) y el *Tiempo que Necesita para Aprender* (TNA) es tal que C < 1] y los demás miembros del grupo sí, se altera el funcionamiento de la clase y se frena el proceso de aprendizaje de estos últimos, que no aprovechan en su totalidad el tiempo durante el cual podrían estar recibiendo información del profesor. Desde esta perspectiva, las clases formadas por alumnos de similares características positivas (aulas segregadas) pueden acoger más alumnos (son más eficientes, por consiguiente) que las mixtas o integradas por escolares que, en algunos casos, requieren alta atención por parte de los profesores[152].

---

influencia de los iguales-significativos, por ejemplo) de interés (cuya interpretación resultará mucho más racional si se hace utilizando los modelos de los que forman parte).

151   La preocupación en la comunidad científica por esta variable es muy antigua, y se ha mantenido hasta el momento actual. Pueden servir de ejemplo de los seminales estudios científicos sobre los efectos del tamaño de la clase en el rendimiento instructivo los de Cornman (1909), Boyer (1914), Breed y McCarthy (1916), Averil y Mueller (1925), Brown (1932), Dawes (1934) o Eastburn (1936).

152   En las clases se puede producir el "*congestion effect*" o "*network effect*". Es este el efecto que el usuario de un servicio (el alumno respecto de la educación que recibe en una clase) produce en otros usuarios (los otros alumnos de la clase). Si el efecto es positivo, se produce un *network effect* positivo (o *externalidad positiva*: cuando un alumno de alta capacidad se incorpora a un grupo de colegas de capacidad menor y ayuda a los más débiles en su aprendizaje, estos —los más débiles— incrementa sus beneficios sin haber tenido que realizar aportaciones al proceso). Lo contrario sucede si un alumno inte-

b) El *input*, en la función de producción, que procede de la variable "costo del profesor": las clases con un valor de la ratio profesor/alumnos mayor (menos alumnos por clase) son menos eficientes, constantes los resultados instructivos. Con salarios bajos es factible tener pocos alumnos por clase, manteniendo la rentabilidad (los salarios bajos afectan, no obstante, a otras variables como satisfacción, motivación, formación, etc. que aportan *inputs* muy importantes a la eficiencia docente).

c) La tecnología didáctica de que dispone el profesor (incluidos los recursos y la flexibilidad curricular) para transmitir información a los alumnos ajustada a capacidad de asimilación en tiempo real de cada uno de ellos permite ratios profesor/alumnos menos favorables y niveles de heterogeneidad mayores, lo que repercute positivamente en la eficiencia.

A partir de estas consideraciones, y con apoyo en el modelo definido por Lazear, resulta que:

a) Si es **p** la probabilidad (valor medio estimado) de que un alumno no interfiera en ningún momento el aprovechamiento del tiempo de aprendizaje (del que forma parte el tiempo del profesor) de sus compañeros, la probabilidad de que los **n** alumnos de la clase[153] exhiban este deseable tipo de comportamiento es **pn,** siendo la de que se produzcan disrupciones o interferencias **1-pn.**

b) El incremento del número de alumnos aumenta la eficiencia (disminuye el impacto que tiene, en los costos generales, el producir conocimiento por alumno), teniendo como límite el punto en el que al agregar más alumnos se genera un efecto negativo en los demás integrantes del grupo.

c) Siendo **V** el valor de lo que aprende el alumno en el centro escolar (depende del valor del capital humano en el mercado y del aprovechamiento que hace el alumno de cada uno de los momentos en que recibe enseñanza), **Z** el número de alumnos de la escuela, **m** el número de profesores y de clases y **W** el costo total de una clase, la ratio que adoptaría, por ejemplo, una escuela privada que

---

rrumpe el aprendizaje de los colegas (por tener dificultad para asimilar la información que proporciona el profesor, por ejemplo) con los que recibe conjuntamente enseñanza (*externalidad negativa*) o cuando se añaden más alumnos a la clase (*network congestion*), constante la forma de enseñanza, la tecnología, la forma de agrupamiento, etc.

153   En realidad, no habría que incluir al propio alumno, con lo que **n** debiera ser **n-1**. No obstante, este ajuste no alterna el modelo, por lo que no se incluye.

quisiese que sus *outputs* (valor que adquiere el alumno en capital humano) y beneficio fuesen máximos[154] resultaría de hacer máximo el valor **P**:

$$P = ZVp^{Z/m} - Wm \quad (1)$$

o, dividiendo por el número de alumnos $Z = n \times m$, el equivalente **P** por alumno:

$$P_{al} = Vp^n - W/m \quad (2)$$

Derivando y simplificando a partir de las dos expresiones anteriores[155], resulta:

$$-V\frac{Z^2}{m^2} \times p^{\frac{Z}{m}} \times log[p] - W = 0 \text{ , para (1)}$$

$$\frac{W}{n^2} + p^n V Log[p] = 0 \text{ , para (2)}$$

El objetivo habría de ser, pues, que **m** o **n** sean lo mayor posible, para lo cual, invariante **W**, la estrategia será conseguir que **p** (probabilidad de que no se produzcan interferencias en el proceso de conducción docente del aprendizaje discente) tienda al valor 1. Al incrementar el valor de **n** mediante el del valor de **p** (menos probabilidad de que se produzcan disrupciones) se consigue que se mejoren tanto la eficiencia de la escuela como los retornos, en términos de adquisición de conocimiento, de todos los alumnos.

---

154   De acuerdo con el modelo de Lazear, lo que un alumno o su familia debieran pagar (directamente, mediante la cuota, o, indirectamente, a través de los impuestos) por recibir enseñanza en una clase con **n** alumnos (en una escuela de **m** clases y **Z** alumnos), a fin de adquirir competencias o capital humano cuyo valor en el mercado sea **V**, consiguiendo la escuela los mayores beneficios, dependerá del costo **W** de las **m** clases que son necesarias para escolarizar a los **Z** alumnos, con un número **n** de alumnos por clase y con un grado de probabilidad $p^{Z/m}$, o **pn** ($n = \frac{Z}{m}$ y $m = \frac{Z}{n}$) de que aprovecharán la mayor cantidad posible del tiempo de que dispone el profesor (variará según cual sea la probabilidad de que determinados alumnos no provoquen disrupciones al funcionamiento de la clase).

155   Obsérvese que como el número de alumnos $Z = n \times m$ es constante, las variables n y m están ligadas. Las funciones P y P_{al} se pueden expresar en términos de cualquiera de ellas. Para optimizar P o P_{al} se deriva respecto de la variable n o m en que este expresada y se iguala a 0, obteniéndose los mismos puntos críticos en los dos casos. Se vuelven a calcular los ofrecidos por Lazear mediante el programa Matemática-8. El proceso completo es:

$$D\left[Z * V * p^{Z/m} - W * m, m\right] \text{, resulta:}$$

$$P'(m) = -W - \frac{p^{\frac{Z}{m}}VZ^2 Log[p]}{m^2} = 0 \text{, para (1),}$$

que es equivalente a la ecuación 2: $\frac{W}{n^2} + p^n V Log[p] = 0$

El desarrollo del modelo le lleva a Lazear a sostener que:

a) Las clases segregadas son más eficientes.
b) Los alumnos con un valor bajo en **p** (elevada probabilidad de conductas disruptivas) resultan favorecidos si se incorporan a clases formadas muy mayoritariamente por alumnos con un alto valor en **p** (no son disruptivos).
c) Las clases de integración o de alumnos con dificultades de aprendizaje deben tener ratios favorables (pocos alumnos), aun cuando su costo sea alto.

Si una organización escolar pretende[156]:

- situar el número de alumnos de una clase en el valor **n** (denominador de la ratio), siendo **p** la probabilidad de que cada alumno produzca perturbaciones, con valor V de la producción de conocimiento, al ser[157] $V = p^n$, **n** será:

$$n = \frac{\ln(V)}{\ln(p)}$$

- disminuir el valor de la ratio profesor/alumnos (más de **n** alumnos por clase) en un factor **k** ($n \times k$, $k > 1$), manteniendo el valor V del conocimiento adquirido por el alumno (*output* del centro escolar), precisa elevar el valor de **p** hasta $p^{1/k}$, mejorando el sistema de disciplina o de trabajo, por ejemplo. En ese caso[158]: $V = p^n = p^{nk}$.

- disminuir el valor de la ratio profesor alumno (más alumnos por clase) en el factor **k > 1** (**kn** alumnos por clase), sin que le sea factible elevar el valor de **p**, el costo que tendrá que asumir será la disminución del valor del *output*

---

156   $V = p^n$, $V \leq 1$. El valor de V es igual a 1 si p es igual a 1 (la probabilidad de que se produzcan disrupciones en el aula sería, en esa altamente improbable situación, 0).

157   El director de un centro escolar privado de alta calidad pretende que el valor V del conocimiento que obtiene cada alumno se sitúen en 0.8, y desea conocer qué número n de alumnos tendría que tener en la clase, si estima que, puesto que el aula es del tipo segregado con alumnos de alto rendimiento, la probabilidad de que se produzca interferencia es de $p = 0,995$. Para ello calcula:

$$n = \frac{\ln(0,80)}{\ln(0,995)} = 21.$$

La ratio será, pues, de 1/21.

158   Si, por ejemplo, en una clase de n = 25 alumnos la probabilidad de conductas disruptivas es de p = 0.99, el valor V del *output* sería igual a $V = 0,99^{25} = 0,778$. Si se quiere que el número *n* de alumnos por clase sea de 30 (*30 = 25k, k =1.2*), manteniendo el valor *V*, es necesario elevar el valor p hasta $p^{\frac{1}{k}} = 0,99^{\frac{1}{1.2}}$ = 0.9916 resultando que $0,9916^{30} = 0.7778 = 0,99^{25}$. Es decir, aumentando el valor de *p* desde 0.99 a 0.9916, se puede incrementar la clase en 5 alumnos, sin que ello afecte al rendimiento.

del centro por alumno (lo que los alumnos aprenden), pasando de V a $\bar{V}$ ($\bar{V} \ll V$). En este caso[159]: $\bar{V} = p^{nk}$.

- mantener el rendimiento de una clase que inicialmente tiene **n** alumnos por profesor ($V = p^n$) incorporando al grupo alumnos con dificultades según un proyecto de enseñanza inclusiva (el valor **p** disminuye en el factor $k \leq 1$), ha de implantar una ratio más favorable (Ratio $\frac{1}{m}$, siendo $m < n$, o $m = nk$ [160], de tal forma que

$$V = (pk)^m \, , y \, m = \frac{\ln(V)}{\ln(p \times k)}$$

- elevar el rendimiento en un factor **k,** manteniendo el número de alumnos por clase, habrá de incrementar el valor de **p** (disminuir el número de alumnos que originan disrupciones). En este caso[161]: $Vk = p^n; \; p = \sqrt[n]{Vk}$

De lo expuesto se desprende que:

d) La conducta de los **n** alumnos de una clase, valorada en términos de **p** o de **pn**, es función de la calidad de la enseñanza que imparte el profesor y de las características de los alumnos.

e) La equidad escolar se favorece con la integración.

f) La reducción del tamaño de la clase tiene como límite el momento en el que el costo de la reducción es igual a los beneficios que se consiguen con la misma.

---

159   Si desde la dirección se incrementa el número de alumnos por clase en el factor k = 1.2, pasando de una ratio 1/25 a otro 1/30, manteniendo el valor de p= 0.99, se produce una disminución del valor de V (rendimiento), ya que inicialmente $V = 0.99^{25} = 0.7778$ y después del incremento, pasa a ser $\bar{V} = 0.99^{25 \times k} = 0.99^{30} = 0.7397$.

160   En este caso, la incorporación, a una clase inicialmente de 25 alumnos, de un alumno que necesita atención por parte del profesor muy frecuente, hace que el valor de **p**, que inicialmente era 0.99, pasa a ser 0.97 (k = 0.98; 0.99 x 0.98 = 0.97) por alumno. Para mantener el rendimiento inicial $V = 0.99^{25} = 0.7778$, el director desea conocer en cuánto debe disminuir el número de alumnos de la clase. En este caso la disminución tiene que ser tal que $0.7778 = 0.97^m$; $m = \frac{\ln(0.7778)}{\ln(0.97)} = 8.25$; es decir, la clase debiera tener, para mantener el rendimiento, una ratio aproximada de 1/8; o lo que es lo mismo, debiera disminuir el número de alumnos en 17 $(25 - 8)$.

161   Con un valor p = 0.98, y con una ratio profesor/alumnos de 1/25, el rendimiento por alumno del centro C es de $\bar{V} = 0.98^{25} = 0.60346$. El director, sin modificar la ratio, pretende incrementar el rendimiento en el factor k=1.5. Para saber en cuánto tiene que disminuir la probabilidad **p** de perturbaciones de los alumnos en clase (cuál debe ser el nuevo valor $\bar{p}$), calcula: $\bar{p} = \sqrt[25]{0.60346 \times 1.5} = 0.996$.

g) La disminución del número de alumnos por clase tiene un efecto positivo en el rendimiento mayor en los alumnos con dificultades para aprender (bajo valor en **p**), que en los que no las tienen[162].

Aplicando la lógica general del modelo de producción de conocimiento por el servicio escolar propuesto a partir del establecido por Lazear, en este Ensayo se considera que:

a) La probabilidad de conductas disruptivas (**1-pn**) se incrementa cuando lo hace el número de alumnos que:
   — No tienen oportunidad de aprender (reciben información que son incapaces de asimilar: es el caso de los que cuentan con un potencial de aprendizaje que no les permite procesar la información que transmite el profesor directa o indirectamente en el tiempo previsto, por lo que necesitan una cantidad de tiempo extra, que consumen individualmente, y que se detrae del tiempo de profesor de los demás alumnos.

   — Por tener alta capacidad, avanzan más rápidamente que el grupo, por lo que no tienen oportunidad de aprender (hay lo momentos en los que no aprenden por no estar recibiendo nueva información, a la espera de que el profesor resuelva las dificultadas de aquellos cuyo *tempo* de asimilación es más lento).

b) El valor de **1-pn** (probabilidad de conductas disruptivas) será, pues, función (**f**) de la variabilidad instructiva del grupo (σ_g), del número de alumnos del grupo (n_g), de la forma (t_e) en la que el profesor aporta información (disponibilidad y empleo de tecnología para la individualización, por ejemplo) y de la interacción $n_g \times \sigma_g \times t_e$. Esto es:

$$1\text{-}pn = f\left(n_g, \sigma_g, t_e, n_g \times \sigma_g \times t_e\right)$$

---

162   De acuerdo con el modelo de Lazear, la proporción en la que crecen los *outputs* en términos de rendimiento cuando la ratio pasa de n a nk alumnos ($k > 1$) es:

$$\frac{p^n - p^{nk}}{p^{nk}},$$

cuya derivada respecto de p es menor que 0, al ser

$$\frac{p^n - p^{nk}}{p^{nk}} = \frac{p^n}{p^{nk}} - 1 = p^{(n-nk)} - 1,$$

por lo que

$$d(p) = -n(k-1)p^{(n-nk-1)} < 0.$$

c) Para que en las clases heterogéneas por integración de alumnos de distinta capacidad y con diferentes conocimientos no se generen valores bajos en **p** (alta probabilidad de conductas disruptivas), es preciso acomodar el currículum al alumno (y no al revés), a fin de que la oportunidad de aprender alcance siempre valores tan altos como sea posible.

d) El valor que alcanza la oportunidad de aprender (O_a) de un alumno **i** depende de la diferencia o desviación (error instructivo, según Scott, 1997) que existe entre el nivel óptimo de información que puede asimilar en cada momento (v_i) (dependiente del ajuste entre su potencial de aprendizaje y el grado en el que la acción docente aprovecha todo su potencial) y el nivel de información que realmente está asimilando (**a**$_i$), que puede denotarse $O_a = |a_i - v_i|$.

Los estudios sobre los efectos del "grupo de iguales" en la creación de conocimiento han hecho hincapié, normalmente, en las ventajas e inconvenientes de la homogeneidad *versus* heterogeneidad del grupo/clase (apartado 2 de este Capítulo) y en las del número de alumnos a los que imparte enseñanza un mismo profesor (estudio de los efectos de la ratio profesor/alumnos), aunque no faltan trabajos que tratan de relacionar ambas variables.

El interés pedagógico del grupo/clase se justifica sabiendo que:

a) Salvo modelos de enseñanza que dispongan de alta tecnología (enseñanza individualizada, p. e.), el número de alumnos en grupos de integración o inclusión escolar debe ser inversamente proporcional a su grado de heterogeneidad, debiendo aceptarse el costo que añade la integración a la producción de conocimiento en atención a los beneficios que genera en la equidad y, en el largo plazo, en el rendimiento económico y en la dinámica social.

b) Los efectos de la ratio profesor/alumnos varían de forma significativa según cuál sea la calidad de la enseñanza que imparte el profesor (Figura 85): métodos y recursos que utiliza para la transmisión de conocimiento (enseñanza directa *versus* indirecta; enseñanza colectiva *versus* individualizada), forma en la que estructura de la clase (grupos de trabajo homogéneos *versus* heterogéneos; cooperativos *versus* competitivos), actitudes que valora en los alumnos (conducta cívica *versus* competitividad).

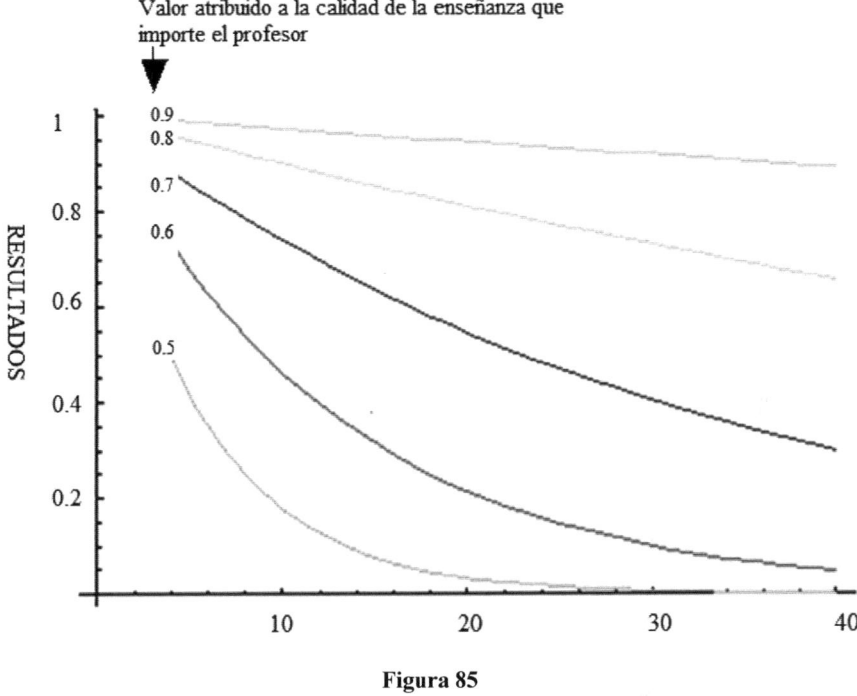

Figura 85

1.2. Estudios sobre los efectos de la ratio profesor/alumnos

Los resultados de la literatura científica que estudia el efecto que en el aprendizaje tiene la ratio profesor/alumnos son muy variados y, en ocasiones, difícilmente comparables, debido a las diferentes técnicas de análisis estadístico que los investigadores utilizan, a las características de las muestras sobre las que realizan los estudios e, incluso, a la efectividad con la que identifican y neutralizan los *inputs* de las variables que determinan la propia constitución del grupo (la selección del centro escolar por los padres, por ejemplo) y que siguen actuando durante el proceso de enseñanza, no estando bajo el control ni de la organización escolar ni del profesor (la familia, por ejemplo).

El sentido común (que debe presidir la primera aproximación al estudio de cualquier problema) lleva a pensar que no es lo mismo para un profesor tutelar el aprendizaje de 10, 20, 30 o 40 alumnos, ni para los alumnos es lo mismo recibir la tutela de un profesor formando parte de un grupo de pequeñas o de grandes dimensiones, y todo ello se complica si se piensa en grupos heterogéneos/homogéneos en competencia cognitiva o en clases de inclusión de las que forman parte alumnos con minusvalías que afectan a su oportunidad de aprender, y a ello se puede añadir que, cualquiera que sea la situación, los resultados (instructivos) no serán los mismos con el profesor A que con el profesor B, que difieren en motivación, experiencia, tecnología de enseñanza que utilizan o forma en la que organizan a los alumnos en la clase.

El modelo propuesto de Sörenson y Hallinan (1977), modificado (Figura 86) agregando los efectos mediadores que este Ensayo atribuye al grupo de "iguales" (efectos derivados de sus características y de la dimensión del grupo), sirve para situar la relevancia de la ratio como factor mediador en los efectos de las variables que influyen en el tiempo durante el cual el alumno recibe nueva información (está expuesto a) y en la calidad de la forma en la que la recibe.

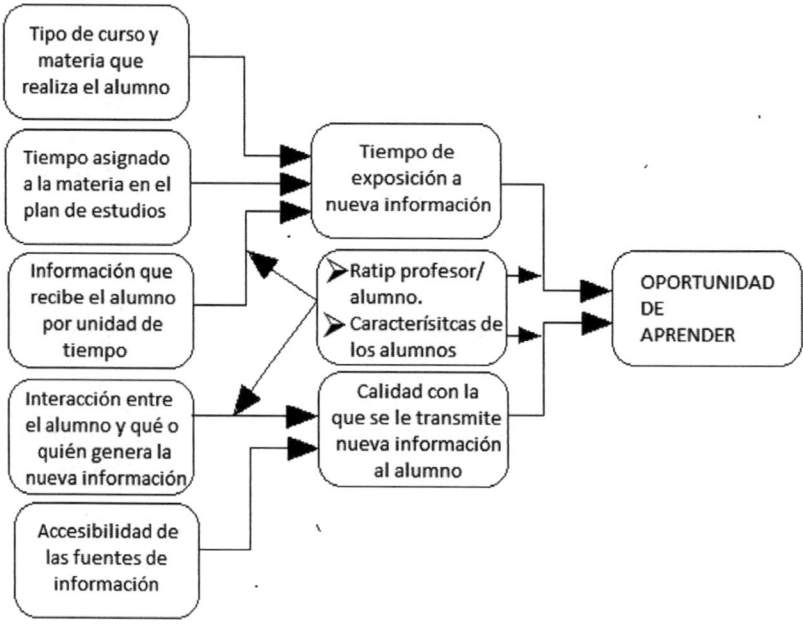

Figura 86

Respecto del "efecto ratio" no sólo existen diferencias entre los investigadores que lo han analizado desde la perspectiva de los estudios econométricos (Krueger, 1999, por ejemplo), sino que tales diferencias también tienen origen en el "ruido" que se origina en los enfoques de distintos grupos de interés: mientras que los profesores se decantan, naturalmente, por la conveniencia de tener pocos alumnos en clase (les supone menos esfuerzo y más facilidad al conducir el curso de aprendizaje del grupo), al igual que lo sindicatos (ratios bajas exigen el incremento del número de puestos de trabajo), las Administraciones tratan de incrementar, sin generar reacciones negativas en la opinión pública, el número de alumnos por profesor, como vía para mejorar la eficiencia, si se mantienen los resultados.

Sin reiterar los trabajos seminales ya citados (a los que podría añadirse el llamado *ratio* Maimónides)[163] sobre esta controvertida materia, pueden arrojar luz sobre los *inputs* de la ratio profesor/alumnos en el aprendizaje escolar los estudios realizados por[164]:

1) El *Educational Research Service* (USA), que publica en el año 1978 (ERS, 1978) un informe que integra los resultados de 41 investigaciones sobre los efectos del tamaño de las clases, concluyendo que mediante la reducción únicamente de la ratio no se mejora de forma significativa el rendimiento de los alumnos, y sí se mejora en el caso de que se consideren otros factores conjuntamente, tales como el tipo de alumnos, las características de los profesores o los recursos disponibles y utilizados.

2) Glass y Smith (1979), que, integrando los resultados de diferentes investigaciones (meta-análisis), definen una función que relaciona ambas variables (ratio/rendimiento discente) y concluyen que[165]:

— Los resultados instructivos mejoran a medida que disminuye el número de alumnos por profesor.

— Las clases poco numerosas favorecen más a los alumnos menores de 12 años de edad; algo menos, a los de edades comprendidas entre 13 y 17 años, perdiendo significación a partir de la edad de 18 años.

---

163 El *Mishneh Torah* es el código de la ley judía que produjo en el siglo XII el filósofo, teólogo y médico judío Moses ben Maimon, más conocido como Maimónides. Fue escrito entre los años 1300 d. C. y 1350 d. C. Dice Maimónides, a partir de la determinación que hace el Talmud de las reglas para fijar el tamaño de las clases, "El número de alumnos que debe estar a cargo de un profesor es de 25. Si hubiese 50, se asignarán dos profesores, y si cuarenta, el profesor contará con un ayudante"

164 Se han seleccionado considerando el año de aplicación, con la finalidad de conocer la estabilidad/cambio en los resultados.

165 Las conclusiones de Glass y Smith fueron criticadas por el ERS (ERS, 1980), arguyendo que sus resultados se apoyan en un pequeño número de investigaciones, habiendo obtenido los resultados más concluyentes en clases con menos de 15 alumnos.

— La relación "ratio"/"rendimiento" no es lineal, de tal forma que el rendimiento instructivo "crece" lentamente al pasar la ratio de 1/40 a 1/20, y se acelera para valores de la ratio mayores que 1/20.

— Los profesores están más satisfechos y tienen la percepción de ser más eficientes en clases no numerosas.

— El tamaño de la clase no solo influye en el rendimiento: también repercute positivamente en el clima social existente.

3) El proyecto *"Primi Time"* (Gilman, 1985), desarrollado en los cursos 1981 y 1982, avala las ventajas de los grupos reducidos, al constatar que en los constituidos con una ratio en torno a 1/14, sus integrantes, respecto de los escolarizados en grupos más numerosos :

— Obtenían resultados instructivos superiores

— Presentaban menos problemas de conducta

— Los profesores se percibían como siendo más eficientes.

4) Hallinan y Sørensen (1985), quienes abordan el estudio de los efectos de la ratio profesor/alumnos:

1) distinguiendo entre el tamaño de las clases en las que el profesor trabaja con el conjunto de alumnos como si fuese un único grupo y en las que organiza varios grupos (normalmente 3, clasificados según su nivel de competencia), y

2) considerando que la repercusión de la ratio en el rendimiento instructivo depende de la calidad de la enseñanza y de la utilización por el profesor del tiempo de que dispone, ya que:

— Los profesores emplean en tareas administrativas y de organización más tiempo en las clases numerosas que en las de reducidas dimensiones; tiempo que detraen del que dedican a enseñar.

— En las clases numerosas las interrupciones por los alumnos de la actividad (cuando alguno no entiende algo o en el caso de que tenga comportamientos disruptivos) reclaman con más frecuencia la atención del profesor que en las cases menos numerosas.

— Las interacciones del profesor con los alumnos se facilitan a medida que decrece el tamaño de la clase, lo que, a su vez, permite tener a cada alumno más implicado en las tareas de aprendizaje.

— La actuación docente tiende a un formato más colectivo y menos individualizado en las clases numerosas que en las de pocos alumnos.

La constitución de grupos en el seno de la clase, entienden estos investigadores, es más fácil con un valor para la ratio más favorable (menos alumnos), lo que facilita el constituir por esa vía grupos en los que el aprendizaje de sus integrantes se acomode mejor al tipo de objetivos y de actividades: puede, por ejemplo, ser positivo constituir grupos homogéneos en una clase heterogénea para una disciplina en la que los prerrequisitos cognitivos son esenciales para el progreso discente (matemáticas, por ejemplo).

De acuerdo con este punto de partida, Hallinan y Sørensen estiman los efectos de la ratio profesor/alumnos en los resultados en matemáticas, en clases con y sin agrupamientos, con control de variables relativas a características de los alumnos (la raza), obteniendo, entre otros, estos resultados:

a) En el caso de que los profesores imparten enseñanza al conjunto de la clase, la ratio profesor alumno no tiene efectos significativos en el rendimiento instructivo.

b) Si la clase está organizada en grupos, el tamaño del grupo (no el de la clase) está en relación negativa con el rendimiento de los alumnos.

5) El proyecto "*Tennessee Student/Teacher Achievement Ratio*" (STAR), que ha sido, sin duda, el estudio más ambicioso dirigido a conocer el efecto de la ratio profesor/alumnos en el rendimiento instructivo. Se trata de un estudio longitudinal en el que alumnos de educación preescolar y sus profesores fueron adscritos aleatoriamente en el inicio de su escolaridad, en el curso 1985-86, a tres tipos de clases, según que su tamaño fuese pequeño (13 a 17), medio (22 a 25) y medio con un ayudante del profesor principal (22 a 25), estando previsto que los alumnos y los profesores permaneciesen juntos cuatro cursos.

Durante los cuatro años del proyecto, la muestra estudiada fue de 11.600 alumnos escolarizados en 80 escuelas. Los alumnos debieron realizar un *test* estandarizado al final de cada uno de los cuatro años del proyecto. Los resultados de este experimento constatan que los que recibieron enseñanza en clases con menos alumnos (13 a 17) obtuvieron significativamente mejores resultados que los que se escolarizaron en las de tamaño medio (20 a 25). La incorporación de un ayudante tuvo un efecto positivo muy modesto (Word *et al.*, 1990; Folguer y Breda, 1989, y Finn y Achilles, 1990).

No faltan autores que cuestionan algunos de las conclusiones de este estudio. Hanushek (1998), por ejemplo, considera que el *gap* en rendimiento entre los alumnos que asisten a clases de pocos alumnos o a clases de tamaño medio debiera agrandarse significativamente con el paso del tiempo, y ello no ocurre, por lo que concluye que la ratio (pocos alumnos) es importante solamente en el nivel preescolar. Esta conclusión la rebate, en un interesante artículo, Krueger (2003), que corrobora, no sin algunas matizaciones, la pertinencia de las conclusiones a las que llega el proyecto STAR.

6) Hanushek (1997), que revisa los datos de 59 investigaciones (Tabla 10) sobre los efectos que la ratio profesor/alumnos tiene en el rendimiento instructivo, concluyendo que existe la misma probabilidad de que el número de alumnos

por profesor tenga efectos positivos que negativos, lo que le lleva a afirmar que "no existe evidencia suficiente de la relación entre los *inputs* de la ratio y el rendimiento de los alumnos" (p. 148)[166].

Resultados (signo del efecto y significatividad estadística)	Revisión realizada en 1997 por Honushek (porcentaje de efectos)
Efecto positivo y significativo estadísticamente	14.8
Efecto positivo no significativo estadísticamente	26.7
Efecto negativo y significativo estadísticamente	13.4
Efecto negativo no significativo estadísticamente	25.3
No se conoce no el signo ni la significatividad	19.9

Tabla 10

7) Krueger (2003), en su crítica de la integración (*meta-análisis*)[167] realizada por Hanusheck de los resultados de investigaciones que han tratado de determinar el efecto de la ratio profesor alumno en el rendimiento instructivo, además de poner en duda la utilidad el *meta-análisis*[168], estudia los beneficios de la inversión que supuso reducir la ratio profesor alumno en el proyecto STAT de 1/22 a 1/15) y crear un 47% de nuevas clases, concluyendo que por cada dólar invertido los alumnos obtendrán al incorporarse al mercado laboral una incremento salarial de dos dólares[169].

---

166   La forma en la que Hanushek integra los resultados de las 59 investigaciones que estudia, ponderándolos en función del número de estimaciones, ha sido criticada por Krueger (2003), quien considera que si se hubiese seguido el método *one study one vote* los resultados habrían evidenciado relación entre la ratio y los resultados.

167   Se denomina meta análisis la técnica estadística que permite combinar los resultados de diferentes investigaciones sobre la misma materia. En su versión más sencilla, consiste en obtener un valor medio ponderado (del tamaño del efecto de una variable en otra, por ejemplo) que se obtiene a partir de los valores del tamaño del efecto en cada una de las investigaciones que se integran.

168   *"Personally, I think one learns more about the effect of class size from understanding the specifications, data and sensitivity of the results in the few best studies than summarizing the entire literature"* (p. F60).

169   Krueger estima los beneficios que obtendrán los alumnos, en términos de incremento salarial en el ejercicio profesional, que se han escolarizado con ratio 1/15 (se supone que trabajan entre los 18 y los 65 años). Según este estudio, los retornos de una reducción de la ratio en 7 alumnos (de 22 a 15 por

El efecto de la ratio profesor/alumnos en el rendimiento instructivo requiere estimar si los recursos escolares disponibles (número de profesores, por ejemplo) y los familiares (esfuerzo de los padres en la orientación escolar de sus hijos, por ejemplo) son intercambiables (al tener el profesor menos alumnos se podría facilitar más ayuda a cada uno de ellos lo que demandaría menos esfuerzo de los padres) o complementarios (una ratio más favorable le permite al profesor incrementar su nivel de exigencia, lo que generaría en la familia una mayor implicación en la actividad escolar de sus hijos). En otras palabras, la cuestión es: ¿se produce un "*crowding out effect*"[170] en el esfuerzo (es uno de sus *inputs*) que aportan los padres a la formación de los hijos (disminuye) cuando se mejora (se aumentan los recursos escolares) la ratio profesor/alumnos?

Bonesrønning (2004) se plantea, precisamente, la cuestión de si se produce o no el *crowding out effect* en la relación entre esfuerzo paterno de ayuda a los hijos y la ratio profesor/alumnos, concluyendo que entre ambas variables existe complementariedad, de tal forma que a medida que el valor de la ratio crece (menos alumnos por clase) se incrementa la implicación de los padres, especialmente si los alumnos son del sexo femenino[171]. Se constata también en el trabajo de Bonesrønning que una de las vías a través de las que se produce este *crowding out effect* es la implicación de los padres en el trabajo escolar que realizan en casa sus hijos (además de ser mayor en las clases con pocos alumnos es más intensa –efecto compensatorio– en el caso de que el rendimiento de sus pupilos sea bajo).

---

profesor) en los cuatro primeros años de haber participado en el proyecto STAR, se aproxima al 6%, por lo que, para una tasa de descuento del 4%, por cada dólar invertido en conseguir clases con menos alumnos se produce una ganancia de un dólar, por lo que el tamaño del efecto crítico, para que las ganancias sean igual que los costos, debiera ser de 0.1 unidades de desviación estándar, si la productividad crece al 1% anual con la referida tasa de descuento.

170   El *crowding out effect* hace referencia al hecho de que cuando una magnitud económica (el gasto del sector público, por ejemplo) crece (retirando fondos del mercado), disminuye otra magnitud económica (el gasto, por ejemplo, de las empresas privadas). Este efecto se produce al captar el sector público grandes cantidades de dinero mediante préstamos (bonos del tesoro, por ejemplo), que se obtienen en el mercado financiero, con la consiguiente elevación del costo del crédito, lo que provoca una disminución de la actividad empresarial del sector privado debido a las crecientes dificultades para financiarse mediante la obtención de préstamos (a interés bajo).

En este caso, se significa con el *crowding out effect* la probabilidad de que con ratios más favorables se incrementen los *inputs* escolares a la función de producción de conocimiento y que ello genere una disminución de los *inputs* familiares a esa función.

171   Kim (2001) considera que el *crowding out effect*, en el caso de las familias de bajo nivel cultural, se produce en sentido contrario: cuanto mayor sean los recursos escolares (menos alumnos por profesor), menor será el esfuerzo de la familia (menos tiempo dedican las madres a apoyar la actividad escolar de sus hijos).

2. LOS "IGUALES" EN EL ESPACIO LABORAL DE ENSEÑANZA/APRENDIZAJE

2.1. Aspectos generales

Del espacio vital del alumno forman parte sus "iguales", sus colegas, con los que mantiene intensos y frecuentes intercambios, tanto en el contexto formal de la clase como en el menos formal del patio de recreo o del barrio. Los *inputs* a la función de producción de conocimiento de las relaciones entre "iguales", de las dimensiones de los grupos de los que forma parte (Hanusheek, 1998; Hoxby, 1998, 2000; Krueger, 1998, 1999) y del clima existente en los mismos (Marsh *et al.*, 2012) afectan a múltiples variables de extraordinario interés pedagógico: *motivación* (Furrer y Skinner, 2003), *autoestima* (Keefe y Berndt, 1996), *rendimiento académico* (Wolfe, 1977; Henderson *et al.*, 1978; Hoxby, 2000; Sacerdote, 2001; Habushek *et al.*, 2003)[172], entre otras.

La importancia y la complejidad que es característica del "grupo clase", como uno de los determinantes de la producción de conocimiento, alcanza su más completa explicitación formal cuando se interpreta a partir de los trabajos, por ejemplo, de Schawab y Otates (1969), Brueckner y Lee (1989), Bénabou (1996) o Bartolomé (2000), en los que se sostiene que la producción en los bienes públicos (la clase, es un bien público) depende no sólo de los *inputs* externos (recursos, por ejemplo, que las administraciones proporcionan a los centros de enseñanza) sino también de las características de quienes integran ese bien público (los alumnos y el profesor en este caso), lo que tiene su reflejo en los modelos que se presentan en este Ensayo para interpretar el papel del profesor como gestor (conjuntamente con otros agentes) de las variables "oportunidad de aprender" y "motivación" de los alumnos.

La interpretación de los resultados instructivos del grupo "clase" y de sus miembros en términos de producción de conocimiento requiere, pues, de modelos que integren, al menos, las características (se configuran en vectores):

a) De las familias (*inputs*: circunstancias familiares que afectan a la producción de conocimiento; *outputs*: rentabilidad de la inversión familiar, comportamiento del alumnos) y del barrio en el que está inserta la escuela, ya que en estos espacios vitales el alumno recibe importantes *inputs* que afectarán a su desarrollo formati-

---

172   Los efectos en el rendimiento instructivo de la interacción académica entre iguales no siempre son coincidentes (Angrist y Lang, 2004).

vo y a la forma en la que se integra en la organización escolar y en el grupo "clase": la elección de vivienda por la familia, que conlleva la elección de barrio[173], y la de escuela (dentro del barrio)[174] sesgan la composición del grupo de iguales.

b) Del profesor o de los profesores (*inputs*: motivación; *outputs*: éxito, recompensa, prestigio, satisfacción).

c) Del grupo de alumnos (*inputs*: ratio profesor/alumnos, índole inclusiva o segregada del grupo, etc.; *outputs*: apoyo mutuo, prestigio, visibilidad).

d) Del alumno (*inputs*: inteligencias, condiciones físicas y fisiológicas, rasgos funcionales; *outputs*: satisfacción, enriquecimiento personal, posibilidades académicas y laborales).

El efecto de los "iguales" tiene origen, con frecuencia, en variables no consideradas en el modelo explicativo, lo que, de no ser tenido en cuenta, llevaría a conclusiones sesgadas. Ese riesgo se produce cuando la constitución de los grupos es fruto de una decisión deliberada (normalmente de los padres), mediante la cual sus hijos acceden a escuelas de características especiales (privadas de élite, por ejemplo) y homogéneas desde el punto de vista, por ejemplo, del nivel socioeconómico (normalmente de nivel alto), con lo que los efectos de los "iguales" es, al menos en gran parte, resultado de *inputs* familiares no valorados. Este sesgo se aprecia en el siguiente modelo:

$$R_{ip} = \alpha + \beta_1 C_i + \beta_2 C_p + \varepsilon_i,$$

en el que R_{ip} es un valor expresivo del rendimiento del alumno *i*, que forma parte del grupo *p*; C_i son características del alumno *i*; C_p son características del grupo *p* (el nivel medio de inteligencia o de instrucción, por ejemplo); ε_i en un término que integra variables no consideradas y que influyen en el rendimiento del alumno *i* (por ejemplo, las que generan *inputs* sociofamiliares, entre otras). En el caso de que la covariación de ε_i y C_p sea distinta de 0 y significativa $[E(C_p \varepsilon_i) \neq 0]$, los efectos de ε_i modificarían, al menos en parte, el valor de β_2, lo que conllevaría asignar a los "iguales" un *input* que no es completamente suyo (incluye, por ejemplo, el efecto "influjo de las familias de los iguales")[175]. Este tipo de sesgos, si no se tienen en cuenta, enmascara efectos familiares (afectan a la equidad escolar), atribuyéndoselos en parte a los "iguales", lo que indu-

---

173 En este Ensayo se le presta una atención muy limitada a los *inputs* a la función de producción de conocimiento provenientes del barrio, cuyo estudio ha sido realizado desde distintas perspectivas (Coleman *et al,* 1966; Wilson, 1981; Jenks y Meyer, 2989; Rosembaum, 1991).

174 Se ha dicho que conociendo el código postal se puede predecir el rendimiento instructivo de los alumnos.

175 La dificultad de conocer e interpretar la contribución neta e independiente del "grupo" "iguales" se estudia en Manski (1993).

ciría juicios favorables a la segregación. Este tipo de sesgos, si no se tienen en cuenta, enmascara efectos familiares (afectan a la equidad escolar), atribuyéndoselos en parte a los "iguales", lo que induciría juicios favorables a la segregación.

Para estimar qué efectos en el rendimiento instructivo tienen los *inputs* de los "iguales" que constituyen el grupo clase, es necesario no omitir el tipo de interacciones que se producen en los grupos mixtos (con alumnos no seleccionados por su capacidad o por la situación económica de la familia, y por lo tanto heterogéneos respecto de su capacidad y medio socioeconómico familiar) y los grupos de alumnos seleccionados (de alta o baja capacidad, por ejemplo). Se supone que en los grupos mixtos la variabilidad (medida, por ejemplo, en términos de desviación estándar, tenderá a la que es propia de la población de la que procede la muestra que forman los alumnos del grupo) y la media de la variable "capacidad" no se separará significativamente de la poblacional, mientras que en los grupos de alumnos seleccionados, la desviación estándar de la distribución de la variable de selección será inferior a la "normal" y la distribución estará sesgada hacia valores altos, si se seleccionan, p. e., alumnos de alta capacidad, y, lo contrario, si el criterio de selección es la baja capacidad.

Pone de evidencia el tipo de *input* del grupo de "iguales" que puede influir en el rendimiento instructivo de cada uno de sus miembros, el modelo propuesto por Kang (2007), en el que los resultados instructivos **y** del alumno **i** que recibe enseñanza en el centro escolar **j** (**y**$_{ij}$) es igual a la suma de los efectos de las características familiares y personales del alumno **i** (vector **X**$_i$), de las características **P** de grupo en el que recibe el alumno **i** enseñanza (vector **P**$_i$), de otras características **Z** distintas (las relativas, por ejemplo al barrio) de las que forman parte de **P** (vector **Z**$_i$), de las características **T**$_{ij}$ del profesor y de la escuela (vector **T**$_{ij}$), del efecto fijo de la escuela **j** (**τ**$_j$) y del influjo de variables no consideradas y de errores aleatorios (**μ**$_{ij}$):

$$y_{ij} = \beta_0 + \beta_1 X_i + \beta_2 P_i + \beta_3 Z_i + \beta_4 T_{ij} + \tau_j + \mu_{ij}$$

De entre las características del grupo (**P**$_i$) en el modelo, son muy importantes para interpretar sus *inputs* en la función de creación de conocimiento: 1) la media $\bar{y}$, eliminada la puntuación del propio alumno *i* en su cálculo: ($\bar{y} - i$), y 2) la dispersión $\hat{y}$ (desviación estándar) de las puntuaciones respecto de la media, eliminado el valor del alumno *i* en su cálculo: ($\hat{y} - i$)[176], cuyos coeficientes en el modelo son γ_1, para la media, y γ_3, para la desviación estándar.

---

176 Kang incluye también el término ($\bar{y}^2 - i$) con la finalidad de "capturar" la posible no linealidad.

De acuerdo con estos planteamientos:

a) Si un grupo se constituye segregando a alumnos de alto (o bajo) rendimiento, la dispersión (la desviación típica, por consiguiente) será menor que si el grupo es natural o no segregado.

b) La puntuación media de un grupo segregado de alto (o bajo) rendimiento será superior (o inferior) a la de un grupo natural o no segregado.

En cualquiera de los grupos, las interacciones entre alumnos con valores altos y bajos en capacidad (si esa es la variable que se considera) podrían (Kang, 2007) variar, y ser de los siguientes tipos (no exhaustivos), en parte determinados por la forma en la que se estructura la clase internamente (grupos de trabajo homogéneos o heterogéneos; enseñanza mutua; enseñanza individualizada; enseñanza colectiva o cuasi colectiva, sistema de proyectos, etc.):

- Los alumnos más competentes colaboran con los de su misma capacidad y ayudan a los menos competentes.
- Los alumnos más competentes colaboran con los de su misma capacidad, pero no establecen relaciones de ayuda con los menos competentes.
- Los alumnos menos competentes interrumpen y generan pérdidas de tiempo a los menos competentes, pero no interfieren el progreso de los más competentes.
- Los alumnos menos competentes interrumpen y generan pérdidas de tiempo a todos los alumnos, sean más o menos competentes.

A partir de estas categorías, utilizando los conceptos de *complementariedad* (dados dos alumnos, uno de alto y otro de bajo nivel formativo, si entre ellos existe complementariedad, la tendencia es a que el rendimiento del que tiene alto nivel regrese al del que lo tiene bajo) y *sustituibilidad* (dados dos alumnos de distinto nivel formativo, si existe *sustituibilidad* el rendimiento del de menor nivel se aproximará al del que lo tiene mayor), que define Bénabou (1996) en su estudio sobre la heterogeneidad, la estratificación y el crecimiento, se explican las consecuencias de los intercambios entre alumnos de alta y baja capacidad:

a) Si el número de alumnos de bajo nivel supera significativamente al número de alumnos de alto nivel, en grupos heterogéneos, se produce complementariedad. En sentido contrario, cuando, en grupos heterogéneos, el número de alumnos de bajo nivel es significativamente menor que el de los de alto nivel, la tendencia es a la *sustituibilidad* (mejoran los de bajo nivel, sin que ello afecte al rendimiento de los de alto nivel).

b) Constante el nivel de rendimiento medio del grupo, si aumenta la heterogeneidad (mayor dispersión), crece la probabilidad de que establezcan relaciones entre los distintos niveles de rendimiento: si los de bajo rendimiento tienden a relacionarse más con los de alto rendimiento, se produce *sustituibilidad*; en caso contrario, complementariedad.

c) Si la dispersión de la distribución de las puntuaciones de los alumnos en rendimiento tiene un efecto positivo en el aprendizaje (es $\gamma_3 > 0$), la interacción es sustituible. Si el efecto es negativo (es $\gamma_3 < 0$), se produce complementariedad, teniendo la presencia de alumnos de bajo rendimiento efectos negativos en el aprendizaje superiores a los positivos que generan los alumnos de alto rendimiento.

d) En cualquier caso, existe interacción entre el nivel de rendimiento de un alumno y del conjunto de la clase, dependiendo el tamaño de la interacción de la dispersión y de la media de la clase en rendimiento. En general, los alumnos de rendimiento bajo se benefician si se forman en clases integradas.

e) Los efectos que tiene para los alumnos de alto y bajo nivel de rendimiento el recibir enseñanza en grupos homogéneos o heterogéneos han de valorarse conociendo que existen múltiples factores que pueden alterar la importancia, e incluso el signo, de tales efectos: la ratio profesor/alumnos; el tipo de tecnología que utiliza el profesor, la organización de la clase, los efectos de variables exógenas como el entorno sociofamiliar, etc.

Habida la cautela que supone la utilización de modelos cuya capacidad de explicación puede estar afectada por sesgos en la interpretación del valor de los *inputs* asociados al grupo de "iguales", no cabe duda de que este efecto existe, pudiendo explicarse por la propensión de las personas a modelar sus actitudes y comportamientos tomando como referente el grupo al que pertenecen (a ello puede contribuir también el profesor, al ajustar su actuación a las características "promedio" del grupo al que imparte enseñanza), lo que genera uniformidad, mediante la represión, y la *autorrepresión*, de comportamientos disonantes (Festinguer, 1950, 1954; Goethals, *et al.*, 1999), para evitar destacar, ser acosado, ser excluido, sentir vergüenza, etc.

Abunda también en la importancia de los *inputs* procedentes del grupo de "iguales" los resultados de investigaciones que han puesto de evidencia el distinto comportamiento que tienen los rasgos personales según que se contemplen en el nivel "individuo" o "grupo". Es el caso, por ejemplo, del efecto *"big-fish-little-pond-effect"* ("Ser un pez grande en una pecera pequeña": BELPE), identificado por Marsh y asociados a través de una amplia serie de investigaciones en las que concluyen que es más fácil (en términos de *autoconcepto*, por ejemplo) sentirse un alumno destacado (*big-fish*) en una clase integrada por alumnos de nivel medio o bajo (*little-pond*) que en una clase constituida por alumnos especialmente brillantes (*big-pond*). De acuerdo con la teoría de la *comparación social* y la teoría de la *referencia grupal*, un alumno puede percibir que su rendimiento es bueno, y generar en él esa percepción un positivo *autoconcepto*, en el nivel "individuo", y, sin embargo, si este mismo alumno está en una clase con colegas de alto rendimiento, ello puede generar en él una disminución de la percepción que tiene respecto de su propia capacidad (disminución de su *autoconcepto*) (Marsh *et al.*, 2006, 2007, 2008), y lo mismo cabe decir, *mutatis mutandis*, de un alumno de baja capacidad en una *little-pond* o en una *big-pond*.

Es, así mismo, muy importante, al estudiar la producción de conocimiento, distinguir entre *inputs* individuales (proceden de cada alumno: las respuestas del alumno **i** al cuestionario **c** mediante el que se estima su valor en la variable *autoconcepto*, por ejemplo) y del grupo, que pueden resultar de un *input* directo (ratio profesor alumno, por ejemplo) o de la agregación de valores obtenidos en el nivel individual (puntuación media en rendimiento académico del grupo **g** de alumnos, por ejemplo).

La importancia de conocer el valor que tienen para el rendimiento del grupo y de sus integrantes los *inputs* que provienen de los "iguales" es indudable, ya que ese conocimiento permite tomar decisiones racionales sobre aspectos tan importantes para la organización escolar como la constitución de grupos homogéneos, formados por alumnos de alta o baja capacidad, o heterogéneos en los que se integren alumnos de alta y baja capacidad de forma aleatoria (sin selección previa)[177].

2.2. *Inputs* de los "iguales" a la función de producción de conocimiento

Establecida la relevancia que desde la perspectiva de los modelos de la producción de conocimiento tiene el recibir enseñanza en grupos de "iguales" de diferentes características, así como la de conocer los efectos que cabe atribuir a la segregación *versus* integración de los alumnos en clases, en este apartado se pasa revista a algunas de las investigaciones que, desde diferentes puntos de vista y utilizando variados instrumentos de análisis estadístico, ha tratado de obtener una respuesta convincente a la pregunta ¿son más o menos efectivas y eficientes las clases segregadas o las integradas?

Antes de revisar algunos de los estudios más significativos acerca de la conveniencia o no de la segregación *versus* integración de los alumnos, es útil establecer un modelo general que permita una interpretación formal de este dilema, pudiendo servir de punto

---

177   Al menos en la universidad (aunque también en otros niveles educativos) un *input* crítico en la función de producción de conocimiento es el alumno (su inteligencia), de ahí el esfuerzo que realizan las instituciones de nivel superior (y los gobiernos) por establecer sistemas de selección de los mejores para los itinerarios académicos de mayor relevancia económica y social, y los alumnos (o sus familiar) para acceder a la formación que estiman que aporta en términos de capital humano valor superior al que tienen que invertir para adquirirla.

de partida los propuestos por Lazear (2001), que se recogen en el número 1.1. de este Capítulo, en el que se denota por **p** la probabilidad de los alumnos de una clase de **n** alumnos, no interfieran la adquisición de conocimiento de sus compañeros, **pn** la probabilidad de que los **n** alumnos no generen interferencias, y **1-pn** la de que ocurran interferencias.

Partiendo de los supuestos anteriores, en un centro escolar que segrega las clases y en el que α sea el valor del conocimiento que obtienen los alumnos **A** con alta probabilidad **p** de no producir interferencias y **1-α** el de alumnos **B** con mayor probabilidad de producir interferencias que los alumnos **A**, el valor del conocimiento que genera la organización por alumno será:

(1) $\alpha p_A^n + (1 - \alpha) p_B^n$

Si el centro escolar opta por la integración de los alumnos de tipos **A** y **B**, el valor del conocimiento que genera por alumno es:

(2) $p_A^{\alpha n} p_B^{(1-\alpha)n}$

Al ser la diferencia entre (1) y (2) positiva, se concluye que en términos de *output* es más favorable segregar que integrar:

$$\alpha p_A^n + (1 - \alpha) p_B^n) - p_A^{\alpha n} p_B^{(1-\alpha)n},$$

y diferenciando[178] respecto de *PA* :

$$\alpha n p_A^{n-1} \left(1 - \left(\frac{p_B}{p_A}\right)^{(1-\alpha)n}\right) > 0,$$

al ser $p_A > p_B$, $0 < \alpha < 1$ y $\alpha n p_A^{n-1}$ positivo.

A partir de estos modelos, se deduce formalmente que:

a) Las escuelas privadas se benefician de la posibilidad de seleccionar alumnos con un alto valor en **p**, y el beneficio es mayor si, con altas cuotas, son competitivas con un número **n** de alumnos bajo.

---

178   Derivando para p_A y simplificando:

$$D[\alpha * p_A^n + (1 - \alpha) * p_B^n - p_A^{(\alpha+n)} * p_n^{(1-\alpha)+n}, p_A] =$$

$$\frac{n\alpha(p_A^n - p_A^{n\alpha} p_B^{n-n\alpha})}{p_A} = n\alpha p_A^{n-1}(1 - p_B^{n-n\alpha}/p_A^{(-n\alpha+n)}) = \alpha n p_A^{n-1}\left(1 - \frac{p_B^{(1-\alpha)n}}{p_A^{(1-\alpha)n}}\right) =$$

$$\alpha n p_A^{n-1}\left(1 - \left(\frac{p_B}{p_A}\right)^{(1-\alpha)n}\right)$$

b) Las escuelas públicas, y las privadas subvencionadas, incrementarán la eficiencia en la medida que, mediante la calidad de los profesores y de la enseñanza, consiguen que alumnos, inicialmente con valores bajos en **p**, disminuyan sus comportamientos disruptivos mejorando su oportunidad de aprender (se incrementará el valor **p**). Aquí la tecnología para el ajuste de la transmisión de conocimiento al *tempo* de aprendizaje de cada alumno tiene un papel crítico.

c) La equidad se favorece mediante la integración de alumnos **B** en clases mayoritariamente de alumnos **A**, mientras que la segregación incrementa las diferencias entre alumnos **A** y **B**, disminuyendo la equidad.

d) El efecto de la reducción del número de alumnos por clase es mayor en el caso de grupos segregados de alumnos con dificultades que el que se produce en grupos segregados de alumnos de elevada capacidad de aprendizaje (Nota 8).

Las conclusiones que se derivan de la modelización del efecto que tiene la integración *versus*/segregación escolar de los alumnos, han sido contrastadas desde múltiples perspectivas especialmente desde que se publicó el ensayo *The Adolescent Society* (Coleman, 1961) y el informe *Equality of Educational Opportunity* (Coleman *et al.*,1966), corroborando, en general, la importancia de la influencia que ejercen los "iguales" en los resultados instructivos de los escolares, y que justifican ciertas formas de segregación de las escuelas, si se adoptan como criterios de clasificación los resultados instructivos de los alumnos individuales (y no otros criterios como la procedencia social o el nivel de renta de la familia):

- Henderson *et al.* (1978) hallaron que, todo lo demás igual, los alumnos obtienen mejores resultados instructivos si sus colegas son "brillantes". Realizaron su estudio estos investigadores sobre una muestra de alumnos canadienses de primer a tercer grados, hallando, como mostraron McPherson y Schafiro (1990), que la relación entre el cociente intelectual (IQ) del conjunto de la clase y el rendimiento de sus integrantes no era lineal (se desacelera según crece el valor del IQ), lo que les hizo pensar que el beneficio que obtiene un alumno de bajo nivel al incorporarlo a una clase de nivel superior al suyo es mayor que la pérdida que sufre un alumno de alto nivel cuando pasa a formar parte de un grupo de nivel inferior al suyo.

- Ide *et al.* (1981), en un amplio estudio sobre la influencia del grupo de "iguales" en los resultados de alumnos individuales en *test* estandarizados de rendimiento, en las calificaciones de los profesores y en sus aspiraciones académicas y profesionales, obtienen una correlación media de 0.24, siendo especialmente significativa la relación en el caso de los alumnos de zonas urbanas cuando conocían las aspiraciones y niveles de rendimiento de sus colegas.

- La no linealidad en la relación, que obtienen, positiva y significativa (los alumnos rinden más si forman parte del grupo de superior rendimiento y menos si se integran en los de rendimiento inferior), entre las características del grupo y el rendimiento instructivo de alumnos de edades de siete a nueve años se confirma también en el estudio realizado por Roberston y Symons (1996), en el que el criterio son los resultados en matemáticas y las variables que caracterizan a los alumnos son el *medio socioeconómico* y la *capacidad*. Concluyen estos investigadores que el tamaño del efecto positivo que supone la incorporación de un alumno de bajo rendimiento a un grupo superior le supone más ganancias que las pérdidas de un alumno de nivel superior que pasa a formar parte de un grupo nivel inferior.

- Galindo-Rueda y Vignoles (2004), en el marco de los estudios que tratan de apreciar las relaciones entre competencias cognitivas de los alumnos, el *background* sociofamiliar y la selección de la escuela en la que van a recibir el servicio de enseñanza escolar, analizan parte de las consecuencias que tuvo para la producción de conocimiento en Inglaterra y Gales las políticas que, a partir de la mitad de la década de los años setenta, el partido laborista implementó para introducir como modelo educativo las escuelas integradas o comprensivas, tratando con ello de moderar la alta segregación existente en el sistema escolar. Esta iniciativa, con resultados dispares en función de la orientación e intereses de las *local education authority* (LEAs), entidades responsables de la gestión de la enseñanza en su demarcación, les permite a Galindo-Rueda y a Vignoles evaluar el impacto de la selección (escuelas segregadas en función de la competencia cognitiva de los escolares) en el rendimiento instructivo individual, llegando a las siguientes conclusiones:

  □ El rendimiento instructivo (especialmente el de los más capaces) en las escuelas integradas disminuye.

  □ Los escolares más capaces, singularmente si son del sexo femenino, rinden más en escuelas segregadas.

  □ La integración ha favorecido a los escolares menos capaces, especialmente si provienen de familias de medios socioeconómicos favorecidos.

  □ La selección es desfavorable para los menos capaces.

  □ La existencia de escuelas selectivas (a pesar del esfuerzo político por la integración) movilizó el mercado de la vivienda, al constituirse barrios formados por familias socioeconómicamente en buena posición en torno a tales escuelas.

- Kung (2006) halla que los alumnos de baja capacidad se benefician si se incorporan a grupos mixtos y los de alta capacidad a grupos segregados. En 2007, este mismo autor realiza un estudio comparado de las interacciones existentes entre alumnos de diferentes países, utilizando los resultados y la información del *Third International Mathematics and Science Study*

(TIMSS)[179], llegando a la conclusión de que existe una relación positiva entre el rendimiento del grupo de "iguales" y el de cada alumno y que las interacciones (estables entre países a pesar de las diferencias que existen entre ellos en el grado de segregación o integración) ilustran los efectos de "externalidades", especialmente la decisión de los padres al elegir el centro que consideran más adecuado para sus hijos, que influye, además, en su inserción en los itinerarios formativos que consideran más favorables. Estas *externalidades* impulsan o frenan las interacciones que ocurren en el grupo de iguales.

- Arief *et al.* publican en 2011 los resultados de una investigación cuyo objetivo general es estudiar los efectos que la percepción que tienen los adolescentes de sus relaciones con los otros "iguales" tiene en el rendimiento y en la autoestima, distinguiendo entre relaciones entre adolescentes del mismo ("Hago amigos con facilidad con miembros del grupo de mí mismo sexo") y diferente sexo ("Tengo muchos amigos del otro sexo"), considerando que la conexión entre ambos grupos de variables es la implicación en la actividad del centro escolar.

En el caso de los "alumnos del mismo sexo", las relaciones tienen un efecto directo y positivo en el rendimiento académico y en la *autoconcepto general* (AG), además de efectos indirectos, a través de la implicación en la escuela, en ambas variables (Figura 87).

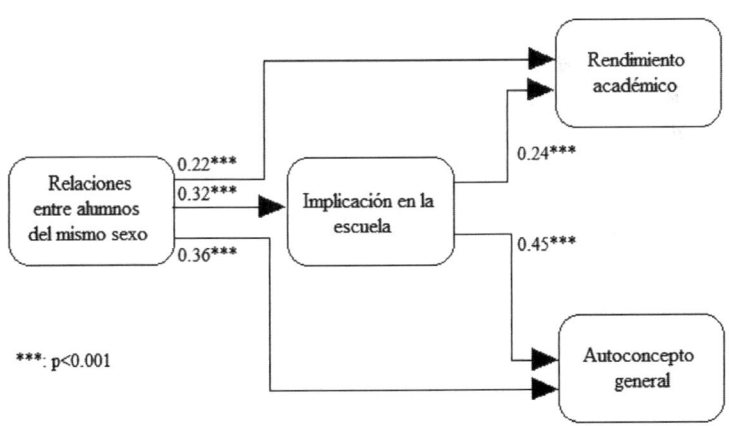

Figura 87

---

179   El *International Mathematics and Science Study* (TIMSS) es una encuesta mediante la que se obtienen datos en matemáticas y ciencias relativos al rendimiento escolar en estas disciplinas de los alumnos de 4.º y 8.º grados de EE.UU., comparándolos con los que obtienen alumnos de otros países. El TIMS dispone de datos obtenidos en 1995, 1999, 2003 y 2011 (las encuestas se aplican cada 4 años).

Las relaciones entre adolescentes de diferente sexo predicen la implicación en la escuela (pero con un efecto menor que en el caso de los alumnos del mismo sexo), y ésta —la implicación en la escuela— es un robusto predictor tanto del rendimiento académico como del *autoconcepto general*. No se constata, sin embargo, un efecto directo de este tipo de relaciones con el rendimiento académico (Figura 88).

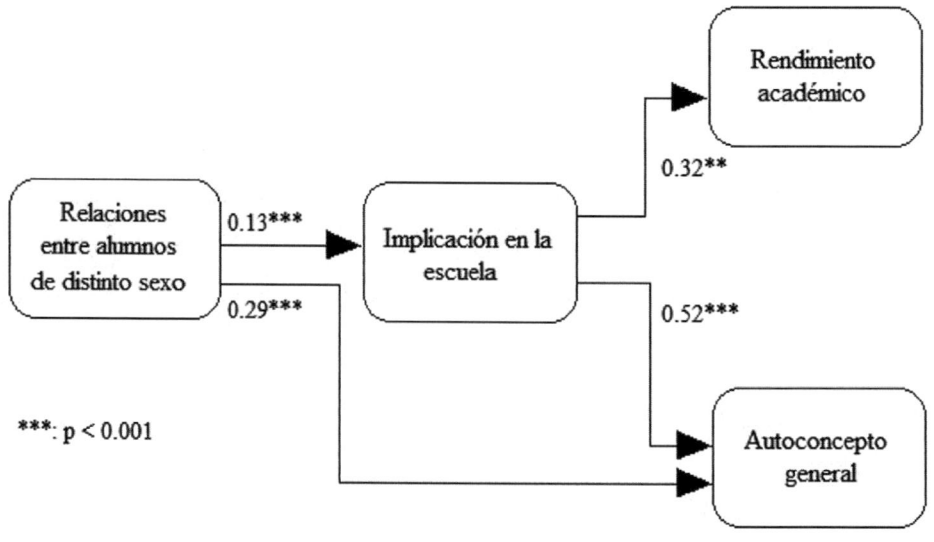

Figura 88

El estudio de los efectos de las relaciones entre alumnos que se escolarizan en organizaciones en régimen de separación de sexos (SS) o de coeducación (CE) en su rendimiento instructivo y en las actitudes que detectan en su reciente trabajo Arief *et al.* (2011), tiene ya un extenso y variado recorrido, con resultados frecuentemente no coincidentes, a cuya interpretación no es ajena la ideología de quienes son favorables o no a la coeducación.

Uno de los primeros análisis de esta controvertida materia ha sido el realizado por Coleman, en su conocida obra *The adolescent society* (1961), en el que se dice que *"Aunque tanto los educadores como los legisladores consideran que es mejor para los alumnos y las alumnas formarse conjuntamente, sobre todo si se piensa en los efectos que tiene esa convivencia en la maduración e integración social (...), no sucede, sin embargo, siempre así: la coeducación puede ser, al mismo tiempo, negativa para el rendimiento académico y para la maduración social de los adolescentes"*.

Entre los estudios clásicos sobre las ventajas e inconvenientes de la coeducación *versus* separación de sexos los más extensos han sido los realizados entre los años 60 y 70 del siglo pasado por Dale (1969, 1971, 1974), todos ellos favorables a la coeducación, cuyos resultados fueron refrendados por un interesante estudio realizado por Schneider y Couts unos años más tarde (1982). En los años 80, y en la actualidad, no faltan investigaciones que llegan a conclusiones diferentes, al entender, en muchos casos, que la coeducación no favorece a las alumnas (Spencer y Sara, 1980; Bone, 1983; Mahony, 1985; Carpenter y Hayden, 1987; o Foon, 1988). Especial interés tienen en este dominio las aportaciones de:

a) Lee y Bryk (1986), que, sobre los datos del informe *High School and Beyond (HS&B)*[180], concluyen que:

— Las alumnas de los años s*ophomore* y *senior*[181] de educación secundaria (*High school*) en escuelas SS y CE no difieren en los resultados que obtienen en ciencias, si bien el avance que experimentan las que asisten a escuelas SS, al pasar de la categoría *sophomor* a *senior,* es significativamente superior al de las alumnas escolarizadas en CE. Los alumnos no difieren en el rendimiento en ciencias en función del tipo de escuela SS o CE en la que se escolarizan, si bien en matemáticas los resultados en los años *sophomore* y *senior* son significativamente más altos los de los que han asistido a escuelas SS.

— En lectura, las alumnas en escuelas SS rinden más en el nivel *senior* y el avance que experimentan desde el año *sophomore* al *senior* es superior al de sus colegas que se escolarizan en régimen de CE. En el caso de los alumnos, la diferencia es significativa en el año *sophomore* (favorable a la situación SS).

— Las alumnas escolarizadas en SS, muestran mayor interés hacia las matemáticas y el idioma que las que asisten escuelas en CE. En el caso de los alumnos, los de escuelas SS eligen más cursos de matemática, física y formación vocacional que los de centros con CE.

---

180   En la encuesta HS&B se recogieron datos de dos cohortes de alumnos: las clases *senior* y *sophomore* de 1980. Ambas cohortes fueron estudiadas cada dos años hasta el año 1986. El grupo de alumnos *sophomore* fue de nuevo estudiado en 1992. Esta (y otras) encuestas se realizan para conocer el desarrollo educativo, vocación y el evolución personal de los alumnos. El organismo encargado de realizarlo es el programa *National Education Longitudinal Studies* que forma parte del *National Center for Education Statistics.*

181   En la *High school* (educación secundaria) los alumnos se clasifican en *freshman* (grado 9), *sophomore* (grado 10), *junior* (grado 11) y *senior* (grado 12).

— Las alumnas (y no los alumnos) de escuelas con SS, tienen más altas aspiraciones académicas, mejor autoconcepto (año *senior*) y estereotipos sexuales (año *senior*) que las de CE.

b) Marsh (1991), como resultado de la comparación entre escuelas católicas SS y CE, concluye que, si se controlan las características del medio sociofamiliar, el sexo y el nivel competencial, no existen diferencias de rendimiento en matemáticas, ciencias, escritura vocabulario o lectura entre quienes se escolarizan en uno y otro tipo de organización escolar.

c) Riordan (1990) comparó las puntuaciones en educación postsecundaria de alumnos *senior* de escuelas católicas SS y CE, hallando que no se constatan diferencias significativas en los niveles en lengua y en matemáticas, ni en los hombres ni en las mujeres.

d) Harker (2000) estudió los resultados de alumnos escolarizados en régimen SS o CE (escuelas públicas y católicas) verificando que los resultados en ciencias, y en inglés son superiores en los centros SS que en los CE. Las diferencias dejan de ser significativas una vez que se toman en consideración los efectos del medio sociofamiliar, la procedencia étnica y el nivel instructivo inicial de los alumnos.

e) Halpern *et al.* (2011) en un documentado artículo publicado en Science, afirman *"There is no well-designed research showing that single-sex (SS) education improves students' academic performance, but there is evidence that sex segregation increases gender stereotyping and legitimizes institutional sexism"*, apoyando su trabajo en:

— Las conclusiones del informe del U.S. Department of Education (2005) y de los trabajos de Smithers (2006), Thomson (2004), Marsh y Rowe (1996) y Harker (2000), que no permiten afirmar que la SS es más favorable que la CE, si el criterio es el rendimiento académico

— Cuando los alumnos escolarizados en escuelas con SS obtienen mejores resultados es probable que se deba a variables exógenas (formación previa, por ejemplo).

— Los resultados de la investigación neurológica sobre el cerebro de alumnos de uno y otro sexo ha puesto de evidencia que no existen diferencias que pudieran afectar de forma significativa al aprendizaje de unos y otras, sin que quepa transferir a los jóvenes los estudios realizados sobre adultos.

Para Halpen *et al.*, a la falta de evidencia de las ventajas de la SS *versus* la CE, se contrapone un fuerte argumento contrario a la SS: "reduce las oportunidades de chicos y chicas de trabajar conjuntamente, en un entorno favorable y supervisado".

Desde la perspectiva de este Ensayo, las ventajas que en algunos casos se han detectado, para las alumnas especialmente, en la escolarización en escuelas con SS derivan de que, en general, estas –las alumnas– muestran significativamente menos conductas disruptivas que los varones (siempre valorando esta tendencia en general), por lo que la contribución del valor de p (probabilidad de conductas disruptivas) en el caso de las alumnas al *output* de la escuela es mayor, al ser $p_m^n(alumnas) > p_v^n(alumnos)$. Se trata, pues, de un dilema (SS *versus* CE) sobre el que cada organización ha de plantear, considerando las características del segmento poblacional al que le presta el servicio, su *ethos* y el régimen que le es propio (público, privado subvencionado o público) qué solución adopta (pudiera tener relevancia en la educación secundaria).

Los efectos de los intercambios entre iguales se han constatado en contextos escolares distintos de los habituales y en manifestaciones no siempre de índole estrictamente académica. Sacertote (2001), por ejemplo, estudia la influencia de los iguales en los alumnos que comparten dormitorios universitarios (*fraternities*), a los que son destinados de forma aleatoria, concluyendo que:

- El compartir alojamiento no tiene influencia en el tipo de especialidad que elige el estudiante (*Major*).
- Los compañeros de alojamiento ejercen una significativa influencia en las calificaciones y en las relaciones sociales de los estudiantes.

Zimmerman (2003) analiza, al igual Sacerdote, los efectos de los "iguales" en las residencias estudiantiles. En este caso, trata de verificar si existen diferencias significativas en las calificaciones de alumnos con puntuaciones altas, media y bajas en el *Scholastic Aptitude Test*[182] (SAT) que comparten habitación con alumnos con calificaciones altas, medias y bajas en ese *test*. Los resultados más convincentes de su trabajo sugieren que:

1) Los efectos asociados a los iguales son mayores en el caso del SAT verbal que en el SAT matemáticas.
2) Los estudiantes con puntuaciones en torno a la media de la distribución del SAT obtienen peores calificaciones si comparten habitación con estudiantes que forman parte del 15% de puntuaciones más bajas en el SAT.

---

182   El SAT es un test estandarizado que se emplea en las universidades estadounidenses para acceder a las distintas facultades (*Colleges*). Se pueden obtener entre 600 y 2.400 puntos, combinando tres secciones (Matemáticas, Lectura crítica y Expresión escrita), cada una de las cuales aporta hasta 800 puntos al conjunto de la prueba.

La repercusión de los *inputs* del grupo de iguales en el individuo se ha detectado en otros muchos ámbitos:

- Los embarazos de adolescentes (Evans, Oates y Schwab, 1992).
- La elección de profesión (Marmaros y Sacerdote, 2002).
- La adicción a las drogas (Gaviria y Raphael, 2001).
- Criminalidad entre adolescentes (Ludwig, Duncan y Hirschfield, 2001).

No faltan tampoco estudios en los que se concluye que los efectos del grupo de "iguales" no son significativos, especialmente si se considera que en la constitución del grupo tiene la elección por la familia de centro escolar una gran importancia: 1) los padres que muestran preocupación por la formación de sus hijos tratan de seleccionar una escuela en la que el grupo de "iguales" se corresponde con sus expectativas en cuanto a los posibles influjos que pudiera ejercer sobre sus hijos, y además, 2), estos padres se implican muy probablemente con fuerza en la actividad escolar, en y fuera del centro de enseñanza: Angrist y Lang (2004), Archidiacono y Nicholson (2005), Lefgren (2004), por ejemplo.

3. LA ORGANIZACIÓN DE LOS ALUMNOS

3.1. Interclase

Las decisiones que en materia de organización de los alumnos adopta un centro escolar (en el conjunto del centro, o distribución de los alumnos en las diferentes clases) dependen de su régimen (público, privado subvencionado por los poderes públicos o privado libre o no subvencionado), de su ideología o credo pedagógico (índole inclusiva o *segregadora*), de su localización (urbano *versus* rural; radicado en zonas residenciales de alto nivel de renta o en zonas suburbiales y húmedas de las ciudades), de los recursos económicos de que dispone y del origen de los mismos (procedentes de la Administración, de las tasas de los alumnos, de fundaciones, etc.), de la normativa que regula el proceso de clasificación de los alumnos (si existe), etc.

En este apartado, el Ensayo no considera los efectos (ya analizados) que derivan de, por ejemplo, la ratio profesor/alumnos, las características de los integrantes del grupo "clase", la concepción pedagógica de la enseñanza (individualizada, socializada, educación abierta, *team teaching*, etc.), limitándose a describir las formas más usuales de organización que emplean las instituciones escolares.

La primera decisión en materia de organización de los alumnos se adopta en el nivel "centro escolar", y consiste en su distribución en clases, pudiendo, de forma general, recurrir a uno (o varios) de estos criterios:

a) Considerar únicamente (o fundamentalmente) la variable edad, evitando utilizar como referente para la clasificación el rendimiento instructivo o las inteligencias, por ejemplo. En este caso, la organización de los alumnos lleva a la constitución de grupos homogéneos por la edad y heterogéneos respecto de cualquier otro rasgo.

b) Formar clases segregadas considerando rasgos diferentes de la edad (inteligencias, nivel instructivo, procedencia cultural, etc.), en cuyo caso los grupos son homogéneos[183], respecto del rasgo clasificador, y heterogéneos, respecto de la edad. La segregación puede ser permanente o temporal, pudiendo ser, además, general (para todo el plan de estudios) o parcial (para algunas materias únicamente).

c) Emplear cualesquiera de los criterios que se señalan en a) y en b), dividiendo previamente a los alumnos por los rasgos sexo, raza, cultura, nacionalidad, idioma, etc.

Al constituir las clases, si la decisión es integrar alumnos de la misma edad (y de cualidades diferentes), se está optando por aprovechar las ventajas que derivan de utilizar un criterio clasificador "natural", que evite formas de asignación a grupos que pudieran afectar negativamente a la percepción que tiene el alumno de sí mismo (autoconcepto o las expectativas de logro) y también a la atribución de capacidad por parte de los iguales-significativos (entre ellos, el profesor). Si la opción es la homogeneidad basada en una cualidad como las inteligencias o el nivel instructivo, lo que se persigue es facilitar el ajuste de la acción docente a la potencia de aprendizaje de cada alumno, procurando que exista el menor número posible de disrupciones de la oportunidad de aprender de los integrantes de la clase.

La forma en la que los alumnos se distribuyen en clases forma parte de la "cultura" de los sistemas de enseñanza, y también de la universalización del acceso a los distintos itinerarios académicos:

a) Cuando la enseñanza escolar estaba en buena medida al alcance únicamente de los sectores más favorecidos económica o culturalmente (en gran parte, ambas

---

183 Evidentemente, la homogeneidad no significa ausencia absoluta de diferencias entre los alumnos. El proceso de homogeneización da como resultado, simplemente, que la variabilidad en el rasgo que se utiliza como criterio es significativamente menor que la que existiría en el caso de que tal proceso no hubiese sido utilizado.

dimensiones son coincidentes) y de unos pocos individuos de alta capacidad procedentes de las capas sociales desfavorecidas, la diferenciación de itinerarios (de muy distinta duración y proyección) se producía muy tempranamente.

b) La universalización de la enseñanza dio lugar, inicialmente, a la diferenciación de itinerarios escolares académicos de larga duración (a los que acceden, en general, las capas de la población con más recursos) y vocacionales (concebidos para preparar a quienes habrían de acceder a las profesiones que demandan habilidades técnicas específicas).

c) La creciente preocupación por la equidad social, la eficiencia económica y la igualdad en el acceso a la educación, junto con un mejor conocimiento de en qué medida la integración o la segregación escolares facilitan tales equidad, eficiencia e igualdad, han dado lugar a nuevas formas de tratar el binomio homogeneidad/heterogeneidad en la organización de los alumnos, en el nivel centro/sistema escolar. Así, Mons (2007), al estudiar cómo los sistemas escolares tratan las diferencias en competencias entre los alumnos y el papel selectivo que tiene que tener la escuela (formar a los alumnos considerando sus diferencias), considera que en la actualidad se recurre a cuatro sistemas para dar respuesta a la heterogeneidad del alumnado:

— El que pone en práctica una temprana (a partir del final de la educación primaria, normalmente) diferenciación de los alumnos en itinerarios o rutas que son de índole vocacional, técnica o académica, a los que se accede en función de los resultados escolares (es el caso, por ejemplo, del sistema escolar alemán).

— El que postula la existencia de un currículum básico en virtud del cual los itinerarios se sustituyen por una enseñanza comprensiva que siguen todos los alumnos hasta, normalmente, los 16 (e incluso más) años. Este sistema (EE.UU., por ejemplo) utiliza, cuando es necesario, grupos homogéneos temporales en algunas materias ya en la enseñanza primaria (*setting*) y recurre a itinerarios estables (*streaming*) basados en el rendimiento en las diferentes disciplinas y en el tipo de inteligencia en el último tramo de la educación secundaria (*advanced placement, honors courses*, etc.).

— El que aplica una comprensividad uniforme, en el que no existen itinerarios hasta el final de la educación secundaria, permitiéndose (con condiciones) la repetición de curso para no generar un grado de heterogeneidad formativa que, con ratios uniformes, y en general con valores bajos (alto número de alumnos por clase) de la ratio profesor/alumnos, lleve a una pérdida grave de eficiencia.

— El que se basa en un tratamiento individualizado de la diversidad que acepta la heterogeneidad (homogeneidad cronológica), sin que exista posibilidad de repetición de curso (salvo casos muy excepcionales) y en el que la utilización de *setting* es infrecuente (Finlandia, por ejemplo).

La elección de un sistema de tratamiento de la heterogeneidad, entre los muchos posibles (de los que, siguiendo a Mons, se han referido cuatro), se debe (cuando no está establecido por la legislación) a la presión de diferentes grupos de interés:

- Los padres, que consideran que sus hijos resultan perjudicados en el tiempo que el profesor les dedica si se integran en grupos heterogéneos en capacidad o nivel instructivo, por lo que seleccionan escuelas que practican alguna forma de segregación escolar[184].
- Los propietarios de centros privados que compiten en función de los resultados que alcanzan, y que inevitablemente se ven abocados a la segregación, seleccionando alumnos de alto rendimiento, que reciben enseñanza con una ratio profesor/alumnos muy favorable (pocos alumnos) y cuyos padres están dispuestos a pagar elevadas cuotas de matrícula[185].
- La escuela pública, y la privada subvencionada, que, bajo la regulación por normas sociales, adoptan, normalmente, el sistema homogéneo basado en la edad (heterogeneidad formativa y competencial), con diferencias muy importantes en la heterogeneidad consecuencia del lugar en el que está radicada la escuela (zona rural, barrio residencial, zona urbana deprimida o de centrifugación social).

La decisión de organizar a los alumnos en grupos afecta, naturalmente al costo (y a la eficiencia):

a) Si el centro dispone de la tecnología necesaria, el valor de la ratio profesor/alumnos es alto (pocos alumnos por profesor) y dispone de recursos públicos o privados suficientes para ser competitivo, la heterogeneidad (no segregación) es una opción deseable.

---

184   No se toman en consideración otras "razones" para "presionar" por la segregación.

185   Cuando la familia está dispuesta a invertir en la formación de sus hijos, y dispone de recursos suficientes para hacerlo, elige centros en los que el valor del conocimiento (V) que proporcionan es muy alto, lo que ocurre cuando el aprovechamiento del tiempo por parte de los alumnos es máximo (no se producen disrupciones al ser el grupo segregado y formado por alumnos de elevado nivel instructivo) y el valor de la ratio $r = \dfrac{prof}{n}$ es alto (pocos alumnos por profesor), con lo que $V = p^n$, con p tendiendo a 1 y **n** en el entorno del valor 14, situación que habrá de valorarse considerando, además, que la disponibilidad de recursos permitirá seleccionar profesores de alta calidad y contar con tecnología *state of the art*.

b) La constitución de grupos homogéneos, utilizando, por ejemplo, como criterio de clasificación el rendimiento instructivo y dividiendo cada grupo de edad en dos (o tres) grupos que, de forma permanente (*streaming*) o para determinadas materias (*setting*) reciban enseñanza ajustada a su alto, medio o bajo rendimiento, es factible, si se dispone del número de profesores suficiente, pudiendo la organización ser eficiente al poder constituir grupos numerosos.

c) La heterogeneidad (no segregación) con elevado número de alumnos y sin la necesaria tecnología no es una solución recomendable, especialmente si la docencia está a cargo de profesores poco eficientes o sin la necesaria experiencia.

d) Los diseños organizacionales que permiten, al mismo tiempo, constituir clases heterogéneas (homogéneas por la edad) y, en tiempos determinados, ofrecer una enseñanza ajustada al *tempo* e intereses de los alumnos de alta/baja capacidad en cualquiera de las inteligencias, son eficientes y efectivos.

e) La constitución de grupos homogéneos en clases heterogéneas, especialmente si son cooperativos, con programas diversificados para que se ajusten a los alumnos de alta y baja capacidad, es una excelente solución organizativa, especialmente para la escuela pública y privada subvencionada.

Vander Hart (2006) propone un modelo que, a pesar de que está lejos de contemplar todas las variables implicadas (lo que él reconoce en sus conclusiones), permite pronosticar (y especialmente interpretar), considerando el tipo de agrupamiento, qué número de clases, de grupos homogéneos (por su rendimiento) y de recursos hacen que sea máximo, dentro de las posibilidades presupuestarias, el incremento de resultados de los alumnos. En su modelo:

a) Cada alumno **i** de la clase de **n** alumnos debe pasar de los resultados a_i a los resultados a'_i $\sum_{i=1}^{n}\left(a'_1 - a_i\right)$];

b) El tamaño de diferencia $\left(a'_1 - a_i\right)$ depende del peso con que influyen en el rendimiento:

— los *inputs* de la ratio profesor/alumnos ($\frac{n}{c}$) (**c**: número de clases; **n**: número de alumnos): $\beta\left(\frac{n}{c}\right)$;

— el error de instrucción $|a_i - v_i|$ (véase punto 1.1): $\gamma|a_i - v_i|$;

— los recursos disponibles **r** por alumno $\left(\frac{r}{n}\right)$: $\delta\left(\frac{r}{n}\right)$.

La línea de base a partir de la que se produce el cambio, se denota en el modelo por α, y en su valor influyen variables no escolares. El tamaño de la diferencia se expresa, pues, como:

$$\left(a'_1 - a_t\right) = \alpha - \beta\left(\frac{n}{c}\right) - \gamma\left|a_t - v_t\right| + \delta\left(\frac{r}{n}\right) \text{(1)}$$

El presupuesto **M** de que dispone una organización escolar para ofrecer sus servicios no puede estar por debajo de la suma de los costos p_c de cada clase (profesor, equipamiento, espacios, mobiliario), p_g de cada grupo (materiales que pone la escuela a disposición de los alumnos, ayudantes para programas recuperación y desarrollo) y p_r (costo de otros recursos que requiere la prestación del servicio): $M \geq p_c c + p_g g + p_r r$. La organización tratará de conseguir el mayor cambio positivo posible en los resultados que alcanzan los alumnos mediante la puesta en funcionamiento del número de clases y grupos óptimo dentro de los límites que fija la disponibilidad del presupuesto[186]. Si la organización distribuye a los alumnos en clases heterogéneas, el número óptimo de clases y el de otros recursos, según el modelo de VanderHart, viene dado por el valor máximo de la función:

$$(1)\ F(c, r) = \sum_{i=1}^{n}\left[\alpha - \beta\left(\frac{n}{c}\right) - \gamma\left|a_t - v_t\right| + \delta\left(\frac{r}{n}\right)\right]$$

con la condición $p_r\, r + p_c c + p_g \leq M$.

En el caso de que la escuela organice a los alumnos en grupos heterogéneos, **g** es igual, naturalmente, a 1 (no se constituyen grupos diferenciados por el nivel instructivo de sus integrantes) y la instrucción v_i que recibe cada alumno es la misma para todos los alumnos[187].

---

186   Obsérvese que el número **g** de grupos no aparece en la expresión para establecer su valor máximo (óptimo dentro de las disponibilidades presupuestarias), al entender VanderHart que sus efectos son indirectos y se producen a través del error de instrucción $\gamma\left|a_i - v_i\right|$.

187   Para obtener los valores máximos de c y de r, al no tener F(c, r) extremos relativos, pues $\frac{\partial F}{\partial c} = \beta n\frac{1}{n^2} \neq 0$, y $\frac{\partial F}{\partial r} = \frac{\delta}{n} \neq 0$, basta calcular los extremos de F con la condición $p_r r + p_c\, c + p_g = M$.

Sustituyendo $r = \frac{M - p_c c - p_g}{p_r}$ en (1), se obtiene F como función de c. Derivando (respecto de c), resulta $\frac{\partial F}{\partial c} = \frac{\beta n}{c^3} - \frac{\delta p_c}{n p^r} = 0$, de donde: $c^2 = \frac{\beta n^2 p_r}{\delta p_c}$, es decir, $c = n\sqrt{\frac{\delta p_r}{\beta p_c}}$ (3). Sustituyendo este valor en (1) resulta: $r = \frac{M}{p_r} - \frac{p_g}{p_r} - n\sqrt{\frac{\delta p_c}{\beta p_r}}$ (4).

Pasando (3) y (4) a (1), resulta la expresión del cambio máximo en rendimiento para una situación en la que los grupos son heterogéneos:

3.2. Intraclase

La organización de los alumnos en cada una de las clases, siendo responsabilidad de cada profesor, está condicionada por la distribución efectuada *interclase*, resulta afectada por el criterio de homogeneidad *versus* heterogeneidad del grupo de alumnos, depende de la ratio profesor/alumnos, no es independiente del nivel de enseñanza (preescolar, primario, secundario o superior) al que se aplica y está fuertemente condicionada por la estructura física del espacio escolar (dimensiones, tipo de mobiliario, localización de los recursos, etc.).

Con el margen de decisión que le otorgan los factores a los que se hace referencia en el apartado anterior, y teniéndolos en cuenta, es evidente que el tipo de estilo docente (profesor directo *versus* indirecto, por ejemplo) y la organización *intraclase* de los alumnos debieran ser compatibles, pudiendo, al respecto, establecerse que las soluciones van desde las de profesores que tratan la clase como una unidad (lo que ocurre preferentemente cuando el nivel de homogeneidad respecto del nivel instructivo es alto) hasta las de los que propenden a dividir la clase en grupos, que, a su vez pueden ser homogéneos o heterogéneos, estables o circunstanciales (Figura 89). En general, según avanza la escolaridad desde el nivel de educación preescolar hacia la educación secundaria y superior, la tendencia es a pasar de clases organizadas en grupos a clases consideradas una unidad estable en las que el profesor imparte enseñanza simultáneamente al conjunto de alumnos que la integran[188].

$$ an - \beta n \sqrt{\frac{\delta p_o}{\beta p_r}} - \gamma |a_l - v_l| + \delta \left(\frac{M}{p_r} - \frac{p_g}{p_r} - n \sqrt{\frac{\delta p_o}{\beta p_r}} \right) $$

Si la organización optase por dividir a los alumnos en dos grupos (grupo avanzado y grupo retrasado), el cambio máximo vendría dado por la expresión:

$$ n - \beta n \sqrt{\frac{\delta p_o}{\beta p_r}} - \gamma |a_l - v_l| + \delta \left(\frac{M}{p_r} - \frac{2p_g}{p_r} - n \sqrt{\frac{\delta p_o}{\beta p_r}} \right) $$

$$ |a_l - v_l| $$

VanderHart estima el valor $|a_i - v_i|$ para los grupos heterogéneos en 0.7977 y en 0 4734 para el caso de dos grupos homogéneos por clase (alto y bajo rendimiento).

188   A medida que el tratamiento de la clase es unitario, se articulan sistemas de enseñanza en grupo (seminarios) e individualizado (tutorías) para que el profesor de respuesta a las inevitables diferencias que existen en oportunidad de aprender cuando la acción docente es del tipo "frontal" o colectiva.

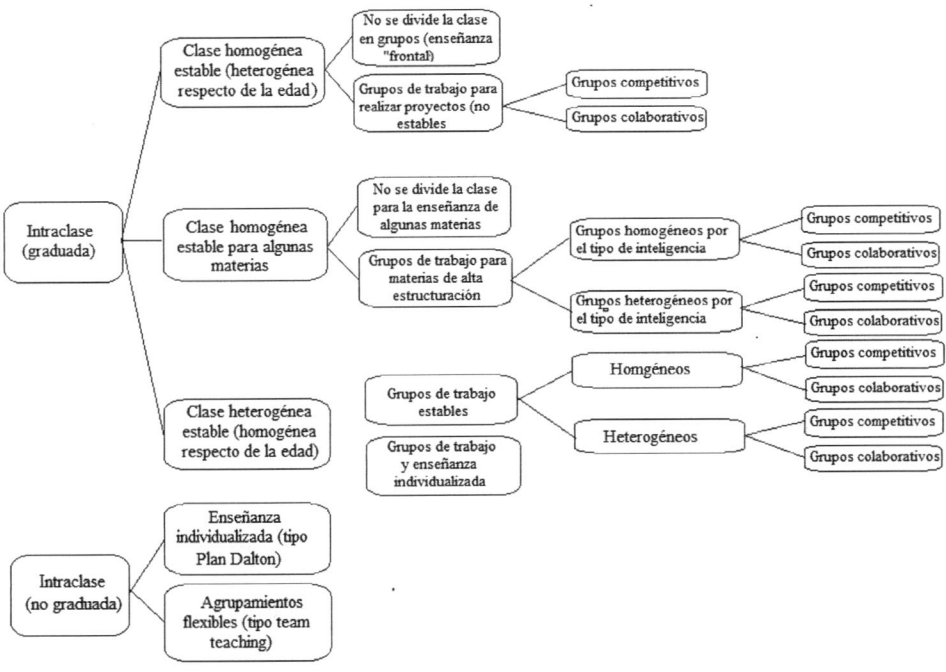

Figura 89

La forma en la que se organiza la clase no solo tiene impacto en la oportunidad de aprender de los alumnos, afectando de forma muy importante a la función de motivación del profesor, especialmente cuando distribuye a los alumnos en grupos homogéneos o heterogéneos. Corresponde sin duda a R. E. Slavin (1977) uno de los trabajos seminales más completos sobre la estructura del incentivo en clases con agrupamientos *intraclase*.

Distingue este autor entre:

a) Estructura de la tarea, que da lugar a dos tipos de soluciones:

— Trabajo en grupo sin especialización de tareas entre sus miembros.
— Trabajo en grupo con especialización de tareas entre sus miembros.

b) Estructura del incentivo, que permite distinguir tres situaciones:

— La recompensa (motivación) se le otorga al grupo en función de la calidad de trabajo de cada uno de sus integrantes (se valoran los logros individuales y se obtiene un valor medio representativo del grupo). No se otorgan valoraciones individuales.

— La recompensa (motivación) se le concede al grupo, valorando la calidad del "producto" o de los resultados, sin entrar a considerar las aportaciones que ha hecho cada individuo (todos los integrantes del grupo reciben la misma valoración.

— La recompensa (motivación) se le concede a cada integrante del grupo, valorando su aportación al trabajo colectivo.

c) Productividad, o cantidad y calidad del trabajo realizado por el grupo.

d) Aprendizaje, o adquisición por cada alumno de nuevas competencias como consecuencia del trabajo realizado en grupo.

Slavin llega a las siguientes conclusiones:

a) El trabajo en pequeño grupo con incentivos colectivos basados en el aprendizaje individual promueve con más fuerza la efectividad discente que los sistemas convencionales de motivación individual.

b) El trabajo en grupo cooperativo con recompensa grupal en función de los logros individuales de los alumnos no es más efectivo que el aprendizaje promovido mediante incentivación individual.

c) El trabajo en grupo cooperativo es más efectivo que el que se realiza sin cooperación siempre que exista una distribución de tareas entre los alumnos y se incentiva al grupo en su conjunto.

Con algunas coincidencias y discrepancias con los resultados ofrecidos por Slavin, D. W. Johnson *et al.* (1981) comparan cuatro formas de estructuración de la clase y del incentivo:

a) *Cooperativa*: el logro de los objetivos por cada alumno depende del grado en el que son alcanzados por los restantes miembros del grupo.

b) *Cooperativa intragrupo y competitiva intergrupo*: para que un grupo alcance la recompensa (incentivo) no han de lograrla los otros grupos.

c) *Competitiva individual*: el éxito de un individuo se acompaña del fracaso (o al menos no el mismo grado de éxito) de los restantes miembros del grupo.

d) *Individual*: cada alumno únicamente compite consigo mismo.

Estos autores llegan a las siguientes conclusiones[189]:

---

189   Estas conclusiones no siempre han sido corroboradas por otros investigadores. El lector interesado puede consultar las críticas de Cotton y Cook (1882) o McGlynn (1982), así como la réplica de Johnson *et al* (1982), en la que hacen referencia a la importancia que tienen variables como la dimensión del grupo, el tipo de tarea o la interdependencia entre los miembros del grupo en la intensidad del efecto asociado a la estructura cooperativa, competitiva e individual, en sus variadas formas.

a) La cooperación favorece más el rendimiento instructivo que la competición y que el trabajo individual.

b) La cooperación sin competición entre grupos es más eficaz para impulsar el rendimiento individual que la cooperación con competición *intergrupos*.

Ayuda a interpretar los efectos de la constitución de grupos en una clase el conocer el tipo de dinámica que se genera en cada forma de agrupamiento entre sus miembros. Aporta información relevante al respecto los trabajos que publica, en 1982, N. M. Web, en los que constata que:

a) Inciden negativamente en el rendimiento de los alumnos que actúan en grupos de trabajo:

— No recibir ayuda cuando la solicitan.
— Pedir explicaciones y no ser atendidos.
— Consultar sobre los procedimientos de trabajo y no recibir información adecuada.
— Cometer errores y no ser corregidos, o ser advertidos de los errores sin recibir información para subsanarlos.

b) Favorece el aprendizaje individual cuando se trabaja en grupo:

— Facilitar orientaciones y explicaciones
— Recibir información aclaratoria y complementaria
— Obtener respuesta a las dudas y preguntas
— Recibir la información necesaria para subsanar los errores.

c) Notas diferenciales de índole demográfica:

— Las alumnas responden más a las peticiones de ayuda que los alumnos.
— En los grupos con más alumnas que alumnos, ellas solicitan más ayuda a los alumnos que a las alumnas.

4. IMPLICACIONES PARA LA INTERVENCIÓN

La organización de la clase (alumnos que aprenden bajo la tutela de un profesor, durante un tiempo prefijado, en el mismo espacio y con acceso a la utilización de determinados recursos) influye en el rendimiento escolar tanto a través de las facilidades que proporciona —el profesor— para que se produzca oportunidad de aprender como motivación en cada uno de los alumnos.

Sin entrar en la discusión acerca de si los efectos del grupo de iguales en el rendimiento, y en el comportamiento en general[190], de los alumnos surgen (son endógenos) del propio grupo o son consecuencia del influjo de variables exógenas (procedencia de los alumnos, por ejemplo), es razonable pensar que:

a) No es indiferente para el desarrollo de la escolaridad de un alumno el que reciba enseñanza en un grupo homogéneo o heterogéneo;

b) La actuación del profesor (aporte de información, por ejemplo) no será efectiva si no toma en consideración las características individuales de los alumnos que constituyen el grupo al que imparte enseñanza.

Cada profesor, debe reaccionar, tanto al diseñar su programa de trabajo (flexibilidad, por ejemplo) como al elegir los métodos y procedimientos mediante los cuales transmite la información, a las características del grupo y a las de cada uno de sus integrantes: a medida que la clase gana en *inclusividad*, la metodología ha de garantizar la oportunidad de aprender y la motivación de aquellos cuya potencia de aprendizaje se separe significativamente de la del grupo más numeroso, mediante tecnologías que hagan compatibles la individualización, a través del enriquecimiento de los *currícula* que han de seguir los más capaces, y la oportunidad de aprender y motivación de los que tengan dificultades para seguir el currículum estándar (es preciso que todos los alumnos tengan éxito, y perciban que pueden alcanzarlo), considerando, en ambos casos, el potencial de aprendizaje de cada escolar de acuerdo con las teorías de las inteligencias múltiples, todo ello sin olvidar qué valores sociales, como el respeto, la ayuda mutua o la solidaridad han de ser objetivos educativos para todos los alumnos.

La empresa propietaria de la organización (sea una Administración pública o una organización privada) debe tener en cuenta que:

a) El decremento del número de alumnos por clase, especialmente cuando la ratio se sitúa en valores mayores 1/20 (n < 20), afecta de forma crecientemente positiva al rendimiento instructivo, y negativamente, constantes los resultados, a la eficiencia.

b) El efecto positivo que la disminución del número de alumnos por profesor en el rendimiento instructivo crece a medida que lo hace la heterogeneidad del alumnado: las clases homogéneas soportan ratios profesor/alumno menos favorables (más alumnos por profesor) que las clases heterogéneas.

---

190   Consúltese también: Rosenfield *et al.*, 1981; Ide, J. A. *et al.*, 1981; Web, 1982; Abadzi, 1985; Graybeal y Stodolsky, 1985; Kulik y Kulik, 1989.

c) A medida que crece el número de alumnos, en clases heterogéneas, el riesgo de que se produzcan comportamientos disruptivos que consuman tiempo del profesor aumenta, por lo que es preciso asignar tales clases a profesores de alta capacidad didáctica, aceptando el impacto del aumento salarial que ello supone, teniendo como límite la no generación de pérdidas en la cuenta de resultados de la organización.

d) La inclusión escolar, que es socialmente deseable y económicamente rentable, al menos en el largo plazo (pudiendo no serlo en el corto plazo), grava de forma significativa la cuenta de resultados de las organizaciones que la adoptan, ya que para ser llevada a la práctica, manteniendo la efectividad, es necesario reducir el número de alumnos por clase, seleccionar profesorado altamente capacitado, mejorar la dotación de recursos didácticos, contratar servicios de orientación, apoyo y tratamiento de perturbaciones del aprendizaje, etc.

e) La creación de itinerarios formativos diversificados para los alumnos con necesidades educativas especiales puede ser una solución efectiva y eficiente si 1) se toman medidas que garanticen la integración social de todos los alumnos, 2) se evita que resulten negativamente afectados en su desarrollo formativo (al inducir en ellos y en sus profesores bajas expectativas de rendimiento) los que se integren en itinerarios formativos menos exigentes, 3) se conciban los itinerarios desde la teoría de las inteligencias múltiples y 4) en ningún caso la clasificación se base en criterios de tipo social, económico, racial o de procedencia y orientación de los alumnos o de sus familias.

Los profesores han de reaccionar a las características del grupo de alumnos (número y homogeneidad/heterogeneidad de la clase):

a) Adoptando, en el caso de alta heterogeneidad del grupo, medidas organizativas *intraclase* que minoren el riesgo de que la atención a los alumnos menos capacitados afecte negativamente a la oportunidad de aprender y a la motivación por aprender de los que cuentan con una mayor capacidad potencial de aprendizaje. El recurso a agrupamientos homogéneos *intraclase* en una clase heterogénea puede ser, al menos en el caso de determinadas materias, un planteamiento adecuado.

b) Diseñando programas de enriquecimiento para los alumnos de alta capacidad y adaptaciones curriculares para los que presentan limitaciones severas en su capacidad para adquirir nuevos conocimientos, procurando la cooperación de las familias para llevar a la práctica tales programas y adaptaciones (ayuda, por ejemplo, de padres con alta formación para impartir programas de enriquecimiento para alumnos de alta capacidad potencial).

c) Adaptando la enseñanza al estilo de aprendizaje de sus alumnos (lo que siempre es difícil en clases numerosas y heterogéneas), hasta donde les sea posible.

d) Siendo conscientes de que la indisciplina de la clase (manifiesta a través de sucesos como falta de atención, desinterés, comportamientos disruptivos, etc.) es, al menos en parte, consecuencia de que determinados alumnos no tienen oportunidad de aprender (lo que el profesor explica es muy difícil o muy fácil para los aprendices de menor o mayor, respectivamente, capacidad potencial de aprendizaje), y de que ello induce desmotivación y falta de implicación discente.

e) Otorgando el mismo valor e importancia a los tipos de inteligencia cognitiva, emocional o social de los alumnos al diseñar las formas de tratamiento didáctico que permitan que cada alumno alcance el mayor nivel competencial posible en cada una de ellas.

f) Estructurando, en cada momento, la clase de forma tal que garantice tanto la oportunidad de aprender como la motivación de todos y cada uno de los alumnos, sabiendo que:

— Si lo que pretende es dar información muy general y atractiva, utilizando medios audiovisuales, puede impartir enseñanza al conjunto de la clase, incluso si es heterogénea (homogénea respecto de la edad).

— Para la realización de proyectos, el grupo de 4 a 6 alumnos es el más efectivo, y también esta fórmula debe aplicarse, siendo la clase heterogénea, constituyendo grupos homogéneos intraclase para garantizar oportunidad de aprender y motivación de todos los alumnos, o heterogéneos, en los que los alumnos más capaces ayuden a los que tienen mayores dificultades.

— Para resolver problemas de aprendizaje específicos, el tratamiento individualizado es imprescindible, especialmente si los alumnos tienen graves limitaciones en su capacidad para adquirir nuevas competencias.

— Los alumnos de alta capacidad requieren siempre un tratamiento singular, pudiendo ayudar en situaciones de grupo cooperativo con distribución de funciones apoyando a los que tienen dificultades para la realización de la tarea que les ha sido asignada.

— La competitividad individual siempre entraña riesgos (y ofrece posibilidades que han de ser aprovechadas), si bien en ningún caso ha de aplicarse entre alumnos con diferencias significativas en capacidad de aprendizaje.

— Los modelos de enseñanza individualizada (tipo Dalton), que tengan en cuenta que existen múltiples formas de inteligencia y que la socialización es un objetivo irrenunciable de la enseñanza escolar, es siempre una opción didáctica plena de interés para generar oportunidad de aprender y motivación en todos los alumnos.

Tips para la excelencia

1. El profesor es el mánager responsable de crear las condiciones para que los trabajadores (alumnos) aporten el mayor esfuerzo para adquirir nuevas competencias.

2. Cuando un alumno no aporte esfuerzo (sin problemas de salud), el profesor debe percibir la situación como un problema suyo (antes que del alumno), que, como profesional, tiene que resolver.

3. Si un alumno no es capaz de procesar la información que recibe en el tiempo de que dispone para hacerlo "abandonará el campo" (mostrará desinterés) y, con toda probabilidad, perturbará el funcionamiento de la clase.

4. Contrariamente a lo que piensan no pocos "especialistas", cada persona destaca en uno o varios tipos de inteligencia, tiene un nivel medio en otros y presenta limitaciones en alguno: el profesor debe conocer las fortalezas y debilidades de sus alumnos, y actuar en consecuencia.

5. El número de alumnos por clase importa, e importa especialmente cuando respecto de las competencias de sus integrantes en la materia objeto de estudio el grupo es heterogéneo.

6. La habilidad del profesor para trabajar con cualquier tipo de alumnado importa, e importa más si los alumnos a los que imparte enseñanza forman un grupo heterogéneo.

7. En las clases inclusivas, que incorporan a alumnos con limitaciones severas en su capacidad de aprendizaje, es preciso que el valor de la ratio profesor/alumnos sea tan alto (pocos alumnos) como permita la disponibilidad de recursos.

8. La utilización de tecnologías que faciliten la individualización de la enseñanza permite incrementar el grado de heterogeneidad de los grupos sin que disminuyan las posibilidades de aprendizaje de sus integrantes.

9. La eficiencia de un grupo resulta afectada muy negativamente cuando uno o más alumnos interrumpen la actividad de la clase: es muy importante que el profesor gestione la clase para evitar que se produzcan situaciones en las que determinados alumnos (de niveles competenciales significativamente bajos o altos) no tengan oportunidad de aprender.

10. Los efectos de los "iguales" no tienen siempre origen en variables endógenas al grupo: es frecuente que estén asociados a externalidades (familia, barrio, etc.).

11. La organización de los alumnos en el nivel "centro escolar" es responsabilidad de la dirección. En el "nivel aula", la gestión de los efectos de la homogeneidad *versus* heterogeneidad le corresponde al profesor.

12. Cualquiera que sea el modelo de organización de los alumnos (segregado *versus* integrado), es preciso que existan situaciones en las que todos los alumnos, cualesquiera que sean sus características, convivan.

13. La diversificación curricular es un instrumento muy importante para que todos los alumnos (cualesquiera que sean sus inteligencias) tengan oportunidad de aprender.

14. La colaboración de los alumnos de alta capacidad en el aprendizaje de los de menos capacidad es una forma de conducta cívica que tiene un enorme valor escolar, social y personal. Debe, pues, favorecerse.

15. Una organización escolar inclusiva, en la que todos los alumnos alcanzan el techo de rendimiento que les permiten sus inteligencias, es excelente.

16. *The first requisite for a good teacher is that he has something to teach.*

W. E. Deming
Out of the Crisis

Bibliografía

Aaronson, D., Barrow, L. and Sander, W. (2007). Teachers and student achievement in the Chicago Public High Schools. *Journal of Labor Economics, 25(1),* 95-135.

Abadzi, H. (1985) Ability Grouping Effects on Academic Achievement and Self-Esteem: Who Performs in the Long Run as Expected. *Journal of Educational Research, 79/1,* 36-40.

Abadzi, H. (1985). Ability Grouping Effects on Academic Achievement. *Journal of Educational Research, 77,* 287-292.

Adams, J. S. (1965). Inequity in social exchange. En L. Berkowitz (Edit.), *Advances in experimental social psychology* (pp. 267-299). Nueva York: Academic Press.

Adler, P. S. y Borys, B. (1996). Two types of bureaucracy: Enabling and coercive. *Administrative Science Quarterly, 41,* 61-89.

Adnett, N. y Davies, P. (1999). Schooling, quasi-markets: Reconciling economic and sociological analysis. *British Journal of Educational Studies, 47(3),* 221-234.

Ahlfinger, N. R. y Esser, J. K. (2001). Testing the groupthink model: Effects of promotional leadership and conformity predisposition. *Social Behavior & Personality: An International Journal, 29,* 31-42.

Aiken, M y Hage, J. (1969). Organizational interdependence and intra-organizational structure. *American Sociological Review, 33,* 912-930.

Akao, J. (1993). *Despliegue de funciones de calidad.* Madrid: TGP. Tecnología de Gerencia y Producción, S.A.

Akao, J. y Mazur, G. (2003). The leading edge in QFD: past, present and future. *International Journal of Quality and Reliability Management, 20(1),* West Yorkshire, England.

Alderfer, C. (1969). An Empirical Test of a New Theory of Human Needs. *Organizational Behavior and Human Performance, 4,* 142-175.

Allen, N. J. y Meyer, J. P. (1990). The measurement and antecedents of effective, continuance, and normative commitment to the organization. *Journal of Occupational Psychology, 63,* 1-18.

Alvesson, M. y Billing, I.D. (1992). Gender and organization: toward a differentiated understanding. *Organizations Studies, 13,* 73-103.

Amabile, T. M., Hill, K. G., Hennessey, B. A. y Toghe, E. M. (1994). The work Preference Inventory: assessing intrinsic and extrinsic motivational orientations. *Journal of Personality and Social Psychology, 66,* 950-967.

American Psychological Association (1993). *In the Supreme Court of the United States: Tereasa Harris versus Forklift Systems Inc.: Brief for amicus curiae American Psychologist Association in support of neither party.* Washington, DC: Author.

Anderman, E. M., Austin, A. C. y Johnson, D. M. (2001). The development of goal orientation. En A. Wigfield y J. S. Eccles, *The Development of Achievement Motivation.* San Diego, CA: Academic.

Anderson, A., Hattie, J. y Hamilton, R. (2005). *Educational Psychology, 25(5),* 517-535.

Andrasani, P. J. y Nestel, G. (1976). Internal-external control as contributor to and outcome of work experience. *Journal of Applied Psychology, 61,* 156-165.

Andrews, D. y Lewis, M. (2007). Transforming practice from within: The power of the professional learning community. In L. Stoll & K.S. Louis (Eds.), *Professional learning communities: Divergence, depth and dilemmas.* Maidenhead: Open University Press.

Argiris, C. (1957). *Personality and organization.* Nueva York: Harper and Row.

Argiris, C. (1957). *Personality and organization.* Nueva York: Harper and Row.

Argyris, C. (1993). *Knowledge for Action. A guide to overcoming barriers to organizational change.* San Francisco: Jossey Bass.

Armor, D. J., Conry-Oseguera, P., Cox, M. A., King, N., McDonnell, L. M. Pascal, A. H., Pauly, E., Zellman, G., Summer, G. C. y Thomson, V. M. (1976). *Analysis of the Preferred Reading Program in Selected Los Angeles minority Schools* (Informe nº. R-2007-LAUDS*)*. Santa Monica, CA: Rand Corporation.

Arvey, R. D., Bouchard, T. J., Segal, N. L. y Abraham, L. M. (1989). Job satisfaction: Environment and genetic components. *Journal of Applied Psychology, 74,* 187-192.

Ashton, P.T. y Webb, R.B. (1986). *Making a difference: Teacher 's sense of efficacy and student achievement.* Nueva York: Longman.

Atkinson, J. W. (1957). Motivational determinants of risk taking behavior. *Psychological Review, 64,* 359-372.

Atkinson, J. W. (1964). *An Introduction to Motivation. Princeton*, NJ: Van Nostrand.

Atogdill, R. M. (1948). Personal factors associated with leadership: A survey of the literature. *Journal of Psychology, 25*, 35-71.

Averill, L. A. y Mueller, A. D. (1925). Size of class and reading efficiency. The *Elementary School Journal, 25*, 682-691.

Avolio, B. J., y Bass, B. M. (1994). *Improving organizational effectiveness through transformational leadership.* Thousand Oaks, CA.: Sage Publications, Inc.

Babad, E. Y., Inbar, J. y Rosenthal, R (1982). Investigations of Biased and Unbiased Teachers. *Journal of Educational Psychology, 74(4),* 469-474.

Babad, E. Y., Inbar, J., y Rosenthal, R. (1982). Pygmalion, Galatea, and the Golem: Investigations of biased and unbiased teachers. *Journal of Educational Psychology, 74,* 459-474.

Baker, D., B. Goesling y G. LeTendre (2002). Socioeconomic status, school quality and national economic development: A Cross-National Analysis of the 'Heyneman-Loxley effect' on Mathematics and Science Achievement. *Comparative Education Review, 46(3),* 291-312.

Bakker, A. B., Schaufeli, W. B., Demerouti, E., Jansen, P. M. P. y Van der Hulst, B. J. (2000). Using equity theory to examine the difference between burnout and depression. *Ansiety Stress Coping,* 13, 247-268.

Bandura, A (1986). *Social foundations of though and action.* Englewood Cliffs, NJ: Prentice-Hall.

Bandura, A. (1969). *Principles of behavior modification*. Nueva York: Holt, Rinehart y Wiston.

Bandura, A. (1977). *Social learning theory*. Englewood Cliffs, N.J.: Prentice-Hall.

Bandura, A. (1997). *Self-Efficacy: The Exercise of Control*. Nueva York: Freeman.

Bandura, A. (1999). Social cognitive theory of personality. En L. Pervin y O. John (Edits.), *Handbook of personality* (pp. 154-196). Nueva York: Guilford (2.ª Edic.).

Bandura, A., Brbaranelli, C., Caprara, G.V. y Pastorelli, C. (1996). Mechanisms of moral disengagement in the exercise of moral agency. *Journal of Personality and Social Psychology, 71*, 364-374.

Barber, B., Stolz, H. and Olsen, J. (2005). Parental Support, Psychological Control and Behavioural Control: Assessing relevance across time, culture and method. *Monographs of the Society for Research in Child Development 70(4)*, 1-37.

Barnes, B. R., Fox, M. T., y Morris, D. S. (2004). Exploring the linkage between internal marketing, relationship marketing and service quality: A case study of a consulting organization. *Total Quality Management and Business Excellence, 15(5/6)*, 593-601.

Barnes, R. (1958). *Motion and Time Study*. Nueva York: John Wiley and Sons.

Bar-On, R. (1997). Bar-On Emotional Quotient Inventory: Technical Manual. Toronto: Multi Health Systems.

Baron, R.A. (1977*)*. *Human aggression*. Nueva York: Plenum.

Barrick, M. R. y Mount, M. K. (1991). Te Big Five personality dimensions of job performance. A meta-analysis. *Personnel Psychology, 41, 1-26.*

Bass, B.M. y Avolio, B.J. (1993). *Transformational leadership: A response to critiques*. Nueva York, NY: Free Press.

Baudrillard, J. (1977). *La Societé de Comsommation*. París: Gallimard.

Baum, J.F. y Youngblood, S.A. (1975). Impact of an organizational control policy on absenteeism, performance, and satisfaction. *Journal of Applied Psychology, 60*, 688-694.

Beckhard, R. (1969). *Organizacional strategies and models*. Reading, Mass:Addison-Wesley.

Beckhard, R. (1969). *Organizational strategies and models*. Reading, Mass: Addison-Wesley.

Belcher, J-G. (1996). *How to design and implement a results-oriented variable pay system*. Nueva York: American Management Association.

Belmont, L., Stein, Z. y Zybert, P. (1978). Child spacing and birth order: Effect on intellectual ability in two-child families. *Science, 202*, 995-996.

Belmont, L., y Marrolla, F. A. (1973). Birth order, family size, and intelligence. *Science, 182,* 1096-1101.

Bembou, R. (2003). Heterogeneity, Stratification, and Growth: Macroeconomic Implications of Community Structure and School Finance. *The American Economic Review, 86(3),* 584-609.

Bennett, S. N. (1976). *Teaching Styles and Pupil Progress.* Londres: Open Books.

Berger, C. J. y Cummings, L. L. (1979). Organizational structure, attitudes, and behaviors. En B. M. Staw, *Research in Organizational Behavior, Greenwich, CT: JAI Press* (Vol. I).

Bergman, M. E., Langhout, R. D., Cortina, L. M. y Fitzgerald, L. F. (2002). The (Un)reasonableness of Reporting: Antecedents and Consequences of Reporting Sexual Harassment. *Journal of Applied Psychology, 87(2),* 230-242.

Berndt, T. J. (1999). Friends´ influence on students´ adjustment to school. *Educational Psychologist, 34*, 15-29.

Berthon, P., Campbell, C., Pitt, S. F. y McCarthy, I. (2011). Creative consumers: awareness, attitude and action. *Journal of Consumer Marketing, 28(7),* 500-507.

Bies, R. J. y Moag, J. F. (1986). Interactional justice: Communication criteria of fairness. En R. J. Lewicki, B. H. Sheppard y M. H. Bazerman (Edits.), *Research on negotiations in organizations.* Greenwich, CT: JAI Press.

Birmbaum, M.H. (1983). Perceived equity of salary policies. *Journal of Applied Psychology, 68,* 49-59.

Bishop, J. W., Scout, K. D. y Burroughs, S. M. (2000). Support, Commitment, and Employee Outcomes in a Team Environment. *Journal of Management, 26(6),* 1113-1132.

Blanchard, K. H., Zigarmi, P. y Zigarmi, D. (1985). *Leadership and the one minute manager : Increasing effectiveness through situational leadership.* Nueva York: Wiliam Morrow.

Boekaerts, M., Pintrich, P. R. y Zeidner, M. H. (2000). *Handbook of Self-Regulations.* San Diego, CA: Academic.

Bogler, R.: The Influence of Leadership Style on Teacher Job Satisfaction (2001). *Educational Administration Quarterly, 37(5),* 662-683.

BonesrØnning, H. (2003). The determinants of parental effort in education production: do parents responds to changes in class size? *Economics of Education Review, 23,* 1-9.

Bono, J. E. y Llies, R. (2006) Charisma, positive emotions and mood contagion. The *Leadership Quarterly, 17,* 317-334.

Borkowski, J. G. y Uthukrisna, N. (1995). Learning environments and skill generalization: how contexts facilitate regulatory processes and efficacy beliefs. En F. Wienert y W. Schneider (Edits.), *Recent Perspectives on Memory Development.* Hillsdale, NJ: Erlbaum.

Borman, G.D. and L.T. Overman (2004). Academic resilience in mathematics among poor and minority students. *Elementary School Journal,* Vol. 104, pp. 177-195.

Bowes-Sperry, L., y O'Leary-Kelly, A. M. (2005). To act or not to act: The dilemma faced by sexual harassment observers. *Academy of Management Review, 30,* 288–306.

Boyer, P. A. (1914). Class size and school progress. *Psychological Clinic, 2(2),* 7-14.

Breed, F. S. y McCarthy, G. D. /1916). Size of class and efficiency of teaching. *School and Society, 4,* 965-971.

Brookover, W. B, Schweitzer, J. H., Schneider, J. M., Beady, C. H., Flood, P. K. y Wisenbaker, J. M. (1978). Elementary school social climate and school achievement. *American Educational Research Journal, 15,* 301-318.

Brophy, J. y Good, T. (1970). Teachers' communication of differential expectations for children's classroom performance: some behavioral data. *Journal of Educational Psychology, 61,* 365-74.

Brown, A. E. (1932). The effectiveness of large classes at the college level: An experimental study involving the size variable and size-procedure variable. *University of Iowa Studies in Education, 7,* 1-66.

Brown, F. W. y Moshavi, D. (2005). Transformational leadership and emotional intelligence: a potential pathway for an increased understanding of interpersonal influence. *Journal of Organizational Behavior, 26(7), 1-5.*

Brunner, M., Keller, U., Dierendonck, Ch., Reichert, M., Ugen, S., Fischbach, A. y Martin, R. (2010). The Structure of Academic Self-Concepts Revisited: The Nested Marsh/Shavelson Model. *Journal of Educational Psychology, 102(4),* 964-981.

Burke, C. S., Sims, D. E., Lazzara, E. H. y Salas, E. (2007). Trust in leadership: A multi-level and integration. *The Leadership Quarterly, 18,* 606-632.

Burke, R. J. y Greenglass, E. (1995). A longitudinal Study of Psychological Burnout in Teachers. *Human Relations, 48(2),* 187-202.

Burke, R. J. y Greenglass, E. R. (1986): Work and family conflict. En C.L. Cooper y I Roberston (Edits.), *International Review of Industrial and Organizational Psychology. Nueva York: Wiley.*

Burke, R.J. y Greenglass, E. (1995). A longitudinal Study of Psychological Burnout in Teachers. *Human Relations, 48(2),* 187-202.

Burns, J. M. (1978) *Leadership.* Nueva York: Harper and Row.

Burrel, G. y Morgan, G. (1979). *Sociological Paradigms and Organisational Analysis,* Londres, UK: Heinemann.

Buthcman, B. (1974). Building organizational commitment: The socialization of managers in work organizations. *Administration Service Quarterly, 19,* 533-546.

Byrne, D., Clore, G. L. J. y Worchel, P. (1966). Effect of economic similarity-dissimilarity on interpersonal attraction. *Journal of Personality and Social Psychology, 4(2),* 220–224.

Caldwell, B. (1999). *The Third Way.* Ponencia presentada en el congreso "Mutualism: the Third Way for Australia", organizado por la Mutuality Australia y la Australian Fabian Society. Mclburne.

Calsyn, R. y Kenny, D. (1977). Self-concept of ability and perceived evaluation by others: Cause of effect of academic achievement? *Journal of Educational Psychology,* 69, *136-145.*

Camburn, E., Rowan, B. y Taylor, J. (2003). Distributed leadership in schools: The case of elementary schools adopting comprehensive school reform models. *Educational Evaluation and Policy Analysis, 25(4),* 347-373.

Carol Dweck, C. y Bempechat, J. (1983). Children's theories of intelligence. En S. Paris, G. Olsen, & H. Stevenson (Eds.), *Learning and motivation in the classroom* (pp. 239-256). Hillsdale, NJ: Erlbaum.

Carver, C. S. y Séller, M. F. (2000). On the structure of behavioral self-regulation. En Boekaerts, M., Pintrich, P. R. y Zeidner, M. H., *Handbook of Self-Regulations*. San Diego, CA: Academic (pp. 41-84).

Cattel, R. B. (1971). *Intelligence: Its structure, growth, and action*. Nueva York: Elsevier.

Cattel, R. B. (1987). *The inheritance of personality and ability: Research methods and findings*. Nueva York: Academic Press.

Cattell, R. B. (1941). Some theoretical issues in adult intelligence testng. *Psychological Bulletin, 38,* 592.

Cattell, R. B. (1971). *Abilities: Their Structure, Growth, and Action*. Boston: Houghton Mifflin.

Cattell, R. B. (1982). *The inheritance of personality and ability: Research methods and findings*. Nueva York: Academic Press.

Cattell, R.B. (1950). *Personality: A systematic, theoretical, and factual study.* Nueva York: McGraw Hill.

Ceci, S. J. (1990). *On Intelligence... more or less: A bio-ecological treatise on intellectual development*. Englewood Cliffs, NJ: Prentice-Hall Century Psychology Series.

Ceci, S. J. (1996). *On Intelligence: A bio-ecological treatise on intellectual development* 2nd ed. Cambridge, MA: Harvard University Press.

Ceci, S. J. (1996). *On Intelligence: A bio-ecological treatise on intellectual development* 2nd ed. Cambridge, MA: Harvard University Press.

Ceci, S. J. y Bruck, M. (1995). *Jeopardy in the courtroom: The scientific analysis of children's testimony*. Washington, D.C.: American Psychological Association.

Charms, R. (1.976). *Enhancing motivation: Change in the classroom*. Nueva York: Irvington.

Chubb, J. y Moe, T. (1990). *Politics, Markets and America's Schools*. Washington, D. C.: Brookings Institution.

Clegg, S.R. (1990). *Modern organizations: Organization studies in the post-modern world*. Londres: Sage.

Coburn, C. E. y Russell, J. L. (2008). District policy and teachers' social networks. *Educational Evaluation and Policy Analysis, 30,* 203-235.

Coleman, J. S. (1961). *The adolescent society*. Nueva York: Cromwell-Collier.

Coleman, J. S. (1961). *The Adolescent Society.* Nueva York: Free Press of Glencoe.

Coleman, J. S. (1974). *Power and structure of society*. Nueva York: Norton.

Coleman, J. S. *et al.* (1.966). *Equality of Educational Opportunity*. Washington: Office of Education.

Colombain, M. (1956). *Las organizaciones cooperativas: Manual de educación obrera*. Ginebra: OIT.

Colombain, M. (1956). *Las organizaciones cooperativas: Manual de educación obrera*. Ginebra: OIT.

Colquitt, J. A. (2001). On the Dimensionality of Organizational Justice: A Construct Validation of a Measure. *Journal of Applied Psychology, 86(3),* 386-400.

Comer, D. R. (1995). A Model of Social Loafing in Real Work Groups. *Human Relations, 48(6),* 647-667.

Cook, J. y Wall, T. (1980). New work attitude measures of trust, organizational commitment and personal need non-fulfillment. *Journal of Occupational Psychology, 53,* 39-52.

Cordes, C. L. y Dougherty, T. W. (1993). A review and integration of the research on job burnout. *Academy of Management Review, 18(4),* 621-656.

Cornman, O. P. (1909). Size and school progress. *Psychological Clinic, 3,* 206-212.

Corno, L. (1993). *The best-laid plans: modern conceptions of volition and educational research*. Educational Research, *22,* 14-22.

Cotton, J. L. y Cook, M. S. (1982). Meta-analysis on the effects of various reward systems: Some different conclusions from Johnson *et al. Psychological Bulleting, 92,* 176-183.

Cotton, J. L., Vollrath, D.A., Froggatt, K. L., Lengkick-Hall, M. L. y Jennings, K. B. (1988). Employee participation: Diverse forms and different outcomes. *Academy of Management Review, 13,* 8-22.

Covington, M. V. (1998). *The Hill to Learn: A Guide for Motivating Young People.* Nueva York: Cambridge University Press.

Covington, M. V. (1998). *The Hill to Learn: A Guide for Motivating Young People.* Nueva York: Cambridge University Press.

Covington, M. V. (2000). Goal theory, motivation, and school achievement. *Annual Review of Psychology, 51,* 171-200.

Craig, T. (1995). Achieving innovation through bureaucracy. *California Management Review, 38(10),* 8-36.

Cronin, J. y Taylor, S. A. (1992). Measuring Service Quality: A reexamination and Extension. *Journal of Marketing, 56,* 55-67.

Crosby, P. B. (1980). *Quality Is Free.* Nueva York: Penguin Putnan Inc.

Crosby, P. B. (1995). *Quality Without Tears: The Art of Hassle-Free Management.* Nueva York: McGraw-Hill.

Crosby, P. B. (1997). *The Absolutes of Leadership.* San Francisco: Jossey-Bass.

Csikszentmihalyi, M. F. (1989). Stage/environment fit: developmentally appropriate classrooms for early adolescents. En R. Ames y C. Ames (Edits.), *Research on Motivation in Education,* Nueva York: Academic (Vol. 3, pp. 139-81).

Curral, S. C., Towler, A. J., Judge, T. A. y Kohn, L. (2005). Pay satisfaction and organizational outcomes. *Personnel Psychology, 58,* 613-640.

Cyert, R.M. y March, J.G. (1963). *A behavioral theory of the firm.* Nueva York: Wiley.

Dale, R. R. (1969). On the failure of educational policy. *Change, 9,* 40-45.

Dale, R. R. (1971). *Mixed or Single Sex Schools? A research Study about Pupil-Teacher Relationship.* Londres: Routledge and Kegan Paul (Vol. II).

Dale, R. R. (1974). *Mixed or Single Sex Schools? Some Social Aspects.* Londres: Routledge and Kegan Paul (Vol. III).

Das, J. P., Kirby, J. R., y Jarman, R. F. (1975). Simultaneous and successive syntheses: An alternative model for cognitive abilities. *Psychological Bulletin, 82,* 87-103.

Das, J. P., Kirby, J. R., y Jarman, R. F. (1979). *Simultaneous and successive cognitive processes.* Nueva York: Academic Press.

Das, J. P., Naglieri, J. A., y Kirby, J. R. (1994). *Assessment of Cognitive Processes.* Needham Heights: MA: Allyn & Bacon.

Datcher, L. (1982). Effects of Community and Family Background on Achievement. *The Review of Economics and Statistics, 64(1),* 32-41.

Dauber, S. y Epstein, J. (1993). Parent Attitudes and Practices of Involvement in Inner-City Elementary and Middle Schools, En Nancy, F., *Families and Schools in a Pluralistic Society.* Albany, NY: State University of Nueva York Press (Chap. 2, pp. 53-71).

Davidow, W. y Malone, M. (1992). *The virtual corporation.* Nueva York: Harper Collings.

Dawes, H. C. (1934). The influence of size of kindergarten group upon performance. *Child Development, 5,* 295-303.

DeBono, K. G. (1987). Investigating the social adjustive and value-expressive functions of attitudes: Implications for persuasion processes. *Journal of Personality and Social Psychology, 52,* 279-287.

Deci, E. L. y Ryan, R. M. (1987). The support of autonomy and the control of behavior. *Journal of Personality & Social Psychology, 53,* 1024-1037.

Deci, E. L., Nezlek, J., Sheinman, L. (1981). Characteristics of the reward and intrinsic motivation of the rewarded. *Journal of Personality and Social Psychology, 40,* 1-10.

Deci, E. L., y Ryan, R. M. (1985). *Intrinsic motivation and self-determinaton in human behaviour.* Nueva York: Plenum.

Deci, E., Vallerand, R. J., Pelletier, L. G. y Ryan, R. M. (1991). Motivation and education: The self-determination perspective. *Educational Psychologist,* Vol. 26(3) y (4), 325-346.

Deluga, R. J. (1998). Leader-member exchange quality and effectiveness ratings: The role of subordinate-supervisor conscientiousness similarity. *Group and Organization Management, 23(2),* 189-216.

Demerouti, E. (1999). *Burnout: Eine Folge konkreter Arbeitsbedingungen bei Dienstleistungs- und Produktionstätigkeiten* [Burnout: Una consecuencia de las condiciones específicas de trabajo en la prestación de servicios y en la producción laboral]. Frankfurt/Main, Germany: Peter Lang.

Demeuroti, E., Bakker, A., Nachreiner, F. y Schaufeli, W. B. (2001). The Job Demands-Resources Model of Burnout. *Journal of Applied Psychology, 80(6)*, 499-512.

Demeuroti, E., Bakker, A., Nachreiner, F. y Schaufeli, W. B. (2001). The Job Demands-Resources Model of Burnout. *Journal of Applied Psychology*, 80(6), 499-512.

Deming, W. E. (1966). *Some Theory of Sampling*. Nueva York: Dover Publications.

Deming, W. E. (1986). *Out of the Crisis*. Cambridge, Mass: MIT Press.

Deming, W. E. (2000). *The New Economics for Industry, Government, Education (2nd Edition)*. Cambridge, Mass: MIT Press.

Dignam, J. T. Barrera, M (Jr) y West, S. G. (1986). Occupational stress, social support and burnout among correctional officers. *American Journal of Community Psychology*, *14*, 177-193.

Dittrich, J. E. y Carrell, M. R. (1979). Organization equity perceptions, employee job satisfaction, and departmental absence of turnover rates. *Organizational Behavior and Human Performance, 24*, 29-40.

Dornbusch, S. M., Ritter, P. L., Leiderman, P. H., Roberts, D. F. y Fraleigh, M. J. (1987). The relation of parenting style to adolescent school performance. *Child Development, 58*, 1244-1.257.

Dowing, J., Olilla, Ll., y Oliver, P. (1977). Concepts of Language from differing Socioeconomic Backgrounds. *The Journal of Educational Research, 70(5)*, 277-281.

Downey, M. (2003). *Effective Coaching: Lessons from the Coach's Coach: Lessons from the Coaches' Coach*. Manchester, UK: Texere Publishing (3.ª ed. revisada).

Drake, B. y Mitchell, T. (1977) Effects of vertical and horizontal ower on individual motivation and satisfaction. *Academy of Management Journal, 20*, 573-591.

Driscoll, J. W. (1978). Trust and participation in organizational decision making as predictors of satisfaction. *Academy of Management Journal, 21*, 44-56.

Dweck, C. (1999). Caution-praise can be dangerous. *American Educator, 23(1)*, 4-9.

Dweck, C. (1999). Self-Theories: Their Role in Motivation, Personality, and Deve-lopment. *Philadelphia, Psychol. Press.*

Dweck, C. (2002). Messages that motivate: How praise molds students' beliefs, mo-tivation, and performance (in surprising ways). En J. Aronson (Ed.), *Improving academic achievement.* Nueva York: Academic Press.

Dweck, C. (2002). Messages that motivate: How praise molds students' beliefs, mo-tivation, and performance (in surprising ways). En J. Aronson (Ed.), *Improving academic achievement.* Nueva York: Academic Press.

Dweck, C. S. (2002). The development of ability conceptions. En A. Wigfield y J. Eccles (Eds.), *The development of achievement motivation.* Nueva York: Acade-mic Press.

Dweck, C. y Bempechat, J. (1983). Children's theories of intelligence. En S. Paris, G. Olsen, y H. Stevenson (Eds.), *Learning and motivation in the classroom* (pp. 239-256). Hillsdale, NJ: Erlbaum.

Eastburn, L. A. (1936). The relative efficiency of instruction in large and small clas-ses on three ability levels. *Journal of Experimental Education, 5,* 17-22.

Eccles, J. S. y Wigfield, A. (2002). Motivational Beliefs, Values, and Goals. *Annual Review of Psychology, 53,* 109-132.

Eccles, J. S., Adler, T. F., Futterman, R. Goff, S. B., Kaczala, C. M., Meece, J. L., y Midgley, C. (1983). Expectancies, values, and academic behabiors. En J. T. Spen-ce (Ed.), *Achievement and achievement motivation* (pp. 75-146). San Francisco, CA: Freeman.

Eccles, J. S., Wigfiled, A. y U. Schiefele, U. (1998). *Motivation to succeed".* En W. Damon and N. Eisenberg (Eds.), *Handbook of Child Psychology.* Nueva York: Wiley (Vol. 3, pp. 1017-1095).

Edwards, J. R. (1991). Person-job fit: A conceptual integration literature review and methodological critique. *International Review of Industrial Organizational Psy-chology, 6,* 283-357 (Londres: Wiley).

Eisenberg, N. y Valiente, C. (2002). Parenting and Children's Prosocial and Moral Development. En: M. H. Bornstein (Ed.), *Handbook of Parenting. Volume 5: Practical Issues in Parenting* (2nd edition). Mahwah, NJ: Lawrence Erlbaum As-sociates, pp. 111-42.

Eisenberger, R. Huntington, R. (1986). Perceived Organizational Support. *Journal of Applied Psychology, 71(3),* 500-507.

Eisenberger, R., Armeli, S., Rexwinkel, B., Lynch, P. D., y Rhoades, L. (2001). Reciprocation of perceived organizational support. *Journal of Applied Psychology, 86,* 42-51.

Eisenberger, R., Cummings, J., Armeli, S. y Lynch, P. (1997). Perceived organizational Support, Discretionary Treatment, and Job Satisfaction. *Journal of Applied Psychology, 82,* 812-820.

Eisenberger, R., Fasolo, P. y Davis La-Mastro, V. (1990). Perceived organizational support and employee diligence, commitment, and innovation. *Journal of Applied Psychology, 71,* 51-59.

Elliot, A. y Church, M. (1997). A hierarchical model f approach and avoidance achievement motivation. *Journal of Personality and Social Psychology, 72,* 218-232.

Elovainio, M, Kivimäki, M. y Helkama, K. (2001). Organizational Justice Evaluations, Job Control, and Occupational Strain. *Journal of Applied Psychology, 86(3),* 418-424.

Emeri, F. y Thorsrud, E. (1969). *Form and content of industrial democracy.* Londres: Tevistock.

Equal Employment Opportunity Commission (1990). Policy Guidance Nº. N-915-050: *Current issues on sexual harassment.* Washington, D.C.: Author.

Etzioni, A. (1964). *Modern Organizations.* Englewood Cliffs, NJ: Prentice Hall.

Etzioni, A. (1967). *Soziologie del' organizzaziones.* Bolonia: Il Mulino.

Evans, W. N., Oates, W. E. y Schwab, R. M. (1992). Measuring Peer Group Effects: A Study of Teenage Behavior. *Journal of Political Economy, 100(5),* 966-991.

Fayol, H. (1931). *Administration Industrielle et Géneral.* París: Dounod.

Featherstone, M. (1992). *Consumer, Culture and Postmodernism.* Londres: Sage.

Feigenbaum, A. V. (1983). *Total Quality Control.* Nueva York: McGraw-Hill (1991, 3rd Ed.).

Feigenbaum, A. V. y Feigenbaum, D. S. (2003). *The Power of Management Capital.* N. Y.: McGraw-Hill.

Festinger, L. (1950). Informal social communication. *Psychological Review, 57,* 271-282.

Festinger, L. (1957). *A theory of cognitive dissonance.* Stanford, CA: Stanford University Press.

Festinger, L. *et al.* (1950). *Theory and experiment in social communication.* Ann Arbor, Michigan: University of Michigan Press.

Feuerstein, R. (1970). A dynamic approach to causation, prevention and alleviation of retarded performance. En H.C. Haywood (Eds.) *Social-cultural aspects of mental retardation* (pp. 341-77), Nueva York: Appleton-Century-Corfts.

Feuerstein, R. (1990). The theory of structural modifiability. En B. Presseisen (Ed.), *Learning and thinking styles: Classroom interaction.* Washington, DC: National Education Associations.

Feuerstein, R., Feuerstein, S., Falik, L. y Rand, Y. (1979). *Dynamic assessments of cognitive modifiability.* ICELP Press, Jerusalem: Israel.

Fiedler, F. E. (1967). *A theory of the leadership effectiveness.* Nueva York: McGraw-Hill.

Fiedler, F. E. y Chemers, M. M. (1984). *Improving leadership effectiveness: The leader match concept* (2.ª Ed.). Nueva York, John Wiley.

Fiedler, F. E. y García, J. E. (1987). *New approaches to leadership: cognitive resources and organizational performance.* Nueva York: John Wiley.

Findley, M. J. y Cooper, H. M. (1983). Locus of Control and Academic Achievement: A Literature Review. *Journal of Personality and Social Psychology, 44,* 419-427.

Fisher, V. E. y Hanna, J. V. (1931). *The dissatisfied worker.* Nueva York: MacMillan.

Fitzgerald, L. F., Drasgow, F., Hulin, Ch., Gelfand, M. J. y Magley, V. J. (1997). Antecedents and Consequences of Sexual Harassment in Organizations: A Test of an Integrated Model. *Journal of Applied Psychology, 82(4),* 578-589.

Flax, J. (1990). *Thinking fragments: Psychoanalysis, feminism and post-modernism in the contemporary west.* Berkeley: Univ. of California Pres.

Ford, M. E. (1992). *Human Motivation: Goals, Emotions, and Personal Agency Beliefs.* Newbury Park, CA: Sage.

Ford, M. E. y Nichols, C. W. (1987). A taxonomy of human goals and some possible application. En M. E. Ford y D. H. ford (Edits.), *Humans as Self-Framework to Work*. Hillsdale, NJ: Erlbaum (pp. 289-311).

Fornell, C. (1992). A National Customer Satisfaction Barometer: The Swedish Experience. *Journal of Marketing, 56(1),* 6-21.

Fornell, C. (2007). The Satisfied Customer. Nueva York: Palgrave Mcmillan.

Fornell, C., Johnson, M. D., Anderson, E. W., Cha, J. y Everit-Bryant, B. (1996). The American Customer Satisfaction Index: Nature, Purpose, and Findings. *Journal of Marketing, 60(4),* 7-18.

Freedman, J. (1962). Preference for Dissonant Information. *Journal of Personality and Social Psychology, 2,* 287-89.

Freeman, R. E. (1984). *Strategic management. A Stakeholder approach*. Boston: Pitman.

Freudenberger, H. J. (1974). Staff burnout. *Journal of Social Sigues, 30,* 159-164.

Fullan, M. G. (2001). Causes/processes of implementation and continuation. In M. G. Fullan (Ed.), *The new meaning of educational change*. Londres, UK: Cassell.

Galindo-Rueda, F. y Vignoles, A. (2004). *The Heterogeneous Effect of Selection in Secondary Schools: Understanding the changing role of ability*. Londres: Center for Economic Performance and Center for the Economics of Education, London School of Economics.

Gallwey, W. T. (1986). *The Inner Game of Tennis*. Londres: Pan Books.

Gambetta, D.G. (1988). *Can we trust trust?* En D. G. Gambetta (Edit.), *Trust.* Nueva York: Basil Blackwell (pp. 213-237).

Gamble, A. (1988). *The Free Economy and the Strong State: The Politics of Thacherisme*. Durham: Duke University Press.

Ganster, D. C. y Schaubroeck, J. (1991). Work, Stress, and employee health. *Journal of Management, 17,* 235-271).

Gantt, H. L. (1910). *Work, Wages and Profit*. Nueva York: The Engineering Magazine, (Reimpresión como *Work, Wages and Profits)*. Easton, Penn: Hive Publishing Company, 1974).

Gantt, H. L. (1919). *Organizing Work. Nueva York.* Nueva York: Harcourt, Brace and Howe.

García Bacete, F. J. y Remírez, J. R. (1999). Características familiares y estimación de los resultados educativos de los alumnos por el profesor. *Psicothema, 11(3),* 587-600.

Gardner, H. (1983/2003). *Frames of mind. The theory of multiple intelligences.* Nueva York: BasicBooks.

Gardner, H. (1993). *Multiple intelligences: The theory in practice.* Nueva York: Basic Books.

Gardner, H. (1999). *Intelligence reframed.* Nueva York: Basic Books.

Gardner, H. (2000). *The Disciplined Mind: Beyond Facts And Standardized Tests, The K-12 Education That Every Child Deserves.* Nueva York: Penguin Putnam.

Gaviria, A. y Raphael, S. (2001). School-based peer effects and juvenile behavior. *Review of Economics and Statistics, 83,* 257-268.

George, M. L. (2002). *Lean Six Sigma: Combining Six Sigma Quality with Lean Speed.* Nueva York: McGraw Hill.

Gewirtz, S. (2000). Bringing the politics back in: A critical analysis of quality discourses in education. *British Journal of Educational Studies, 48(4),* 352-370.

Gibson, S. y Dembo, M.H (1984). Teacher Efficacy: A construct validation. *Journal of Educational Psychology, 76(4),* 569-582.

Giddens, A. (1994). *Beyond Left and Right: The Future of Radical Politics.* Cambridge: Polity Press.

Giddens, A. (1998). *The Third Way: The Renewal of Social Democracy.* Cambridge: Polity Press.

Gilbreth, F. (1908). *Concrete System.* Nueva York: The Engineering News Publishing Co.

Gilbreth, F. (1911). *Motion Study.* Nueva York: D. Van Nostrand Co.

Gilbreth, Lillian (1914). *Psychology of Management.* NY: Sturgis and Walton, Easton, Hive Publishing, (reimpresión).

Gilbreth, Lillian, (1924). *Quest for the One Best Way*. Chicago: Society of Industrial Engineer. Easton, Hive Publishing, (1925, reimpresión).

Gilman, D. A. (1985). *The Educational Effects of the Project "Prime Time"*. Princeton, Ind.: North School Corporation.

Glass, D. C. y McKnight, J. D. (1996). Perceived control, depressive symptomatology, and professional burnout: a review of the evidence. *Psychol. Health, 11,* 23-48.

Glennerster, H. (1991). Quasi-markets for education? *Economic Journal, 101,* 1268-1276.

Glennerster, H. (1994). *The economics of education: changing fortunes. En N. Barr y D. Whynes, (Edits.), Current Issues in the Economics of Welfare*. Londres: McMillan.

Glomb, T. M., Munson, L. J., Hulin, Ch., Bergman, M. E. y Drasgow, F. (1999): Structural Equation Models of Sexual Harassment: Longitudinal Explorations and Cross-Sectional Generalizations. *Journal of Applied Psychology, 84(1),* 14-28.

Goldberg, L.R. (1993). The Structure of Phenotypic Personality Traits. *American Psychologist, 48(1),* 26-34.

Goleman, D. (1995). *Emotional Intelligence*. Nueva York: Bantam Books.

Goludner, A.W. (1960). The norm of reciprocity: A preliminary statement. *American Sociological Review, 25,* 161-178.

Gómez Dacal, G. (1981). La Teoría General de Sistemas aplicada al análisis del centro escolar. Revista de Educación, 286 (abril).

Gómez Dacal, G. (1992). *Centros educativos eficientes*. Barcelona: PPU.

Gómez Dacal, G. (1992). *Rasgos del alumno, eficiencia docente y éxito escolar*. Madrid: La Muralla.

Gómez Dacal, G. (2006). Control de procesos para mejorar la calidad de la enseñanza. Madrid: Praxis.

Gordon Rouse, K. A. (2001). Resilient student' goals and motivation. *Journal of Adolescence, 24,* 461-472.

Gordon, D., Nowicki, S. y Wickern, F. (1981). Observed maternal and child behavior in a dependency-producing task a function of children's locus of control orientation. *Merrill Palmer Quarterly, 27,* 43-51.

Gordon, W. I., Anderson, C. M. y Bruning, S.D. (1992). Employee perceptions of corporate partnership: An affective moral quid pro quo. *Employee Responsibilities and Rights Journal, 5,* 75-85.

Gouldner, A. W. (1957/1958). Cosmopolitans and Locals: Toward and Analysis of Latent Social Roles. *Administrative Science Quarterly, II, diciembre de 1957 y marzo de 1958,* pp 281-306 y 440-480, respectivamente.

Gouldner, A.W. (1954). *Patterns of industrial bureaucracy.* Nueva York: Free Press.

Graeff, C. L. (1997). Evolution of Situational Leadership Theory: A Critical Review. *Leadership Quarterly, 8(2),* 153-170.

Graham, J.W. (1991). An essay on organizational citizenship behavior. *Employee Responsibilities and Rights Journal, 4,* 249-270.

Graybeal, S. S. y Stodolsky, S. S. (1985). American Journal of Education, mayo, 409-428.

Greenberg, J. (1993). The social side of fairness: Interpersonal and informational classes of organizational justice. En R. Cropanzano (Edit.), *Justice at the workplace: Approaching fairness in human resource management. Hillsdale, NJ: Erlbaum.*

Greenglass, E. R., Fiksenbaum, L. y Burke, R. J. (1994). The relationship between Social Support and Burnout Over Time in Teachers, *Journal of Social Behavior and Personality, 9(2),* 219-230.

Griffin, R.W. (1983). Objective and social sources of information in task redesign: A field experiment. *Administrative A science Quarterly, 28,* 184-200.

Grolnick, W. J., Frodi, A. y Bridges, L. (1984). Maternal control style and the mastery motivation of one-year-olds. *Infant Mental Health Journal, 5,* 72-82.

Grolnick, W. S. y Ryan, R. M. (1989). Parent Styles Associated With Children Self-Regulation and competence in School. *Journal of Educational Psychology, 81(2),* 143-154.

Gronn, P. (2002). Distributed leadership. En K. Leithwood y P. Hallinger (Eds.), *Second International Handbook of Educational Leadership and Administration* (pp. 653-696). Dordrecht, NL: Kluwer.

Gronroos, C. (1994). From scientific management to service management. *International Journal of Service Industry Management, 5(2)*, 5-20.

Gross, S.E. (1995). *Compensation for teams.* Nueva York: American Management Association.

Guest, D. (1984). What´s new in motivation? *Personnel Management, mayo,* 20-23.

Gulick, L. H. (1936). Notes on the Theory of Organization. En L. Gulick y L. Urwick (Eds.), *Papers on the Science of Administration* (pp. 3–35). Nueva York: Institute of Public Administration.

Gulick, L. H. and Urwick, L. (1937). *Papers on the Science of Administration.* Nueva York: Institute of Public Administration (Edits).

Gummesson, E. (2000). Internal marketing in the light of relationship marketing and network organizations. En R. J. Varey & B. R. Lewis (Eds.), *Internal marketing:Directions for management (pp. 27-42).* Nueva York: Routledge.

Guskey, T.R. (1988). Teacher efficacy, self-concept and attitudes toward the implementation of instructional motivation. *Teaching and Teacher Education, 4,* 63-69.

Gutek, B. A. y Koss, M. P. (1993). Changed women and changed organizations: Consequences and coping with sexual harassment. *Journal of Vocational Behavior, 42,* 8-48.

Gutek, B. A., Cohen, A. G. y Honrad, A.M. (1990). Predicting social-sexual behavior at work: A contact hypothesis. *Academy of Management Journal, 33,* 560-577.

Guzzo, R. A., Yost, P. R. Campbell, R. J. y Shea, G. P. (1993). Potency in groups: Articulating a construct. *British Journal of Social Psychology, 41,* 96-108.

Hackett, R. K., Bycio, P. y Hausdorf, P. A. (1994). Further assessment of Meyer ´s (1991) Three-Component Model of Organizational Commitment. *Journal of Applied Psychology, 79(1),* 15-23.

Hackman, J. R. (1987). *The design of work teams.* En J.W. Lorsch (Edit.), *Handbook of Organizational Behavior.* Englewood Clifs, NJ: Prentice-Hall (pp. 325-342).

Hackman, J. R. y Oldham, G. R. (1976). Motivation through the design of work: Test of a theory. *Organizational behavior and Human Performance, 16,* 250-279.

Halaby, C. N. (1986). Worker attachment and workplace authority. *American Sociological Review, 51,* 634-649.

Hall, B. W., Pearson, L. C. y Carroll, D. (1992). Teachers´ long-range teaching plans: A discriminant analysis. *Journal of Educational Research, 85(4)*, 221-225.

Hallinan, M. T. y SØrensen, A. B. (1985). Class Size, Ability Group Size, and Student Achievement. *American Journal of Education, November,* 71-89.

Hallinger, P., y Heck, R. (1996). Reassessing the principal's role in school effectiveness: A review of empirical research, 1980–1995. *Educational Administration Quarterly, 32(1),* 5-44.

Halpern, D. F. *et al.* (2011). The Pseudoscience of Single-Sex Schooling. *Science, 333,* 1706-1707.

Hammer, M. y Champy, J. (1993). *Reengineering the Corporation. A Manifesto for Business Revolution.* Londres: Nicholas Brealey Publishing.

Hanlon, J. M. (1968). *Administration and education: toward a theory of self-actualization.* Belmont, Calif: Wadsworth Pub. Co.

Hannan, M. T. y Freeman, J. (1984). Structural inertia and organizational change. *American Sociological Review, 49,* 149-164.

Hannon, Peter. (1999). Rhetoric and research in family literacy. *British Educational Research Journal, 26(1),* 121-138.

Hanushek, E. A. (1986). The economics of schooling: production and efficiency in public schools. *Journal of Economic Literature, 24(3),* 1141-1178.

Harker, R. (2000). Achievement, gender and the single-sex/ coed debate. British *Journal of Sociology of Education. 21,* 203-218.

Harker, R. (2000). Achievement, gender, and the single-sex/coed debate. *British Journal of Sociology of Education, 21(2),* 203–218.

Harkins, S. G. (1987). Social loafing and social facilitation. *Journal of Experimental Social Psychologie, 23,* 1-18.

Harkins, S. G. y Szymanski, K. (1987). Social loafing and social facilitation: new wine in old bottles. En C. Hendrick (Edit.), *Review of personality and Social Psychology. Newbury Park, CA: Sage (Vol. 9, pp. 167-188).*

Harris, A. (2005). Distributed leadership and school improvement: Leading or misleading? *Journal of Curriculum Studies, 37,* 255-265.

Harris, A. (2008). *Distributed school leadership: Developing tomorrow's leaders.* Londres, UK: Routledge.

Harris, A., Leithwood, K., Day, C., Sammons, P., y Hopkins, D. (2007). Distributed leadership and organizational change: Reviewing the evidence. *Journal of EducationalChange, 8,* 337-347.

Harris, K. J., Wheeler, A. R. y Kacmar, K. M. (2009). Leader-member exchange and empowerment: Direct and interactive effects on job satisfaction, turnover and performance. *The Leadership Quarterly, 20,* 371-382.

Hart, D. (1988). Action Zones with test the ground. *Times Educational Supplement, 26,* 46.

Heck, R. H. y Hallinger, P. (2009). Assessing the contribution of distributed leadership to school improvement and growth in math achievement. *American Educational Research Journal, 46,* 659-689.

Heck, R. H. y Hallinger, P. (2010). Testing a longitudinal model of distributed leadership effects on school improvement. *Leadership Quarterly, 21,* 867-885.

Heckscher, Ch. (1994). Defining the post-bureaucratic type. En Ch. Heckscher y A. Donnellon (Edits.), *The post-bureaucratic organization.* Thousand Oaks, CA: Sage. (pp. 14-62).

Hemming, H. (1985). Women in a man ´s world: Sexual harassment. *Human Relations, 38, 67-79.*

Henderson, A. T. y Berla, A (1994). *New Generation of Evidence: The Family is Critical to Student Achievement.* National Committee for Citizens in Education: Center for Law & Education.

Henry Braun, H., Jenkins, F. y Grigg, W. (2006). *Comparing Private Schools and Public Schools Using Hierarchical Linear Modeling* (NCES 2006-461). U.S. Department of Education, National Center for Education Statistics, Institute of Education Sciences. Washington, DC: U.S. Government Printing Office.

Hersey, P. y Blanchard, K. H. (1969). Life-cycle theory of leadership. Training and *Development Journal, 23,* 26-34.

Hersey, P. y Blanchard, K. H. (1988). *Management of organization behavior: Utilizing human resources* (5ª Edi.). Englewood Cliffs, N. J.: Prentice Hall.

Hertzberg, F. (1966). *Work and the Nature of the Man*. Cleveland: The World Pub. Company.

Hewison, J. (1988). The long term effectiveness of parental involvement in reading: a follow-up to the Haringey reading project. *British Journal of Educational Psychology, vol. 58*, 184-190.

Hewison, J. y Tizard, J. (1980). Parental involvement and reading attainment. *British Journal of Psychology, 50*, 209-215.

Hockenberger, E. H, Goldstein, H. and Haas, L. S. (1999). Effects of commenting during joint book reading by mothers with low SES. *Topics in Early Childhood Special Education, 19(1)*, 15-27.

Hoppock, R. (1935). *Job satisfaction*. Nueva York: Harper.

Hord, S. (2004). Professional learning communities: An overview. En S. Hord (Ed), *Learning together, leading together: Changing schools through professional learning communities*. Nueva York: Teachers College Press.

Horn, J. L. y Cattell, R. B. (1966). Refinement and test of the theory of fluid and crystallized general intelligences. *Journal of Educational Psychology, 57*, 253-270.

Horn, J. L. y Cattell, R. B. (1967). Age differences in fluid and crystallized intelligence. *Acta Psychologica, 26*, 107-129.

House, R. J. (1977). A 1976 theory of charismatic leadership. En J. G. Hunt y L. L. Larson (Edits.), *Leadership: The cutting edge*. Carbondale, Ill.: Southern Illinois University Press.

House, R. J. (1996). Path-goal theory of leadership: Lessons, legacy, and a reformulated theory. *Leadership Quarterly, 7(3)*, 323-352.

House, R. J. y Mitchell, R. R. (1974). Path-Goal theory of leadership. *Journal of Contemporary Business, 3*, 81-97.

Houtenville, A. J. y Conway, K. S. (2008). Parental Effort, School Resources, and Student Achievement. *Journal of Human Resources, 43(2)*, 437-453.

Hovland, C., Manis, I. y Kelley, H. (1953). *Communication and Persuasion*. New Haven, CT: Yale University Press.

Hoy, W. K. y Sweetland, S. R. (2001). Designing Better Schools: The Meaning and Measure of Enabling Structures. *Educational Administration Quarterly, 37(3)*, 296-321.

Hulpia, H., Devos, G. y Van Keer, H. (2011). The Relation Between School Leadership From Distributed Perspective and Teachers´ Organizational Commitment: Examining The Source of the Leadership Function. *Educational Administration Quarterly, 47(5),* 728-771.

Hurtz, G. M., y Donovan, J. J. (2000). Personality and job performance: The Big Five revisited. *Journal of Applied Psychology, 85,* 869-879.

Iacovou, M. (2008). Family Size, Birth Order, and Educational Attainment. *Marriage & Family Review 42(3),* 35-57.

Ide, J. K., Parkerson, J., Haertel, G. D., y Walberg, H. J. (1981). Peer group influences on educational outcomes: A quantitative synthesis. *Journal of Educational Psychology, 73,* 472–484.

Ide, J. K., Parkerson, JoAnn, Haertel, G. D. y Walberg, H. J. (1981). Peer Group Influence on Educational Outcomes: A Quantitative Synthesis. *Journal of Educational Psychology, 73(4),* 472-484.

Inkeles, A. (1969). Participant citizenship in six developing countries. *American Political Science Review, 63,* 1120-1141.

Ishikawa. K. (1985). *What is Total Quality Control?* Englewood Cliffs, NJ.: Prentice-Hall Inc.

Ishikawa. K. (1991). *What Is Total Quality Control? The Japanese Way.* Englewood Cliffs, NJ.: Prentice Hall.

Ivancevich, J. M. (1977). Different goal setting treatments and their effects on performance and job satisfaction. *Academy of Management Journal, 28,* 406-419.

Jackson, J. M. y Harkins, S. G. 1985. Equity in effort: An explanation for the social loafing effect. *Journal of Personality and Social Psychology, 49,* 1199-1206.

Jackson, S. E. y Malasch, C. (1982). After-effects of job-related stress: Families and victims. *Journal of Occupational Behavior, 3,* 63-77.

Jackson, S. E., Schwab, R. L. y Schuler, R. S. (1986). Toward understanding of the burnout phenomenon. *Journal of Applied Psychology, 71,* 630-640.

Janis, I. L. (1972). *Victims of groupthink: A psychological study of foreign policy decisions and fiascoes.* Boston: Houghton Mifflin Company.

Janis, I. L. (1982). *Groupthink: A psychological study of policy decisions and fiascoes*. Boston: Houghton Mifflin Company.

Jarayaratne, S, y Chess, W.A. (1984). The effects of emotional support on perceived job stress and strain. *Journal of Applied Behavioral Science, 20,* 141-153.

Jencks, C. y Mayer, S. E. (1990). The Social Consequences of Growing Up in a Poor Neighborhood. En L. E. Lynn y M. G. H. McGeary (Edits), *Inner-City Poverty in the United States*, Washington, DC: National Academy Press.

Johnson, D. W., Maruyama, G. y Johnson R. T. (1982). Separating Ideology From Currently Available Data: A reply to Cotton and Cook and McGlynn. *Psychological Bulleting, 92,* 186-192.

Johnson, D. W., Maruyama, G., Johnson, R., Nelson, D. y Skon, L. (1981). Effects of Cooperative, Competitive, and Individualistic Goal Structures on Achievement: A Meta-Analysis. *Psychological Bulletin, 89(1),* 47-62.

Jones, G. (1993). *Economics of Education*. Londres: MacMillan.

Jones, G. R. (1984). Task visibility, free riding, and shirking: Explaining the effect of structure and technology on employee behavior. *Academy of Management Review, 9,* 684-695.

Judge, T. A. y Bono, J. E. (2000). Five-Factor Model f Personality and Transformational Leadership. *Journal of Applied Psychology, 85(5),* 751-765.

Judge, T. A., Bono, J. E. y Locke, E. A (2000). Personality and Job Satisfaction: The Mediating Role of Job Characteristics. *Journal of Applied Psychology, 85, 2, pp. 237-249.*

Judge, T. A., Locke, E. A. y Durham, C. C. (1997). The dispositional causes of job satisfaction: A core evaluations approach. *Research in Organizational Behavior, 19,* 151-188.

Judge, T. A., Seller, D. y Mount, M. K. (2002). Five-Factor Model of Personality and Job Satisfaction: A Meta-Analysis. *Journal of Applied Psychology, 87, 3,* 530-541.

Judge, T. A., Thoresen, C. J., Bono, J. E. y Patton, G. K. (2001). *Psychological Bulletin, 127(3),* 376-407.

Judge, T. A., Thoresen, C. J., Bono, J. E. y Patton, G. K. (2001). The job satisfaction-job performance: a qualitative and quantitative review. *Psychological Bulleting, 127(3),* 376-407.

Juran, J. M. y Gryna, F. M. (1995). *Análisis y planeación de la calidad.* México: Mc Graw Hill.

Juran, J. M. (1989). *The Quality Trilogy: A Universal Approach to Managing Quality.* Wilton, CT.: Juran Institute, Inc.

Juran, J. M. (2003). *Juran on Leadership For Quality.* Nueva York: Free Press.

Juran, J. M. and Godfrey, A. B. (1998). *Juran's Quality Handbook.* Nueva York: McGraw-Hill Professional.

Kahhill, S. (1988). Symptoms of burnout: A review of the empirical evidence. *Canadian Psychology, 29,* 284-297.

Kahn, W.A. (1990). The psychological conditions of personal engagement and disengangement at work. *Academy of Management Journal, 33(4),* 692-724.

Kapferer, J. N. (1984). *Les chemins de la persuasión.* París: Dounod.

Katz, D. (1960). The Functional Approach to the Study of Attitudes. *Public Opinion Quarterly, 24,* 163-204.

Katz, D. (1964). The motivational basis of organizational behavior. *Behavioral Science, 9,* 131-133.

Katz, D. y Kahn, R. L (1978). *The social psychology of organizations.* Nueva York: Wiley (2d. Ed.).

Keat, R. y Abercrombie, N. (1991). *Entreprise Culture.* Londres: Routledge.

Keeves, J. P. (1.972). *Educational Environment and Student Achievement.* Melbourne: Aust. C. for Educational Research.

Keith, T. Z. (1982). Time spend on homework and high school grades: A large-sample path analysis. *Journal of Educational Psychology, 74,* 248-253.

Keith, T. Z., Troutman, G. C., Trivette, P. S., Keith, P. B., Bickley, P.G. y Singh, K. (1993). Does parental involvement affect eight-grade student achievement? Structural analysis of national data. *School Psychology Review 22(3),* 474-495.

Keitz, T. Z., Reimers, T. M. Fehrmann, P. G., Pottembaum, S. M. y Aubey, L. W. (1986). Parental Involvement, Homework, and T.V. Time: Direct and Indirect Effects on High School Achievement. *Journal of Educational Psychology, 78,* 343-380.

Kenneth Leithwood, K. y Mascall, B. (2008). Collective Leadership Effects on Student Achievement. *Educational Administration Quarterly, 44(4),* 529-561.

Kenny, D. A., Kashy, D. A. y Bolger, N. (1998). Data analysis in social psychology. En D.T. Gilbert, S. Fiske y G. Linzey (Edits.). *The handbook of social psychology,* Nueva York: McGraw-Hill, pp. 233-265.

Kerr, D., Lopez, N., Olson, S. and Sameroff, J. (2004). Parental discipline and externalizing behaviour problems in early childhood: The roles of moral regulation and child gender. *Journal of Abnormal Child Psychology, 32(4),* 369-83.

Kerr, N. L. (1983). Motivation losses in small groups: A social dilemma analysis. *Journal of Personality and Social Psychology, 45,* 819-828.

Kerr, N. L. y Bruun, S. (1983). The dispensability of member effort and group motivation losses: Free rider effects. *Journal or Personality and Social Psychology, 44,* 354-365.

Kerr, R., Garvin, J., Heaton, N. y Boyle, E. (2006). Emotional intelligence and leadership effectiveness. Leadership & Organization *Development Journal, 27(4),* 265-279.

Kidwell (Jr.), R. E. y Bennett, N. (1993). Employee propensity to withhold effort: A conceptual model to intersect three avenues of research. *Academy of Management Review, 18(3),* 429-456.

Kilgore, S. B. y Pendleton, W. W. (1993). The Organizational Context of Learning: Framework for Understanding the Acquisition of Knowledge. *Sociology of Education 66(1),* 63-87.

Kim, H. (2001). Is there a crowding-out effect between school expenditure and mother's child care time? *Economics of Education Review, 20(1),* 71-80.

King, M. B. y Newmann, F. M. (2001). Building school capacity through professional development: Conceptual and empirical considerations. *International Journal of Educational Management 15(2),* 86–93.

Klimoski, S. W. J. y Jones, R. J. (1995). Staffing for effective group decision making: Key sigues in matching people and teams. En G. Guzzo, y E. Salas (Edits.), *Team effectiveness and decision making in organizations.* San Francisco, CA: Jossey Bass (pp. 291-232).

Knoke, D. y Kuklinski, J. (1983). *Network analysis.* Sage Publications, Beverly Hills.

Konovsky, M.A. y Pugh, S. D.(1994). Citizenship behavior and social exchange. *Academy of Management Journal, 37(3),* 656-669.

Kowert, P.A. (2002). *Groupthink or deadlock: When do leaders learn from their advisors?* Albany: Blackwell Publishing.

Kristof, A. L. (1996). Person-organization fit: An integrative review or its conceptualizations, measurement, and implications. *Personnel Psychology, 49,* 149.

Krueger, A. B. (2003). Economic considerations and class size. *The Economic Journal, 113,* F34-F48.

Kruse, S. D., Louis, K. S. y Bryk, A.S. (1995). An emerging framework for analyzing school-based professional community. En K.S. Louis, S. Kruse y Associates (Eds). *Professionalism and community: Perspectives on reforming urban schools.* Long Oaks, CA: Corwin.

Kuhn, T. S. (1962). *The Structure of Scientific Revolutions*, Chicago: University of Chicago Press (Kuhn, T., 2005).

Kulik, J. A. y Kulik, J. L. (1989). Effects of Ability Grouping on Student Achievement. *Equity and Excellence, 23(1-2),* 22-30.

Landy, F. J. y Becker, W. S. (1987). Motivation theory reconsidered. *Research in Organizational Behavior, 9,* 1-38.

Langley L. L (1982). *Homeostasis*. Madrid: Alhambra.

Laosa, L. M. (1982). School occupation, culture and family: The impact of parental schooling on the parent-child relationship. *Journal of Educational Psychology, 74,* 791-827.

Laserre, G. (1977). *El cooperativismo*. Barcelona: Oikos-Tau.

Latané, B. *et al.* (1979). Many hands make light the work: the causes and consequences of social loafing. *Journal of Personality and Social Psychology, 37,* 822-832.

Lathan, G. P. y Dosset, D. L. (1978). Designing incentive plays for unionized employees. *Personnel Psychology, 31,* 47-61.

Lauder, H., Hughes, D., Watson, S., Simiyu, S., Strathdee, R. y Waslander, S. (1995). *Trading in Futures: The Nature of Choices in Educational Markets in New Zeeland*. Wellington: Victoria University.

Lazaro, L., Shinn, M. y Robinson, P.E. (1985). Burnout, performance, and job withdrawal behavior. *Journal of Health and Human Resources Administration, 77,* 213-234.

Lee, V. E. y Bryk, A. S. (1986). Effects of single-sex secondary schools on student achievement and attitudes. *Journal of Educational Psychology, 78,* 381–395.

Lefgren, L. (2004). Educational peer effects and the Chicago public schools. *Journal of Urban Economics, 56,* 169-191.

Leiter, M. P. (1990). The impact of family resources, control coping, and skill utilization on the development of burnout: A longitudinal study. *Human relations, 43,* 1067-1083.

Leiter, M.P. (1990). The impact of family resources, control coping, and skill utilization on the development of burnout: A longitudinal study. *Human relations, 43,* 1067-1083.

Leithwood, K. y Mascall, B. (2008). Collective leadership effects on student achievement. *Educational Administration Quarterly, 44,* 529-561.

Leithwood, K., Harris, A. y Hopkins, D. (2008). Seven strong claims about successful school leadership. *School Leadership and Management, 28,* 27-42.

Leithwood, K., y Jantzi, D. (1999). The relative effects of principal and teacher sources of leadership on student engagement with school. *Educational Administration Quarterly, 35,* 679-706.

Lengnick-Hall, M. L. (1995). Sexual harassment research: A methodological critic. *Personnel Psychology, 48,* 841-864.

Lenroot, R. K. *et al.* (2007). Sexual dimorphism of brain developmental trajectories during childhood and adolescence. *Neuroimage, 36,* 1065.

LePine, J.A., Erez, A. y Jonson, D.E. (2002). the Nature and dimensionality of Organizational Citizenship behavior: A critical Review and Meta-Analysis. *Journal of Applied Psychology, 87(1), 52-65.*

Leventhal, G. S. (1980). What should be done with equity theory? New approaches to the study of fairness in social relationships. En K. Gergen y R. Willis (Edits.), *Social exchange: Advances in theory and research.* Nueva York: Plenum Press (pp. 27-55).

Levison, H. (1965). Reciprocation: The relationship between man and organization. *Administration Science Quarterly, 9,* 370-390.

Lewin, K. (1935). *A dinamic theory of personality.* Nueva York: McGraw-Hill.

Lewin, K. (1936). *The principles of topological psychology.* Nueva York: McGraw-Hill.

Lewin, K. (1939. Experiments in social space. *Harvard Educational Review, 9(1),* 21-32.

Lewin, K. (1948). *Resolving social conflicts.* Nueva York: Harper and Row.

Lewin, K. (1951). *Field theory in the social science.* Nueva York: Harper and Row.

Lewin, K. y Lippit, R. (1938). An experimental approach to the study of autocracy: A preliminary note. *Sociometry, 1,* 292-300.

Lewin, K., Lippit, R. y White, T. (1039). Patterns of Aggressive Behavior in Experimentally Created 'Social Climates'. *Journal of Social Psychology, 10,* 271-299.

Likert, R. (1961). *New patterns of management.* Nueva York: McGraw-Hill.

Liliana, A. y Klaus, J. (2004). Narcissism guides mate selection: Humans mate assortatively, as revealed by facial resemblance, following an algorithm of "self-seeking like. *Evolutionary Psychology, 2,* 177–194.

Lind, E. A. y Tyler, T. R. (1988). *The social psychology of procedural justice.* Nueva York: Plenum Press.

Lock, E. A. et. al. (1981). Goal setting and task performance : 1969-1980. *Psychological Bulleting, 90,* 125-152.

Locke, E. A. (1976). The nature and causes of job satisfaction. En M. D. Dunnette (Ed.), *Handbook of industrial and organizational psychology (pp. 1297-1349).* Chicago: Rand McNally.

Locke, E.A., Shaw, K.M., y Latham, G.P. (1981). Goal setting and task performance: 1969-1980. *Psychological Bulleting, 90,* 125-152.

Loeb, R. C., Horst, L. y Horton, P. J. (1980). Family interaction patterns associated with self-esteem in preadolescent girls and boys. *Merrill-Palmer Quarterly, 26,* 203-217.

Londres, M. y Oldham, G.R. (1976). Effects of varying goal types and incentive systems on performance and satisfaction. *Academy of Management Journal, 19,* 537-546.

Longbottom, D., Osseo-Asare, A. E., Chourides, P., y Murphy, W. D. (2006). Real quality: Does the future of TQM depend on internal marketing? *Total Quality Management & Business Excellence, 17(6),* 709-732.

Louis, K. S., Kruse, S. y Bryk, A. S. (1995). Professionalism and community: What is it and why is it important in urban schools? In K. S. Louis, S. Kruse & Associates *Professionalism and community: Perspectives on reforming urban schools.* Long Oaks, CA: Corwin.

Louis, S., Bolam, R., McMahon, A. y Wallace, M. (2006). *Journal of Educational Change, 7,* 221–258.

Ludwig, J., Duncan, G. J. y Hirschfield, P. (2001). Urban poverty and juvenile crime. Evidence from a randomized housing mobility experiment. *Quarterly Journal of Economics, 56,* 169-191.

Lundström, U. (2012). Teachers' Perceptions of Individual Performance-related Pay in Practice: A Picture of a Counterproductive Pay System Educational Management *Administration & Leadership, 40(3),* 376-391.

Luria, A. R. (1966). *Human brain and psychological processes.* Nueva York: Harper and Row.

Luria, A. R. (1973). *The working brain.* Nueva York: Basic Books.

Luria, A. R. (1980) *Higher cortical functions in man (2nd Ed.).* Nueva York: Basic Books.

Luthar, S. S., Cicchetti, D. y Becker, B. (2000). The construct of resilience: A critical evaluation and guidelines for future work. *Child Development, 71(3),* 543-562.

Maccoby, E. E. (1992). The role of parents in the socialization of children: An historical overview. *Developmental Psychology, 28,* 1006-1017.

Maccoby, E. E. y Martin, J. A.(1983) Socialization in the context of the family: Parent Child interaction. En E.M. Hetherington (Edit), *Handbook of child psychology: vol. 4. socialization, personality, and social development.* Nueva York: Wiley.

Malach, C. y Leiter, M. P. (1997). *The Truth About Burnout.* San Francisco: Jossey-Bass.

Malach, Ch., Schaufeli, W. B. y Leiter, M. P. (2001). Job Burnout. *Annual Review of Psychology, 52*, 397-422.

Marjoribanks, K. y Walberg, H. J. (1975). Birth order, family size, social class, and intelligence. *Social Biology, 22,* 261-268.

Marks, H. M. y Printy, S. M. (2003). Principal leadership and school performance: An integration of transformational and instructional leadership. *Educational Administration Quarterly, 39*, 370-397.

Marmaros, D. y Sacerdote, B. (2002). Peer and Social networks in job search. *European Economic Review, 46,* 870-879.

Marsh, H. W. (1986). Verbal and math self-concepts: An internal/external frame of reference model. *American Educational Research Journal, 23,* 129-249.

Marsh, H. W. (1990). The causal ordering of academic self-concept and academic achievement: A multiwave longitudinal panel analysis. *Journal of Educational Psychology, 82, 646-656.*

Marsh, H. W. (1991). Public, Catholic single-sex and Catholic coeducational high schools: Their effect on achievement, affect, and behaviors. *American Journal of Education, 99(3),* 320–356.

Marsh, H. W. y Sahavelson, R. J. (1985). Self-concept: Its multifaceted hierarchical structure. *Educational Psychologist, 20,* 107-123.

Marsh, H. W., y Rowe, K. J. (1996). The effects of single-sex and mixed-sex mathematics classes within a coeducational school: A reanalysis and comment. *Australian Journal of Education, 40*(2), 147-162.

Marsh, H.W.; Trautwein, U., Lüdtke, O., Köller, O. y Baumert, J. (2005). Academic Self-Concept, Interest, Grades, and Standardized Test Scores: Reciprocal Effects Models of Causal Ordering. *Child Development, 76(2),* 397-416.

Martin, A. (2002). Motivation and academic resilience: developing a model for student enhancement. *Australian Journal of Education, 46,* 34-49.

Maslow, A.H. (1954). *Motivation and Personality.* Nueva York: Harper and Row.

Mathewson, S.B. (1931). *Restriction of output among unorganized workers.* Nueva York: Viking Press.

Mathieu, J. E. y Zajac, D. M. (1990). A Review and Meta-Analysis of the Antecedents, Correlates and Consequences of Organizational Commitment. *Psychological Bulleting, 108(2),* 171-194.

Mayer, D. P. (1999). Measuring instructional practice: Can policymakers trust survey data? *Educational Evaluation and Policy Analysis, 21(1),* 29-45.

Mayer, J. D. y Salovey, P. (1997). What is emotional intelligence? En P. Salovey & D. J. Sluyter (Eds) *Emotional development and emotional intelligence: Educational implications* (pp. 3-31). Nueva York: Basic Books.

Mayer, J. D., Salovey, P. y Caruso, D. R. (2008). Emotional intelligence: New ability or eclectic traits. *American Psychologist, 63,* 503-517.

Mayer, R. C., Davis, J. H. y Schoorman, F. D. (1995). An integrative model of organizational trust. *Academy of Management Review, 20(3),* 709-734.

Mayo, E. (1933). *The human problems of industrial civilization.* Nueva York: McMillan (Puede utilizarse la versión en español publicada en Buenos Aires, en Ediciones Nueva Visión S.A.I.C., en 1972).

Mayrowetz, D., Murphy, J., Louis, K. S. y Smylie, M. A. (2007). Distributed leadership as work redesign: Retrofitting the job characteristics model. *Leadership and Policy in Schools, 6,* 69-101.

McCarthey, Sarah J. (2000). Home-school connections: A review of the literature, The National Literacy Trust Parental involvement and literacy achievement. *Journal of Educational Research, vol. 93(3),* 145-153.

McColl-Kennedy, J. R. y Anderson, R. D. (2002). Impact of leadership style and emotions on subordinate performance. *The Leadership Quarterly, 13,* 545-559.

McCrae, R. R. y Costa, P.T. (1987). Validation of the Five-Factor Model of Personality Across Instruments and Observers. *Journal of Personality and Social Psychology, 52,* 81-90.

McCrae, R. R., y Costa, P. T. (1997). Personality trait structure as a human universal. *American Psychologist, 52,* 509-516.

McCrae, R. R., y Costa, P. T. (1996). Toward a new generation of personality theories: Theoretical contexts for the five factor model. In J. Wiggens (Ed.), *The Five Factor Model of Personality.* Nueva York: Guilford Press.

McCrae, R. R.; John, O. P. (1992). An introduction to the five-factor model and its applications. *Journal of Personality, 60(2),* 175–215.

McFarlane, S. L. y Wayne, S. J. (1993). Commitment and Employee Behavior: Comparison of Affective Commitment and Continuance Commitment with Perceived Organizational Support. *Journal of Applied Psychology, 78(5),* 774-780.

McGlynn, R. (1982). A comment on the meta-analysis of goal structures. *Psychological Bulleting, 92,* 184-185.

McGregor, F. (1960). *The human side of the enterprise.* Nueva York: McGraw-Hill (Trac. español: El aspecto humano de las empresas. México: Diana, 1979).

McGuire, W. (1969). *The Nature of Attitude Change. The Handbook of Social Psychology.* Reading, Mass.: Addison-Wesley (Vol.2).

McKnight, D. H., Cummings, L. L. y Chervany, N. L. (1998). Initial trust formation in new organizational relationship. *Academy of Management Review, 23,* 473-490.

Mehra, A., Smith, B. R., Dixon, A. L. y Robertson, B. (2006). Distributed leadership in teams: The network of leadership perceptions and team performance. *LeadershipQuarterly, 17,* 232-245.

Mellers, B. A. (1982). Equity judgment: A revision of Aristotelian views. *Journal of Experimental Psychology,* General, III, 242-270.

Merton, R. K. (1940). *Social theory and social structure.* Glencoe: Free Press.

Meyer, J. P. y Allen, N. J. (1984). Testing the "side-bet theory" of organizational commitment. Some methodological considerations. *Journal of Applied Psychology, 69,* 372-378.

Meyer, J. P. y Allen, N. J. (1991). The three component conceptualization of organizational commitment. *Journal Resources Management Review, 1,* 61-89.

Michaels, R. E., Cron, W. L., Dubinsky, A. J. y Joachimsthaler, E. A. (1988). Influence of formalization on the organizational commitment and work alienation of salespeople and industrial buyers. *Journal of Marketing Research, 25,* 376-383.

Midgley, C., Fedlaufer, H. y Eccles, J. S.(1989). Change in teacher efficacy and student self-task and task-related beliefs in mathematics during the transition to junior high school. *Journal of Educational Psychology, 81,* 247-258.

Midgley, C., Kaplan, A., Middleton, M., Maehr, M. L., Urdan, T. et. al. (1998). The development and validation of scales assessing students´ goal orientations. *Contemporary Educational Psychology, 23,* 113-131.

Miller, L. L. (1997). Not just weapons of the work: Gender harassment as a form of protest for the Army men. *Social Psychology Quarterly, 60(1),* 32-51.

Mlanddentaz, G. (1970). *Historia de las doctrinas cooperativas.* Buenos Aires: El Ateneo.

Moeller, G. H. y Charters, W. W. (Jr) (1966). Relation of bureaucratization on sense of power among teachers. *Administrative Science Quarterly, 10,* 444-465.

Mons, N (2007). *Les nouvelles politiques éducatives: La France fait-elle les bons choix?* Paris: PUF.

Morrow, L. M. (1983). Home and School correlates of Early Interest in Literature. *Journal of Educational Research, 76(4),* 221-230.

Morry, M. M. (2007). Relationship satisfaction as a predictor of perceived similarity among cross-sex friends: A test of the attraction-similarity model. *Journal of Social and Personal Relationships, 24,* 117–138.

Motowidlo, S. J. (2000). Some basic issues related to contextual performance and organizational citizenship behavior in human resource management. *Human Resource Management Review, 10,* 115-126.

Mount, M. K. y Barrick, M. R. (1955). The Big Five personality dimensions: Implications for research and practice in human resources management. En K. M. Rowland y G. Ferris (Edits.), *Research in personnel and human resources management.* Greenwich, CT: JAI Press (pp. 153-200).

Mowday, R.T., Porter, L. y Steers, R.M. (1982). *Employee-organization support linkages.* Nueva York: Academic Press.

Mullen, B. (1983). Operationalizing the effect of the group on the individual: A self-attention perspective. *Journal Experimental Social Psychology, 19,* 295-322.

Mullen, B. y Copper, C. (1994). The Relation Between Group Cohesiveness and Performance: An Integration. *Psychological Bulletin, 115(2),* 2210-227.

Neuman, S. B. (1980). Listening Behavior and Television Viewing. *Journal of Educational Research, 74(1),* 15-18.

Neuman. S. B. (1982). Television Viewing and Leisure Reading A Qualitative Analysis. *Journal of Educational Research, 75(5),* 299-304.

Nicholls, G., Cobb, P., Yackel, E., Wood, T. y Wheatley, G. (1990). Students' theories of mathematics and their mathematical knowledge: multiple dimensions of assessment. En G. Kulm (Edit.), *Assessing Higher Order Thinking in Mathematics.* Washington, D.C. American Association of Adv. Sci. (pp. 137-153).

Norman, W. T. (1963). Toward an adequate taxonomy of personality attributes: Replicated factor structure in peer nomination personality ratings. *Journal of Abnormal and Social Psychology, 66,* 574-583.

O´Learry-Kelly, A. M., Paetzold, R. L. y Griffin, R. W. (2000). Sexual harassment as aggressive behavior: An actorbased perspective. *Academy of Management Review, 25(2),* 372-388.

OCDE (2011). *Against the Odds: Disadvantaged Students Who Succeed at School.* Paris: OCDE Publishing.

OCDE (2011). *How do some students overcome their socio-economic background?* http://www.oecd.org/dataoecd/17/26/48165173.pdf.

OECD (2009). *Top of the Class - High Performers in Science in PISA 2006.* Paris: OECD.

Oliver A. L. y Montgomery, K. (2001). A system cybernetic approach to the dynamics of individual- and organizational-level trust. *Human Relations, 54(8),* 1045-1063.

Organ, D. W. (1988). *Organizational citizenship behavior: The good soldier syndrome.* Lexington, MA: Lexington Books.

Organ, D. W. (1997). Organizational citizenship behavior: It's construct clean-up time. *Human Performance, 10,* 85–97.

Organ, D. W. y Ryan, K. (1995). A meta-analytic review of attitudinal and dispositional predictors of organizational citizenship behavior. *Personnel Psychology, 48,* 776-801.

Organization for Economic Co-operation and Development (2009). *Equally Prepared for Life?* Brueselas: OECD.

Pande, P. S., Neuman, R. P. y Cavanagh, R. R. (2003). *Las claves de seis sigma.* Madrid: McGraw Hill.

Parasuraman, A., Zeithaml, V. A. y Berry, L. L. (1988). SERVQUAL: A Multiple-Otem Scale for Measuring Consumer Perceptions of Service Quality. *Journal of Retailing, 64(1)*, 12-40.

Parasuraman, A., Zeithaml, V. A., Berry, L. L. (1985). A conceptual model of service quality and its implications for future research. *Journal of Marketing, 49*, 41-50.

Paschal, R. A., Weinstein, T. y Walberg, H. J. (1984). The Effects of Homework on Learning: A Quantitative synthesis, *Journal of Educational Research, 78(2)*, 97-104.

Patrick, B. C., Skinner, E. A. y Connell, J. P. (1993). What Motivates Children's Behavior and Emotion? Joint Effects of Perceived Control and autonomy in the Academic Domain. *Journal of Personality and Social Psychology, 65(4)*, 781-791.

Paunonen, S. V. y Jackson, D.N. (2000). What beyond the Big Five? Plenty! *Journal of Personality, 68*, 821-835.

Peaker, G. F. (1967). *The Regression Analysis of the National Survey, en: Children and their Primary Schools.* Londres: HMSO (Vol.2, Ap. 4, pp. 179-221.

Pecnic, N. (2007). 'Towards a Vision of Parenting in the Best Interests of the Child'. En M. Daly (ed.), *Parenting in Contemporary Europe: A Positive Approach.* Strasbourg: Council of Europe.

Peters, T. J. y Waterman, R. H. (Jr.) (1982). *In Search of Excellence.* Nueva York: Harper & Row.

Peters, T. y Austin, N. (1985). *A Passion for Excellence. The Leadership Difference.* Glasgow.: Williams Collins and Sons.

Petterson, G. R. (1976). The aggressive child: Victim and architect of a coercive system. En L. A. Hamerlynck and L. C. Hardy and E. J. Mash (Eds.), *Behavior modification and families: Vol.1. Theory and research.* Nueva York: Brunner/Mazel.

Pfeffer, J. (1993). Barriers and advance of organizational science: paradigm development as a dependent variable. *Academy of Management Journal, 18(4)*, 599-620.

Philip, M. Podsakoff, P. M, Scott, B., MacKenzie, Beth Paine, J. y Bachrach, D. G. (2000). Organizational Citizenship Behaviors: A Critical Review of the Theoretical and Empirical Literature and Suggestions for Future Research. *Journal of Management, 26(3)*, 513–563.

Piaget, J. (1970). *La construcción de lo real en el niño*. Buenos Aires: Proteo.

Piaget, J. e Inhelder, B. (1985). *El desarrollo de las cantidades en el niño*. Barcelona: Hogar del libro.

Pinder, C. C. (1985). Beliefs, expected values, and volunteer work behavior. En Larry F. More, Vancouver: Volunteer Centre.

Pintrich, P. R. (2000). An achievement goal perspective on issues in motivation terminology, theory, and research. *Contemporary Educat. Psychology, 25,* 92-104.

Pipho, C. (1989). Stateline. *Phi Delta Kappan 70(9),* 662-663.

Podsakoff, P. M., McKencie, S. B., Paine, J. B. y Bachrach, D. G. (2000). Organizational Citizenship behavior: A critical review of the theoretical and empirical literature and suggestions for future research. *Journal of Management, 26,* 513-563.

Podsakoff, P. M., McKenzie, S. B., Moorman, R. H. y Fetter, R. (1990). Transformational leader behaviors ant their effects on followers trust in leader, satisfaction, and organizational citizenship behaviors. *Leadership Quarterly, 1(2),* 107-142.

Polacheck, S. W., Kniesner, T. J. y Harwood, H. J. (1978). Educational production functions. *Journal of Educational Statistics, 3,* 209-231.

Porter, L.W. y Lawler, E. E. (1968). *Managerial attitudes and performance*. Homewood, Ill: Irwin.

Pounder, D. G. (1999). Teacher teams: Exploring job characteristics and work-related outcomes of work group enhancement. *Educational Administration Quarterly, 35(3),* 317-348.

Powel, W. (1990). Neither market nor hierarchy: network forms of organization. *Research in Organizational Behavior*, Barry Staw y Larry Cummings (Edits.). Vol. 12, pp. 295-336.

Pugh, D., Mansfield, R. y Warner, M. (1975). *Researh in organizacional behavior.* Londres: Heinemann.

Pyzdek, T. (2003). *Six Sigma Handbook*. Nueva York: McGraw-Hill.

Räty, H. y Kasanen, K. (2010). A Seven-year Follow-Up Study on Parents´ Expectations of Their Children´s Further Education. *Journal of Applied Psychology, 40(11),* 2711-2735.

Rhoades, L., Eisemberger, R. y Armeli, S. (2001). Affective Commitment to the Organization: The Contribution of Perceived Organizational Support. *Journal of Applied Psychology, 86(5)*, 825-836.

Richarddon, R. (1999). *Performance Related Pay in Schools: An Assessment of the Green Paper*. Informe de la National Union of Teachers. Londres: Londres School of Economics.

Richarson, K. (1977). Reading attainment and Family Size: An anomaly. *British. Journal of Educational Psychology, 47*, 71-75.

Ringelmann, M. (1913). Recherchers sur les moteurs animes: Travail de l'homme. *Annales de l'Institut National Agronomic, 2a Serie, 12*, 1-40.

Riordan, C. (1990). Short-term outcomes of mixed- and single-sex schooling. In *Girls and boys in school: Together or separate?* (pp. 82–113). Nueva York: Teachers College Press.

Rivkin, S. G., Hanushek, E. A. y Kain, J. F. (2005). Teachers, Schools and Academic Achievement. *Econometrica, 73(2)*, 417-448.

Roberson, Q. M., Moye, N. A. y Locke, E. A. (1999). Identifying a Missing Link Between Participation and Satisfaction: The Mediating role of Procedural Justice Perceptions. *Journal of Applied Psychology, 84(4)*, 585-593.

Robert Woody, R. y Bandura, A. (1989). Social Cognitive Theory of Organizacional Management. *Academy of Management Review, 14(3)*, 361-384.

Rodríguez Espinar, S. (1.982). *Factores de rendimiento escolar*. Barcelona: Oikos-Tau.

Roethlisberger, F. J. (1955). *Management and Morale*. Cambridge, Mass.: Harvard University Press.

Roethlisberger, F. J., and Dickson, W. J. (1949). *Management and the Worker*. Cambridge, Mass.: Harvard University Press.

Roethlisbrger, F. J. (1948). A "New look" for Management. En *Worker moral and productivity*, General Management Series # 141, págs. 12-16. Nueva York: American Management Association.

Rogosa, D. (1980). A critique of cross-lagged correlations. *Psychological Bulletin, 88*, 245–258.

Rosen, P. (1961). Post-Decision Affinity for Incompatible Information. *Journal of Abnormal and Social Psychology*, *63*, 188-90.

Rosenfield, D., Sheehan, D. S., Marcus, M. M. y Stephan, W. G. (1981). Classroom Structure and Prejudice in Desegregated Schools. *Journal of Educational Psychology*, *73(1)*, 17-26.

Rosenholtz, S. (1989). *Teacher's workplace: The social organization of schools.* Nueva York: Longman.

Rosenthal, R, y Jacobsen, L. (1968). *Pygmalion in the classroom: teacher expectation and pupils' intellectual development.* Nueva York: Holt, Rinehart and Winston.

Rosenthal, R. (1969). Interpersonal Expectations: effects of the Experimenter' s Hypothesis. En R. Rosenthal *et al.* (Edits.), *Artifact in Behavioral Research*. Nueva York: Academic Press.

Rotter, J. (1966). Generalized expectancies for internal versus external control of reinforcements. *Psychological Monographs*, *80*, N° (completo) 609.

Rotter, J. B. (1954). *Social learning and clinical psychology*. NY: Prentice-Hall.

Rotter, J. B. (1966). Generalized expectancies for internal versus external control of reinforcement. *Psychological Monographs, 80,* 1-28.

Rouse, K.A.G. (2001). Resilient students' goals and motivation. *Journal of Adolescence, 24,* 461-472.

Rouseau, D. M., Sitkin, S. B., Buró, R. S. y Camerer, C. (1998). Not so different after all: A cross-discipline view of trust. *Academy of Management Review, 23,* 393-404.

Rowan, B. (1990). Commitment of control: Alternative strategies for the organizational design of schools. *Review of Research in Education, 16,* 353-389.

Ryan, A. M. (2000). Peer groups as a context for the socialization of adolescents' motivation, engagement, and achievement in school. *Educational Psychologist, 35,* 101-111.

Ryan, A. M., Leah Wessel, J. (2012). Sexual orientation harassment in the workplace: When do observers intervene? *Journal of Organizational Behavior, 33,* 488–509.

Ryan, R. M. y Connell, J. P. (1989). Perceived locus of causality and internalization: Examining reasons for acting in two domains. *Journal of Personality and Social Psychology, 57(5)*, 749-61.

Ryan, R. M. y Deci, E. L. (2000). Self-determination theory and the facilitation of intrinsic motivation, social development, and well-being. *American Psychologist, 55*, 68–78.

Sacerdote, B. (2001). Peer effects with random assignment: Results for Dartmouth Roommates. *The Quarterly Journal of Economics, mayo*, 681-704.

Salgado, J. F. (1997) The five factor model of personality and job performance in the European community. *Journal of Applied Psychology, 82*, 30-43.

Saucier, G. y Goldberg, L. R. (1998). What is beyond the Big Five? *Journal of Personality, 66*, 495-524.

Schaufeli, W.B. y Enzmann, D. (1998*). The Burnout Companion to Study and Practice: A Critical Analysis*. Philadelphia: Taylor and Francis.

Schaufeli, W.B. y Enzmann, D. (1998). *The Burnout Companion to Study and Practice: A Critical Analysis*. Philadelphia: Taylor and Francis.

Schiefele, U. (1999). Interest and learning from text. *Science Studies Read., 3*, 257-280.

Schilling, F. y Lynch, P. D. (1985) Father versus mother custody and Academic Achievement of Eight Grade Children. *Journal of Research and Development in Education, 18(2)*, 7-11.

Schleicher, A. (2012). Does Performance-Based Pay Improve Teaching, PISA In Focus 16, 15. Paris: OCDE.

Schneider, F. W. y Couts, L. M. (1882). The high school environment: A comparison of coeducational and single-sex schools. *Journal of Educational Psychology, 74*, 898-906.

Schneider, K. T., Fitzgerald, L. F. y Swan, S. (1997). Job-Related and Psychological Effects of Sexual Harassment in the Workplace: Empirical Evidence From Two Organizations. *Journal of Applied Psychology, 82(3)*, 401-415.

Schopler, J. (1970). An attribution analysis of some determinants of reciprocating a benefit. En J. Macaulay y L. Berkowitz (Edits.), *Altruism and helping behavior.* Nueva York: Academy Press (pp. 231-238).

Scott, W. R. (1998). *Organizations: Rational, natural, and open systems.* Englewood Cliffs, NJ: Prentice Halls.

Seashore, K.R., Anderson, A.R. & Riedel, E. (2003). Implementing arts for academic achievement: The impact of mental models, professional community and interdisciplinary teaming. Paper presented at the Seventeenth Conference of the International Congress for School Effectiveness and Improvement, Rotterdam, January.

Secondary Heads Association (1999). *Response of the Secondary Heads Association to Government's Green Paper, Teachers: meeting the challenge of Change.* Londres: SHA (Véase también en http://www.sha.org).

Seibert, S. E.; Sparrowe, R. T.; Liden, R. C. (2003). A group exchange structure approach to leadership in groups". En Pearce, C. L.; Conger, J. A. *Shared leadership: Reframing the hows and whys of leadership.* Thousand Oaks, CA: Sage Publications.

Seidel, T. y Shavelson, R. (2007). Teaching Effectiveness Research in the Past Decade: The Role of Theory and Research Design in Disentangling Meta-Analysis Results. *Review of Educational Research, 77(4),* 454-499.

Selznick, P. (1948). An approach to a theory of organization. *American Sociological Review, 8,* 47-54.

Senatra, P. T. (1980). Role conflict, role ambiguity, and organizational climate in a public accounting firm. *Accounting Review, 55,* 594-603.

Senge, P. (1990). *The fifth discipline: The art and practice of the learning organization.* Nueva York: Currency Doubleday.

Senior, B. y Swailes, S. (2007). Inside management teams: Developing teamwork survey instrument. *British Journal of Management, 18,* 138-153.

Shavelson, R. J., Hubner, J. J. y Stanton, G. C. (1976). Self-concept: Validation of construct interpretation. *Review of Educational Research, 46,* 407-441.

Shewhart, W. A. (1917). *A study of the accelerated motion of small drops through a viscous medium.* Lancaster, PA: Press of the New Era Printing Company.

Shewhart, W. A. (1931). *Economic control of quality of manufactured product.* Nueva York: D. Van Nostrand Company.

Shigeo, S. (1981). *A Study of the Toyota Production System.* Nueva York: Productivity Press (*Japanese*). 1989 (*English*).

Shingo, S (1985). *A Revolution in Manufacturing : The Smed System*. Nueva York: Productivity Press.

Shingo, S. (1986). *Zero Quality Control: Source Inspection and the Poka-Yoke System*. Nueva York: Productivity Press.

Shingo, S. (1991). *Producción Sin Stocks : El Sistema Shingo Para la Mejora Continua*. Nueva York: Productivity Press.

Shingo, S. (1992). *Enfoques Modernos Para la Mejora En la Fabricación : El Sistema Shingo*. Nueva York: Productivity Press.

Shueh-Chin Ting (2011). The Effect of Internal Marketing on Organizational Commitment: Job Involvement and Job Satisfaction as Mediators. *Educational Administration Quarterly*, *47(2)*, 353–382.

Shumow, L., Vandell, D. L. and Posner, J. K. (1998). Harsh, firm and permissive parenting in low income families: Relation to children's academic achievement and behavioral adjustment. *Journal of Family Issues*, *19*, 483-507.

Silins, H. C., Mulford, W. R., y Zarins, S. (2002). Organizational learning and school change. *Educational Administration Quarterly*, *38(5)*, 613-642.

Silverman, D. (1970). *The theory of organizations*. Londres: Heinemann.

Singh, K. (1993). Does parental involvement affect eighth-grade student achievement? Structural analysis of national data. *School Psychology Review*, *22(3)*, 474-496.

Sirin, S. (2005). Socio-economic status and academic achievement: A meta-analytic review of research. *Review of Educational Research*, *75(3)*, 417-53.

Skaalvik, E. (1997). Self-enhancing and self-defeating ego orientation: relations with task and avoidance orientation, achievement, self-perception, and anxiety. *Journal of Educational Psychology*, *85*, 71-81.

Skinner, B.F. (1953). *Science and Human Behavior*. Nueva York: Free Press.

Skinner, E. A. Wellborn, J. G., Connell, J. P. (1990). What It Takes to Do Well in School and Whether I've Got It: A Process Model of Perceived Control and Children's Engagement and Achievement in School. *Journal of Educational Psychology*, *82(1)*, 22–32.

Slavin, R. (1977). Classroom reward structure: Analytical and practical review. *Review of Educational Research*, *47*, 633-650.

Smith, C. A., Organ, D. W., y Near, J. P. (1983). Organizational citizenship behavior: Its nature and antecedents. *Journal of Applied Psychology, 68*, 653–663.

Smith, P. C. (1955). The prediction of individual differences in susceptibility in industrial monotony. *Journal of Applied Psychology, 39*, 322-329.

Smithers, P. R. (2006). *The Paradox of Single-Sex and Co-Educational Schooling* (Univ. of Buckingham, Buckingham, UK).

Smyth, E. (1999). *Do schools differ? Academic and personal development among pupils in the second-level sector.* Dublin, Ireland: Oak Tree Press.

Sobek, D. K. (2008). *Understanding A3 Thinking.* Boca Raton, FL: CRC Press.

Somech, A. y Bogler, R. (2002). Antecedents and Consequences of Teacher Organizational and Professional Commitment. *Educational Administration Quarterly, 38(4)*, 555-577.

Sörenson, A. B. y Hallinan, M. T. (1977). A reconceptualization of the school effects. *Sociology of Education, 50*, 273-289.

Sosik, J. y Megerian, L. (1999). Understanding leader emotional intelligence an performance: the role of self-other agreement on transformational leadership perceptions. *Group & Organization Management, 24(3)*, 367-390.

Spearman, C. (1904). General Intelligence, Objectively Determined and Measured. *The American Journal of Psychology, 15(2)*, 201–292.

Spearman, C. (1923). *The nature of 'intelligence' and the principles of cognition (2 edit.).* Londres: Macmillan.

Spearman, C. (1927). *The abilities of man.* Londres: Macmillan.

Spillane, J. P. (2006). *Distributed leadership.* San Francisco, CA: Jossey-Bass.

Spillane, J., Halverson, R. y Diamond, J. B. (2004). Towards a theory of leadership practice: A distributed perspective. *Journal of Curriculum Studies, 36(1)*, 3-34.

Stajkovic, A. D. y Luthans, F. (2001). Differential effects of incentive motivators on work performance. *Academy of Management Journal, 4(3)*, 580-590.

Staw, B. M. Bell, N. E. y Chausen, J. A. (1986). The dispositional approach to job attitudes: A lifetime longitudinal test. *Administrative Science Quarterly, 31*, 56-77.

Staw, B. M. y Ross, J. (1985). Stability in the midst of change: A dispositional approach to job attitudes. *Journal of Applied Psychology, 70*, 469-480.

Stemberg, R. J. (1985). *Beyond IQ: A triarchic theory of human intelligence.* Nueva York: Cambridge University Press.

Stemberg, R. J. (1997). *Thinking styles.* Nueva York: Cambridge University Press.

Stemberg, R. J. (2000). Wisdom as a form of giftedness. *Gifted child quarterly, 44(4),* 252-259.

Sternberg, R. J. (1996). *Successful intelligence.* Nueva York: Simon & Schuster.

Sternberg, R. J. (2000). Wisdom as a form of giftedness. *Gifted child quarterly, 44(4),* 252-259.

Stigler, G. (1971). Free riders and collective actions: An appendix to theories of economic regulations. *Bell Journal of Economics and Management Science, 5,* 359-365.

Stogdill, R. M. (1974). *Handbook of leadership: A survey of theory and research.* Nueva York: Free Press.

Stones, E. (1984). *Psychology of Education.* Londres: Methuen (segunda edición).

Sundstron, E., Burt, R. E. y Kamp, D. (1980). Privacy at work: Architectural correlates of job satisfaction and performance. *Academy of Management Journal, 23,* 101-117.

Super, D. E. (1953). A theory of vocational development. *American Psychologist, 8,* 185-190.

Sy, T., Coté, S. y Saavedra, R. (2005). The contagious leader: Impact of the leader' mood on the mood of the group members, group affective tone, and group processes. *Journal of Applied Psychology, 90(2),* 295-305.

Taguchi, G. (1986). *Introduction to Quality Engineering: Designing Quality Into Products and Processes.* Tokyo: Asian Productivity Organization.

Taguchi, G., Elsayed, E. A. and Hsiang, T. (1989). *Quality Engineering in Production Systems.* Nueva York: McGraw-Hill.

Taylor, D. y Tashakkori, A. (1995). Decision participation and school climate as predictors of job satisfaction and teachers' sense of efficacy. *Journal of Experimental Education, 63,* 217-230.

Taylor, F. (2011). *The principles of scientific management*. Nueva York: Harper and Row.

Teas, R. K. (1993). Expectations, Performance Evaluation, and Consumers´ Perceptions of Quality. *Journal of Marketing, 57,* 18-34.

Tedeschi, J. T. y Felson, R. B. (1994). *Violence, aggression, and coercive actions*. Washington, DC: American Psychological Association.

Tett, R. P., Jackson, D. N. y Roethstein, M. (1991). Personality measures as predictors of job performance : A meta-analysis review. *Personnel psychology, 44,* 703-742.

Thibaut, J. y Walker, L. (1975). *Procedural justice: A psychological Analysis*. Hillsdale, NJ: Erlbaum.

Thomson, C. U. (2004). *Single Sex Schooling: Final Report Canadian Centre for Knowledge Mobilisation* (CCKM, Waterloo, Ontario).

Thrupp, M. (1995). The school mix effect: the history of an enduring problem on educational research, policy and practice. *British Journal of Sociology of Education, 16,* 183-203.

Thurstone, L. L. (1924/1973). *The Nature of Intelligence*. Londres: Routledge.

Thurstone, L. L. (1938). *Primary mental abilities*. Chicago: University of Chicago Press.

Thurstone, L. L. (1947). *Multiple-Factor Analysis*. Chicago: University of Chicago Press.

Tipping J. (1998). Focus groups: a method of needs assessment. *Educ Health Prof., 18,* 150–54.

Tizard, J., Shofield, W. N. y Hewison, J. (1982). Collaboration between teachers and parents in assisting children's reading. *British Journal of Educational Psychology, 52,* 1-15.

Toole, J.C. y Louis, K.S. (2002). The role of professional learning communities in international education. En K. Leithwood & P. Hallinger (Eds), *Second international handbook of educational leadership and administration*. Dordrecht: Kluwer.

Tooley, J. (1992). The "Pink Tank" on the Education Reform Act. *British Journal of Educational Studies, 40(4),* 335-349.

Topping, K. J. (1992). Short- and Long-Term Follow-Up of Parental Involvement in Reading Projects. *British Educational Research Journal, 18(4),* 369-379.

Trentham, L., Silvern, S. y Brogdon, R. (1985). Teacher efficacy and teacher competency ratings. *Psychology in the Schools, 22,* 343-352.

Triplett, N. (1898). The dynamogenic factors in pacemaking and competition. *American Journal of Psychology, 9,* 507-533.

Tsai, S. L., y Walberg, H. J. (1983). Mathematics Achievement and Attitude Productivity in Junior High School. *Journal of Educational Research, 73,* 267-272.

U.S. Department of Education (2005). *Single-sex versus coeducational schooling: A systematic review.* Washington, DC: Author.

Van Dyne, L. W., Graham, J. W. y Dinesch, S. D. (1994). *Organizational citizenship behavior: Construct redefinition, measurement, and validation. Academy of Management Journal, 37(4),* 765-802.

Van Scotter, J. R. y Motowidlo, S. J. (1996). Evidence for the two factor of contextual performance: Job dedication and interpersonal facilitation. *Journal of Applied Psychology, 81,* 525-531.

Vandenberghe, Ch. y Tremblay, M. (2008). The Role of Pay Satisfaction and Organizational Commitment in turnover Intentions: A Two-Sample Study. *Journal of Business Psychology, 22,* 275-286.

Vecchio, R. P. (1981). An individual differences interpretation of the conflicting predictor generated by equity theory and expectancy theory. *Journal of Applied Psychology, 66,* 470-481.

Verdugo, R. R., Greenberg, N. M., Henderson, R. D., Uribe, Jr., O. y Schneider, J. M. (1997). School Governance Regimes and Teachers´ Job Satisfaction: Bureaucracy, Legitimacy and Community. *Educational Administration Quarterly, 33(1),* 38-66.

Verdugo, R. R., Greenberg, N. M., Henderson, R. D., Uribe, O. Jr., y Schneider, J.M.(1997). School Governance Regimes and Teachers´ Job Satisfaction: Bureaucracy, Legitimacy, and Community. *Educational Administration Quarterly, 33(1),* 38-66.

Vernon,P. E. (1.979). *Intelligence: Heredity and Environment.* San Francisco: W.H. Freeman.

Vroom, V. (1964). *Work and Motivation*. Nueva York: John Wiley and Sons.

Vygotskiï, L (1979). *El desarrollo de los procesos psicológicos superiores*. Barcelona: Crítica.

Vygotskiï, L (2010). *Pensamiento y lenguaje*. Barcelona: Paidós.

Wagner III, J. A. (1994). Participation´s effects on performance and satisfaction: A reconsideration of research evidence. *Academy of Management Review, 19(2)*, 312-330.

Wagner III, J. A. (1995). Studies of individualism-collectivism: Effects on Cooperation in Groups. *Academy of Management Journal, 38(1)*, 152-172.

Wahlstrom, K. L y Seashore, K. (2008). How Teachers Experience Principal Leadership: The Roles of Professional Community, Trust, Efficacy, and Shared Responsibility. *Educational Administration Quarterly, 44 (4)*, 458-495.

Walberg, H. J. (1984). Families as Partners in Educational Productivity. *Phi Delta Kappan 65(6)*, 397-400.

Wayne, S. J., Shore, L. M. y Liden, R. C (1997). Perceived organizational support and leader-member exchange: A social exchange perspective. *Academy of Management Journal, 40*, 82-111.

Webb, N. M. (1982). Peer Interaction and Learning in cooperative Small Groups. *Journal of Educational Psychology, 74(5)*, 642-655.

Weber, M. (1977). *Economía y Sociedad*. Méjico: Fondo de Cultura Económica (Edición póstuma en alemán: (1922). *Wirtschaft und Gesellschaft*. Tübingen: Mohr).

Weber, M. (2003). *La ética protestante y el espíritu del capitalismo*, Fondo de Cultura Económica (Weber, M. (1934). *Die protestantische Ethik und der Geist des Kapitalismus*, Tübingen: J.C.B. Mohr).

Webster, J. y Starbuck, W.H. (1988). Theory Building in Industrial and Organizacional Psychology. En C. L. Cooper & I. T. Roberston (Eds.) *International Review of Industrial and Organizational Psychology, (Vol. 3, pp. 93-139)*. Londres: Wiley.

Weiner, B. (1980). *Human Motivation*. Nueva York: Holt, Rinehart and Winston.

Weiner, B. (1985). An attributional theory of achievement motivation and emotion. *Psychological Review, 92*, 548-573.

Weiner, B., ed. (1974). *Achievement Motivation and Attribution Theory*. Nueva York: General Learning Press.

Weitz, J. (1952). A neglected concept in the study of job satisfaction. *Personnel Psychology, 5*, 201-205.

When do observers intervene? *Journal of Organizational Behavior*, 33, 488–509 (2012).

White, K. L. (1982). The Relation Between Socioeconomic Status and Academic Achievement. *Psychological Bulleting, 91(3)*, 461-481.

Wigfield, A. y Eccles, J. (1992). The development of achievement task values: A theoretical analysis. *Developmental Review, 12*, 265-310.

Wigfield, A. y Eccles, J. (2000). Expectancy-Value Theory of Achievement Motivation. *Contemporary Educational Psychology, 25*, 68-81.

Wiliams, W. (1920). *What `s on the worker mind? By one who put on overalls to find aut*. Nueva York: Charles Scribner `s Sons.

Williams, P. A., Haertes, E. H., Haertel, G. D. y Walberg, H. J. (1982). The impact of leisure-time television on school learning: A research Synthesis. *American Educational Research, 19*, 19-50.

Wilson, F., Haslam, S. y Bowey, A. M. (1982). Bonuses based on company performance. En A. M. Bowey (edit.), *Handbook of Salary and Wages*. England: Gower.

Wilson, W. (1867). *The Study of Public Administration*. Annals of American Government. Washington, D.C.: Public Affaire Press (Edic. de 1955).

Wissow, L.S. (2002). Child Discipline in the First Three Years of Life. En: N. Halfon, K. T. McLearn and M. A. Schuster (Eds.), *Child-rearing in America: Challenges facing parents with young children*. Nueva York: Cambridge University Press, pp. 146-77.

Woolfolk, A.H. y Hoy, W. K. (1990). Prospective Teacher ′s Sense of Efficacy and Beliefs About Control. *Journal of Educational Psychology, 82(1)*, 81-91.

Wößmann, L. (2003). Schooling Resources, Educational Institutions and Student Performance: the International Evidence. *Oxford Bulletin of Economics and Statistics, Department of Economics, University of Oxford, 65(2)*, 117-170, 05.

Yang, J. y Mossholder, K. (2010). Examining the effects of trust in leaders: A bases-and-foci approach. *The Leadership Quarterly, 21,* 50-63.

Zajonc, R. B. (1976). Family configuration and intelligence. *Science,* 192, *227-236.*

Zajonc, R. B. y Bargh, J. (1980). The confluence model: Parameter estimation in six divergent data sets on family factors and intelligence. *Intelligence, 4,* 349-361.

Zajonc, R. B. y Markus, G. B. (1975). Birth order and intellectual development. *Psychological Review, 82,* 74-88.

Zajonc, R. B., Markus, H. y Markus, G. B.(1979). The birth order puzzle. *Journal of Personality and Social Psychology, 37,* 1.325-1.341.

Zeithaml, V., Berry, L y Parasuraman, A. (1988). Communication and control processes in the delivery of services quality. *Journal of Marketing, 52*, 35-48.

Zhou, J. y George, J. M. (2003). Awakening employee creativity: The role of emotional intelligence. *The Leadership Quarterly, 14,* 545-568.

Zimmerman, B. J. (1989). A social cognitive view of self-regulated learning. *Journal of Educational Psychology, 81,* 329-339.

Zimmerman, B. J. (2000). Attaining self-regulation: A social cognitive perspective. En M. Boekaerts, P. R. Pintrich, & M. Zeidner (Eds.), *Handbook of self-regulation* (pp. 13-39). San Diego, CA: Academic Press.

Zinmmerman, D. J. (2003). Peer effects in academic outcomes: Evidence from a natural experiment. *The Review of Economics and Statistics, 85(1),* 9-23.

Anexo 1

**Escala de Items Múltiples para Medir las Percepciones
del Consumidor acerca de la Calidad de los Servicios
(adaptada de SERVIQUAL): 22 primeras variables**

E1. La organización dispone de recursos didácticos de última generación.

E2. Las condiciones físicas de las instalaciones de la organización son atractivas.

E3. La apariencia de los profesores y demás personal del centro escolar es la adecuada a su función (es correcta).

E4. Las instalaciones son adecuadas para la eficaz prestación del servicio escolar.

E5. Cuando la dirección promete que hará algo, lo hace efectivamente en tiempo y forma.

E6. Cuando los clientes (padres, alumnos) tienen algún problema, la dirección responde con simpatía y apoyo.

E7. La dirección es seria y confiable.

E8. La organización proporciona los servicios que ofrece en los plazos previstos.

E9. La organización dispone de registros fiables, con garantías de privacidad.

E10. No cabe esperar que la dirección explique a los clientes con exactitud qué tipo de servicios proporciona la organización (-).

E11. No es realista esperar que los profesores y demás personal de la organización introduzcan con efectividad los cambios necesarios para la mejor prestación del servicio de enseñanza (-).

E12. No es esperable que los profesores y demás personal sean diligentes en el trato con los clientes (-).

E13. Es esperable que los profesores y demás personal no respondan con prontitud a las demandas de los clientes si están muy ocupados (-).

E14. Los clientes debieran poder confiar en los profesionales de la organización.

E15. Los clientes debieran sentirse cómodos en los intercambios con los profesionales de la organización.

E.16. Los profesores y demás personal debieran ser corteses en el trato con los clientes.

E17. Los profesionales que ejercen en la organización debieran recibir el adecuado apoyo de la dirección para realizar su trabajo.

E18. La dirección no debiera plantearse el proporcionar atención individualizada a sus clientes (-).

E19. Los integrantes de la organización no debieran estar obligados a proporcionar atención individualizada a los clientes (-).

E20. No es realista el pensar que los profesores y demás personal puedan tener un conocimiento suficiente de las necesidades de sus clientes (-).

E21. No es realista el pensar que la dirección tenga como su centro de interés la mejor atención a los intereses de los clientes (-).

E22. No debiera pensarse que la dirección estará a disposición de los clientes en el horario más conveniente para ellos (-).

Anexo 2

**Cuestionario para estimación de expectativas desarrollado
por el Grupo K SIGMA para el Máster Educación Secundaria**

1. Las competencias que adquiriré en el Máster me facilitarán el acceso en el futuro al puesto de profesor.

2. La realización del Máster me ayudará a mejorar mis capacidades para trabajar en equipo y mantener relaciones interpersonales en un entorno laboral.

3. La utilización de tecnologías avanzadas y de plataformas virtuales (ej. STUDIUM) me facilitará la realización exitosa del Máster.

4. Las competencias que espero adquirir en el Máster me proporcionarán las competencias necesarias para planificar, programar e impartir enseñanza.

5. La realización de prácticas en un centro de educación secundaria, guiado por un profesor tutor experimentado, será fundamental para adquirir las capacidades y destrezas de un buen docente.

6. Durante la realización del Máster, contaré con el apoyo y la tutela de profesores especializados en Ciencias de la Educación, lo que completará la formación científica que he adquirido en la especialidad que ya he cursado.

7. Los servicios administrativos del Máster facilitarán cualquier tipo de trámite que deba realizar durante la realización del Máster.

8. En el Máster recibiré enseñanza de profesores especialistas en la didáctica de la materia que he cursado en la universidad, que me aportarán competencias necesarias para el trabajo en un centro de enseñanza.

9. Me incorporo al Máster con la convicción de que realizaré un programa de formación útil y de calidad.

10. Los conocimientos que adquiera durante el Máster tendrán el nivel académico y la actualidad propios de los programas universitarios de calidad.

11. Durante el Máster dispondré de los instrumentos y medios que requiere una enseñanza de calidad.

12. La relación con los demás alumnos del Máster será enriquecedora para la formación que reciba en este programa académico.

Anexo 3

Baldrige National Quality Program

Hoja de trabajo para el autoanálisis

Si bien la opinión de examinadores externos o supervisores son siempre útiles, usted conoce mejor que ellos su propia organización, por lo que está en una excelente situación para identificar qué fortalezas y qué oportunidades de mejora (OFI) le son más importantes. Habiendo contestado a las cuestiones relativas a los Criterios de excelencia Baldrige, puede acelerar su proceso de mejora realizando un autoanálisis respecto de los 7 Criterios del Premio mediante esta hoja de trabajo.

Inicie la cumplimentación identificando una o dos fortalezas y una o dos OFIs para cada uno de los criterios. En el caso de que considere que son de alta importancia, fije un objetivo y un plan de actuación.

Categoría/ Criterios	Importancia Alta, Media, Baja	Para las áreas de alta importancia			
		Amplitud (fortaleza) u objetivo de mejora (OFI)	¿Qué actuaciones ha planificado?	¿A cargo de quién?	¿Quién es el responsable?
Categoría 1—Liderazgo					
Fortalezas					
1.					
2.					
OFIs					
1.					
2.					
Categoría 2—Plan estratégico					
Fortalezas					
1.					
2.					
OFIs					
1.					
2.					
Categoría 3—Centralidad del cliente					
Fortalezas					
1.					
2.					
OFIs					
1.					
2.					
Categoría 4—Gestión de la medición, del análisis y del conocimiento					
Fortalezas					
1.					
2.					
OFIs					
1.					
2.					
Categoría 5—Centralidad en los trabajadores					
Fortalezas					
1.					
2.					
OFIs					
1.					
2.					
Categoría 6—Centralidad de las operaciones					
Fortalezas					
1.					
2.					
OFIs					
1.					
2.					
Categoría 7—Resultados					
Fortalezas					
1.					
2.					
OFIs					
1.					
2.					

Anexo 4

Rasgos de personalidad

Ha sido, sin duda, el trabajo seminal de W.T. Norman (1963) sobre el influjo de rasgos de personalidad estables en la conducta laboral (CL) el que ha impulsado un mayor esfuerzo de investigación en este dominio, cuyo objetivo central ha sido el verificar la capacidad que tienen los cinco factores que este autor propone para explicar el rendimiento laboral y que en la literatura científica se conocen como "The Norman´s big five":

- *Extraversión*: se corresponde con el factor "extraversión-introversión" identificado por Eysenck, siendo los extrovertidos individuos sociables, gregarios, asertivos, habladores y activos;
- *Estabilidad emocional/Neuroticismo*: son indicadores conductuales de este tipo (en su sesgo positivo) la estabilidad emocional, la resistencia a la ansiedad, la ausencia de depresiones, los comportamientos no irascibles, el tono emotivo uniforme, la seguridad (la inestabilidad emocional se caracteriza por valores altos en "neuroticismo");
- *Carácter agradable*: son expresión de esta dimensión los comportamientos corteses, flexibles, confiados, cooperativos, no rencorosos, tolerantes;
- *Personalidad concienzuda*: atribuible a personas que propenden a ser formales, cuidadosas, ordenadas, responsables, organizadas, "planificadas", perseverantes;

- *Apertura a la experiencia*: condición de la personalidad de la cual son notas distintivas la imaginación y creatividad, la flexibilidad intelectual, la sensitividad, la apertura a lo nuevo.

Síntesis de las investigaciones que han tratado de apreciar la significación que para la CL tienen los Norman´s big five se recogen en dos importantes meta-análisis, publicados en el año 1991 y de los cuales son autores Barrick y Mount (1991) y Tett, Jackson y Rothstein (1991), entre los que existen importantes diferencias en cuanto a las conclusiones:

- Para Barrick y Mount, es la "personalidad concienzuda" el rasgo que mejor predice la eficacia laboral, mientras que para Tett, Jackson y Roethstein tal condición les corresponde a "carácter agradable", "apertura a la experiencia" y "estabilidad emocional".
- En el estudio de Tett, Jackson y Roethstein se incorpora un nuevo rasgo a los *Big Five,* el *locus of control*, condición estable de la personalidad definida según Phares y Rotter, que permite distinguir a las personas por su grado de "internalidad", o tendencia a atribuir a factores internos las causas de sus éxitos y fracasos", y de "externalidad", o propensión a entender que el lugar del control de los factores que determinan los efectos de la conducta es externo al individuo, por lo que éste atribuye a variables y circunstancias del entorno la "responsabilidad" de su propia eficacia (es el caso, por ejemplo, del profesor que ante el mal rendimiento de sus alumnos concluye que son las circunstancia que concurren en el medio sociofamiliar y no su acción docente lo que está en el origen de tal indeseable situación). Esta nueva variable, el *locus of control* del trabajador, ha recibido una extraordinaria atención por parte de quienes investigan la CL, mereciendo sin duda una referencia especial el estudio que realizaron en 1976 Andresani y Nestel, en el que ya se constata que los trabajadores "internos", respecto de los "externos":

  — Satisfacen a través de su actividad laboral en más alto grado sus necesidades y expectativas;
  — Alcanzan un mayor "status" laboral;
  — Se hallan más satisfechos del puesto de trabajo que desempeñan.

Los estudios más reciente acerca de los Big Five pretenden verificar hasta qué punto estos rasgos abarcan todas las facetas de la personalidad que tienen una capacidad explicativa del comportamiento significativa o, por el contrario, existen otros que, siendo independientes de ellos, tienen relevancia teórica o práctica para predecir determinadas formas de conducta.

En esta línea de trabajo se sitúa la investigación realizada por Saucier y Goldberg (1998), para conocer si existen rasgos de personalidad que son externos al espacio factorial de los Big Five. Concluyen que la mayor parte, si no todas, de las dimensiones de la personalidad están adecuadamente representadas por el modelo de los "cinco grandes". Dos años más tarde, Paunonen y Jackson (2000) llegan a conclusiones diferentes: existen para estos autores numerosos rasgos más allá de estos cinco que pudieran considerarse básicos.

Los estudios dirigidos a apreciar la relación que existe entre los "Big five" y la CL son muy numerosos, pudiendo citarse, a modo de ejemplo, los siguientes:

a) Los "Big Five" como predictores del rendimiento laboral. Son clásicas las ya citadas revisiones de Barrick y Monunt (1991), Tett *et al.* (1991), Mount y Barrick (1995), y también la de Salgado (1997), en las que se identifican efectos significativos, aunque moderados, entre algunos de los "Big Five" (especialmente el "Carácter concienzudo"), con correlaciones entre ambos constructos que van desde 0.22 (Barrick y Mount) a 0.31 [Mount y Barrick (1996), pasado por el 0.25 que halla Salgado (1997)]. Es, a estos efectos, esclarecedor el trabajo que publican en el año 2000 Hurtz y Donovan, del cual se entresacan los siguientes datos:

Big Five	Indicadores de rendimiento laboral (rc: correlación "verdadera")					
	Global	Competencia profesional	Rendimiento en la formación	Rendimiento en la tarea	Dedicación	Facilitación interpersonal
Concienzudo	.22	.24	.03	.16	.20	.18
Estable	.14	.15	.09	.14	.14	.17
Agradable	.13	.12	.21	.08	.10	.20
Extravertido	.10	.09	.19	.07	.05	.11
Abierto	.07	.06	.14	-.01	.01	.05

b) Los "Big Five" como predictores de la satisfacción laboral. El estudio de la relación entre personalidad y satisfacción laboral tiene ya una larga historia en la organización científica, con trabajos seminales como los de Fisher y Hanna (1931), Hoppock (1935), Smith (1955) o Weith (1952). El interés por desvelar este vínculo no decae en los años siguientes, si bien hay que esperar a la década de los ochenta para hallar un rebrote significativo del trabajo investigador en este dominio [Staw y Ross (1985), Staw, Bell y Chausen (1986) o Arvey *et al.* (1989)]. Ya en el momento actual, los estudios cobran un nuevo rumbo al utilizarse como descriptor de los rasgos de personalidad el modelo basado en los "Big Five", con lo que se supera la indeterminación existente en épocas anteriores acerca de qué dimensiones conforman la personalidad; indeterminación que sin duda dificultó el avance de los estudios en este dominio. Constituye una aportación relevante al esclarecimiento del grado en que cada uno de los "Big Five" determina la satisfacción que experimentan los trabajadores al realizar su actividad laboral el meta-análisis conducido por Judge, Séller y Mount, cuyos resultados ven la luz en el año 2002, del cual provienen estos datos:

Big five	rc: correlación verdadera	b: coeficiente de regresión estandarizado	T = b/SE SE: error estándar de b * : P < 0.01
Neuroticismo	-.29	-.20	-3.38*
Extraversión	.25	.21	3.80*
Apertura	.02	-.04	0.71
Carácter agradable	.17	0.4	0.61
Concienzudo	.26	.20	3.40*
R múltiple		.41	7.70*